运输技术经济学

主编 胡晓伟 王 健

主审 安 实

哈尔滨工业大学出版社

内 容 简 介

本书吸纳了已有运输技术经济学相关教材和著作的理论分析方法,同时追踪了运输经济学、交通工程学、管理学等相关领域的最新研究成果和交通运输工程领域项目的实践,在回顾运输技术经济学的研究对象、研究内容和研究方法的基础上,系统地阐述了运输技术经济学的相关理论、项目技术经济评价方法及相关工程实践。本书简要介绍了资金的时间价值、运输系统需求和供给特性、运输项目的技术经济评价要素及方法、设备更新、价值工程和项目的全生命周期成本管理等。

本书可作为高等院校交通工程、交通运输、道路桥梁与渡河工程、交通管理、土木工程、物流工程及经济管理专业本科生教材,也可供交通运输工程研究生、交通运输项目管理决策人员及其他相关专业的工程技术人员学习参考。

图书在版编目(CIP)数据

运输技术经济学/胡晓伟,王健主编.—哈尔滨:哈尔滨工业大学出版社,2022.8
ISBN 978-7-5767-0363-4

Ⅰ.①运⋯ Ⅱ.①胡⋯②王⋯ Ⅲ.①运输经济学-技术经济学 Ⅳ.①F503

中国版本图书馆 CIP 数据核字(2022)第 152373 号

责任编辑	丁桂焱
封面设计	刘 乐
出版发行	哈尔滨工业大学出版社
社　　址	哈尔滨市南岗区复华四道街 10 号 邮编 150006
传　　真	0451-86414749
网　　址	http://hitpress.hit.edu.cn
印　　刷	哈尔滨博奇印刷有限公司
开　　本	787mm×1092mm 1/16 印张 19.75 字数 456 千字
版　　次	2022 年 8 月第 1 版　2022 年 8 月第 1 次印刷
书　　号	ISBN 978-7-5767-0363-4
定　　价	52.00 元

(如因印装质量问题影响阅读,我社负责调换)

前　言

运输技术经济学作为应用经济学的一个分支,是研究交通运输领域的经济问题和经济规律、运输技术进步与社会经济增长之间相互关系的学科,是在运输项目投资决策之前,对项目实施和运营过程中的投入与产出进行预测,并对项目的技术先进性、可靠性、经济合理性、可行性以及运营安全性、稳定性进行系统分析和全面论证的学科。在《交通强国建设评价指标体系》中,"经济"指标是对交通投入产出比率的要求,体现用户以可承受的价格享受到高品质、高性价比的运输服务,全面适应并支撑经济社会发展,重点从经济适应、支撑有力2个评价维度设置了3项指标,即交通支出可承受能力、交通运输对经济增长贡献率和通道枢纽经济发展水平。

运输技术经济学涉及交通工程学、经济学、应用数学和管理学等学科,又与交通运输工程项目实践密切相关,是理论性和实践性较强的研究领域。近年来,大量的理论研究和工程实践使运输技术经济学的理论和方法不断更新。为适应工程实践应用和交通运输工程专业的教学需求,本书融合已有研究理论并追踪最新研究成果,系统地阐述了运输技术经济学的理论体系和研究方法。

全书共分为12章:第1章回顾了运输技术经济学的发展历程,介绍了运输技术经济学的研究对象、研究内容和研究方法;第2章讨论了资金的时间价值、等值计算和现金流量图的应用;第3章介绍了运输需求与运输供给的相关理论及需求预测的方法;第4章、第5章和第6章针对交通运输项目的可行性研究,分别讨论了运输项目财务分析、经济分析和风险分析的要素、步骤及方法;第7章综合前述章节项目分析内容,系统地介绍了交通运输项目综合评价的几类常用评价方法;第8章阐述了项目竣工后评价,包括项目后评价的内容、评价指标体系、程序和方法;第9章考虑交通运输类项目融资模式,结合具体工程实践案例系统性地阐述了物有所值评价的思路和流程;第10章考虑企业运输设备的磨损,介绍了运输设备的更新、大修及其经济分析;第11章研究产品或项目的功能与所投入的资源之间的关系,介绍了价值工程的含义、应用和功能评价的方法;第12章考虑交通运输工程项目的不同阶段,简述了项目全生命周期成本的构成、影响因素和分析方法。

本书可作为高等院校交通工程、交通运输、道路桥梁与渡河工程、交通管理、土木工程、物流工程及经济管理专业本科生教材,也可供交通运输工程研究生、交通运输项目管理决策人员及其他相关专业的工程技术人员学习参考。本书旨在培养学生以下几个方面的能力:

(1)了解运输技术经济学的发展历程、研究方向和发展趋势,掌握运输技术经济学的基本理论以及项目技术经济评价的要素、流程和方法；

（2）了解运输技术经济学基本知识，能够应用经济学基本原理，识别、表达并通过文献研究分析运输经济问题，进而可以独立思考、设计并开发相关解决方案；

（3）具备使用现代工具的能力和利用运输技术经济学知识研究实际交通运输工程问题的基本素质和能力；

（4）理解并掌握工程管理原理与经济决策方法，并能在多学科环境中加以应用，树立自主学习和终身学习的意识。

本书的特色体现在如下几个方面：本书的研究对象涵盖了交通运输项目、运输设备和产品，论述了运输项目不同阶段的项目评价内容、原理、流程和方法，研究内容具有系统性；本书融合理论与实践，采用举证、例题和工程实践案例分析等方式加深读者对相关理论的理解；本书各章节附有完整的文献列表，读者可深入追踪运输技术经济学领域的研究热点。

本书由胡晓伟副教授和王健教授主编，由安实教授主审。哈尔滨工业大学交通运输系统管理交叉学科研究生团队的田原、蔡海明、王宇、董婷婷、杨滨毓、孙云瑞、王言中、王雅晴、张梦涵、李玉、李霖、杨语欣、梅婷等博士和硕士在本书的编写和校稿工作中付出了辛勤的劳动。本书在编写的过程中参考了大量的书籍和国内外文献，在此谨向文献作者表示衷心的感谢！

本书的出版得到了黑龙江省头雁团队"寒区交通智能化创新研究团队"的支持；也得到了中国学位与研究生教育学会面上课题"产教融合下交通运输工程专业学位研究生教育改革与探索（2020MSA107）"，黑龙江省教育厅高等教育教学改革研究项目"面向交通强国建设的创新创业教育与交通工程专业教育融合研究（SJGY20210332）"，教育部第二批新工科研究与实践项目"面向新工业革命和交通强国战略的交通工程专业改造升级与发展模式探索及实践（E－HTJT20201720）"，教育部首批虚拟教研室建设试点"交通工程专业虚拟教研室"，以及哈尔滨工业大学教学发展基金（课程思政类）"《运输经济学》（XSZ20210017）"的支持，在此一并表示感谢。

限于编者的理论水平和实践经验，书中难免有疏漏和不妥之处，恳请读者批评指正。

编　者

2022 年 6 月

目 录

第 1 章 绪论 1
   1.1 运输的意义 1
   1.2 交通运输业的属性 4
   1.3 运输技术经济学概述 8
   1.4 运输技术经济学的研究对象及内容 11
   1.5 运输技术经济学的主要研究方法 12
   1.6 我国交通运输发展现状及国际对比 15
   本章小结 30
   习题与思考题 30
   参考文献 30

第 2 章 资金的时间价值与等值计算 32
   2.1 资金时间价值概述 32
   2.2 现金流量与现金流量图 38
   2.3 资金等值计算 40
   2.4 电子表格的应用 52
   本章小结 60
   习题与思考题 60
   参考文献 61

第 3 章 运输需求与运输供给 62
   3.1 运输需求概要 62
   3.2 运输需求分析 66
   3.3 运输供给概要 74
   3.4 交通运输系统供需均衡分析 80
   3.5 运输需求预测 89
   本章小结 98
   习题与思考题 99
   参考文献 100

第 4 章 运输项目财务分析 102
   4.1 财务分析概述 102
   4.2 财务效益和费用的识别 106
   4.3 财务效益与费用估算 111
   4.4 基本财务报表与财务分析指标体系 112

本章小结……121
习题与思考题……122
参考文献……122

第 5 章 运输项目经济分析……124
5.1 经济费用效益分析概述……124
5.2 经济费用与效益的识别……126
5.3 经济费用与效益的估算……130
5.4 报表的编制与经济费用效益分析……134
5.5 费用效果分析……137
本章小结……139
习题与思考题……139
参考文献……140

第 6 章 运输项目风险与不确定性分析……141
6.1 风险与不确定性分析概述……141
6.2 盈亏平衡分析……142
6.3 敏感性分析……146
6.4 概率分析……149
本章小结……152
习题与思考题……152
参考文献……153

第 7 章 运输项目综合评价……154
7.1 运输项目综合评价概述……154
7.2 几类常用综合评价方法……157
7.3 模糊集综合评价方法……161
7.4 综合评价函数法……164
7.5 层次分析法……166
7.6 案例分析……168
本章小结……170
习题与思考题……170
参考文献……171

第 8 章 运输项目后评价……172
8.1 项目后评价概述……172
8.2 项目后评价的内容和程序……174
8.3 项目后评价的主要方法……179
8.4 案例分析……184
本章小结……188
习题与思考题……189
参考文献……189

第 9 章　PPP 交通运输项目物有所值评价　190
9.1　概述　190
9.2　物有所值评价基本思路　193
9.3　物有所值定性评价流程　197
9.4　物有所值定量评价流程　200
9.5　案例分析　204
本章小结　216
习题与思考题　216
参考文献　216

第 10 章　运输设备更新的经济分析　218
10.1　运输设备更新概述　218
10.2　运输设备大修及其经济分析　222
10.3　运输设备更新及其经济分析　224
10.4　设备更新方案的比选　234
本章小结　235
习题与思考题　235
参考文献　236

第 11 章　价值工程　237
11.1　价值工程概述　237
11.2　对象选择与情报收集　241
11.3　功能分析　244
11.4　功能评价　246
11.5　案例分析　250
本章小结　251
习题与思考题　252
参考文献　252

第 12 章　项目的全生命周期成本管理　253
12.1　全生命周期成本概述　253
12.2　全生命周期成本分析　257
12.3　案例分析　261
本章小结　267
习题与思考题　267
参考文献　267

附录　268
附录 A　复利因子　268
附录 B　定差因子　289
附录 C　标准正态分布表　304

第 1 章 绪 论

　　交通运输是国民经济的基础产业,对国民经济的发展和社会进步具有重要的推动作用。交通运输的发展与科学技术的进步息息相关。交通运输的本质是人与物在空间上的位移,而科技的进步不仅提高了交通运输完成人与物的空间位移的能力,更催生出了一系列新的交通运输方式。也就是说,交通运输的发展是以工程技术的应用为先导的。运输技术经济学是应用经济学的一个分支,是研究运输领域的经济问题和经济规律,研究运输技术进步与社会经济增长之间相互关系的学科。

　　本章首先介绍了运输的意义和交通运输业的属性,然后梳理了运输技术经济学的发展历程,明确了运输经济学的研究对象和内容,最后对我国的交通运输发展现状进行了分析。

1.1 运输的意义

　　在现代社会的今天,交通运输正悄然地改变着我们生活的世界。高铁列车驰骋在神州大地上,发达的铁路网络像树根一样延伸至国家的各个角落;民航正以其日益低廉的价格,成为新的普及性交通方式;大洋之上,一艘艘装载着集装箱的巨轮,将整个世界贸易联系在一起;我们再熟悉不过的快递包裹,即便相隔万水千山,下单的次日也可能送到我们的手中……可以说,交通运输是人类社会肌体中的血液,无时无刻不在周身中运动。没有了交通运输的人类社会,将陷入可怕的"瘫痪"。

1.1.1 运输的一般意义

　　首先,交通运输能够实现不同地区之间人员和物质的流动,这有助于打破各民族的隔绝状态,促进不同民族之间语言、习俗、观念、技术等方面的文化交融,推动人类社会的进步。我国古代连接中亚、西亚的"丝绸之路",便在阵阵驼铃声中,搭建起了东西方经济文化交流的桥梁,促进了中外经济文化的交流与合作。

　　其次,发达的交通运输是幅员辽阔的政权得以维持政治统一的必要基础。家喻户晓的谚语"条条大路通罗马",即反映了古罗马为维护统一采取的行动。公元前 1 世纪,古罗马已经成为横跨欧亚非三大洲的政治、经济和文化中心。为了维护其统治,修建了以罗马为中心,辐射四面八方的大道,另外还有无数条通往帝国各行省的支线。据史料记载,当时罗马人修筑的硬面公路,竟达 8 万千米。而在同时期,遥远东方的另一个强大的帝国——秦国,在完成统一后的第二年(公元前 220 年),就开始修建以咸阳为中心,贯通全国的"驰道"。中华人民共和国在成立伊始,便在艰苦卓绝的条件下建成了著名的川藏公路,有力地维护了边疆地区的稳定和统一。

　　再次,交通运输还事关一个国家的国防建设。自古以来,强大的部队投送能力和后勤保障能力都是取得战争胜利的关键,而这严重依赖于交通运输。隋朝大运河的开凿,很大程度上便是出于战争的考量。而"尽道隋亡为此河",也从侧面反映出了在运输项目建设之前,用运输技术经济学的观点和方法进行项目分析和评价的重要性。

此外,在自然灾害发生时,交通运输发挥着运送救灾物资、转运伤员的巨大作用,是人民生命财产安全的重要保障。

2019年中共中央、国务院印发《交通强国建设纲要》,强调"建设交通强国是以习近平同志为核心的党中央立足国情、着眼全局、面向未来作出的重大战略决策,是建设现代化经济体系的先行领域,是全面建成社会主义现代化强国的重要支撑,是新时代做好交通工作的总抓手。"2022年,交通运输部印发了《交通强国建设评价指标体系》,综合考虑各地区、各行业特点,注重交通运输与经济社会、生态环境相协调,统筹发展和安全,围绕"安全、便捷、高效、绿色、经济",从"基本特征、评价维度、评价指标"三级设置20项评价指标。其中"经济"是对交通投入产出比率的要求,体现用户以可承受的价格享受到高品质、高性价比的运输服务,全面适应并支撑经济社会发展。重点从经济适应、支撑有力2个评价维度设置3项指标。

(1)交通支出可承受能力。该指标反映人民群众对交通运输时间成本和支出费用的可承受能力,以及交通基础设施建设财务可持续能力、全生命周期成本可承受能力、有效防范债务风险能力。

(2)交通运输对经济增长贡献率。该指标反映交通运输业对GDP增长的全部贡献程度,包括直接贡献和通过促进消费、带动相关产业增长的间接贡献等。

(3)通道枢纽经济发展水平。该指标反映运输通道和交通枢纽建设对经济引领促进水平,体现对客流、物流、资金流、信息流等集聚带动作用,以及促进经济要素循环、推动交通与周边经济协同发展的能力。

交通运输的一般性意义涉及多方面,但在运输技术经济学中,更关心的是它的经济学意义。

1.1.2 运输的经济学意义

交通运输与经济发展之间的关系,一直以来都是经济学家研究的重点。

1. 交通运输能够促进社会分工和生产专业化

交通运输对经济发展的基本作用,即在于促进社会分工和生产专业化。马克思在《资本论》中曾提出过一系列关于分工的范畴,但任何分工都是由充分的运输来做支撑的。因为不同的地区,其气候、资源、土地、人员素质都不同,因此生产力也不同。按照市场经济条件下资源合理配置的客观要求,各个地区可以扬长避短,生产符合自身情况的产品,从而取得比较利益。然而比较利益是以充分的运输条件为前提的。原因很简单,如果本地生产的优势产品无法运到外地参与竞争,那么这种优势也就不存在了;如果本地必需的产品无法从外地运进来,那么他们也就不得不放弃自己优势产品的生产,转而去生产他们必需的非优势产品。在社会分工基础上产生的专业化生产,能够极大地提高劳动生产效率,而生产的专业化又促进了产业结构的升级,使社会分工发生新一轮的变化。

2. 交通运输在生产过程中创造了时间和空间的效用

所谓空间效用，是指通过改变人员或货物的空间位置参与生产活动，创造价值。交通运输是生产过程的重要组成部分，生产原料、组装零件、生产机器、劳动者等只有被运到有需要的地方，才能发挥作用，创造价值。

至于时间效用，如前文所述，交通运输促进了生产的分工和专业化，在现代化大生产条件下，专业化生产出的各种原材料和零部件等需要进行加工或组装，然而并不是所有的原材料和零部件都需要在同一时间运达，因此，为了生产的均衡，有必要对各种原材料和零部件保持相应数量的储备（一种使用上的延误）。从库存管理的角度来说，过量储备和没有储备都是不经济的。人们不仅要用尽量少的必要的储备延误，来避免由于短缺造成更大的延误，也要避免因过量储备影响资本循环和周转而造成的经济损失。这种合理的储备在很大程度上有赖于发达的交通运输条件。在"时间就是金钱"的现代化大生产中所推行的"及时化生产""零库存管理"，都是以高度发达的交通运输和物流系统为先决条件的。运输的时间效用和空间效用，为大规模生产创造了可能。

3. 交通运输在销售过程中同样发挥着时间和空间效用

生产企业完成了大规模生产之后，还必须有大规模的销售市场将产品销售出去，以实现资金的回流用于再生产。发达的运输系统为产品的大规模销售创造了条件。运输速度越快，产品的销售时间就越短，资本回流就越迅速；反之则产品出售的时间就越长，资本回流就越慢。同时，运输的布局也决定了市场的分布。这就是"运输开拓市场"的原理。在瞬息万变的市场竞争条件下，供货的及时显得尤为重要，它可以防止因商品积压而造成的压价，提高企业的微观经济效益和全社会的宏观经济效益。

4. 交通运输有助于降低和稳定物价

交通运输主要通过降低运费和鼓励竞争两种形式降低物价。根据马克思的劳动价值理论，运输也是创造价值的劳动，无论从生产的角度还是流通的角度，运费都可以视为商品价格的组成部分。尽管对于不同的商品，运费在其价格中的占比不同，但毫无疑问的是，发达的交通运输业及其相对低廉的运输费用，在微观上可以降低生产企业的生产与销售成本，提高企业的经济效益；在宏观上可以降低社会的商品总成本，提高社会的宏观经济效益。与此同时，发达的运输业可以鼓励更多的商品生产者进入市场参与竞争，毫无疑问，这种竞争同样会起到降低物价的作用。

众所周知，有些产品的生产能力，在一年之中是有波动的，农产品就是一个典型的例子。如果没有发达的运输业，那么该地农产品的生产和消费就只能在当地进行。在收获期会出现供大于求的现象，而多出的供应又无法运往外地，因此价格就会出现严重的下跌；收获期和储藏期过后，则又会出现供不应求的局面，价格又会出现大幅度的上涨。这是当地的生产者和消费者都不愿见到的。在自然灾害造成严重破坏时，交通运输对稳定物价的作用便凸显出来。

5. 交通运输是国民经济的重要组成部分

交通运输业是国民经济产业中固定资产总值数额最大的部门。发达国家用于铁路修建的投资都曾占据过相当大的比例，并且在后来的交通运输网更新过程中，又继续投入了巨额的资金。一般来说，当经济进入高速发展期后，交通运输领域的投资在总投资中的比例将会超过20%,更有甚者会达到40%~50%。工业革命时期,西方国家的运输业在国民生产总值中所占的比例迅速上升,美、英、德、法等国家都曾经一度达到或超过10%。即便是在今天,发达国家运输邮电业的比重一般仍为6%~7%,如果不将邮电计算在内,这些国家的运输业都超过或接近本国农业在国民生产总值中所占的比重。

与此同时,交通运输业又是能源消耗大户,发达国家15%~25%的总能耗是由本国的交通运输业贡献的。例如,美国交通运输业能耗约占25%,日本14%,法国16.4%。另外,交通运输业也一直是钢铁、机械、电子、水泥、橡胶等工业产品的最大消耗者之一。

在发达国家的居民平均生活费支出中,交通费所占的比重已普遍接近或超过10%。而根据世界银行按各国人均收入分组,交通费比例最低的平均也有5.5%。据统计,美国每年支出的客货运费总额占其国民生产总值的20%以上,运输及与运输有关的各类资产总值约占到美国国民财富的三分之一,其他发达国家也基本上与美国相当。

1.2　交通运输业的属性

1.2.1　交通运输业的物质属性

从物质属性来看,交通运输属于物质生产性活动,且具有准公共物品的特点。

1. 交通运输业是物质生产部门

所谓物质生产部门,是指从事物质资料的生产、流通,创造物质产品和增加产品价值的生产活动部门。它包括农业、工业、建筑业、为生产服务的运输业、邮电业,以及作为生产过程在流通领域继续的那一部分商业(即商品的分类、修整、包装、保管等劳动)部门。19世纪中叶,马克思在《资本论》中对运输业的性质进行了论述。他指出,交通运输业既具有物质生产部门的共性,又具有与一般物质生产部门相区别的特性,是一种"没有原料的工业部门"。他认为,交通运输业是一个存在于流通领域中的"独立的生产部门",是一个"产业部门",属于物质生产领域,它和"采掘工业、农业和加工工业"并列构成四个物质生产部门。而"一切运输业即资本不断处于生产过程中的一切产业是例外。这种产业的真正产品,是被运输的商品(或者也包括人)的位置变换,即变动场所",只不过它的生产性质"被流通的形式掩盖起来了"。马克思对运输业的基本内涵和属性的论述,揭开了运输业的第一层面纱。

2. 交通运输业具有拥挤性公共物品属性

拥挤性公共物品(Crowded Public Goods)是指本身具有非排他性,但当达到一定使用程度后就具有了竞争性的公共物品。排他性是指只有那些按价付款的人才能享受该物品,竞争性是指一个人对某物品的消费可能会减少其他人对该物品的消费(质量和数量)。詹姆斯·布坎南[①](James M. Buchanan)认为,交通运输业是一种典型的拥挤性公共物品,它的基本特征为产品利益由集体消费,但受拥挤的约束。在未达到交通运输基础设施

---

① 詹姆斯·布坎南(1919—2013),美国著名经济学家、公共选择学派代表人物,1986年获得诺贝尔经济学奖。代表作有《成本与选择:一个经济理论的探讨》等。

的经济运量运输时,单位成本会随运量的增加而降低,约束点附近的一定区间为"搭便车者",即无须承担任何成本即可消费或使用公共物品。当超过约束点后,拥挤便发生了,单位成本将迅速上升。这是因为在同一时刻,交通运输基础设施的承载能力是有限的,载运工具的增加会导致速度的降低,因此除了能耗、维护、折旧等费用外,还会增加时间成本。因此,交通运输具有拥挤性公共物品的属性。

1.2.2 交通运输业的产业属性

从产业经济学意义上来讲,产业(Industry)是指从事同一性质经济活动的所有单位的集合,包括农业、工业、交通运输业等,一般不包括商业。其具有规模化、职业化和社会功能性三个特点。从产业的角度来看,交通运输业通过固定的交通运输网络基础设施,来提供送送旅客和货物的服务。因此,从产业属性来说,交通运输业属于第三产业和网络型产业,属于第三产业中的流通部门。

1. 交通运输业属于第三产业,运输生产具有服务性

1935年,阿伦·费歇尔[①](A. G. B. Fisher)在其所著的《安全与进步的冲突》一书中提出了三次产业分类法,并将交通运输业纳入第三产业。在此基础上,科林·克拉克[②](Colin G. Clark)采用三次产业分类法对产业结构与经济发展的关系进行了大量的实证分析,使交通运输的第三产业属性得到推广。与第一、二产业不同,交通运输业具有很强的服务特性。它不是以实物形式,而是以运输劳务活动的形式提供某种使用价值,来满足人们交通运输的需要。它所提供的劳动,不是用来制造物质产品,而是通过提供运输服务的形式,来满足人们的运输需求。与商品一样,它所提供的运输服务产品,同样是价值和使用价值的统一物。然而,运输的生产过程和消费过程是同时进行的。运输业劳动者的劳动过程就是生产运输服务产品的过程,这和消费者消费该运输服务产品的过程是同始同终的。运输服务所创造的价值和使用价值,也在消费过程中同时表现出来。正如马克思所说:"运输业所出售的东西,就是场所的变动。它产生的效用,是和运输过程即运输业的生产过程不可分离地结合在一起的。旅客和货物是和运输工具一起运行的,而运输工具的运行,它的场所变动,也就是它所进行的生产过程。这种效应只能在生产过程中被消费,它是一种和生产过程不同的,只有在生产出来之后才作为交易品执行职能,作为商品来流通的使用物。"

2. 交通运输业是网络型产业,具有网络经济特征

所谓"网络型产业",是指需通过固定的物理网络来传输产品和服务的基础设施产业,主要包括交通、天然气、自来水、电力、通信、邮政等。交通运输网络是在一个国家或地区内,由一种或多种运输方式的运输线路和运输枢纽等固定的基础设施,按照一定的原则和要求所构成的运输网络。其中,运输线路是运输网络的基干,运输枢纽是各种运输线路联结成网的节点。交通运输网络按照组成要素,可分为由一种运输方式构成的运输网络(如公路网、铁路网、航空网、水运网和管道网等)和由两种及以上运输方式联合组成的综合运

---

① 阿伦·费歇尔(1985—1976),澳大利亚经济学家,伦敦经济学院博士。
② 科林·克拉克(1905—1989),英国经济学家和统计学家。

输网络。

交通运输网络是交通运输业的基础,可分为三部分:一是交通运输实体网络,由固定的交通运输基础设施组成;二是交通运输运营网络,由交通运输线路和运输设备组成;三是交通运输信息网络,由各种交通运输资源信息组成。交通运输网络的空间布局、通行能力和技术装备反映了整个交通运输系统的状况和水平,在运输业中具有十分重要的地位。运输网络的结构更是直接关乎交通运输系统的功能,因而对运输网络结构应务必给予充分的重视。

运输业的网络经济是指在一定的条件下,随着运输总产出的扩大而使平均运输成本下降的现象。运输业的规模经济和范围经济均是源于网络经济的作用。规模经济是指在一定的产量范围内,随着产量的增加,平均成本将不断降低。运输业的规模经济可以从运输网络规模、线路长度、通行能力、客货发送量、中转能力、运距等方面来分析理解。范围经济是指同时生产两种产品的费用低于分别生产每种产品的费用。运输业的范围经济可以理解为生产多种运输产品与生产单一运输产品相比可以使平均成本下降,如客货混运。规模经济和范围经济相互交叉便赋予了交通运输的网络经济特性,每扩大一种生产规模,每提供一个多样化产品,都可以引起平均运输成本的下降。

1.2.3 交通运输业的市场属性

从市场属性的角度来说,交通运输业是具有可竞争性的自然垄断性行业,具有自然垄断性和可竞争性的特点。

1. 交通运输业具有自然垄断性

1848年,约翰·斯图亚特·米尔[①](John Stuart Mill)在他的《政治经济学原理》一书中谈到了自然垄断问题,但并没有涉及运输业。1902年,托马斯·法勒(Thomas H. Farrer)最早按照经济特征对自然垄断进行了描述。1937年,理查德·伊利[②](Richard T. Ely)将自然垄断分为三类:一是依靠独特的资源形成的自然垄断;二是依靠独占信息或特权形成的自然垄断;三是由于产业自身的特殊性形成的自然垄断。并且他首次明确提出,铁路和公共设施等即由于业务特性而产生的自然垄断性行业。在他看来,自然垄断可以定义为"不可竞争性"。自然垄断性行业通常都具有网络经济的特征,即它提供的商品或服务需要一定的产业网络才能实现。脱离了这些产业网络,这些商品或服务就无法在社会消费领域内流通。运输业也是通过一定的运输网络为社会提供服务的,而其中的铁路就属于典型的自然垄断行业,尤其是铁路路网系统的建立和运营,具有非常明显的自然垄断性特征。

2. 交通运输业具有可竞争性

尽管自然垄断在经济上是合理的,但自然垄断行业对社会福利却构成了一定的损害。

---

① 约翰·斯图亚特·米尔(1806—1873),英国哲学家、心理学家和经济学家。
② 理查德·伊利(1854—1943),美国经济学家、作家。

1890年，阿尔弗雷德·马歇尔①(Alfred Marshall)在其经典著作《经济学原理》一书中，提出了著名的"马歇尔冲突"——自由竞争会导致生产规模扩大，形成规模经济，提高产品的市场占有率，又不可避免地造成市场垄断，而垄断发展到一定程度又必然阻止竞争，扼杀企业活力，造成资源的不合理配置。此后，关于垄断与竞争、规模经济与竞争活力之间矛盾的争论就从未停止过。直到1940年，约翰·克拉克②(J. M. Clark)提出了有效竞争的概念。他认为，虽然极端的产品差异性可能会有导致垄断的倾向，但存在适度差异的产品，特别是具有紧密替代关系和较多知识技术含量的产品推动的竞争，可能是更为可行和有效率的。

1982年，威廉·杰克·鲍莫尔③(William Baumol)等人在《可竞争市场与产业结构理论》一书中提出了可竞争理论。其主要观点是：那些不属于完全竞争的寡头垄断甚至垄断市场，也同样可以实现良好的生产效率和技术效率，因为只要保持市场的完全自由，不存在特别的进出市场成本，那么潜在的竞争压力就会迫使任何市场结构条件下的企业采取竞争行为。可竞争理论认为，一个最佳的产业组织形式是一个完全可竞争的市场，在这种市场中，价格P与边际成本MC是完全相等的，企业没有垄断利润($P>0$，$MC>0$)。市场的自由进出意味着即使在短期内，无论是$P>MC$还是$P<MC$，市场都无法处于均衡状态。因为当$P>MC$时，新的加入者会很快吸引进入市场；而当$P<MC$时，市场上过多的竞争者就会选择退出。这类似于"打了就跑"(Hit-and-Run)的策略。因此，一个完全可竞争市场(Perfect Contestable Market)不必像完全竞争市场(Perfectly Competitive Market)那样，必须拥有众多生产同质产品的小型企业，它的假定条件可以非常宽泛。可竞争理论将具有规模经济和自然垄断的行业同样纳入了竞争的定义之中，这对交通运输等自然垄断性行业的改革产生了十分重要而深远的影响。

1.2.4 交通运输业的社会属性

交通运输业是一个国家最重要的基础产业，且具有很强的外部性，表现出全社会所有、全社会使用的社会公益性。

1. 交通运输业是战略性基础产业

俗话说，"要想富，先修路"。交通运输基础设施在国民经济发展中扮演着先行者的角色，任何国家和地区的经济发展都是以安全、高效的运输业为前提的。社会机器的运转，无时无刻不需要交通运输业在其中起着协调和维系作用，可以想象，没有了交通运输业，整个社会都将陷入瘫痪。

2. 交通运输业具有显著的外部性

自1890年英国著名经济学家马歇尔提出"外部经济"一词以来，外部性(Externality)

---

① 阿尔弗雷德·马歇尔(1842—1924)，当代经济学的创立者，现代微观经济学体系的奠基人，剑桥学派和新古典学派的创始人，19世纪末20世纪初英国乃至世界最著名的经济学家。在其影响下，剑桥大学建立了世界上第一个经济学系。

② 约翰·克拉克(1884—1963)，美国经济学家，哥伦比亚大学教授，美国国际经济学会名誉会长。

③ 威廉·杰克·鲍莫尔(1922—2017)，美国经济学家，普林斯顿大学经济学荣誉教授、退休高级研究员，纽约大学经济学教授。代表作有《微观经济学》等。

一直被看作市场失灵的一种共生现象。100多年来,经济学家对外部性概念的解读非但没有达成统一,反而越趋离散。当前对外部性含义的解释主要分为两类,一类以萨缪尔森(Paul A. Samuelson)和诺德豪斯(William D. Nordhaus)为代表,从外部性的产生主体角度来定义:"外部性是指那些生产或消费对其他团体强征了不可补偿的成本或给予了无须补偿的收益的情形。"另一类以兰德尔(Alan Randall)为代表,从外部性的接受主体来定义:"当一个行动的某些效益或成本不在决策者的考虑范围内的时候,所产生的一些低效率现象;也就是某些效益被给予,或某些成本被强加给没有参加这一决策的人。"无论哪个角度,一言以蔽之,外部性是指某个经济主体对其他经济主体产生了某种外部影响,而这种外部影响又不能通过市场价格来进行买卖。用格里高利·曼昆[①](N. Gregory Mankiw)的话说,外部性是"一个人的行为对旁观者福利的无补偿的影响"。外部性可以分为正外部性和负外部性两类,而这取决于对旁观者福利的影响是有利的还是不利的。交通运输业即一种外部性极强的产业,同时具有正外部性和负外部性的特征。

所谓正外部性,是指某个经济主体的经济活动,导致其他经济主体获得了某种额外的经济利益,而受益者却无须为此付出相关的代价。交通运输的正外部性主要表现为增加就业机会、拉动经济增长、优化产业结构、促进商品流通等。轨道交通运输便是一种具有明显正外部性的交通运输方式。

然而,许多学者认为,从长远来看运输业的正外部性是非常有限的。由于人类对利益追逐的本性,人们会设法降低运输的外部成本,将原来存在的外部性自发地内部化。因此,运输业的外部性更多地表现为负外部性。所谓负外部性,是指某经济主体的生产或消费行为给其他经济主体造成了损失,而受损失方却得不到补偿的情况。交通运输的负外部性主要表现为交通拥挤造成的额外时间和运营成本,交通运输造成的尾气、噪声等污染,交通事故造成的人力资源损失等。

1.3　运输技术经济学概述

1.3.1　运输技术经济学的含义

运输技术经济学是应用经济学的一个分支,是研究运输领域的经济问题和经济规律,研究运输技术进步与社会经济增长之间相互关系的学科,是在运输项目投资决策之前,对项目实施和运营过程中的投入和产出进行预测,并对项目的技术先进性、可靠性、经济合理性、可行性以及运营安全性、稳定性进行系统分析和全面论证的学科。

目前在我国,运输技术经济学的理论与方法,主要应用于各类运输项目建设的前期研究工作(包括项目规划、机会研究、项目建议书、可行性研究)及项目后评价工作,其主要目的是加强固定资产投资的宏观调控,提高投资决策的科学化水平,促进资源的合理配置,规避投资风险,优化投资结构,充分发挥投资效益。

---

① 格里高利·曼昆(1958—),美国著名经济学家。29岁成为哈佛大学历史上最年轻的终身教授之一,著有《经济学原理》《宏观经济学》等经典教材。

1.3.2 运输技术经济学的发展历程

1. 初步发展阶段

运输技术经济学的起源最早可以追溯到"现代经济学之父"亚当·斯密[①]（Adam Smith）的著作中。1776年，亚当·斯密在他的代表作《国民财富的性质和原因的研究》（即《国富论》）中，论述了运输（主要是帆船和马车）对城市和地区经济繁荣所起的促进作用及政府在交通设施方面的开支等问题。1825年，世界第一条铁路在英国正式通车。随着铁路在欧洲的兴建，越来越多的学者加入到了运输经济问题的讨论中来，论述交通运输与经济文化之间的关系。1841年，弗里德里希·李斯特[②]（Friedrich List）在《政治经济学的国民体系》一书中，把交通作为国民生产力的一个构成因素进行研究。他认为，运输是经济发展的重要条件，运输既是工业和贸易发展的原因，又是工业和贸易发展的结果。1844年，法国经济学家杜比特（J. Dupuit）发表了《论公共工程的效用》一文，其在论文中用费用—效益的观点研究了运输投资和运价问题，并首次提出了"边际"的概念，因而后人认为该文是第一部运输经济学专论，在运输经济学的历史上具有重要的地位。1850年，伦敦大学的D. 拉德纳教授（D. Lardner）出版了《铁路经济》一书，在书中他讨论了运输进步的历史及其影响，讨论了铁路的各种运营管理和成本、运费、利润等问题，以及铁路与运输的关系。著名经济学家马歇尔后来称赞该书为近代铁路的经济科学奠定了基础。

对运输经济学体系的初步形成起着奠基作用的，是奥地利经济学家E. 萨克斯（E. Sax）。1878年，他在《国民经济中的运输工具》一书中较系统地讨论了运输政策和运输经营的问题，书中既分析了国家在运输方面的宏观经济问题，也探讨了个别运输方式经营活动的微观经济问题。1887年，美国铁路工程师亚瑟·惠灵顿（Arthur Wellington）在他的著作《铁路布局的经济理论》中，首次将工程投资与经济分析结合起来，将成本分析方法应用于铁路的最佳长度和路线曲率选择问题，并提出了"工程利息"这一概念，开创了工程项目经济领域的先河。

从铁路修筑热潮到20世纪20年代，铁路运输以其运量和速度方面的优势，在世界交通运输业中一直占据着主导地位。在这个时期内，运输经济研究主要围绕在铁路的投资建设与经营管理，以及国家对铁路的管理控制等方面。

20世纪30年代初，随着汽车工业的发展和公路里程的增长，汽车运输在欧美国家后来居上，超过了铁路运输。1932年，世界上第一条高速公路——科隆—波恩高速公路在德国建成通车。高速公路的出现对铁路运输提出了进一步的挑战。与此同时，民用航空的异军突起以及政府部门对公路、铁路、港口建设的重视，使得世界运输业的格局发生了新的变化。在这个阶段，各国开始对交通基础设施建设进行评估，并由此产生了一系列的经济分析方法。1940年，宾夕法尼亚大学的约翰逊（E. Johnson）等人所著的《交通运输：经济原理与实践》一书，全面讨论了五种运输方式（铁路、公路、航空、水运和管道）在竞争

---

① 亚当·斯密（1723—1790），英国经济学家、哲学家，经济学的主要创立者。代表作有《国富论》《道德情操论》等。
② 弗里德里希·李斯特（1789—1846），古典经济学的怀疑者和批判者，德国历史学派的先驱。代表作有《政治经济学的国民体系》《政治经济学的自然体系》《美国政治经济学大纲》等。

与合作等方面的经济问题。

2. 快速发展阶段

20世纪30年代后,饱经战火洗礼的欧洲各国百废待兴,其交通基础设施在战争中尤其遭到了严重的破坏,如何使有限的资金发挥最有效的作用,成为各国普遍关注和亟待解决的问题,这种状况促进了技术经济分析理论与实践的完善和发展。与此同时,各种运输业日新月异的蓬勃发展和宏观、微观经济学理论的进步,吸引了众多经济学家加入到运输经济学的研究中来,运输经济学的研究至此终于加快了脚步。1946年,毕格海姆(T. Bigham)出版了《交通运输:原理和问题》;1950年,费尔(M. Fair)出版了《运输经济学》;1958年,梅耶等人出版了《运输业中的竞争经济学》;而美国经济学家洛克林(D. Lockin)的《运输经济学》一书更是在1935~1977年间再版了7次。这些著作综合探讨了各种运输方式的竞争、协作、发展、经营、定价以及国家对运输业的管理和政策等问题,是这一时期运输经济学的代表作。

20世纪60年代以后,西方国家开始逐渐在运输规划方面重视项目的可行性研究与环境影响研究,美国政府在1966年成立的运输部(US Department of Transportation, US DOT)使得运输经济学在西方国家获得更为快速的发展,诸多经济学家投身其中,运输经济学在投资和成本—效益分析(Cost Benefit Analysis, CBA)方面取得了较快的进展。

20世纪70年代,石油危机席卷全球,同时环境问题也愈发引起人们的关注,由此衍生出了新的运输经济学课题。20世纪70年代至80年代,西方国家的运输管理政策有了新的变化,在运输经济学论著中也出现了相关的探讨。这个时期的综合性著作有1978年美国俄勒冈大学罗依·桑普森(R. Sampson)等人出版的《运输经济——实践、理论与政策》;1984年哈珀(D. Harper)出版的《美国运输:使用者、运送者和政府》;1993年肯尼斯·巴顿①(Kenneth Button)再版的《运输经济学》等;1997年美国密歇根大学教授肯尼斯·珀耶(Kenneth Boyer)出版的《运输经济学原理》,首次将运输经济分析建立在交通运输业网络经济特性的基础上,被认为是运输经济学走向成熟的标志之一。与此同时,还有针对航空、海运、城市交通以及能源、土地利用、运输需求分析、运输政策分析等方面的专著问世,运输经济学至此已获得了长足的发展。

3. 当代运输技术经济学发展现状

进入21世纪以来,运输经济学领域的专家、学者进行了更为广泛和深入的研究,代表性的论文著作有佐治亚理工学院教授麦卡锡(Patrick S. McCarthy)2001年出版的《运输经济学——理论与应用》(*Transportation Economics — Theory and Practices: A Case Study Approach*)、波拉克(J. B. Polak)和海尔杰(A. Heertje)于2000年发表的《运输经济学分析》(*Analytical Transport Economics — An International Perspective*)、卡迪夫大学桑托斯(Georgina Santos)发表的《道路收费的分布含义:神话背后的真相》(*Distributional Implications of Road Pricing: The Truth Behind a Myth*)、巴顿在2011年出版的《交通与经济发展挑战》(*Transportation and Economic Development*

---

① 肯尼斯·巴顿(1948—),英国运输专家,以其在道路使用者收费、航空和环境分析方面的工作而闻名。

Challenges)及 2012 年出版的《全球化与运输》(Globalization and Transport)等。

4. 运输技术经济学在我国的发展

我国从 20 年代末 30 年代初开始引入西方运输经济学,先后出版过《交通经济学》《铁道管理学》等著作。中华人民共和国成立后,我国的运输经济学主要学习苏联的以计划经济为主线的理论著作。20 世纪 80 年代,我国进入了由计划经济向市场经济的转型时期,为了适应体制的变化,有一批适合我国国情和经济体制的著作相继出版,包括《铁路运输经济》《公路运输经济学》《航运经济》《中国运输布局》《中国交通经济分析》《中国的交通运输问题》等。90 年代后,运输经济学理论体系日臻完善,一大批教材著作陆续出版,具有代表性的有 1993 年北京交通大学荣朝和发表的博士论文《论运输化》,重庆交通大学乔乐中教授编写的《运输经济学》(成都科技大学出版社),1995 年许庆斌、荣朝和、马运等编写的《运输经济学导论》(中国铁道出版社),1999 年上海海运学院陈贻龙教授和长安大学邵振一教授主编的《运输经济学》(人民交通出版社)等。

进入 21 世纪以来,国内的运输经济学研究开始借鉴主流经济学、国际运输经济学的研究方法和手段,应用经济学的最新研究成果。研究内容涵盖了运输经济活动中的各种资源、组织等问题,运输经济学研究队伍迅速发展壮大,国内的运输经济学教材也可谓百花齐放。具有代表性的著作有 2002 年长沙理工大学管楚度教授编写的《新视域运输经济学》(人民交通出版社),北京交通大学荣朝和教授编写的《西方运输经济学》(经济科学出版社,2008 年第二版);2003 年上海交通大学隽志才教授编写的《运输技术经济学》(人民交通出版社,2013 年第五版),同济大学严作人教授编写的《运输经济学》(人民交通出版社,2009 年第二版);2006 年南开大学王述英教授编写的《物流运输组织与管理》(电子工业出版社),王庆云编写的《交通运输发展理论与实践》(中国科学技术出版社);2011 年北京交通大学贾顺平教授编写的《交通运输经济学》(人民交通出版社,2019 年第三版);2015 年北京交通大学林晓言教授编写的《交通运输工程经济学》(社会科学文献出版社);2016 年哈尔滨工业大学王健教授编写的《城市客运交通经济学》(人民交通出版社)等。

2017 年 10 月,党的十九大报告首次明确提出要建设"交通强国"的发展战略,如何更加深入地剖析运输经济学的内在规律,培养更多交通运输行业的优秀人才,投身于实现中华民族伟大复兴的"中国梦"的征程中去,是时代赋予当代所有运输经济学者责无旁贷的历史使命。

1.4 运输技术经济学的研究对象及内容

1.4.1 运输技术经济学的研究对象

运输技术经济学的研究对象是运输项目方案的经济分析方法和社会评价方法,即研究如何有效地应用资源的最佳配置方法分配和利用资源,来最大限度地满足社会的交通运输需求;研究运用何种经济理论和分析工具,科学地评价运输项目的有效性,以获得技术和经济的最优结合。

以修建一条高速公路为例,运输技术经济学的研究重点并不在于这条高速公路的设计方法和施工工艺,而在于分析运输需求和运输供给之间的关系,论证修建的必要性与合理性,研究其修建的时间、路线的选择、资金的花费以及资金筹措的方式,评估其建成之后能满足多少运输需求,产生多大的经济效益和社会效益。

作为国民经济的重要组成部分,交通运输业有其自身的经济规律。运输技术经济学即采用经济学的理论和方法去探索和研究这种经济规律。它包括以下两方面的内容:一是交通运输业具有的一般经济规律;二是交通运输业自身所特有的经济规律。因此,仅仅从经济基础和上层建筑的角度研究交通运输经济规律是不够的,还要结合交通运输业的生产力去研究生产关系,从宏观和微观经济环境对交通运输业的作用、交通运输需求和供给的相互关系的角度,来探究其内在经济规律。

1.4.2 运输技术经济学的研究内容

当前,运输技术经济学的研究内容主要包括以下几个方面。

(1)运输需求与供给。包括运输需求与供给分析,运输需求预测,运输需求与供给平衡理论等。

(2)运输项目的财务分析。包括财务效益和费用的识别与估算、财务盈利能力分析等,从投资方财务的角度分析项目的可行性。

(3)运输项目的经济费用效益分析。包括经济费用与效益的识别和估算、经济费用效益分析、费用效果分析等,从国民经济的角度分析项目的可行性。

(4)运输项目的风险与不确定性分析。包括盈亏平衡分析、敏感性分析、概率分析等。

(5)运输项目的评价方法体系。包括运输项目的综合评价、后评价、物有所值评价等。

(6)运输设备更新的经济分析。包括设备的大修、更新等。

(7)价值工程。包括功能分析、功能评价等。

1.5 运输技术经济学的主要研究方法

1.5.1 定性研究和定量研究相结合的方法

定性研究(Qualitative Research)是指对事物的本质和价值的研究。经济学中的定性研究侧重于运用归纳与演绎、抽象与概括以及分析与综合等方法,对经济现象进行解释、分析和判断,从而实现对经济现象的本质和规律的把握。其优点是忠实地以经济理论为基础,因而能较好地把握经济规律。定量研究(Quantitative Research)则是运用计量的方法明确地描述经济现象在数量方面的特征,并对不同的经济现象进行对比分析,建立相应的数学模型来确定其主要矛盾和发展趋势。其优点是具有明确的数学描述,标准化和精确化程度高。

就两者的关系而言,定性分析是定量分析的前提和基础。定量分析中的数学模型即对经济规律的数学描述,因而必须以正确的经济理论作为指导。如果没有定性研究作为基础,定量研究就容易带有"由数据到数据"的盲目性。而仅仅有定性分析又是远远不够的,定量研究是在定性研究基础上的深化与提高。正如经济学家萨缪尔森(Paul A.

Samuelson)所说:"经济学是一门兼具科学的精确性和人文的诗意的科学。"在经济学研究中,将定性研究与定量研究紧密结合起来是最合理、最有效的研究方法。

在运输技术经济学中,比较常用的定性研究方法包括专家会议法(Expert Meeting Law)和德尔菲法(Delphi Method)。专家会议法是按照规定的原则指定一定数量的专家,通过召开研讨会、座谈会的形式向与会专家征求对研究对象未来的发展趋势及状况的预测,从而做出判断的方法。专家会议法有助于与会专家们互换意见,从而弥补个人意见中的偏颇之处;通过交流和反馈,产生"思维共振",在较短的时间内卓有成效。然而专家会议法也存在缺陷,如受心理因素的影响比较大,有的专家容易屈服于权威或大多数人的意见,或者固执己见,不愿意改变自己当初发表过的意见等。德尔菲法的原理是采用匿名的方式,针对预测问题分别向各个专家征询意见,然后将各专家的意见回收汇总,整理出综合意见。随后,将预测问题和综合意见再分别反馈给各个专家,进行第二轮意见征询,各专家依据综合意见对自己的原有意见进行修改,然后再回收汇总,再次整理出综合意见。如此反复,预测结果将渐渐地趋于一致。德尔菲法具有广泛的代表性,较为可靠。

定性研究与定量研究相结合的方法中,最典型的是层次分析法(The Analytic Hierarchy Process,AHP)。它由托马斯·塞蒂[①]在20世纪70年代初提出,是一种定性和定量相结合的、系统化、层次化的分析方法。它把复杂的问题分解为各个组成要素,又把这些要素按照支配关系进行分组,从而形成递层关系。通过两两比较,确定各层次中各因素的相对重要性,然后综合决策者的判断,来确定决策方案的相对重要性。以货物运输为例,假如有一批货物需由上海运往重庆,有公路、铁路和水运三种运输方式,货主会依据速度、运价、运量、灵活性等准则去反复比较这三种运输方式。按照层次分析法的原理,首先,货主会确定这些准则的权重:如果这批货亟待交付,那么运输速度自然是第一位的;如果货主能负担的运费捉襟见肘,那么他自然会更重视运价的问题;有的货主还有可能更希望减少中转流程,实现"点对点"运输等。然后,货主会就每一个准则将三种运输方式进行对比,譬如铁路运输最快,公路次之;水运价格最便宜,铁路次之;公路运输最灵活等。最后,货主对这两个层次的比较判断进行综合,最终确定一种运输方式。层次分析法的具体实施步骤,将会在第7章中进行讲解。

此外,20世纪80年代末,钱学森提出了定性到定量综合集成方法,并于1990年在《一个科学新领域——开放的复杂巨系统及其方法论》一文中,首次对其做出了系统、完整的阐述。下面援引于景元在2002年发表的《从定性到定量综合集成方法——案例研究》一文中对定性到定量综合集成方法的阐述:

定性到定量综合集成方法的实质是将专家体系、数据与信息体系和计算机体系有机地结合起来,构成一个高度智能化的人机结合、人网结合系统。它把人的思维、思维成果、知识、经验、智慧以及各种情报、资料和信息集成起来,从多方面的定性认识上升到定量认识,发挥整个系统的综合优势、整体优势和智能优势。综合集成方法是方法论上的创新,是研究复杂巨系统和复杂性问题的方法论。它采取人机结合、人网结合、以人为主的信

---

① 托马斯·塞蒂(1926—2017),美国运筹学家、匹兹堡大学的杰出大学教授,著名的层次分析法提出者,架构师和主要理论家。

息、知识和智慧的综合集成,采取自上而下和自下而上的路线,从整体到部分再到整体,将宏观和微观研究统一起来,最终从整体上研究和解决问题。从定性综合集成提出经验性判断,到人机结合的定性定量相结合综合集成得到定量描述,再到从定性到定量综合集成获得科学结论,实现从经验性的定性认识上升到科学的定量认识。

交通运输系统是典型的复杂巨系统,其组织管理需要系统工程,特别是复杂系统工程的思想。综合集成方法为人们从整体上研究和解决交通运输问题提供了系统途径、方式和方法。目前,综合集成方法已经应用到了交通运输领域的需求预测、交通拥挤、公共交通、物流等各个方面。

1.5.2 系统分析的理论和方法

系统分析方法(System Analysis Method)是一种将研究问题看作一个系统,对系统的要素进行综合分析,从而找出解决问题的可行方案的方法。根据系统论的观点,交通运输项目的各个环节均可以视为一个有机的整体,它不是各个部分的简单叠加或机械组合,而是整体的作用效果大于各部分作用的总和。系统分析方法有助于从宏观上对运输项目的目标进行设定,对有限的资源进行最合理的配置。

目前运输经济学领域常用的系统分析方法是系统动力学(System Dynamics)方法。该方法于1956年由麻省理工学院教授福瑞斯特(J. W. Forrester)创立,是一门分析研究信息反馈系统、探索如何认识和解决系统问题的学科,其特别强调系统的整体性和复杂系统的非线性特性,适用于研究复杂系统的结构、功能和行为之间的关系。对于解决交通运输经济学中具有很强的整体关联性的问题,系统动力学拥有很强的优势,在交通运输项目的投资评估、经济评价方面有广泛的应用。

1.5.3 对比分析法

对比分析法(Comparative Analysis Approach)也叫比较分析法,是把两个相互联系的指标数据进行比较,对研究对象的规模、水平、速度以及关系进行数量上的说明。在对比分析法中,选择合适的对比标准是十分重要的,否则评价可能会得出错误的结论。在运输经济学领域,对比分析法在运输项目建设的评价中具有明显的优势。如通过某财务指标与同性质的其他指标进行对比,可以反映运输企业的财务状况、经营状况和现金流量等情况。

交通运输建设领域常用的方法有态势分析法,即SWOT分析法,该方法于20世纪80年代初由旧金山大学教授韦里克(Heinz Weihrich)提出。所谓的SWOT,即分析研究对象的优势(Strengths)、劣势(Weaknesses)、机会(Opportunities)和风险(Threats),它其实是一种将研究对象内外部条件的各方面内容进行综合和概括,进而分析其优劣势、面临的机会和风险的方法。SWOT分析可以指导企业将自身有限的资源聚集在自己的强项和机会最多的地方,实现效益的最大化。

1.5.4 经济计量分析方法

经济计量分析方法是一种以数学为基础的分析方法,主要用于研究运输项目的投资、经营、评价等方面,依赖数学模型和数学分析,能够为运输项目建设提供合理的决策。交通运输经济学中常用的经济计量分析方法主要有边际分析方法、经济效益分析法、现值分析法等。

边际分析方法(Marginal Analysis)是将追加的支出和追加的收入相比较,二者相等时的点定义为临界点,即投入的资金所得到的利益与支出(损失)相等时的点。如果经济主体的目标是获得最大利润,那么当追加的收入和追加的支出相等时,这一目标就能达到。在西方经济学中,边际分析方法是最基本的分析方法之一,是一个比较科学的分析方法。

经济效益分析法是在传统的边际分析方法基础上的进一步完善。当各个选择方案的数量、目标远不像利润、生产率、费用等那样具体和明确时,经济效益分析是一种较好的决策方法。其主要特点是:把注意力集中在一个方案或最终结果上,即根据每个方案在为目标服务时的效果,来权衡它们的优缺点。同时还要从效果着眼,比较每个方案的费用或成本。经济效益分析的知识,将在本书第5章中进行介绍。

现值分析法(Present Value Analysis)是将不同时期内发生的收益或追加的投资和经营费用,都折算为投资起点的现值,然后与期初的投资比较,净现值大于零的方案为可行方案,净现值最大的方案为最佳方案。利息一般分为单利和复利两种,在方案评价中多采用复利计算。关于现值、利息等相关知识,将在本书第2章中进行介绍。

1.6 我国交通运输发展现状及国际对比

1949年以来,我国的交通事业工作者克服了无数的艰难险阻,建设了一批令世界瞩目的交通运输基础设施。进入21世纪以来,我国交通运输事业的发展步伐明显加快,经过十几年的发展,已经建立起了较为完备的交通运输体系。本书根据2022年5月交通运输部发布的《2021年交通运输行业发展统计公报》,从基础设施、运输装备、运输服务、交通固定资产投资、安全生产和科技创新与人才队伍建设六个方面,对我国的交通运输发展现状加以说明。

1.6.1 基础设施

1. 铁路

截至2021年末,全国铁路营业里程达到15.0万千米,其中高铁营业里程达到4万千米,如图1.1所示。铁路复线率为59.5%,电化率为73.3%。全国铁路路网密度156.7千米/万平方千米。

2. 公路

2021年末,全国公路总里程528.07万千米,比2020年末增加8.26万千米;公路密度55.01千米/百平方千米,比2020年末增加0.86千米/百平方千米,如图1.2所示。公路养护里程525.16万千米,占公路总里程比重为99.4%。

全国四级及以上等级公路里程506.19万千米,比2020年末增加11.74万千米,占公路总里程比重为95.9%、提高0.7个百分点。其中,二级及以上等级公路里程72.36万

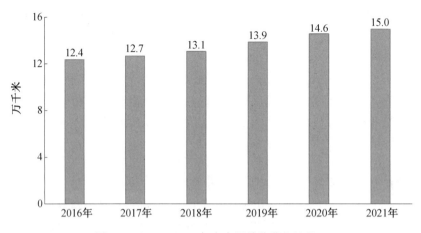

图 1.1　2016～2021 年末全国铁路营业里程

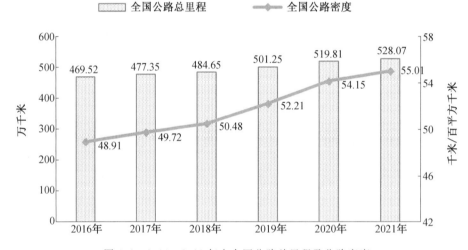

图 1.2　2016～2021 年末全国公路总里程及公路密度

千米,增加 2.13 万千米,占公路总里程比重为 13.7%,提高 0.2 个百分点;高速公路里程 16.91 万千米,增加 0.81 万千米,国家高速公路里程 11.70 万千米,增加 0.40 万千米。如图 1.3 所示。

2021 年末国道里程 37.54 万千米,省道里程 38.75 万千米。农村公路里程 446.60 万千米,其中县道里程 67.95 万千米、乡道里程 122.30 万千米、村道里程 256.35 万千米。

2021 年末全国公路桥梁 96.11 万座、7 380.21 万延米,比 2020 年末分别增加 4.84 万座、751.66 万延米,其中特大桥梁 7 417 座、1 347.87 万延米,大桥 13.45 万座、3 715.89 万延米。全国公路隧道 23 268 处、2 469.89 万延米,增加 1 952 处、269.96 万延米,其中特长隧道 1 599 处、717.08 万延米,长隧道 6 211 处、1 084.43 万延米。

3. 水路

(1) 内河航道。

2021 年末,全国内河航道通航里程 12.76 万千米,比 2020 年末减少 43 千米。等级航道通航里程 6.72 万千米,占总里程比重为 52.7%,其中三级及以上航道通航里程 1.45

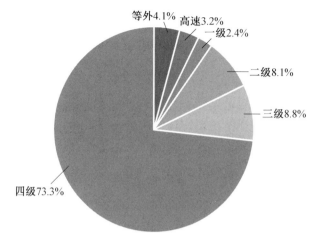

图 1.3　2021 年末全国公路里程分技术等级构成

万千米,占总里程比重为 11.4%。

各等级内河航道通航里程分别为:一级航道 2 106 千米,二级航道 4 069 千米,三级航道 8 348 千米,四级航道 11 284 千米,五级航道 7 602 千米,六级航道 16 849 千米,七级航道 16 946 千米。等外航道 6.04 万千米。

各水系内河航道通航里程分别为:长江水系 64 668 千米,珠江水系 16 789 千米,黄河水系 3 533 千米,黑龙江水系 8 211 千米,京杭运河 1 423 千米,闽江水系 1 973 千米,淮河水系 17 500 千米。

(2)港口。

截至 2021 年末,全国港口生产用码头泊位 20 867 个,比 2020 年末减少 1 275 个。其中,沿海港口生产用码头泊位 5 419 个、减少 42 个,内河港口生产用码头泊位 15 448 个、减少 1 233 个。

全国港口万吨级及以上泊位 2 659 个,比 2020 年末增加 67 个,如表 1.1 所示。从分布结构看,沿海港口万吨级及以上泊位 2 207 个、增加 69 个,内河港口万吨级及以上泊位 452 个、减少 2 个。从用途结构看,专业化万吨级及以上泊位 1 427 个、增加 56 个,通用散货万吨级及以上泊位 596 个、增加 4 个,通用件杂货泊位 421 个、增加 6 个,如表 1.2 所示。

表 1.1　2021 年末全国港口万吨级及以上泊位数量　　　　　　　　　　　单位:个

泊位吨级	全国港口年末数	比 2020 年末增加	沿海港口年末数	比 2020 年末增加	内河港口年末数	比 2020 年末增加
合计	2 659	67	2 207	69	452	−2
1～3 万吨级(不含 3 万)	875	10	687	15	188	−5
3～5 万吨级(不含 5 万)	447	10	321	8	126	2
5～10 万吨级(不含 10 万)	874	24	748	23	126	1
10 万吨级及以上	463	23	451	23	12	0

表 1.2　2021 年年末全国万吨级及以上泊位构成（按用途结构分）　　　单位/个

泊位用途	年末数	比 2020 年末增加
专业化泊位	1 427	56
其中：集装箱泊位	361	7
煤炭泊位	272	7
金属矿石泊位	85	0
原油泊位	93	6
成品油泊位	146	−1
液体化工泊位	270	31
散装粮食泊位	38	−1
通用散货泊位	596	4
通用件杂货泊位	421	6

4. 民航

截至 2021 年末，共有颁证民用航空运输机场 248 个，比 2020 年末增加 7 个，其中定期航班通航机场 248 个，定期航班通航城市（或地区）244 个。

全年旅客吞吐量达到 100 万人次以上的机场 96 个，比 2020 年增加 11 个，其中全年旅客吞吐量达到 1 000 万人次以上的机场 29 个、增加 2 个。全年货邮吞吐量达到 10 000 吨以上的机场 61 个、增加 2 个。

1.6.2　运输装备

1. 铁路

截至 2021 年末，全国拥有铁路机车 2.2 万台，其中内燃机车 0.8 万台、电力机车 1.4 万台。拥有铁路客车 7.8 万辆，其中动车组 4 153 标准组、33 221 辆。拥有铁路货车 96.6 万辆。

2. 公路

2021 年末全国拥有公路营运汽车 1 231.96 万辆，比 2020 年末增长 5.2%。分结构看，拥有载客汽车 58.70 万辆、1 751.03 万客位，分别下降 4.2% 和 4.9%；拥有载货汽车 1 173.26 万辆、17 099.50 万吨位，分别增长 5.7% 和 8.3%，其中，普通货车 406.94 万辆、4 923.43 万吨位，分别下降 1.7% 和增长 5.6%，专用货车 60.39 万辆、718.76 万吨位，分别增长 19.2% 和 20.5%，牵引车 346.68 万辆、增长 11.5%，挂车 359.25 万辆、增长 7.4%。2016~2021 年末全国载货汽车拥有量如图 1.4 所示。

3. 水路

截至 2021 年末，全国拥有水上运输船舶 12.59 万艘（图 1.5），比 2020 年末下降 0.7%，其中净载重量 28 432.63 万吨，增长 5.1%，载客量 85.78 万客位，下降 0.3%，集装箱箱位 288.43 万 TEU，下降 1.6%。按航行区域分，2021 年末全国水上运输船舶构成如表 1.3 所示。

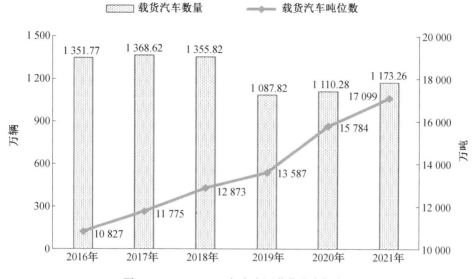

图 1.4 2016～2021 年末全国载货汽车拥有量

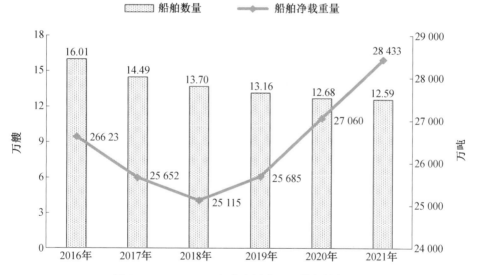

图 1.5 2016～2021 年末全国水上运输船舶拥有量

表 1.3 2021 年末全国水上运输船舶构成（按航行区域分）

指标	单位	年末数	比 2020 年末增长/%
内河运输船舶			
运输船舶数量	艘	11.36	−1.2
净载重量	万吨	14 676.92	7.3
载客量	万客位	59.45	−1
集装箱箱位	万 TEU	48.37	−5.7
沿海运输船舶			

续表1.3

指标	单位	年末数	比2020年末增长/%
运输船舶数量	艘	10 891	5.2
净载重量	万吨	8 885.61	12.1
载客量	万客位	23.91	1.2
集装箱箱位	万TEU	62.45	2.5
远洋运输船舶			
运输船舶数量	艘	1 402	−6.5
净载重量	万吨	4 870.09	−10.8
载客量	万客位	2.42	5.4
集装箱箱位	万TEU	177.62	−1.8

注:TEU(Twenty feet Equivalent Unit)是指以长度为20英尺的集装箱为国际计量单位,也称国际标准箱单位。

4. 城市客运

截至2021年末,全国拥有城市公共汽电车70.94万辆,比2020年末增长0.7%,其中纯电动车41.95万辆、增长10.8%,占整个城市公共汽电车比重为59.1%、提高5.4个百分点(图1.6)。拥有城市轨道交通配属车辆5.73万辆,增长16.0%。拥有巡游出租汽车139.13万辆,下降0.2%。拥有城市客运轮渡船舶196艘,增长1.0%。如表1.4所示。

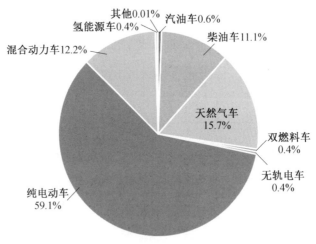

图1.6 2021年年末公共汽电车分燃料类型构成

表 1.4 2016～2021 年末全国城市客运装备拥有量

年份	公共汽电车/万辆	城市轨道交通配属车辆/万辆	巡游出租汽车/万辆	城市客运轮渡船舶/艘
2021 年	70.94	5.73	139.13	196
2020 年	70.44	4.94	139.40	194
2019 年	69.33	4.10	139.16	224
2018 年	67.34	3.40	138.89	250
2017 年	65.12	2.87	139.58	264
2016 年	60.86	2.38	140.40	282

1.6.3 运输服务

2021 年全年完成营业性客运量 83.03 亿人,比上年下降 14.1%,完成旅客周转量 19 758.15 亿人千米、增长 2.6%(图 1.7)。完成营业性货运量 521.60 亿吨、增长 12.3%,完成货物周转量 218 181.32 亿吨千米、增长 10.9%(图 1.8)。

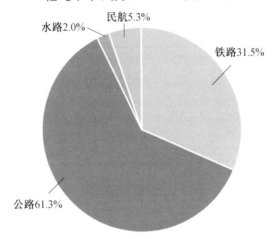

图 1.7 2021 年营业性客运量分运输方式构成

1. 铁路

2021 全年完成旅客发送量 26.12 亿人,比 2020 年增长 18.5%,完成旅客周转量 9 567.81 亿人千米、增长 15.7%。

2021 全年完成货物总发送量 47.74 亿吨,比 2020 年增长 4.9%,完成货物总周转量 33 238.00 亿吨千米、增长 8.9%。

2. 公路

2021 全年完成营业性客运量 50.87 亿人,比 2020 年下降 26.2%,完成旅客周转量 3 627.54 亿人千米、下降 21.8%。

2021 全年完成营业性货运量 391.39 亿吨,比 2020 年增长 14.2%,完成货物周转量 69 087.65 亿吨千米、增长 14.8%。

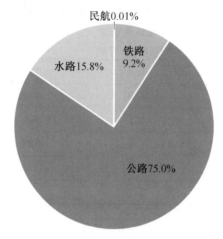

图 1.8 2021 年营业性货运量分运输方式构成

2021 全年机动车年平均交通量为 14 993 辆/日,比 2020 年增长 4.9%,年平均行驶量为 348 692 万车千米/日、增长 3.6%。

3. 水路

2021 全年完成营业性客运量 1.63 亿人,比 2020 年增长 9.0%,完成旅客周转量 33.11 亿人千米,增长 0.4%。

2021 全年完成营业性货运量 82.40 亿吨,比 2020 年增长 8.2%,完成货物周转量 115 577.51 亿吨千米,增长 9.2%。其中,内河货运量 41.89 亿吨、增长 9.8%,内河货物周转量 17 735.99 亿吨千米、增长 11.3%;海洋货运量 40.51 亿吨、增长 6.6%,海洋货物周转量 97 841.51 亿吨千米、增长 8.8%。

2021 全年全国港口完成旅客吞吐量 4 773.64 万人,比 2020 年增长 8.0%。其中,内河港口完成 121.87 万人、增长 63.4%,沿海港口完成 4 651.77 万人、增长 7.1%。

2021 全年全国港口完成货物吞吐量 155.45 亿吨,比 2020 年增长 6.8%,如表 1.5 所示。其中,内河港口完成 55.73 亿吨、增长 9.9%,沿海港口完成 99.73 亿吨、增长 5.2%。完成集装箱铁水联运量 754 万 TEU、增长 9.8%。

4. 民航

2021 全年完成客运量 4.41 亿人,比 2020 年增长 5.5%,完成旅客周转量 6 529.68 亿人千米、增长 3.5%。国内航线完成客运量 4.39 亿人,比 2020 年增长 7.6%,其中,港澳台航线完成 59.25 万人、下降 38.4%,国际航线完成 147.72 万人、下降 84.6%。

2021 全年完成货邮运输量 731.84 万吨,比 2020 年增长 8.2%,完成货邮周转量 278.16 亿吨千米、增长 15.8%。

2021 全年民航运输机场完成旅客吞吐量 9.07 亿人,比 2020 年增长 5.9%,完成货邮吞吐量 1 782.80 万吨、增长 10.9%。

表 1.5　2021 年全国港口分内外贸及重点货类吞吐量

类别	单位	吞吐量	比 2020 年增长/%
货物吞吐量	亿吨	155.45	6.8
按内外贸分			
外贸	亿吨	46.97	4.5
内贸	亿吨	108.48	7.9
按主要货类分			
其中:煤炭及制品	亿吨	28.31	10.8
石油、天然气及制品	亿吨	13.16	0.5
金属矿石	亿吨	23.99	2.5
集装箱	亿 TEU	2.83	7.0
内河	亿 TEU	0.33	11.3
沿海	亿 TEU	2.49	6.4

5. 邮政

2021 全年完成邮政行业业务总量 13 698.3 亿元,比 2020 年增长 25.1%。

2021 全年完成邮政函件业务 10.9 亿件,比 2020 年下降 23.3%,完成包裹业务 1 822.9 万件、下降 10.2%,完成报纸业务 163.9 亿份、下降 0.9%,完成杂志业务 6.9 亿份、下降 3.6%,完成汇兑业务 646.0 万笔、下降 32.8%。

2021 全年完成快递业务量 1 083.0 亿件,比 2020 年增长 29.9%。完成快递业务收入 10 332.3 亿元、增长 17.5%,占邮政行业业务收入比重为 81.7%、提高 2.0 个百分点。

6. 城市客运

截至 2021 年末,全国城市公共汽电车运营线路 75 770 条,比 2020 年末增加 5 127 条,运营线路总长度 159.38 万千米、增加 11.17 万千米,其中公交专用车道 18 263.8 千米、增加 1 712.2 千米。城市轨道交通运营线路 275 条、增加 49 条,运营里程 8 735.6 千米、增加 1 380.9 千米,其中地铁线路 223 条、7 664.0 千米,轻轨线路 7 条、262.9 千米。城市客运轮渡运营航线 84 条、增加 1 条,运营航线总长度 376.3 千米、增加 52.9 千米。

2021 全年完成城市客运量 993.84 亿人,比 2020 年增长 14.0%(图 1.9)。其中,公共汽电车客运量 489.16 亿人、运营里程 335.27 亿千米,分别增长 10.6% 和 10.7%,城市轨道交通客运量 237.27 亿人、增长 34.9%,巡游出租汽车客运量 266.90 亿人、增长 5.4%,城市客运轮渡客运量 0.51 亿人、增长 30.5%(图 1.10)。

1.6.4　交通固定资产投资

2021 年全国完成交通固定资产投资 36 220 亿元,比 2020 年增长 4.1%(图 1.11)。

1. 铁路

2021 年完成铁路固定资产投资 7 489 亿元。

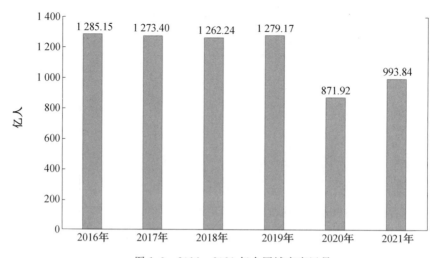

图 1.9　2016～2021 年全国城市客运量

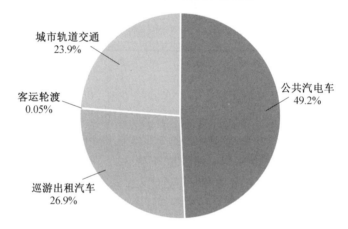

图 1.10　2021 年全国城市客运量分运输方式构成

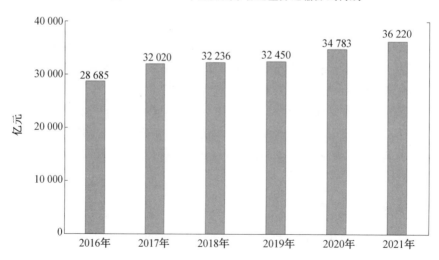

图 1.11　2016～2021 年交通固定资产投资额

2. 公路水路

2021年完成公路水路固定资产投资27 508亿元,比2020年增长6.3%。

(1)公路。

2021全年完成公路固定资产投资25 995亿元,比2020年增长6.0%。其中,高速公路完成15 151亿元、增长12.4%,普通国省道完成5 609亿元、增长5.9%,农村公路完成4 095亿元、下降12.9%。

2021全年全国832个脱贫县完成公路固定资产投资7 582亿元。

(2)水路。

2021全年完成水路固定资产投资1 513亿元,比2020年增长11.4%。其中,内河建设完成743亿元、增长5.5%,沿海建设完成723亿元、增长15.4%。

3. 民航

2021全年完成民航固定资产投资1 222亿元,比2020年增长13.0%。

1.6.5 美国交通运输发展介绍

根据美国运输部下属的联邦公路管理局(Federal Highway Administration,FHWA)、美国铁路管理局(Federal Railroad Administration,FRA)及交通统计局(Bureau of Transportation Statistics,BTS)等部门官方网站公布的统计数字,将美国交通运输业发展现状整理如下。

美国的货运铁路网是当今世界上最具活力的货运系统之一。这个规模达600亿美元的产业,由7条Ⅰ类铁路(营业收入4.332亿美元以上的铁路)、21条地区性铁路和510条地方性铁路组成。2017年,铁路运营里程达13.85万英里(1英里≈1.609千米),在当年创造了近740亿美元的收入。其中,7条Ⅰ类铁路分别为:伯灵顿北方圣太菲铁路(BNSF Railway)、CSX运输(CSX Transportation)、大干线公司(Grand Trunk Corporation)、堪萨斯城南方铁路(Kansas City Southern Railway)、诺福克南方联合铁路子公司(Norfolk Southern Combined Railroad Subsidiaries)、Soo Line铁路(Soo Line Railroad)和联合太平洋铁路(Union Pacific Railroad),总里程约9.3万英里,总收入达700亿美元。另外,地区性铁路运营里程约1万英里,地方性铁路运营里程约3.3万英里。这个庞大的铁路运输系统不仅是世界上最高效的货运铁路网络,承担着世界最大的货运量(年货运量超过20亿吨),还为全国提供了22.1万个就业岗位,并在降低道路拥堵、公路死亡率、燃料消耗和温室气体排放、物流成本以及公共基础设施维护成本等众多公共利益方面,发挥着重大的作用。如果没有这个庞大的货运铁路系统,美国的公路上将增加1.2亿辆卡车,并将消耗4倍于铁路运输所消耗的燃料来维持每天所需的货物运输。图1.12为2008~2017年10年间,美国Ⅰ类铁路货运量情况。

美国国家铁路客运公司(National Railroad Passenger Corporation of the USA,Amtrak,简称美国国铁或美铁)是美国城际客运铁路服务的主要运营商。截至2017年,其在全美46个州和华盛顿特区运营着2.14万英里的客运线路和500多个车站。2017年,美铁乘客的出行次数达到创纪录的3 170万次,比2016年的3 130万人次略有增加。如果算上美国国内的航空公司,美铁的载客量排名第六(仅次于西南航空、达美航空、美国

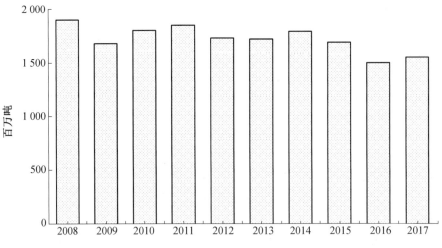

图 1.12 2008～2017 年美国 I 类铁路货运量

航空、联合航空和捷蓝航空)。客流量最大的路线是波士顿和华盛顿之间的东北走廊(NEC),该走廊还负责该地区主要城市的通勤铁路服务。芝加哥周边以及加州和太平洋西北部的几个地区的客流量也很高。在 2017 财年,最繁忙的美铁车站是纽约市的宾夕法尼亚站(Penn. Station,1 040 万人次),其次是华盛顿特区的联合车站(Union Station,520 万人次)和费城 30 街站(Philadelphia 30 Street Station,440 万人次)。除 NEC 以外,几乎所有的客运列车服务都是通过 I 类货运铁路拥有和共享的轨道提供的。因此,Amtrak 的服务很大程度上取决于货运铁路的维护情况。

20 世纪 30 年代后,经过一段快速的公路建设时期,美国公路系统基础设施的实际增长速度放缓。自 2000 年以来,高速公路里程、车道里程和桥梁数量以每年 0.5% 左右的速度增长。截至 2016 年,公路总里程为 410 万英里,车道里程 1 070 万英里,桥梁数量为 261.5 万座。其中,地方道路总里程 290 万英里,占公路总里程的 69.1%;州际公路 4.8 万英里,占公路总里程的 1.2%,却承担着国内最高的交通量份额——据测算,2016 年州际公路承担的车辆行驶里程(Vehicle Miles Traveled,VMT)占到了 25.4%。图 1.13 为 1980～2016 年美国公路里程、车辆里程和车道里程数。

美国公路系统及其他主要干线进行多式联运,在人口密集地区周围建立了广泛的高速公路系统,包括州际公路以及其他对国家经济、国防和交通具有重要作用的公路。国家高速公路系统与其他节点和干线服务于人口密集的城市中心,如东北和东海岸,并向西部农村地区提供服务。自从 20 世纪 50 年代州际公路系统发展以来,州际公路的增长就一直伴随着美国南部大城市和太平洋沿岸人口的增长。

运输资本存量是指特定日期存在的运输基础设施和设备的价值。2016 年美国运输资本存量净值估计为 7.7 万亿美元,由公共和私营部门共同拥有。其中,货运铁路设施和设备几乎完全为私营部门所有,共计 3.5 万亿美元,占运输资本存量的 45.3%;公路、桥梁、机场、海港等则为国家和地方政府所有,共计 4.2 万亿美元,占运输资本存量的 54.7%。公共部门资本存量中,公路和街道占的份额最大,约 3.5 万亿美元。

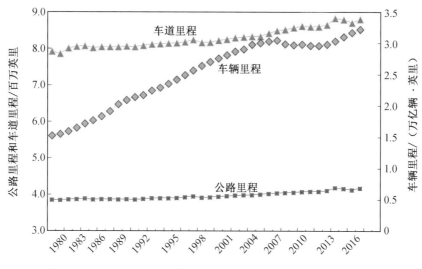

图 1.13　1980～2016 年美国公路里程、车辆里程和车道里程数

1.6.6　我国交通运输发展介绍

近十几年来,经过快速、大规模的基础设施建设,我国的交通基础设施无论在总量上还是在质量上都得到了快速提高。然而,鉴于我国幅员辽阔、人口基数庞大的国情,以及社会经济发展的现实需要,在未来一段时间内,我国仍需要继续推进和完善交通基础设施建设。在此,编者援引了关于部分国家的交通技术设施建设的文章,并对文中的统计数据进行了更新和整理,从以下几个指标来说明我国的交通基础设施发展水平。

1. 公路里程密度

公路交通方面,总量较高,但公路里程密度较低(图 1.14)。2018 年,我国公路总里程达 477.35 万千米,仅次于同年美国的 673.3 万千米;然而密度仅为 0.504 千米/平方千米,低于世界均值 0.76 千米/平方千米。

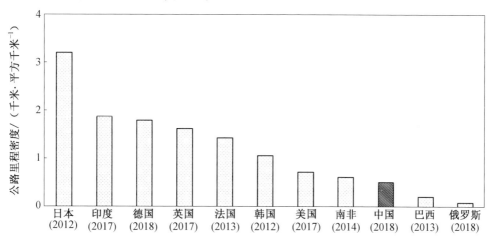

图 1.14　各国公路里程密度

2. 人均公路里程

2018年,我国人均公路里程3.5米(图1.15),低于印度(4.18米,2017年数据)、巴西(8.66米,2013年数据)等发展中国家,与美国(20.67米,2017年数据)、法国(14.38米,2013年数据)等发达国家也存在很大差距。

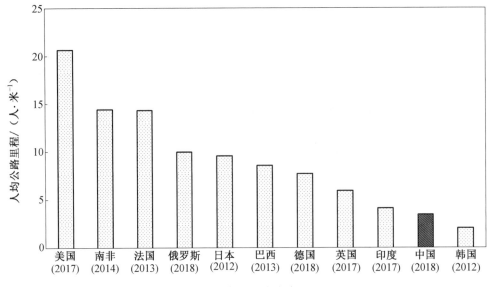

图1.15 各国人均公路里程

3. 铁路里程密度

铁路方面,2017年我国铁路总里程为12.7万千米,仅低于美国(22.28万千米,2016年数据),排名第二;然而铁路里程密度为13.5米/平方千米,与世界均值22.3米/平方千米有较大差距(图1.16)。

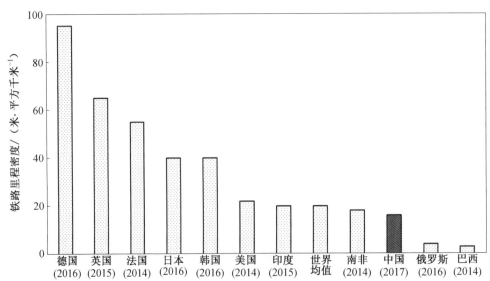

图1.16 各国铁路里程密度

4. 人均铁路里程

2017年,我国人均铁路里程为90千米/百万人,远低于世界均值(340千米/百万人),且低于主要发达国家和新兴市场国家(图1.17)。

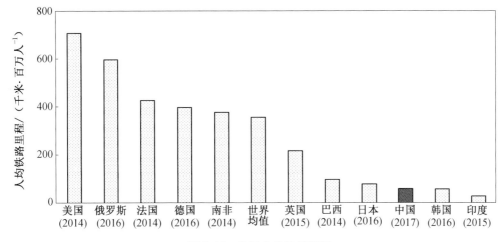

图1.17 各国人均铁路里程

5. 各国高速公路里程占公路总里程的比重

2018年,我国高速公路里程达13.7万千米,位居世界第一。从高速公路里程占公路总里程的比重来看(图1.18),我国为2.9%,仅低于韩国(3.9%,2012年数据)。

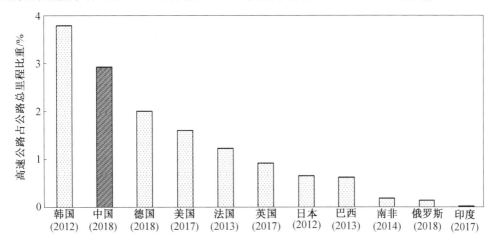

图1.18 各国高速公路里程占公路总里程的比重

6. 航空运输

我国的航空运输整体上处于发展中国家水平。2017年,中国航空起飞架次为436万次,约为美国的45%,但高于其他国家。2017年,中国共有颁证运输机场229个,而美国虽然有近20 000个机场,但是大部分机场都不是用于商业运输,规模也较小,用于商业运输的机场约为555个。中国的机场数量相当于美国机场数量的41%,与实际运输量水平相当。根据《全国民用运输机场布局规划》,到2025年,我国全国民用运输机场规划布局370个(规划建成约320个)。而从人均水平看,我国的航空运输与其他新兴市场国家基本处于同一水平,2017年为0.003次/人,与巴西(0.004次/人)、南非(0.004次/人)大致持平,仅是美国水平(0.030次/人)的10%,且低于世界均值(0.018次/人)。

7. 港口航运

港口航运体现了中国作为制造业大国的特征。2017年,中国港口集装箱量为21 372万标准箱,位居世界第一,大幅领先其他国家,是第二名美国(5 142万标准箱)的4倍多。从人均水平看,中国也处于发达国家水平,2017年为0.15标准箱/人,与日本(0.17标准箱/人)、美国(0.16标准箱/人)、英国(0.16标准箱/人)相近,但低于世界均值(0.36标准箱/人)。

本章小结

本章首先介绍了运输的意义及交通运输业的属性,然后就运输技术经济学的含义及其发展历程进行了阐述。在此基础上,介绍了运输技术经济学的研究对象、研究内容和研究方法。最后,从基础设施、运输装备、运输服务、固定资产投资四个方面介绍了我国交通运输的发展现状,并对美国的交通运输发展状况及我国交通运输在世界的发展水平进行了介绍。

习题与思考题

1. 为什么说交通运输业具有拥挤性公共物品属性?
2. 结合实例分析交通运输在稳定物价方面所起的作用。
3. 试阐述交通运输的外部性特征。

参考文献

[1] 中共中央、国务院. 交通强国建设纲要[J]. 中国道路运输,2019(10):6.
[2] 交通运输部. 交通强国建设评价指标体系[J]. 中国水运,2022(4):4.
[3] 贾顺平. 交通运输经济学[M]. 北京:人民交通出版社,2011.
[4] 蒋惠园. 交通运输经济学[M]. 武汉:武汉理工大学出版社,2009.
[5] 严作人. 运输经济学[M]. 2版. 北京:人民交通出版社,2009.
[6] 杭文. 运输经济学[M]. 南京:东南大学出版社,2008.
[7] 颜飞,王建伟. 对运输业网络经济的探讨[J]. 铁道运输与经济,2008,30(2):1-4.
[8] 王璞,吴卫红,张爱美. 技术经济学[M]. 北京:机械工业出版社,2012.
[9] 交通运输部. 2021年交通运输行业发展统计公报. https://xxgk.mot.gov.cn/2020/jigou/zhghs/202205/t20220524_3656659.html.
[10] 王久梗. 国内外运输经济学书籍评介[J]. 综合运输,2004(4):50-52.
[11] 袁长伟,吴群琪. 运输经济学在国际上的若干研究重点及启示[J]. 交通运输系统工程与信息,2013,13(6):11-17.

[12] 于景元,涂元季. 从定性到定量综合集成方法——案例研究[J]. 系统工程理论与实践,2002,22(5):1-7,42.

[13] 吴金明,荣朝和. 对运输业属性认识的理论综述[J]. 铁道学报,2004,26(5):107-114.

[14] BUTTON K. Transportation economics: Some developments over the past 30 years[J]. Journal of the Transportation Research Forum,2006,45(2):288-293.

[15] MILLAN C,PABLO. Essays on transport economics[M]. Berlin:Physica-Verlag HD,2007.

[16] GWILLIAM K. A review of issues in transit economics[J]. Research in Transportation Economics,2008,23(1):4-22.

[17] MANKIW N G. Principles of economics[M]. 7th Edition. Stamford,USA:Cengage Learning,2014.

[18] 美国铁路协会. Gauging U.S. economic activity through rail traffic data. https://www.aar.org/data-center/rail-traffic-data/.

[19] 美国交通统计局. National Transportation Statistics. https://www.bts.gov/.

[20] 马守业. 道路运输业安全投资效益评价研究[D]. 青岛:中国海洋大学,2009.

[25] 刘芳. 关于运输业基本属性及其现实意义的思考[J]. 特区经济,2007(2):244-246.

第 2 章　资金的时间价值与等值计算

在进行技术经济分析时,不仅要对资金的数额进行分析,同时也要对资金发生的时点进行分析。早投资或晚投资,集中投资或分期投资,其经济效果是不同的。这是因为资金的时间价值在发挥作用。因此研究资金时间价值具有重要的意义。

学生在本章将首先学习资金时间价值的概念,然后学习现金流量和现金流量图的相关知识,接着学习各种情况下的资金等值计算,最后学习应用 Excel 电子表格计算复利的方法。

2.1　资金时间价值概述

2.1.1　资金时间价值的概念

资金时间价值(Time Value of Money,TVM),是指资金随着时间的推移而发生的增值,即等额的资金在不同的时点上具有不同的价值。比如年初把 1 万元用于投资,按照年投资收益率 10% 计算,年末将持有 1.1 万元。可见,经过一年的时间,这 1 万元发生了 1 000 元的增值,年初的 1 万元和年末的 1.1 万元等值。实际上银行利息也是资金时间价值的一种表现形式。资金时间价值的实质,是资金周转使用后的增值额,是资金所有者通过让渡资金的使用权参与社会财富分配的一种形式。根据经济学的相关原理,可以将资金的时间价值视为使用资金这一稀缺资源的一种机会成本,是占用资金使用权所需要付出的代价,或让渡资金使用权、放弃近期消费所得的补偿。

下面用一个示例来说明资金的时间价值。

某地一家生产企业,建厂初期生产的产品主要供应当地市场。近年来由于市场的开拓,产品也开始运往外地市场进行销售。为了更好地在外地市场与同类产品展开竞争,该企业正在研究是否在外地市场附近另建分厂,从而降低运输成本,进而降低在外地市场的销售价格。

根据核算,在外地另建分厂预计每年可以节约运费 1 200 万元,在分厂建设期间原厂照常开工生产。分厂所需的建设资金为 2 亿元,寿命期为 20 年。假设另建新厂后的市场规模不变。通过计算可以得到,20 年的时间里总计可以节约运输费用 2.4 亿元,大于建设分厂所需的资金 2 亿元。那么,这是否意味着另建新厂一定是更加经济的呢? 更进一步,如果分厂的寿命期为无限长,是否意味着建设新厂可以不计成本呢?

答案都是否定的。如果企业将这 2 亿元不是用于建设新厂,而是以 7.5% 的年利率存入银行,那么每年银行支付给企业的利息为 1 500 万元,比另建新厂后每年节省的运输费用还高 300 万元。或者,如果企业将 2 亿元的建设资金用于其他方面的投资,年投资收益率为 10%,那么每年的收益将达到 2 000 万元。

由此可见,当投资期较长时,如果忽略了资金的时间价值,就有可能得出错误的判断。交通运输工程项目所需的资金数额大、时间长,资金的时间价值便显得尤为突出,因此必须把不同时点上的资金换算为同一时点上的资金,然后再进行方案的比选。

从经济学的角度讨论和分析资金的时间价值,需注意以下几个方面:

(1)资金的时间价值是在参加生产过程的周转中产生的,即只有将资金投入生产或经营的过程当中,伴随着生产与交换的进行,才有可能产生一定的收益或利润。如果将资金作为贮藏手段封存起来,那么它就不具备时间价值了。

(2)资金时间价值的大小取决于多种因素,包括资金数额、使用时间、周转速度、投资利润率、通货膨胀、风险水平等。

(3)资金的时间价值既是绝对的,又是相对的。资金时间价值的绝对性表现为任何资金都具有时间价值;资金时间价值的相对性表现在多个方面,不同时期、不同地区,资金的时间价值也是不同的。现代社会,资金的时间价值远远大于过去;经济发达、劳动生产率高的地区,资金的时间价值高于经济欠发达、劳动生产率低的地区。

2.1.2 资金时间价值的度量

衡量资金时间价值的尺度分为绝对尺度和相对尺度两种。绝对尺度是资金在周转过程中随时间的推移而产生的增值的绝对数额,即利息或收益;相对尺度是资金在周转过程中随时间的推移而发生的增值的相对数额,即利率或收益率。

利息(Interest)是指在借贷的过程当中,债务人向债权人支付的超过原借款金额的部分。而原借款金额则称为"本金"(Principal),本金和利息之和称为"本利和"(Future Value)。在经济学当中,从债权人的角度来看,利息是暂时放弃资金使用权所得的补偿;从债务人的角度来看,利息可以视为资金的一种机会成本,是占用资金需要付出的代价。利息的计算公式为

$$I = F - P \tag{2.1}$$

式中,I 为利息;F 为本利和;P 为本金。

利率(Interest Rates),又叫作利息率,是单位时间内利息和本金的比值。这里的单位时间,称为计息周期,可以是一年、半年、季或月。其中最常用的计息周期是一年,对应的利率称为年利率(Rate of Interest Per Annum)。利率的计算公式为

$$i = \frac{I_t}{P} \times 100\% \tag{2.2}$$

式中,i 为利率;I_t 为计息周期产生的利息;P 为本金。

在经济学中,利率是从利息中衍生出来的。也就是说,是先理论上承认了利息,然后再用利息来解释利率。而在实际生活中恰好相反,常通过利率计算利息,利息的大小是根据利率来衡量的。

【例 2.1】 某人在年初购买了 1 万元的一年期国债,到期时的本利和为 10 281.76

元。问:这笔国债的年利率为多少?

解 根据式(2.2),年利率为

$$(281.76/10\ 000) \times 100\% = 2.817\ 6\%$$

利率是各国发展国民经济的杠杆之一,其大小由以下因素决定:

(1)社会平均利润率。马克思曾指出:"必须把平均利润率看成是利息的有最后决定作用的最高界限。"也就是说,平均利润率应该是利率的上限。如果利率高于利润率,借款人借用资金后入不敷出,那么他就不会去借款了。

(2)金融市场借贷资本的供求状况。在平均利润率不变的条件下,借贷资本供不应求,利率便上升;反之,利率则下降。

(3)银行所承担的贷款风险。借出资本要面临一定的风险,风险越高,利率也越高。

(4)通货膨胀率。通货膨胀率对利率的波动有着直接的影响,通货膨胀率高时,实际利率可能会变为负值。

(5)借出资本的期限。借款期限越长,不可预见的风险就越大,利率也就越高。

由此可见,银行的利息、利率并不完全是资金时间价值的概念,它是对存款者的一种补偿。除了包含时间价值之外,利率还受通货膨胀和风险价值两个因素的影响。在不考虑通货膨胀和没有风险的情况下,利率才是衡量资金时间价值的科学合理的相对尺度。

2.1.3 单利和复利

利息的计算有单利和复利两种方法。当只有一个计息周期时,单利与复利没有本质上的区别;当多于一个计息周期时,就需要对计息方法进行选择。

1. 单利法

单利(Simple Interest)是指在计算利息时,每期只对初始本金计算利息,对前期产生的利息不再计息。这也就是通常说的"利不生利"的计息方法。我国现行的银行定期存款和国债的利息,就是以单利计算的。其计算公式为

$$F = P \cdot (1 + n \cdot i) \tag{2.3}$$

式中,F 为本利和;P 为本金;n 为计息周期数;i 为单利利率。

用 I_n 表示 n 个计息周期的单利总利息,则有

$$I_n = \sum_{t=1}^{n} I_t = \sum_{t=1}^{n} (P \cdot i) = P \cdot i \cdot n \tag{2.4}$$

由式(2.4)可知,在单利计息下,总利息与占用资金的数额、计息周期数以及利率成正比。在第 n 期期末,本息和为

$$F_n = P + I_n = P \cdot (1 + n \cdot i) \tag{2.5}$$

式中,$(1 + n \cdot i)$ 称为单利终值系数。

本金也可由本利和 F_n 与总利息 I_n 之差求出,即

$$P = F_n - I_n = \frac{F}{1 + n \cdot i} \tag{2.6}$$

式中,$1/(1 + n \cdot i)$ 称为单利现值系数。

关于现值和终值的概念,将会在本章第 3 节中进行介绍。

第 2 章 资金的时间价值与等值计算

【例 2.2】 试计算 2.1.1 示例中,该生产企业将 2 亿元的建设资金存入银行,20 年后的本利和。

解 根据式(2.3),20 年后的本利和为
$$2 \times (1 + 7.5\% \times 20) = 5(亿元)$$

由于单利法中增值的利息不再产生利息,相当于增值的这部分资金被闲置起来,不符合资金运动的规律,因此在技术经济分析中使用较少,通常只用于不超过一年的短期投资或贷款。

2. 复利法

复利(Compound Interest)是指在计算利息时,将上一期产生的利息并入本金重复计息。这种重复计利的效应,就是通常所说的"利滚利"。其计算公式如下。

每期末利息 I_t 的计算公式

$$I_t = i \cdot F_{t-1} \tag{2.7}$$

式中,i 为复利利率;F_{t-1} 为第 $t-1$ 期期末的复利本利和。

第 t 期期末的本利和为

$$F_n = F_{t-1} + I_t = F_{t-1} + i \cdot F_{t-1} = F_{t-1}(1+i) \tag{2.8}$$

由通项公式(2.8)可知,第 n 期期末的复利本利和 F_n 为

$$F_n = P \cdot (1+i)^n \tag{2.9}$$

复利本利和计算表如表 2.1 所示。

表 2.1 复利本利和计算表

期数(期末)	期初本金	本期利息	期末本利和
1	P	Pi	$F_1 = P \cdot (1+i)$
2	$P \cdot (1+i)$	$P \cdot (1+i)i$	$F_2 = P \cdot (1+i)^2$
3	$P \cdot (1+i)^2$	$P \cdot (1+i)^2 i$	$F_3 = P \cdot (1+i)^3$
…	…	…	…
n	$P \cdot (1+i)^{n-1}$	$P \cdot (1+i)^{n-1} i$	$F_n = P \cdot (1+i)^n$

【例 2.3】 某人现持有资金 100 万元准备投资运输项目。A 项目承诺按年计息,年利率为 6.5%;B 项目承诺按月计息,月利率为 1%。两个项目风险水平一致,均采用复利计息的方式,且投资期均为 2 年。问:A、B 两个项目哪个收益更高一些?

解 A 项目 2 年后的本利和为
$$100 \times (1 + 6.5\%)^2 = 113.42(万元)$$

B 项目 2 年后的本利和为
$$100 \times (1 + 1\%)^{24} = 126.97(万元)$$

由上可知,投资 B 项目收益更高。

【例 2.4】 某运输企业为了更新运输车辆,以 4.76% 的年利率向银行贷款 3 000 万元,贷款期为 3 年。试分别计算在单利和复利方式下,3 年后该企业应支付多少利息?若贷款期为 5 年,情况又是如何?

解 (1)贷款期为3年的情况下：

若按单利计息,3年末本利和为

$$3\,000 \times (1+4.76\% \times 3) = 3\,428.4(万元)$$

3年总利息为

$$3\,428.4 - 3\,000 = 428.4(万元)$$

若按复利计息,3年末本利和为

$$3\,000 \times (1+4.76\%)^3 = 3449.1(万元)$$

3年总利息为

$$3\,449.1 - 3\,000 = 449.1(万元)$$

(2)贷款期为5年的情况下：

若按单利计息,5年末本利和为

$$3\,000 \times (1+4.76\% \times 5) = 3\,714(万元)$$

5年总利息为

$$3\,714 - 3\,000 = 714(万元)$$

若按复利计息,5年末本利和为

$$3\,000 \times (1+4.76\%)^5 = 3\,785.3(万元)$$

5年总利息为

$$3\,785.3 - 3\,000 = 785.3(万元)$$

通过例2.4可以发现,相对于单利计息来说,随着贷款期的延长,复利总利息的增长速度将越来越快。或许这个例题给人的印象还不够深刻,下面来看一个广为流传的故事。

1626年,荷属美洲新尼德兰省的总督Peter Minuit花了价值约60荷兰盾(当时约合24美元)的物品,从印第安人酋长手里买下了一座面积约59.5平方千米的小岛。这座小岛就是今天家喻户晓的国际商业中心——曼哈顿。截至2000年,曼哈顿岛的总价值已经达到了约2.5万亿美元。看到这里,相信很多人一定会惊呼,Peter简直是捡了天大的便宜,因为不到400年的时间里,曼哈顿的价值已经翻了1000多亿倍!

那么,印第安人是否真的吃亏了呢？其实未必。如果印第安人拿着这24美元去投资,以7.5%的年复合收益率计算,到2000年,这笔钱将会变成约13.4万亿美元。从纽约金融市场300多年间的行情来看,7.5%的年收益率是不难做到的。从这个角度来说,反而是印第安人赚了。难怪爱因斯坦会说,"宇宙中最强大的力就是复利(The most powerful force in the universe is compound interest.)""复利是世界第八大奇迹(Compound interest is the eighth wonder of the world.)"。长期投资的复利效应,将有可能实现资产的翻倍增值。

与单利法相比,复利法更符合社会再生产过程中资金运动的状况,更能反映资金的时间价值,因而在交通运输工程技术经济分析中被广泛使用。我国现行的财税制度规定,投资贷款实行差别利率并按照复利计息。

复利法可以分为间断复利和连续复利。计息周期为固定的时间区间（如年、季、月等）计算复利的方法称为间断复利，又叫普通复利；计息周期无限缩短按瞬时计算复利的方法称为连续复利。由于在现实生活中计息周期不可能无限缩短，因此复利都采用间断复利的计息方式。

2.1.4 名义利率和实际利率

前面已经介绍了计息周期的概念。在工程项目经济评价时，通常采用的是复合年利率，即利率周期和计息周期均为一年。但在现实生活中，有时计息周期可能为半年、季、月、日等。复利计息的频率不同，产生的利息也会不同。当利率周期和计息周期不一致时，就需要区别名义利率和实际利率的概念。

1. 名义利率

名义利率（Nominal Interest Rate），是计息周期利率 i 与一个利率周期内的计息周期数 n 相乘所得的利率周期利率，通常用 r 表示。其计算公式为

$$r = i \cdot n \tag{2.10}$$

如果计息周期月利率为 1%，利息周期年内有 12 个月，则利率周期年名义利率为 1%×12=12%。通常称之为"年利率 12%，按月计息"。这里的年利率 12% 就是名义利率。可以看出，计算名义利率时前面各期的利息不再生息，这与单利的计算是相同的。

2. 实际利率

实际利率（Real Interest Rate）又叫有效利率，是指按照计息周期的利率，以利率周期内的计息周期数连续计息后所得到的利率周期利率，也就是按照复利法来计算利率周期内所得的利息与本金之比。

在进行工程项目的技术经济分析时，每年计算利息次数不同的名义利率，是不能直接进行比较的，必须先将它们统一转化为年实际利率。根据利息和利率的定义，可以推导出年实际利率的计算公式。

假设期初有资金 P，名义利率为 r，一年内的计息次数为 m，则计息周期利率为 r/m。由复利法的利息计算公式 $I = P \cdot [(1+i)^n - 1]$，可得一年后的利息为

$$I = P \cdot [(1+i) - 1] = P \cdot \left(1 + \frac{r}{m}\right)^m - P \tag{2.11}$$

根据利率的定义，利率等于利息和本金之比。结合式（2.11），当名义利率为 r 时，实际利率 r_{real} 为

$$r_{\text{real}} = \frac{I}{P} = \frac{P \cdot \left(1 + \frac{r}{m}\right)^m - P}{P} = \left(1 + \frac{r}{m}\right)^m - 1 \tag{2.12}$$

由式（2.12）可知，当 $m=1$，即每年计息一次时，实际利率 r_{real} 就等于名义利率 r；当 $m>1$ 时，实际利率 r_{real} 大于名义利率 r，且 m 越大，二者的差值越大。

以上是间断复利实际利率的计算，当计息周期无限缩短，一年中的计息次数趋于无穷多时，$m \to \infty$，此时即为连续计息的形式，年实际利率为

$$r_{\text{real}} = \lim_{m \to \infty} \left(1 + \frac{r}{m}\right)^m - 1 = \lim_{m \to \infty} \left[\left(1 + \frac{r}{m}\right)^{\frac{m}{r}}\right]^r - 1 \tag{2.13}$$

其中，$\lim\limits_{m\to\infty}(1+\dfrac{r}{m})^{\frac{m}{r}}=\mathrm{e}=2.71828$。

因此，年实际利率为：$r_{\mathrm{real}}=\lim\limits_{x\to\infty}(1+\dfrac{r}{m})^{m}-1=\mathrm{e}^{r}-1$。

由于社会上的资金是处在不停运动当中的，每时每刻都在增值，因而理论上应该采用连续复利的计息方式。但在实际生活中，都采用的是间断复利法。尽管如此，连续复利对于投资决策、数学建模，都具有重要的意义。

【例 2.5】 若年利率为 10%，按季度计息，求实际利率。

解 10%为年名义利率，按季度计息，则每年的复利计息次数为 4，根据式（2.12），可求得实际利率为

$$r_{\mathrm{real}}=(1+\dfrac{0.1}{4})^{4}-1=0.1038=10.38\%$$

年名义利率 $r=10\%$ 时，按年、半年、季、月、日计息的年实际利率如表 2.2 所示。

表 2.2 实际利率与名义利率的关系

年名义利率/%	计息期	年计息次数	计息期利率/%	年实际利率/%
10	年	1	10	10
	半年	2	5	10.25
	季	4	2.5	10.38
	月	12	0.833	10.47
	日	365	0.0274	10.52

2.2 现金流量与现金流量图

资金的时间价值是运输技术经济分析和评价的基本概念，是应用动态分析的方法对运输项目投资方案进行科学评价的基础。在运用资金的时间价值进行运输技术经济分析的过程中，常常需要描述资金数额的大小及发生时间和方向，这便涉及现金流量和现金流量图的概念。

2.2.1 现金流量的概念

为了对交通运输项目进行技术经济分析与评价，需要对项目在各年的资金流动状况进行描述。进行技术经济分析与评价时，可以将项目（也可以是一个企业、部门、地区乃至整个国家）视为一个特定的经济系统，而投资、成本、收入等可以视为以货币的形式在该系统内的资金流出或流入。项目的这种在一定时期内的各个时点上实际发生的资金流出或流入称为现金流量（Cash Flow）。其中，流出系统的资金称为资金流出（Cash Outflow），记作 CO；流入系统的资金称为资金流入（Cash Inflow），记作 CI；同一时点上发生的资金流入与资金流出之差称为净现金流量（Net Cash Flow），记作 NCF。显然，当同一时点上发生的资金流入大于资金流出时，净现金流量值为正，表示一定时期的净收入；反之，净现

金流量值为负,表示一定时期的净支出。在项目的技术经济分析与评价中,一般以年为单位来计算现金流量值。现金流量是决定一个企业兴衰存亡的关键,最能反映一个企业的运营状况。在众多的价值评价指标中,基于现金流量的评价是最具有权威性的。

在计算现金流量时,需要注意每个现金流量都要有明确的发生时点,且现金流量必须是实际发生的,应收或应付账款、暂时不能兑现的有价证券和不能立即出让的固定资产账面价值均不能视为现金流量。同一现金流量,由于研究对象的角度不同,结果也会不同。例如,同样是税收,从企业的角度来说是现金流出,但从国家的角度来说,税收既不是现金流入也不是现金流出。

2.2.2 现金流量图

现金流量的表示方法有现金流量图和现金流量表两种形式。本节主要介绍现金流量图的相关内容,现金流量表会在第 4 章中进行介绍。

所谓现金流量图,是一种用来反映经济系统资金运动状态的图式,即把经济系统的现金流量绘入一幅时间坐标图中,表示各现金流入、流出与发生时间的对应关系。现金流量图可以形象、直观地表现经济系统中资金的运动状态。

现金流量图包含三个要素,即现金流量的大小(资金数额)、方向(资金流入或流出)和时间点(资金的发生时点)。

现金流量图的作图规则如下。

(1) 以横轴为时间轴,向右延伸表示时间的延续;将横轴划分为等距的间隔,间隔的时间单位以计息期的时间单位为准,称为计息周期,通常以年为单位;时间轴上的点称为时点,通常表示该年的年末或下一年的年初;起点通常取为项目开始建设年的年初,也叫零期;终点取为项目的有效寿命期的终点。

(2) 垂直于时间轴的箭线表示现金流量的大小和方向。通常规定时间轴上方的箭线表示现金流入,时间轴下方的箭线表示现金流出。箭线的长度表示现金流量的大小。

(3) 现金流量的方向是针对特定对象而言的。贷款方的现金流入就是借款方的现金流出,反之亦然。运输项目现金流量的方向通常是从资金使用方的角度确定的。

(4) 箭线的长短原则上应该与现金流量的数额大小成比例,但由于各时点发生的现金流量数额差距较大,因而在绘制现金流量图时,箭线的长度只是象征性地表示各时点发生的现金流量数额的大小关系,并在各箭线的上方或下方标明现金流量的数额即可。

(5) 箭线与时间轴的交点为现金流量发生的时点。通常设定某一期的期末等于下一期的期初。

总之,正确绘制现金流量图必须把握好现金流量图的三个要素:现金流量的大小、方向和时点。

【例 2.6】 某交通运输项目预计期初投入资金 1 000 万元,从第一年开始,每年末的净现金流量为 300 万元,计算期为 10 年,期末残值为 100 万元。画出该项目的现金流量图。

解 由题意和现金流量图的作图规则,该项目的现金流量图如图 2.1 所示。

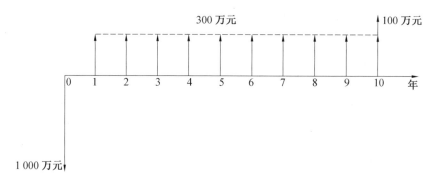

图 2.1 项目的现金流量图

2.3 资金等值计算

2.3.1 资金等值的概念

在前面的内容中已经提到,由于资金的时间价值,发生在不同时点上的资金不具有可比性,也不能直接进行数值计算。因此,必须把不同时点上的资金换算为同一时点上的资金,然后才能进行方案的比选。所谓的资金等值,就是在考虑了资金时间价值的情况下,发生在不同时点上的数额不等的资金,在一定的利率条件下,具有相等的价值。将某一时点的资金,按照一定的利率换算成另一时点的资金,换算前后的资金虽然数额不相等,但却有相等的价值;或者,发生在不同时点的数额不同的资金,折算到某一相同时点后的价值也有可能是相等的。这叫作资金等值原理。应用资金等值原理,可以将发生在某一时点的资金换算成另一时点的等值金额,这个过程就叫作资金等值计算。

在学习资金等值的概念时需要注意以下两点:第一,资金等值计算中是以同一利率为前提的;第二,在利率一定的条件下,总会存在一笔资金,与另外一笔资金等值。因此,影响资金等值的因素有三个:资金的金额、发生的时间和利率。

2.3.2 资金等值计算公式

在学习资金的等值计算公式之前,需要先了解现值、终值和年金的概念。

现值(Present Value)又称折现值、贴现值、资本化价值(Capitalized Value),也就是前面提到的本金,是货币资金现在的价值,或未来某一时点上的现金折合为现在的价值。现值一般位于时间坐标的起点处(即零期,比如项目开建年的年初),用 P 表示。

终值(Future Value)又称将来值,是现在一定数额的现金在未来某一时点上的价值,也就是前面提到的本利和,一般用 F 表示。

年金(Annuity),是在各期期末支付的金额相等的现金流量,一般用 A 表示。"年金"一词最初仅限于每年一次的付款。然而在实际上,很多支付款与年金具有相同的性质,只是时间上并不仅仅局限于一年一次,所以现在已将年金一词的含义扩展到每隔固定时间支付一次的付款。年金在人们的生活中非常普遍,如房屋租金、分期付款、分期还贷、养老金的发放等,都属于年金收付形式。

1. 一次支付的普通复利计算公式

一次支付(又称整付)是指现金流量无论流入或流出,都在一个时点上一次性全部发生。一次支付的普通复利计算公式分为一次支付终值公式和一次支付现值公式两种类型。

(1)一次支付终值公式。

一次支付终值公式用来计算现在时点上发生的资金的终值。已知现值为 P,计息周期数为 n,复利利率为 i,则 n 期末的终值 F 的计算公式为

$$F=P(1+i)^n=P(F/P,i,n) \tag{2.14}$$

式中,$(1+i)^n$ 称为一次支付终值系数,记为 $(F/P,i,n)$,表示在已知 P,i,n 的情况下求解 F 的值。一次支付终值系数的值可以通过复利系数表查得。

一次支付终值公式的现金流量图如图 2.2 所示。

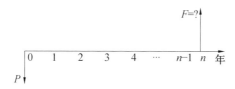

图 2.2 一次支付终值公式的现金流量图

【例 2.7】 某运输企业向银行贷款 500 万元,贷款年利率为 7%,贷款期为 3 年,第 3 年年末一次性归还本息。试计算按复利计算 3 年后应偿还的金额为多少万元。

解 由一次支付终值公式(2.14)计算,有

$$F=P(1+i)^n=500\times(1+7\%)^3=612.5215(万元)$$

即 3 年后应偿还的金额为 612.521 5 万元。

这个问题也可以通过查复利系数表(见附录 A)进行计算。由复利系数表:$(F/P,7\%,3)=1.225$。所以

$$F=P(F/P,i,n)=(F/P,7\%,3)=500\times1.225=612.5(万元)$$

【例 2.8】 某运输企业年初计划将去年的营收 1 200 万元用于某项目的长期投资,年复利为 8%,在需要这笔资金时可一次性收回本利和。若该企业想使这笔资金翻倍,则需要在该项目投资多少年?

解 $F=1\,200\times2=2\,400(万元)$

$$2\,400=1\,200\times(1+8\%)^n$$

即 $(1+8\%)^n=2$,则 $(F/P,8\%,n)=2$。

查复利系数表可知,$(F/P,8\%,9)=1.999$,所以 $n=9$,即需要在该项目投资 9 年。

(2)一次支付现值公式。

一次支付现值公式是已知终值 F,求现值 P 的等值公式,是一次支付终值公式的逆运算。由式(2.14)可直接推导出

$$P=F(1+i)^{-n}=F(P/F,i,n) \tag{2.15}$$

相似地,$(1+i)^{-n}$ 称为一次支付现值系数,记为 $(P/F,i,n)$。其现金流量图如图 2.3

所示。

图 2.3 一次支付现值公式的现金流量图

【例 2.9】 某交通运输项目 5 年后可获得收益 1 亿元。按复利年利率 6% 计算,其现值应为多少?

解 $P=1\times(P/F,6\%,5)=1\times0.747\ 3=0.747\ 3$(亿元)

即现值为 7 473 万元。

从上面的定义中可以看出,现值系数与终值系数是互为倒数的关系。在交通运输项目的多方案比选中,现值计算常常是以现在为时点,将各时期的现金流量换算为现值,进而对各方案进行分析和决策。因此,需要注意:

(1)选择合适的折现率(Discount Rate)。折现率是决定现值大小的重要因素,必须根据实际情况选择正确的折现率。

(2)注意现金流量的分布。从投资的角度来看,投资支出的时间越晚、数额越小,其终值也就越小。而从收益的角度来说,收益的时间越早、数额越大,现值也就越大。

刚才介绍了一次支付的普通复利计算公式。然而在交通运输项目的技术经济分析中,多次支付是更为常见的支付情形。多次支付是指现金流量的流入和流出发生在多个时点上,其数额可以相等,也可以不等。由此,多次支付可分为等额支付、等差支付和等比支付。下面先来介绍等额支付的等值计算公式,等差支付和等比支付作为特殊的支付情形,将会在后面进行介绍。

2. 普通复利等额支付系列公式

等额支付是指每个周期发生的现金流量数额相等的支付情形。等额支付系列复利公式包括等额支付终值公式、等额支付现值公式、等额支付偿债基金公式和等额支付资金回收公式。

(1)等额支付终值公式。

等额支付终值公式又叫年金终值公式,是发生在每期期末的等额收付款项的复利终值之和。其表达式为

$$F=A\frac{(1+i)^n-1}{i}=A(F/A,i,n) \quad (2.16)$$

根据等额支付终值公式的定义,其推导过程为

$$\begin{aligned} F &= A(1+i)^0+A(1+i)^1+A(1+i)^2+\cdots+A(1+i)^{n-1} \\ &= A[1+(1+i)^1+\cdots+(1+i)^{n-1}] \\ &= A\frac{(1+i)^n-1}{i}=A(F/A,i,n) \end{aligned}$$

式(2.16)中,$\frac{(1+i)^n-1}{i}$ 称为等额支付终值系数,用 $(F/A,i,n)$ 表示,系数值可从附录 A

中查到。等额支付终值公式可用于分析贷款数额相等,计算若干年后一次性还款的终值的情形,现金流量图如图 2.4(a)所示;或每年有固定的收益,计算若干年后的终值的情形,现金流量图如图 2.4(b)所示。

【例 2.10】 有一交通运输项目,总投资 100 亿元,建设期为 5 年,每年末投资 20 亿元,年利率为 8%。求第 5 年末的实际累计总投资额。若其他条件不变,投资时间改为每年年初,则第 5 年末的实际累计总投资额又为多少?

解 根据等额支付终值公式(2.16),当每年年初投资时,第 5 年末的实际累计总投资额为

$$F = A\frac{(1+i)^n - 1}{i} = 20 \times (F/A, 8\%, 5) = 117.332(亿元)$$

当每年年末投资时,第 5 年末的实际累计总投资额为

$$F = A(1+i)\left[\frac{(1+i)^n - 1}{i}\right] = 20 \times (1+8\%) \times (F/A, 8\%, 5) = 126.719(亿元)$$

由此可知,当其他条件均相同的情况下,每年年初投资的实际累计总投资额要比每年年末投资的实际累计总投资额要多。这也印证了上面的结论。

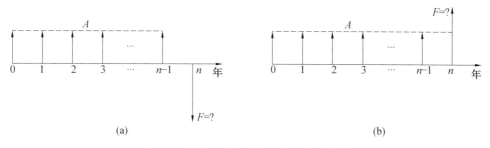

图 2.4 等额支付终值公式的现金流量图

(2)等额支付现值公式。

等额支付现值公式又叫年金现值公式,是发生在每期期末的等额收付款项的复利现值之和。其表达式为

$$P = A\frac{1 - (1+i)^{-n}}{i} = A(P/A, i, n) \tag{2.17}$$

根据等额支付现值公式的定义,其推导过程为

$$P = A\left[(1+i)^{-1} + (1+i)^{-2} + \cdots + (1+i)^{-n}\right] = A\sum_{t=1}^{n}(1+i)^{-t} \tag{2.18}$$

根据等比数列求和公式,即可求得等额支付现值公式(2.17)。

式(2.17)中,$\frac{1-(1+i)^{-n}}{i}$ 称为等额支付现值系数,用 $(P/A, i, n)$ 表示,系数值可从附录 A 中查到。等额支付现值公式的现金流量图如图 2.5 所示。

【例 2.11】 有一运输建设项目,预计建成后每年可获利 50 万元,15 年后可收回全部投资的本利和。设贷款利率为 8%,则该项目建设初期总投资为多少万元?

解 根据式(2.17),项目建设初期总投资为

$$P = 50 \times (P/A, 8\%, 15) = 50 \times 8.5595 = 427.975(万元)$$

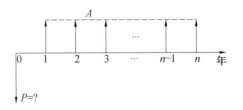

图 2.5 等额支付现值公式的现金流量图

【例 2.12】 某运输设备价格为 100 万元,一运输业从业者准备分 5 期付款购买,即第 1 年至第 5 年每年年末支付给销售方 20 万元。假设年利率为 4%,按复利计息,试求他在年初购买时应向销售方预付多少万元?

解 根据式(2.17),等额支付现值为
$$P = 20 \times (P/A, 4\%, 5) = 20 \times 4.4518 = 89.036(万元)$$
因此,预付金额 $= 100 - 89.036 = 10.964$(万元)

(3)等额支付偿债基金公式。

等额支付偿债基金公式简称为偿债基金公式。所谓的偿债基金(Sinking Fund),是指为了在既定的未来某一时点清偿某笔债务或积累一定数额的资金,而必须分次等额提取的存款预备金。每次等额提取的存款与年金存款类似,同样可以按复利计息,因此准备清偿的债务或积累的资金就是年金终值,而每年提取的偿债基金就是年金。不难看出,偿债基金的计算是年金终值的逆运算。根据等额支付终值公式(2.16),可知偿债基金公式为

$$A = F \frac{i}{(1+i)^n - 1} = F(A/F, i, n) \tag{2.19}$$

式中,$\dfrac{i}{(1+i)^n - 1}$ 称为等额支付偿债基金系数,记为 $(A/F, i, n)$,系数值可从附录 A 中查到。偿债基金公式的现金流量图如图 2.6 所示。

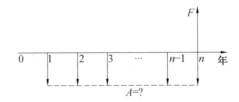

图 2.6 等额支付偿债基金公式的现金流量图

【例 2.13】 某一段高速公路规划 10 年后进行改扩建,预计届时将花费资金 100 亿元,为此年初高速公路公司计划设立建设基金。在年利率为 5% 的情况下,该公司每年末应在银行存入多少钱?

解 根据偿债基金公式(2.19),该公司每年末应在银行存入的金额为
$$A = 100 \times \frac{5\%}{(1+5\%)^{10} - 1} = 100 \times (A/F, 5\%, 10) = 7.95(亿元)$$

(4)等额支付资金回收公式。

等额支付资金回收公式简称为资金回收公式。所谓的资金回收(Recovery of

Funds),是指在既定的期限内,每期等额回收的初始投资或清偿的债务额。其中,未回收或偿还的资金按照复利计息,加入到待回收或偿还的资金当中。由此可见,资金回收额的计算是年金现值的逆运算。根据等额支付现值公式(2.17),可知资金回收公式为

$$A = P \frac{i}{1-(1+i)^{-n}} = P(A/P, i, n) \tag{2.20}$$

式中,$\frac{i}{1-(1+i)^{-n}}$ 称为资金回收公式系数,记为 $(A/P, i, n)$,系数值可从附录 A 中查到。资金回收公式的现金流量图如图 2.7 所示。

图 2.7 资金回收公式的现金流量图

【例 2.14】 某内河航运企业购进一艘大型运输船舶,初期投资为 500 万元,若使用年限为 25 年,资本利率为 10%,那么每年平均设备费用为多少?

解 $A = P(A/P, 10\%, 25) = 500 \times 0.1102 = 55.1 (万元)$

因此每年平均设备费用为 55.1 万元。

以上六个基本公式系数之间的关系可用图 2.8 表示。

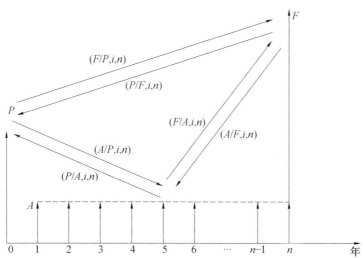

图 2.8 六个基本公式系数之间的关系图

从图 2.8 可知,六个基本公式系数之间存在下列三种关系。

(1)倒数关系:

$$(P/F, i, n) = 1/(F/P, i, n)$$
$$(P/A, i, n) = 1/(A/P, i, n)$$
$$(F/A, i, n) = 1/(A/F, i, n)$$

(2)乘积关系:
$$(F/P,i,n)(A/F,i,n)=(A/P,i,n)$$
$$(F/A,i,n)(P/F,i,n)=(P/A,i,n)$$

(3)其他关系:资金回收系数与偿债基金系数之间的关系为
$$(A/P,i,n)=(A/F,i,n)+i$$

以上六个公式即为多次支付情形下的普通复利等额支付系列公式。下面介绍两个特殊情形下的普通复利支付系列公式。

3.特殊情形的普通复利支付系列公式

(1)等差序列等值计算公式。

在实际的交通运输工程技术经济分析中,每年的资金收付情况往往并不是等额的,如运输设备随着年限的增长,其每年的维修费用将逐渐增加。现金流量随单位时间以等额递增或递减的形式叫作等差序列。设第一年年末的现金流量值为 A_1,等差值为 G,则有 $A_t = A_1 + (t-1) \cdot G$(其中 $t=1,2,3,\cdots,n$)。现金流量图如图2.9所示。

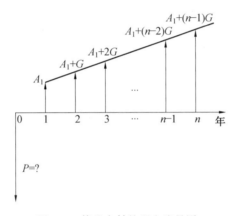

图 2.9 等差支付的现金流量图

从现金流量图中可以看出,等差序列的现金流量可以分为两部分:等额年金 A_1 的现金流量和等差定额 G 的现金流量。如图2.10所示。

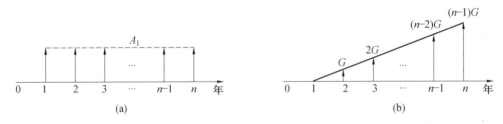

图 2.10 等差支付现金流量的分解图示

对于等差序列的终值计算,根据图2.10可知
$$F = F_{A_1} + F_G \tag{2.21}$$

等额年金 A_1 的等值计算已在前面的等额支付终值公式(2.16)中学习过,即 $F_{A_1} = A_1 (F/A,i,n)$;对于等差值为 G 的终值计算,可得
$$F_G = G(1+i)^{n-2} + 2G(1+i)^{n-3} + \cdots + (n-2)G(1+i) + (n-1)G \tag{2.22}$$

对式(2.22)两边同乘$(1+i)$,得

$$(1+i)F_G=G(1+i)^{n-1}+2G(1+i)^{n-2}+\cdots+(n-2)G(1+i)^2+(n-1)G(1+i) \tag{2.23}$$

式(2.23)-(2.22)得

$$iF_G=G[(1+i)^{n-1}+(1+i)^{n-2}+\cdots+(1+i)^2+(1+i)+1]-nG \tag{2.24}$$

应用等比数列的求和公式,得

$$iF_G=G\left[\frac{(1+i)^n-1}{i}\right]-nG$$

$$F_G=G\left[\frac{(1+i)^n-1}{i^2}-\frac{n}{i}\right]=G(F/G,i,n) \tag{2.25}$$

式中,$\left[\frac{(1+i)^n-1}{i^2}-\frac{n}{i}\right]$称为等差序列终值系数,记为$(F/G,i,n)$,系数值可从附录 B 中查到。

因此

$$F=F_{A_1}+F_G=A_1\left[\frac{(1+i)^n-1}{i}\right]+G\left[\frac{(1+i)^n-1}{i^2}-\frac{n}{i}\right]$$

上式也可以写为

$$F=A_1(F/A,i,n)+\frac{G}{i}[(F/A,i,n)-n]$$

类似的,等差序列的现值计算为

$$P=P_{A_1}+P_G$$

且

$$P_{A_1}=A_1(P/A,i,n)$$

$$P_G=G\left[\frac{1}{(1+i)^2}+\frac{2}{(1+i)^3}+\cdots+\frac{n-1}{(1+i)^n}\right] \tag{2.26}$$

式(2.26)两边同乘$(1+i)$,得

$$P_G(1+i)=G\left[\frac{1}{1+i}+\frac{2}{(1+i)^2}+\cdots+\frac{n-1}{(1+i)^{n-1}}\right] \tag{2.27}$$

式(2.27)-(2.26)得

$$iP_G=G\left[\frac{1}{1+i}+\frac{1}{(1+i)^2}+\cdots+\frac{1}{(1+i)^{n-1}}-\frac{n-1}{(1+i)^n}\right]$$

$$=G\left[\frac{1}{1+i}+\frac{1}{(1+i)^2}+\cdots+\frac{1}{(1+i)^{n-1}}+\frac{1}{(1+i)^n}\right]-\frac{nG}{(1+i)^n}$$

$$=G\left[\frac{(1+i)^n-1}{i(1+i)^n}\right]-\frac{nG}{(1+i)^n}$$

因此

$$P_G=G\frac{1}{i}\left[\frac{(1+i)^n-1}{i(1+i)^n}-\frac{n}{(1+i)^n}\right]=G(P/G,i,n)$$

式中,$\frac{1}{i}\left[\frac{(1+i)^n-1}{i(1+i)^n}-\frac{n}{(1+i)^n}\right]$称为等差序列现值系数,记为$(P/G,i,n)$,系数值可从附录 B 中查到。

因此
$$P = P_{A_1} + P_G = A_1(P/A,i,n) + G(P/G,i,n)。$$
对于等差序列的年金计算，由前面提到的 A 与 P 的关系可得
$$A_G = P_G(A/P,i,n) = \frac{G}{i}\left[\frac{(1+i)^n-1}{i(1+i)^n} - \frac{n}{(1+i)^n}\right]\left[\frac{i(1+i)^n}{(1+i)^n-1}\right]$$
$$= G\left[\frac{1}{i} - \frac{n}{(1+i)^n-1}\right]$$

式中，$\left[\dfrac{1}{i} - \dfrac{n}{(1+i)^n-1}\right]$ 称为等差序列现值系数，记为 $(P/G,i,n)$，系数值可从附录 B 中查到。

因此，$A = A_1 + G(A/G,i,n)$。

需要注意的是，以上三个等差序列的计算公式，是假设现金流量等差定额 $G>0$，现金流量等差递增时得到的。当现金流量等差递减时，公式中 G 前面的运算符应为"—"。

【例 2.15】 某大型贵重运输设备，年初采购金额为 300 万元，使用寿命为 10 年。由于长年磨损，为了保证正常运行，第一年末需投入 10 万元进行维修保养，此后的维修保养费每年增加 10 万元。若利率为 8%，则该设备费用的现值、年值分别为多少？

解 根据题意，画出现金流量图如图 2.11 所示。

结合现金流量图，应用公式进行求解。总费用的现值为
$$P = 300 + 10(P/A,8\%,10) + 10(P/G,8\%,10) = 626.871(万元)$$
年值为
$$A = 626.871(A/P,8\%,10) = 93.40(万元)$$
或者
$$A = 300(A/P,8\%,10) + 10 + 10(A/G,8\%,10) = 93.41(万元)$$

(2) 等比序列等值计算公式。

在交通运输工程技术经济分析中，如果每年的现金流量按照固定的比例逐年递增或递减，则称为等比序列现金流量，如交通收费按比例逐年递增，原材料成本按比例逐年上升等。将第一年的现金流量设为 A_1，逐年递增（或递减）的比率设为 j，其现金流量图如图 2.12 所示。

根据定义，等比序列现金流量的通项公式为
$$A_t = A_1(1+j)^{t-1},(t=1,2,\cdots,n) \quad (2.28)$$
则等比序列现值公式为
$$P = A_1(1+i)^{-1} + A_1(1+j)(1+i)^{-2} + \cdots + A_1(1+j)^{n-1}(1+i)^{-n} \quad (2.29)$$
整理得
$$P = \begin{cases} A_1\left[\dfrac{(1+j)^n(1+i)^{-n}-1}{j-i}\right], i \neq j \\ A_1\dfrac{n}{1+j}, i = j \end{cases} \quad (2.30)$$

式 (2.30) 也可表示为 $P = A_1(P/A,i,j,n)$，其中 $(P/A,i,j,n)$ 称为等比序列现值系数。

根据终值与现值的关系 $F = P(1+i)^n$，得

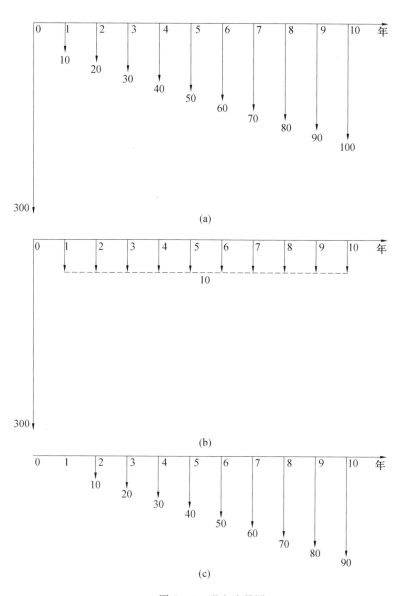

图 2.11 现金流量图

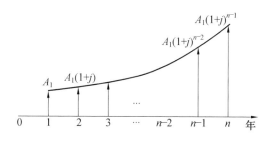

图 2.12 等比序列的现金流量图

$$F=\begin{cases}A_1\left[\dfrac{(1+j)^n-(1+i)^n}{j-i}\right], i\neq j\\ nA_1(1+j)^{n-1}, i=j\end{cases} \quad (2.31)$$

式(2.31)也可表示为 $F=A_1(F/A,i,j,n)$，其中 $(F/A,i,j,n)$ 称为等比序列终值系数。

【例 2.16】 有一投资公司参与投资了一条高速公路建设项目，投资额为 1.2 亿元，建成通车后的第一年，该公司通过高速公路收费获得的资本回收额为 1 500 万元。若该高速公路的交通量每年以 4% 的速度增长，利率为 10%，请问该公司 10 年内能否完全收回投资？

解 交通量的年增长率为 4%，即资本回收额的增长率也为 4%，则 $j=4\%$, $i=10\%$, $A_1=1\,500$ 万元, $n=10$ 年。根据式(2.30)得

$$P=A_1\left[\dfrac{(1+j)^n(1+i)^{-n}-1}{j-i}\right]=1\,500\times\dfrac{1-(1+4\%)^{10}\times(1+10\%)^{-10}}{10\%-4\%}=1.073\,2\,(\text{亿元})$$

因此在 10 年内不能完全收回投资。

2.3.3 资金等值计算公式的应用

1. 直接利用基本公式计算未知项

在 i,n 一定的条件下，已知 P,F,A 中的任意一项，即可求得另外两项。

【例 2.17】 若年利率 $i=5\%$，按年计息，每年年末的年金为 10 万元，试求 5 年后的等额支付终值和现值。

解 根据式(2.16)可计算终值为

$$F=A(F/A,i,n)=10(F/A,5\%,5)=55.26(\text{万元})$$

根据式(2.17)可计算现值为

$$P=A(P/A,i,n)=10(P/A,5\%,5)=43.30(\text{万元})$$

2. 多次利用基本公式计算未知项

【例 2.18】 有一台运输设备每年末都需进行维修保养，其第 1 年到第 4 年每年的维修费为 2 000 元；第 5 年进行一次大修，维修费 5 000 元；第 6 年到第 8 年为每年 3 000 元；第 9 年进行一次大修，维修费 8 000 元；第 10 年到第 12 年为每年 4 000 元；第 13 年末报废，不再维修。若年利率为 5%，则该设备整个寿命期的维修费的现值为多少？

解 根据题意可知

$$\begin{aligned}P &= 2\,000(P/A,5\%,4)+5\,000(P/F,5\%,5)+3\,000(P/A,5\%,3)\times(P/F,5\%,6)+\\ &\quad 8\,000(P/F,5\%,9)+4\,000(P/A,5\%,3)\times(P/F,5\%,10)\\ &= 2\,000\times3.546\,0+5\,000\times0.783\,5+3\,000\times2.723\,2\times0.746\,1+8\,000\times0.644\,6+\\ &\quad 4\,000\times2.723\,2\times0.613\,9\\ &= 28\,948.24\,(\text{元})\end{aligned}$$

3. 利用复利系数表计算未知利率、未知期数

【例 2.19】 某运输公司在制定发展规划时提出，到 2030 年公司的营业额要在 2015 年的 1 000 万元的基础上翻两番。那么其年增长率应为多少？

解 由式(2.14)可知

$$(F/P, i, n) = F/P = 4$$

查复利系数表可知

$$i = 8\%, n = 15 \text{ 时}, (F/P, 8\%, 15) = 3.172$$
$$i = 10\%, n = 15 \text{ 时}, (F/P, 10\%, 15) = 4.177$$

可见增长率 i 的值应介于 8% 与 10% 之间,用线性插值法可得

$$i = \frac{4 - 3.172}{4.177 - 3.172} \times 2\% + 8\% = 9.65\%$$

故年增长率为 9.65%。

【例 2.20】 某项目建成后需要偿还 5 000 万元的债务,投产后每年可偿还 500 万元。若年利率为 6%,则投产后多少年可偿还完这笔债务?

解 由式(2.17)可知

$$(P/A, i, n) = P/A = 5\,000/500 = 10$$

查复利系数表可知

$$i = 6\%, n = 15 \text{ 时}, (P/A, 6\%, 15) = 9.712$$
$$n = 16 \text{ 时}, (P/A, 6\%, 16) = 10.106$$

可见期数 n 的值应介于 15 年与 16 年之间,用线性插值法可得

$$n = 15 + \frac{10 - 9.712}{10.106 - 9.712} = 15.73(\text{年})$$

即需偿还 15 年零 9 个月。

4. 计息期短于一年时的资金等值计算

当计息周期小于(或等于)资金的收付周期时,有两种计算方法,即按照计息周期的利率计算,或者按照收付周期的实际利率计算。

【例 2.21】 有一笔金额为 10 万元的贷款,年利率为 10%,按复利计息,计息周期为半年,那么 5 年末需一次性偿还多少钱?

解 按照计息周期的利率计算,有

$$F = 10 \times (F/P, 8\%/2, 2 \times 5) = 10 \times (F/P, 4\%, 10)$$
$$= 10 \times 1.480\,2 = 14.802(\text{万元})$$

按照年实际利率计算,有

$$i_{\text{eff}} = \left(1 + \frac{8\%}{2}\right)^2 - 1 = 8.16\%$$

使用线性内插值法,有

$$F = 10 \times (F/P, 8.16\%, 5) = 10 \times \left(1.469\,3 + \frac{8.16\% - 8\%}{9\% - 8\%}(1.538\,6 - 1.469\,3)\right)$$
$$= 14.803(\text{万元})$$

可以看出,两种方法的计算结果有细微的差异,这是因为在按照年实际利率进行计算时,实际利率 $i_{\text{eff}} = 8.16\%$ 并不是整数,无法通过查复利系数表得到一次支付终值系数,而只能通过线性内插法求得。这个细微的差异是被允许的,但是计算过程要比按照年实际利率计算烦琐,因此在实际的操作中常采用按照年实际利率计算的方法。但需要特别指出的是,对于等额系列的现金流量,只有在计息周期与收付周期一致时,才能按照年实际

利率来计算,否则只能按照收付周期的实际利率计算。为此,将会在本章第 4 节介绍应用 Excel 电子表格来求解任意利率所对应的各系数值的方法。

当资金的计息周期大于收付周期时,计息周期内的收付计算有三种方法:不计息、按单利计息或按复利计息。

【例 2.22】 某物流企业每季度将营业收入中的 20 万元用于某项目投资,年利率为 8%,投资期 5 年,每半年复利计息一次。试用上面提到的三种方法分别计算投资期末可回收的资金为多少。

解 (1)计息期内不计息时:

每季度投资 20 万元且计息期内不计息,相当于每半年末的投资额为

$$A = 20 \times 2 = 40(万元)$$

则按照式(2.16)可得

$$F = 40 \times (F/A, 8\%/2, 10) = 480.244(万元)$$

(2)计息期内按单利计息时:

每季度投资 20 万元且计息期内按单利计息,相当于每半年末的投资额为

$$A = 20 \times [(1 + 8\%/4 \times 1) + 1] = 40.4(万元)$$

则按照式(2.16)可得

$$F = 40.4 \times (F/A, 8\%/2, 10) = 485.046(万元)$$

(3)计息期内按复利计息时:

按照实际利率计算公式可得

$$i_{\text{eff}} = (1 + \frac{i_{半年}}{2})^2 - 1 = 8\%/2 = 4\%$$

解得

$$i_{半年} = 3.96\%, i_{季度} = 1.98\%$$

每季度投资 20 万元且计息期内按复利计息,相当于每半年末的投资额为

$$A = 20 \times (F/A, 1.98\%, 2) = 40.396(万元)$$

则按照式(2.16)可得

$$F = 40.396 \times (F/A, 8\%/2, 10) = 484.998(万元)$$

2.4 电子表格的应用

在计算复利时,除了利用前面提到的复利系数表以外,还可以使用 Excel 电子表格来进行计算。

2.4.1 在电子表格中进行复利系数的计算

由【例 2.21】可知,应用线性内插法来求解利率为非整数所对应的系数时,存在过程烦琐和误差的问题。而应用电子表格可以很方便地求得复利计算中用到的任意利率对应的所有系数。将一些参数在 Excel 中设置为绝对地址,变动这些参数,Excel 就可以自动求得不同的相应参数。图 2.13 就是以 $i = 10\%$ 为绝对地址时,获得的复利系数。当利率

i 变动时,只需要改变绝对地址的赋值,就可以得到新的系数。另外,电子表格还可以用来求解前面【例 2.19】的反求利率问题:不断地调整复利值,观察系数是否逐步逼近相关函数,来求得足够精确的复利。

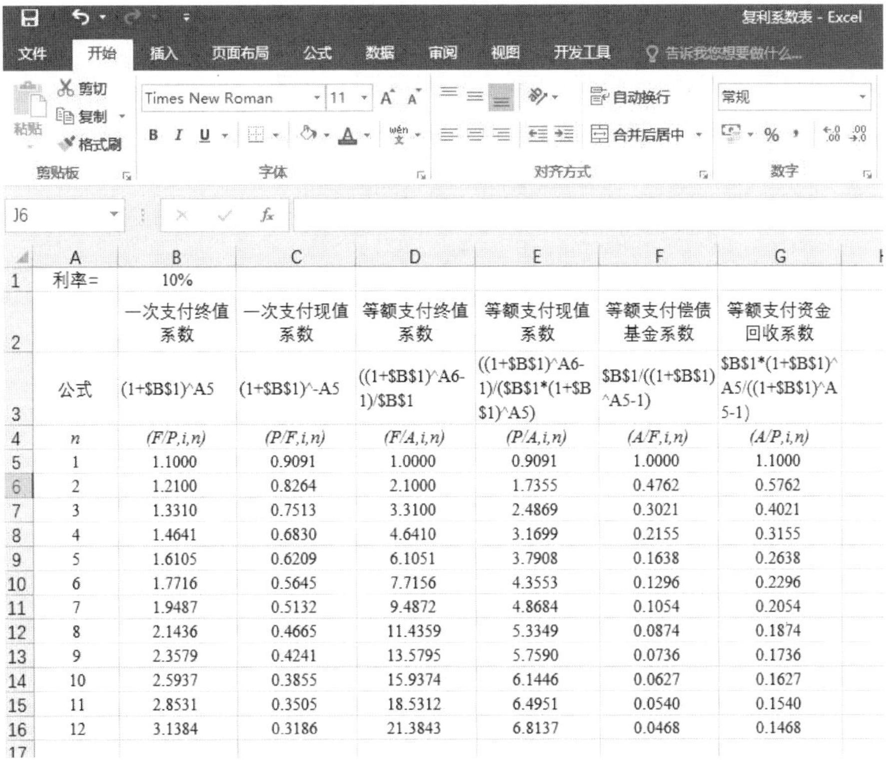

	A	B	C	D	E	F	G
1	利率=	10%					
2		一次支付终值系数	一次支付现值系数	等额支付终值系数	等额支付现值系数	等额支付偿债基金系数	等额支付资金回收系数
3	公式	(1+$B$1)^A5	(1+$B$1)^-A5	((1+$B$1)^A6-1)/$B$1	((1+$B$1)^A6-1)/($B$1*(1+$B$1)^A5)	$B$1/((1+$B$1)^A5-1)	$B$1*(1+$B$1)^A5/((1+$B$1)^A5-1)
4	n	(F/P,i,n)	(P/F,i,n)	(F/A,i,n)	(P/A,i,n)	(A/F,i,n)	(A/P,i,n)
5	1	1.1000	0.9091	1.0000	0.9091	1.0000	1.1000
6	2	1.2100	0.8264	2.1000	1.7355	0.4762	0.5762
7	3	1.3310	0.7513	3.3100	2.4869	0.3021	0.4021
8	4	1.4641	0.6830	4.6410	3.1699	0.2155	0.3155
9	5	1.6105	0.6209	6.1051	3.7908	0.1638	0.2638
10	6	1.7716	0.5645	7.7156	4.3553	0.1296	0.2296
11	7	1.9487	0.5132	9.4872	4.8684	0.1054	0.2054
12	8	2.1436	0.4665	11.4359	5.3349	0.0874	0.1874
13	9	2.3579	0.4241	13.5795	5.7590	0.0736	0.1736
14	10	2.5937	0.3855	15.9374	6.1446	0.0627	0.1627
15	11	2.8531	0.3505	18.5312	6.4951	0.0540	0.1540
16	12	3.1384	0.3186	21.3843	6.8137	0.0468	0.1468

图 2.13 利用 Excel 计算复利系数

2.4.2 在 Excel 中直接套用函数

利用 Excel 中的函数功能,根据给定的参数与已知的数据,就可以求得现值(PV)、终值(FV)、等额值(PMT)等。

1. 现值计算函数

现值计算函数的语法格式为

$$PV(Rate, Nper, Pmt, FV, Type)$$

其中,Rate 为复利利率;Nper 为总投资期,即项目总的付款期数;Pmt 为各期的支出额,在整个投资期内保持不变(当该参数为零或省略时,函数值为复利终值);FV 为终值,或在最后一次付款期后获得的一次性偿还金额;Type 为数值为 0 或 1,为 0 或省略表示首付款时间为期末,为 1 表示首付款时间为期初。

【例 2.23】 有人想要投资一笔项目,利率为 5%,若要 5 年末获得终值 2 万元,那么他期初的投资额应为多少?

应用 Excel 的计算过程如下:

(1)启动 Excel 2016 软件。单击主菜单栏中的"公式"命令,选择功能区中的"插入函数"命令,此时系统弹出"插入函数"对话框。在"或选择类别(C)"栏中选择"财务",然后在下面的"选择函数(N)"栏中选择"PV",最后单击对话框下端的"确定"按钮,如图 2.14 所示。

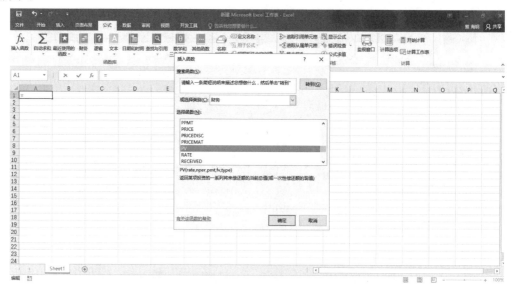

图 2.14　例 PV 函数计算步骤(1)

(2)在弹出的 PV 函数参数对话框中,Rate 栏输入"5%",Nper 栏输入"5",Pmt 栏中输入"0"或者省略不填,FV 栏输入"20000",Type 栏输入"1",然后单击"确定",如图 2.15 所示。

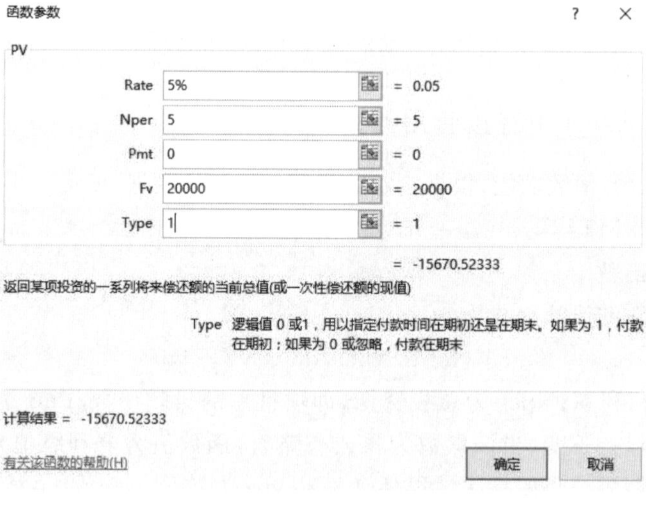

图 2.15　例 PV 函数计算步骤(2)

单元格 A1 中就会显示出计算结果:¥-15 670.52,如图 2.16 所示。即期初的投资额应为 15 670.52 元。

或者,可以直接在单元格 A1 中输入公式:=PV(5%,5,0,20000,1),然后敲击键盘上的 Enter 键,同样可以得到如图 2.16 所示的结果。值得注意的是,当 Pmt 忽略不填

第 2 章 资金的时间价值与等值计算 · 55 ·

图 2.16 例 PV 函数计算步骤(3)

时,需要在 Nper 参数后边多输入一个",",如本例题中应输入"=PV(5%,5,,20000,1)",以表示 Pmt 参数忽略不填,否则将会出现错误的结果。

2. 终值计算函数

终值计算函数的语法格式为

$$PV(Rate,Nper,Pmt,Fv,Type)$$

式中,参数 Rate、Nper、Pmt 和 Type 的含义与 PV 函数中的参数含义一致。PV 表示现值,也叫本金,当该参数为 0 或省略时,函数值为年金终值。

【例 2.24】 某运输项目投资 2 000 万元,投产后的投资收益率为 5%,那么 5 年末的终值为多少?

应用 Excel 的计算过程如下。

(1)启动 Excel 2016 软件。单击主菜单栏中的"公式"命令,选择功能区中的"插入函数"命令,此时系统弹出"插入函数"对话框。在"或选择类别(C)"栏中选择"财务",然后在下面的"选择函数(N)"栏中选择"FV",最后单击对话框下端的"确定"按钮,如图 2.17 所示。

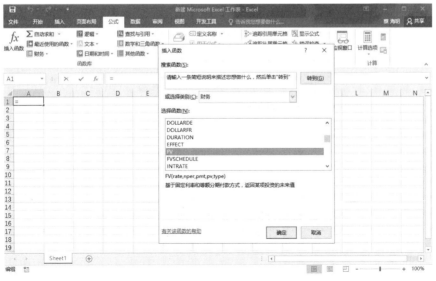

图 2.17 例 FV 函数计算步骤(1)

（2）在弹出的 FV 函数参数对话框中，Rate 栏输入"5%"，Nper 栏输入"5"，Pmt 栏中输入"0"或者省略不填，Pv 栏输入"-2000"，Type 栏输入"0"或者省略不填，然后单击"确定"，如图 2.18 所示。

图 2.18　例 FV 函数计算步骤（2）

单元格 A1 中就会显示出计算结果：¥2 552.56，如图 2.19 所示。即 5 年末的终值为 2 552.56 万元。

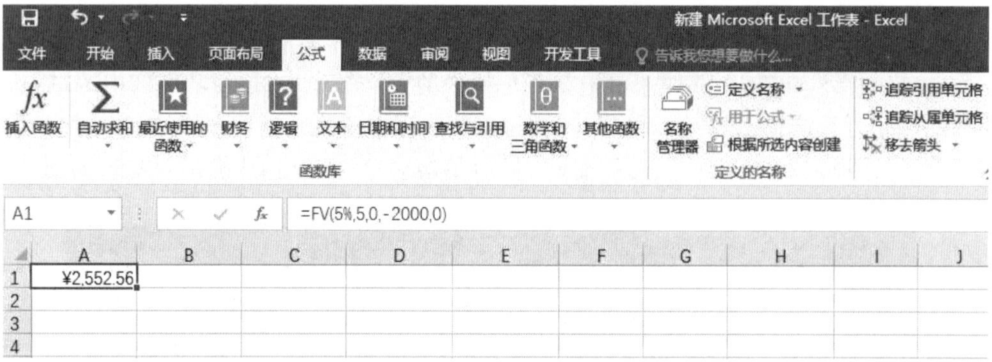

图 2.19　例年金终值函数计算步骤（1）

FV 函数还可以用来计算年金终值。

【例 2.25】 年利率为 5%，每年末支付的年金为 5 000 元，计算 5 年后的终值为多少。

应用 Excel 的计算过程如下。

（1）与终值计算的步骤（1）相同。

（2）在弹出的 FV 函数参数对话框中，Rate 栏输入"5%"，Nper 栏输入"5"，Pmt 栏中输入"-5000"，Pv 栏输入"0"或者省略不填，Type 栏输入"0"或者省略不填，然后单击"确定"，如图 2.20 所示。

单元格 A1 中就会显示出计算结果：¥27 628.16，如图 2.21 所示。即 5 年末的终值为 27 628.16 元。

图 2.20 例年金终值函数计算步骤(2)

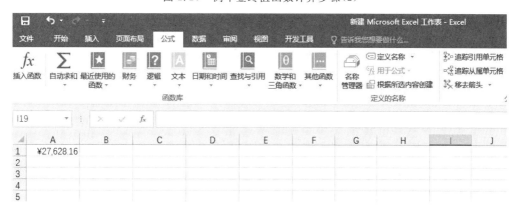

图 2.21 例年金终值函数计算步骤(3)

3. 偿债基金和资金回收计算函数

偿债基金和资金回收计算函数的语法格式为

$$\text{PMT}(\text{Rate}, \text{Nper}, \text{Pmt}, \text{Pv}, \text{FV}, \text{Type})$$

式中,参数 Rate、Nper、Pmt 和 Type 的含义与前面的参数含义一致。Pv 表示一系列付款当前值的累积和,FV 表示未来值。

PMT 函数中,Pv 为 0 或省略表示函数计算的是偿债基金值,FV 为 0 或省略表示函数计算的是资金回收值。

【**例 2.26**】 年利率为 5%,期末终值为 20 000,计算 5 年期内的年金值。

应用 Excel 的计算过程如下。

(1)启动 Excel 2016 软件。单击主菜单栏中的"公式"命令,选择功能区中的"插入函数"命令,此时系统弹出"插入函数"对话框。在"或选择类别(C)"栏中选择"财务",然后在下面的"选择函数(N)"栏中选择"PMT",最后单击对话框下端的"确定"按钮,如图 2.22 所示。

(2)在弹出的 FV 函数参数对话框中,Rate 栏输入"5%",Nper 栏输入"5",Pv 栏输入

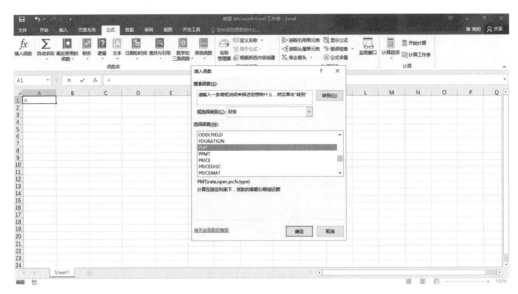

图 2.22　例 PMT 函数计算步骤(1)

"0"或者省略不填,FV 栏输入"20000",Type 栏输入"0"或者省略不填,然后单击"确定",如图 2.23 所示。

图 2.23　例 PMT 函数计算步骤(2)

单元格 A1 中就会显示出计算结果:¥-3 619.50,如图 2.24 所示。即 5 年期内的年金值为 3 619.50 万元。

4. NPER 函数

NPER 用于计算基于固定利率的等额多次支付,计算结果返回投资或贷款的期数。其语法格式为:NPER(Rate,Pmt,Pv,Fv,Type)。式中,参数 Rate、Nper、Pmt、Pv、Fv 和 Type 的含义与前面的参数含义一致。

【例 2.27】 利率为 5%,每期末支付的年金为 40 万元,终值为 500 万元,计算期数。

图 2.24 例 PMT 函数计算步骤(3)

应用 Excel 的计算过程如下。

(1)启动 Excel 2016 软件。单击主菜单栏中的"公式"命令,选择功能区中的"插入函数"命令,此时系统弹出"插入函数"对话框。在"或选择类别(C)"栏中选择"财务",然后在下面的"选择函数(N)"栏中选择"NPER",最后单击对话框下端的"确定"按钮,如图 2.25 所示。

图 2.25 例 NPER 函数计算步骤(1)

(2)在弹出的 Fv 函数参数对话框中,Rate 栏输入"5%",Pmt 栏输入"-40",Pv 栏输入"0"或者省略不填,Fv 栏输入"500",Type 栏输入"0"或者省略不填,然后单击"确定",如图 2.26 所示。

单元格 A1 中就会显示出计算结果:¥9.95,如图 2.27 所示。即期数为 10 年。

例 2.26　例 NPER 函数计算步骤(2)

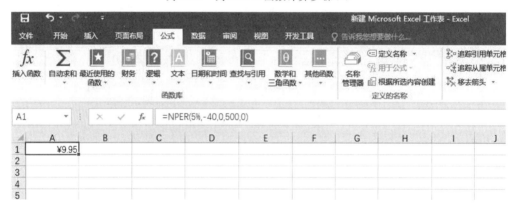

图 2.27　例 NPER 函数计算步骤(3)

本章小结

本章首先介绍了资金时间价值的概念及其度量,然后引入了单利和复利、名义利率和实际利率的概念;讲解了现金流量和概念及现金流量图的画法。在此基础上,重点讲解了资金等值计算的各类公式,包括一次支付系列、等额支付系列、等差支付及等比支付系列公式,以及各类公式的应用;最后介绍了应用 Excel 电子表格进行等值计算的方法。

习题与思考题

1. 何谓现金流量？绘制现金流量图有何要点？
2. 何谓资金的时间价值？如何理解资金的时间价值？
3. 什么是单利和复利？二者有何区别？
4. 什么是终值、现值、年金？

5. 什么是资金的等值计算？

6. 什么是名义利率和实际利率？

7. 有一台大型交通施工设备，总价为1 000万元，某施工公司在购买时支付定金300万元，之后采用分期付款的方式，每年支付给销售方100万元。若年利率为8%，则该施工公司需要多少年能清偿这笔债务？

8. 某交通运输项目，第1年末向银行贷款1 500万元，第2年末向银行贷款2 000万元，第3年末向银行贷款1 000万元，第4年末开始偿还贷款。若年利率为8%，分10年等额还清，那么每年应偿还多少钱？

9. 名义利率为12%，按月计息，则有效利率是多少？

10. 若有效利率为13%，按季度计息，则名义利率为多少？

11. 有两个投资项目，第一个项目的年收益率为12%，按年计息；第二个项目月利率为1%，按月计息。若不考虑其他因素，哪个项目的收益更高？

12. 某项目使用300万元借款进行建设，借款利率为8%，半年计息。约定从投产后的第3年开始还款，3年还清。还款方式为本金等额偿还，利息照付。问每年应还本付息多少？

13. 试给出下列恒等式的证明过程。

(1) $(P/A, i, n) - (P/A, i, n-1) = (P/F, i, n)$

(2) $(F/A, i, n+1) - (F/A, i, n) = (F/P, i, n)$

(3) $(A/P, i, n) - i = (A/F, i, n)$

参考文献

[1] 刘晓君，李玲燕. 技术经济学[M]. 北京：科学出版社，2017.

[2] 林晓言，陈娟. 交通运输工程经济学[M]. 北京：社会科学文献出版社，2015.

[3] 刘颖春，刘立群. 技术经济学[M]. 北京：化学工业出版社，2010.

[4] 赵淑芝. 运输工程经济学[M]. 北京：机械工业出版社，2014.

[5] 王璞，吴卫红. 技术经济学[M]. 北京：机械工业出版社，2012.

[6] 严作人. 运输经济学[M]. 2版. 北京：人民交通出版社，2009.

[7] 王健，胡晓伟，孙广林. 城市客运交通经济学[M]. 北京：人民交通出版社，2016.

第 3 章 运输需求与运输供给

运输的发展离不开交通,在早期的人类历史上,人类祖先最早采用人力运输,逐渐发展为畜力运输,而随着工业革命的发展,蒸汽机的发明为交通运输进入高效、规模、系统的现代化运输奠定了基础。到如今的 21 世纪,运输行业已经形成了水运、铁路、公路、航空和管道五种运输方式综合发展、百花齐放的格局。

随着运输范围的扩大与运输能力的增长,人们的活动半径逐渐增大,交通运输市场的范围也在不断扩大,在存在运输需求的情况下,A 地的产品运到千里之外的 B 地销售已成为常态。

运输需求与运输供给息息相关,二者相互影响、相互依托,共同构成了运输市场。运输需求是运输供给的基础,运输供给是运输需求产生的原因。

需求与供给不可能是完全相等的,供大于求或供不应求是运输市场的正常现象,二者之间的不平等需要通过相应的市场机制进行调节,以此保证整个运输市场的均衡,但这种均衡并不是一成不变的,随着时间的推移,运输方式或运输成本的改变会打破现有的均衡,运输供给与运输需求也会发生变化,因此需要市场不断地进行调节,形成新的市场均衡。

"一骑红尘妃子笑,无人知是荔枝来"的典故众所周知。因杨贵妃喜食荔枝,唐玄宗命人快马加鞭将荔枝运至长安,运输成本高昂,耗费巨大的人力物力,只有高高在上的皇家才得以享用,因此对于荔枝的需求并不多,可以维持一种市场均衡的状态。而现如今,各种货运航线的开通使得荔枝能够在很短的时间运到全国各地,运输成本的下降使得需求升高,从而形成新的市场均衡。

本章主要介绍运输需求与运输供给的相关理论,对交通运输系统供需均衡进行分析,并简单介绍运输需求的预测方法,为后续学习提供相应的理论基础。

3.1 运输需求概要

在城市内部,人们的交通运输需求在不同时间内是不同的,一般来说,在早晚通勤时段内的交通运输需求在一天中最大,而早晚高峰时段呈现出的潮汐交通现象也说明交通运输需求在方向上也呈现出相应的波动性;而在城市之间,交通运输需求也会随着季节、节假日等原因表现出较大的差异性。需求是供给产生的原因,研究需求的产生和特点是研究交通运输的基础,因此,有必要从运输需求开始进行分析。

3.1.1 运输需求的概念及产生原因

1. 运输需求产生的原因

交通运输是国民经济发展的基础性、先导性产业,是联系社会经济各部门生产和人民

生活的桥梁和纽带,有着至关重要的作用。从不同方面总结产生运输需求的原因主要有以下几点:

(1) 自然资源分配不均匀。

自然资源分配的不均匀意味着任何人都不能在所在区域获得所需要的全部资源,在获取其他地区的资源的过程中,就产生了运输需求,这种需求伴随着自然资源的分布,呈现出一定的区域分布特征。从本质上说,运输需求是对空间位移的需求,是实现资源优化配置的需求。运输需求的实现过程,是实现资源优化配置过程的外在表现形式。

(2) 现代社会分工。

现代文明的发展依赖于高度的专业化社会分工,人们需要相互合作,既需要从各地获取所需要的各种原材料,也需要将自己的产品运往各地进行销售,运输需求伴随着材料与产品的相互流通,是其产生的重要原因之一。

(3) 日常出行。

人们日常上学、上班、购物等出行会产生交通运输需求,交通条件的改善使得人们往返居住地、工作地点以及各种休闲、娱乐活动地点更加方便,出行方式的多样化也会影响运输需求。

(4) 军事、政治需求。

运输承担着一国重要的国防和政治任务,一个国家的强盛需要良好的运输系统予以支撑,运输也是国家实力的体现,国防军事和政治的运输需求是交通运输需求中必不可少的一部分。

(5) 文化交流。

不同区域、不同国家之间的文化交流需要良好的交通运输系统,这有利于打破地域之间的隔离,既方便本地文化的对外输出,又有利于吸收外来文化,促进文化融合发展。

2. 运输需求的概念

在解释运输需求是什么之前,有必要了解"需求"的概念。"需求"通常会与"需要"联系在一起,但二者之间存在一定的差异。"需要"是一种心理倾向,是机体因某种缺乏感而在头脑中引起的一种反应,是外部环境在头脑中的一种体现,表现为一种精神需要,最终成为推动人活动的动机。而"需求"则是在"需要"的驱动下,能够得到满足的部分。在经济学领域中,"需求"是在一定的时期,在每个价格水平下,消费者愿意并且能够购买的商品数量。

从经济层面上讲,"需求"是有支付能力的"需要"。举一个简单的例子,人类自古以来就有登月的美好愿望,但长久以来,受技术和经济等多种条件所限,这个愿望都不能够被满足,这便只能是一种"需要",而在 1969 年,伴随着美国宇航员尼尔·阿姆斯特朗成功登月,这种需要得到了满足,就可以称为"需求"。

简单来说,因为支付能力不足而使需要无法被满足的时候,其就不能被称为需求。引申到运输领域,运输需求是指在一定的时间内,一定的价格水平或社会服务背景下,旅客或货物进货商等对交通运输提出的实现旅客或货物空间位移的且有支付能力的需要。由运输需求的定义可知,有运输需求的时候一定有运输需要,运输需要是运输需求的必要条件,而支付能力是运输需求的充分条件,二者缺一不可。

根据运输需求的概念,运输需求包含以下六项要素:

(1)对象,即运输的货物种类或旅客类型。

(2)流量,即运输的需求量,通常用客运量和货运量表示。

(3)流向,即运输过程中产生人或物空间位移的方向。

(4)流程,即运输距离,指人或物空间位移的距离。

(5)流速,即运输速度,指单位时间内人或物移动的平均位移距离。

(6)运价,即运输价格,指单位质量或体积的货物和运送每一位旅客所需要的运输费用。

3.1.2 运输需求的特点及影响因素

1. 运输需求的特点

运输需求最为显著的特征之一就是其随时间变化的波动性,除此之外,和其他类型需求相比,运输需求还具有以下特点。

(1)非物质性。

运输的需求并不是像购买商品一样得到有形的物质,而是一项服务型需求,人们通过支付货币进行消费,完成人或物在空间上的移动,最终获取的是一种服务,而这种服务是非物质性的。

(2)波动性。

运输需求并不是保持不变的,它受到多种因素的影响,呈现出一种有规律的波动,运输需求的峰谷交替趋势反映了运输产品的需求波动。在城市内部,对一天中各个时段来说,运输需求往往在早晚通勤时间段上达到高峰;城市间,运输需求在全年内都存在波动,显示出季节性波峰。运输需求的波动性可以很好地体现出人们对于运输需求随时间的变化情况。

(3)广泛性。

运输业作为一项基础产业,任何社会经济活动都离不开它,运输需求广泛产生于人类各种活动之中。现代人类生产和生活,只要伴随着人或货物的空间移动,就会产生运输需求,这就是运输需求的广泛性。

(4)派生性。

运输需求是一种派生性需求。所谓派生性需求,是指一种商品或服务的需求是由另一种或多种商品或服务的需求派生而来的。简单来说,大多数进行运输需求的最终目的并不是单纯地进行空间上的移动,而是通过移动实现其他目标,例如旅客出行的最终目标是到达目的地进行公务活动、旅游、探亲等,乘车只是实现空间移动的一种手段。对于客运需求来说,在经济发达的国家或地区,运输需求可能会作为一种本源性需求,如旅客把乘坐交通工具作为一种旅行目的。

(5)多样性。

运输需求的多样性体现在运输对象和运输方式上。货物运输随着运输产品在重量、体积、性质、形状等方面的不同,对运输条件的要求各有不同;旅客运输随着出行距离、出行目的、收入水平等的差异,也会选择不同的出行方式,对运输服务的质量要求也有所差异。

(6)部分可替代性。

一般来说,运输需求互相之间是不可以被替代的,如人和物等运输对象不同时是不可以互相替代的,不同目的地之间的运输需求也是不可以被替代的,但在一些情况下,运输需求可以通过某种方式实现替代,即运输需求的部分可替代性。运输需求的部分可替代性可以分为外部替代和内部替代。外部替代指的是运输需求被非运输方式所替代,如在网络出现后,传统的信件邮寄被电子邮件所替代;内部替代指的是运输需求在不同运输方式之间转换,无论是客运还是货运需求,目的都是实现空间上的移动,而各种运输方式都可以实现这种功能,这就从可能性上保证了运输需求的内部替代性。

(7)与经济相关性。

运输需求起源于社会经济活动,而运输需求的多少与经济息息相关。运输需求量受运输价格和运输成本影响很大,简单来说,在经济繁荣的情况下运输需求量增加,而经济萧条会导致运输需求量下降。运输需求与经济相关性这一特点,对于预测运输需求有很大帮助。

2. 运输需求的影响因素

运输需求的影响因素有很多,大到国家宏观规划、发展战略,小到人们收入水平、出行喜好,都会影响运输需求。从宏观方面来看,运输需求的影响因素主要有以下几方面。

(1)经济因素。

运输需求的产生离不开社会经济活动,而运输需求的发展反过来又会为社会经济发展提供机遇,因此经济因素对运输需求的影响不容忽视。人类社会经济的发展始终影响着运输需求在规模、结构、层次等方面的变化。例如,不同地区经济发展不均衡会产生运输需求;社会经济的发展会带动运输需求;同一国家或地区在不同经济发展水平下的运输需求也是不同的。

(2)交通发展水平。

良好的交通发展水平是保证交通运输可靠性的基础,通达的交通网络、良好的交通条件、充足的运输能力都能够对运输需求产生促进作用。例如,旅游区交通的服务质量和发展水平会影响到游客的出行决策、出行目的地和出行方式,从而产生不同的交通运输需求;各种航空运输线路的开通使得新鲜易腐的货物长距离运输成为可能,进而促进这类货物的运输需求。

(3)政治、政策因素。

交通运输的发展离不开国家相关政治、政策的支持,而政治、政策因素更多的是在宏观水平上影响运输需求,如不同国家之间的友好关系可能会促进两国之间的交通运输需求,反之,则会抑制运输需求;国家的对外开放程度、相关经济政策等因素也会影响交通运输需求;国家内部之间,不同地区产业发展重点的变化,通过影响社会经济的发展,从而影响运输需求。在微观水平上也会对运输需求造成影响,如对私家车实施限制政策会在短时间内提升公共交通的出行需求,但长时间来看,两种运输方式的需求还取决于二者的服务水平。

(4)市场价格因素。

运输价格和运输产品市场价格的变动会影响运输需求。一般来说,运价升高,为了保证商品的盈利,商品售价升高,运输需求就会下降;反之,运价降低,运输需求会上升。可以认为运价是调节运输供需关系的杠杆,可用来保证市场均衡。相关原理会在本章第3节进行详细介绍。

3.2 运输需求分析

3.2.1 运输需求函数和曲线

1. 运输需求函数

(1)运输需求函数的概念和基本形式。

运输需求的大小用运输需求量表示。根据运输需求的定义,运输需求量在一定的时间内,一定的价格水平或社会服务背景下,旅客或货物进货商等对交通运输提出的实现旅客或货物空间位移的且有支付能力需要的数量。而运输需求量受多种因素影响,现用一个通用的表述形式将运输需求量表示为各影响因素的函数,即运输需求函数。

①运输需求函数的通用表述形式为

$$Q = Q(P, Y_1, \cdots, Y_i, \cdots, Y_n) \tag{3.1}$$

式中,Q 为运输需求量;P 为运输价格;Y_i 为除运输价格外,影响运输需求量的其他影响因素,$i=1,2,\cdots,m$。

由于运输需求量的影响因素多种多样,为了便于分析,将式(3.1)进行简化,仅保留一个非运输价格影响因素 Y,即

$$Q = Q(P, Y) \tag{3.2}$$

②若运输需求函数为线性模型,则

$$Q = a + bP + rY \tag{3.3}$$

式中,a、b、r 为待定参数;Y 为价格之外的影响因素。

若仅考虑价格因素,式(3.3)可以简化为

$$Q = a + bP \tag{3.4}$$

③若运输需求函数为半对数模型,则

$$Q = a + b\ln P + r_1 \ln Y_1 + \cdots + r_i \ln Y_i + \cdots + r_n \ln Y_n \tag{3.5}$$

表示运输需求量 Q 是运输价格 P 的对数和变量 Y 的对数的线性函数。

④若运输需求函数为对数模型,则

$$\ln Q = a + b\ln P + r_1 \ln Y_1 + \cdots + r_i \ln Y_i + \cdots + r_n \ln Y_n \tag{3.6}$$

表示运输需求量 Q 的对数是运输价格 P 的对数和变量 Y 的对数的线性函数。

(2)运输需求函数的性质。

①非负性。

运输需求函数表示运输需求量的大小,运输需求量一定是非负的,因此,运输需求函数具有非负性,即

$$Q(P,Y) \geqslant 0 \tag{3.7}$$

② 单调性。

根据需求定律,在其他因素(非价格因素)不变的情况下,运输价格的升高,会引起运输需求量的减少,反之,运输价格的下降,会引起运输需求量的增加。因此,运输需求函数具有单调性。

2. 运输需求曲线

根据运输需求函数的性质,可以画出典型运输需求函数的趋势曲线,即运输需求曲线。

在这里需要注意的是,在经济学中需求曲线的表示方法与数学中函数曲线的表示方法不同。通常来说,需求曲线的纵坐标为自变量,横坐标为因变量,与数学上的表示方法正好相反。因此,在运输需求曲线中,纵坐标表示运输价格,横坐标表示运输需求量。典型的运输需求曲线如图 3.1 所示。

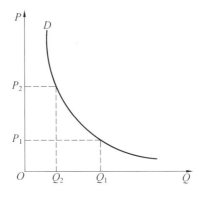

图 3.1 运输需求曲线

运输需求曲线 D 上的点表示在其他条件不变的情况下,运输需求量 Q 随着运输价格 P 的变化情况,当运价由 P_1 上升到 P_2 时,运输需求量由 Q_1 减少到 Q_2;反之,当运价由 P_2 下降到 P_1 时,运输需求量由 Q_2 增加到 Q_1。

3.2.2 运输需求的变动与运输需求量的变动

运输需求的变动与运输需求量的变动是两个完全不同的概念。运输需求量指的是在某一运价水平上,消费者愿意购买的运输服务的数量,对应的是运输需求曲线上的一点;而运输需求指的是运价和运输需求量的对应关系的总和,每一个对应关系下,都可以绘制出一条运输需求曲线。

当非价格影响因素不变的情况下,运价的改变会导致运输需求量的变化,而不会引起运输需求的变化,这被称为运输需求量的变动;当非价格影响因素发生变化时,会引起运输需求曲线的左右移动,这种运输需求曲线的位移被称为运输需求的变动,如图 3.2 所示。

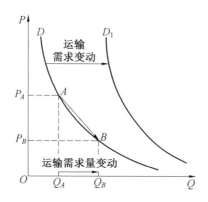

图 3.2 运输需求变动和运输需求量变动

3.2.3 运输需求曲线的变化

运输需求的影响因素有很多,而每一个非价格因素的变动都会导致需求的变动,因此有必要分析价格之外的影响因素对运输需求曲线的影响。下面分别以交通发展水平和人均收入水平的变化对需求曲线的影响为例,进行简要的定性分析。

1. 交通发展水平对需求曲线的影响

交通系统的不断完善会促进整个运输业的发展,从而导致运输需求的增加,运输曲线会整体向右移动,可以对此进行定性分析,如图 3.3 所示。假设横坐标 Q 为某旅游区吸引的出行需求量,纵坐标 P 为旅客出行成本,若完善该旅游区周边交通网络,使得旅客到达该旅游区更加方便,旅客可能会更愿意到该地旅游,从而使运输需求量增加。即运输需求曲线会由曲线 D 整体向右移动至曲线 D_1 的位置,由此可以看出,在相同出行成本 P 下,运输需求量 $Q_1 > Q$,即良好的交通发展水平有助于促进运输需求的增长。

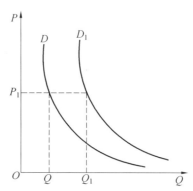

图 3.3 不同交通发展水平(收入水平)下运输需求曲线

2. 人均收入水平对需求曲线的影响

根据运输需求的定义,消费能力会受制于消费者的收入水平,如果消费者的收入水平发生了变化,他们的运输需求也会发生变化。大部分情况下,收入水平的增加会促进消费者购买运输需求的增加。依旧以旅客出行为例,随着收入的增加,人们可能更愿意出去旅游,从而导致旅客运输需求量的增加。因此,需求曲线会整体向右移动,可以同样用图3.3

3.2.4 运输需求弹性分析

弹性是一个物理学上的概念,指的是物体对外力的反应程度。在经济学上的弹性概念是由阿尔弗雷德·马歇尔提出的,是指一个变量相对于另一个变量发生的一定比例的改变的属性。当经济变量存在函数关系时,因变量对自变量变化的反应程度,可以用弹性来表示。

弹性的大小可以用弹性系数来表示,弹性系数指的是因变量变化率和自变量变化率的比值,若两个经济变量存在某种函数关系,即

$$Y = f(X) \tag{3.8}$$

则弹性系数公式可以用下式表示

$$E = \frac{\Delta Y/Y}{\Delta X/X} \tag{3.9}$$

式中,X 为自变量,ΔX 为自变量的变化值;Y 为因变量,ΔY 为因变量的变化值;E 为 Y 对 X 的弹性系数。

1. 运输需求的价格弹性

在经济学中,更多地关注需求的价格弹性,一般简称为需求弹性,指的是在一定时期内,需求量对价格的敏感程度,因此运输需求价格弹性反映的是运输需求量对于价格变化的敏感程度,可以用式(3.10)表示

$$E_d = \frac{\Delta Q/Q}{\Delta P/P} = \frac{\Delta Q}{\Delta P} \cdot \frac{P}{Q} \tag{3.10}$$

式中,P 为运输价格,ΔP 为运输价格的变化值;Q 为运输需求量,ΔQ 为运输需求量的变化值;E_d 为运输需求的价格弹性。

不同的运输需求下,运输需求弹性大小是不同的。例如,出差等公费旅行的运输需求产生于工作需要,价格的变化对于此类出行需求影响很小,因此,价格弹性较小。反之,以游玩等为目的的个体运输需求受出行预算的影响,对于价格的变化比较敏感,当出行所花费的金额超过预算时,可能有部分人会选择放弃出行,因此,此类出行价格弹性较大。有研究表明,直航和非直航的航空票价弹性都很显著,但其中非直航的票价弹性要略高于直航票价弹性,分析其原因,后者可能是由于潜在的旅客在选择任何中间机场进行转机时,对服务质量更加敏感。

2. 运输需求价格弹性分类

一般情况下,运价升高,会引起运输需求量的减少,根据运输需求弹性的定义,运输需求弹性的值一般为负值,为方便起见,在实际运用过程中通常取其绝对值。

根据运输需求弹性系数的大小,可以将其分为以下五类:

(1)完全无弹性,即 $|E_d|=0$。此种情况下,无论运价如何改变,都不会引起需求量的变动,此时需求曲线是一条平行于纵轴的线,如图 3.4 中的曲线 D_1。

(2)完全有弹性,即 $|E_d|=\infty$。此种情况下,价格为既定时,需求量是无限大的,此时需求曲线是一条平行于横轴的线,如图 3.4 中的曲线 D_2。

(3) 单位弹性,即 $|E_d|=1$。运价每变动 1 个百分点,引起需求量变动 1 个百分点,此时需求曲线是一条正双曲线,如图 3.4 中的曲线 D_3。此种情况下,当运价改变时,不会引起收入的改变。

(4) 缺乏弹性,即 $0<|E_d|<1$。运价每变动 1 个百分点,引起需求量的变动不足 1 个百分点,如图 3.4 中的曲线 D_4。此种情况下,当运价下降时,会引起收入的减少。

(5) 富有弹性,即 $|E_d|>1$。运价每变动 1 个百分点,引起需求量的变动超过 1 个百分点,如图 3.4 中的曲线 D_5。此种情况下,当运价下降时,会引起收入的增加。

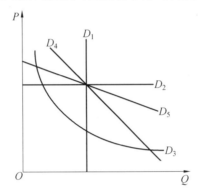

图 3.4 运输需求价格弹性分类

现实生活中,前三种情况都是需求弹性的特例,较为常见的为后两种情况。

3. 运输需求价格弹性计算

运输需求的价格弹性可以采用以下两种计算方法:弧弹性和点弹性。

(1) 弧弹性 E_d。

弧弹性指的是运输曲线上两点之间的弹性,当价格变化范围较大时,一般采用弧弹性计算。已知需求曲线上两点的坐标 (Q_1,P_1)、(Q_2,P_2),采用弧弹性的中点公式,即

$$E_d=\frac{\frac{Q_2-Q_1}{(Q_1+Q_2)/2}}{\frac{P_2-P_1}{(P_2+P_1)/2}}=\frac{\Delta Q}{\Delta P}\cdot\frac{P_1+P_2}{Q_1+Q_2} \tag{3.11}$$

计算两点之间的弧弹性(如图 3.5 所示)。

(2) 点弹性 ε_d。

点弹性指的是运输需求曲线上某一点的弹性,可以看作弧弹性的特例,即当价格的变化 $\Delta P\to 0$ 时,$\Delta Q\to 0$,点弹性就是在该点的弧弹性。即

$$\varepsilon_d=\lim_{\Delta P\to 0}E_d=\lim_{\Delta P\to 0}\frac{\Delta Q/Q}{\Delta P/P}=\frac{\partial Q}{\partial P}\cdot\frac{P}{Q} \tag{3.12}$$

若运输需求曲线是一条直线,如图 3.6(a)所示,则 M 点的点弹性为

$$\varepsilon_d=\frac{\partial Q}{\partial P}\cdot\frac{P}{Q}=\frac{\overline{MP_M}}{\overline{AP_M}}\cdot\frac{\overline{OP_M}}{\overline{OQ_M}}=\frac{\overline{OP_M}}{\overline{AP_M}}=\frac{\overline{MB}}{\overline{MA}} \tag{3.13}$$

若需求曲线是一条曲线,如图 3.6(b)所示,AB 为曲线上点 M 的切线,同理,即 M 点的点弹性 $\varepsilon_d=\frac{\overline{MB}}{\overline{MA}}$。

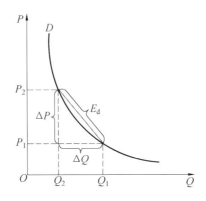

图 3.5 运输需求弧弹性系数计算

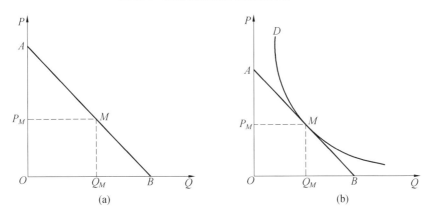

图 3.6 运输需求曲线点弹性系数计算

值得注意的是,即便需求曲线是一条直线,由于 $\varepsilon_d=(\partial Q/\partial P)\cdot(P/Q)$,各点由于 P/Q 的值是变动的,所以这条直线上每一点的价格弹性也是不同的。

【例 3.1】 某货物的运输需求函数为 $Q=60-3P$,式中 P 表示货物运价,Q 表示货物需求量。求:

① 当运价 $P=2、5、10、15$ 时,分别计算运输需求的价格点弹性 ε_d。

② 计算 $P_1=10$ 和 $P_2=15$ 之间的运输需求的价格弧弹性 E_d。

解 ① 由式(3.12),运输需求价格点弹性为

$$\varepsilon_d=(\partial Q/\partial P)\cdot(P/Q)$$

当 $P=2、5、10、15$ 时,$Q=54、45、30、15$,代入式(3.12),得价格点弹性:$\varepsilon_d=-0.111\,11$、$-0.333\,33$、-1、-3。

② 当运价 $P_1=10$ 时,需求量 $Q_1=60-3\times10=30$。

当运价 $P_2=15$ 时,需求量 $Q_2=60-3\times15=15$。

运输需求价格弧弹性

$$E_d=\frac{\dfrac{Q_2-Q_1}{(Q_1+Q_2)/2}}{\dfrac{P_2-P_1}{(P_1+P_2)/2}}=\frac{\dfrac{15-30}{(30+15)/2}}{\dfrac{15-10}{(10+15)/2}}=-1.67$$

例如,航空运输企业实行差别定价的现象非常普遍,同一航班同样的服务对不同乘客所收取的费用不同,航空公司的差别定价主要包括以下三种情况:不同舱别的差别票价;不同预定时间的差别票价;不同时间的差别票价。如在春运、国庆假期等出行高峰,机票价格普遍较高,打折幅度很小,而在出行淡季,机票价格会大幅度下降。

航空公司票价的制定直接影响着航空公司的盈利状况,实行差别票价是航空公司为了追求利润最大化而做出的定价策略。差别票价制定的依据是不同乘客具备不同的价格弹性,对价格的敏感程度不一样,通过不同的定价策略,对于不同的顾客收取不同费用,从而实现企业利润的最大化。

(3)运输需求的收入弹性 E_I。

运输需求的收入弹性指的是在运输价格不变的情况下,当收入变化1%时,运输需求量变化的百分比。收入弹性研究的是收入与运输需求量之间的关系,一般用于分析客运需求,用符号 E_I 表示,收入通常用 I 表示,运输需求的收入弹性公式为

$$E_I = \frac{\Delta Q}{\Delta I} \cdot \frac{I}{Q} \tag{3.14}$$

点弹性 ε_I 的计算公式为

$$\varepsilon_I = \frac{\partial Q}{\partial I} \cdot \frac{I}{Q} \tag{3.15}$$

弧弹性的计算公式为

$$E_I = \frac{\Delta Q}{\Delta I} \cdot \frac{I_1 + I_2}{Q_1 + Q_2} \tag{3.16}$$

运输需求的收入弹性一般用于分析客运需求,随着消费者收入水平的提高,客运需求会增大;反之,收入水平降低,客运需求会减少,即客运需求量 Q 与收入水平 I 同方向变动,因此,运输需求的收入弹性一般为正值。

客运需求分为两种类型,分别为派生性需求和本源性需求,不同客运需求收入弹性的大小也有所不同。派生性需求是人们日常生产、生活中必不可少的需求,受收入水平变动的影响较小,即便收入水平降低,为了正常工作和生活,这种需求的变动也不会很大,因此,派生性需求的收入弹性较小。而本源性需求产生于人们旅游、观光等需要利用交通工具的活动,这种需求与人们收入密切相关,因此,本源性需求的收入弹性较大。

收入弹性在交通规划决策中是很重要的一个因素,收入弹性大的运输项目,可以适当加快建设进程,以适应消费者收入的增长速度;而收入弹性小的运输项目,需求量变化随收入变化较小,可以适当放缓发展速度。

(4)运输需求的交叉弹性 E_{ij}。

运输需求的交叉弹性指的是一种运输服务的价格变动,引起另一种运输服务需求量的变动。即一种运输方式的价格每变化百分之一引起另一种运输需求量变化百分之几,计算公式为

$$E_{ij} = \frac{\Delta Q_i / Q_i}{\Delta P_j / P_j} = \frac{\Delta Q_i}{\Delta P_j} \cdot \frac{P_j}{Q_i} (i \neq j) \tag{3.17}$$

点弹性 ε_{ij} 计算公式为

$$\varepsilon_{ij}=\frac{\partial Q_i}{\partial P_j}\cdot\frac{P_j}{Q_i}(i\neq j) \tag{3.18}$$

弧弹性 E_{ij} 的计算公式为

$$E_{ij}=\frac{\Delta Q_i}{\Delta P_j}\cdot\frac{P_{j1}+P_{j2}}{Q_{i1}+Q_{i2}}(i\neq j) \tag{3.19}$$

运输需求的交叉弹性描述的是两种运输之间的关系，在运输行业管理部门、规划部门、运输企业进行相关的运输发展规划时，具有重要的参考价值。

不同的运输需求交叉弹性值在交通运输领域具有不同的意义。

① 交叉弹性为正值，即 $E_{ij}>0$ 时，意味着运输方式 j 价格的变动会导致运输方式 i 的需求量朝相同方向变动，此时，称两种运输方式为替代关系。如航空出行价格的提高会使人们选择铁路、水路等更加便宜的运输方式，从而促进铁路运输和水路运输的需求，因此，航空运输和铁路运输、水路运输之间存在替代关系。

② 交叉弹性为负值，即 $E_{ij}<0$ 时，意味着运输方式 j 价格的变动会导致运输方式 i 的需求量朝相反方向变动，此时，称两种运输方式为互补关系。如水路运输价格的提高，会引起港口集疏运交通需求的减少，因此，可以认为水路运输和港口集疏运交通之间存在互补关系。

③ 交叉弹性为0，即 $E_{ij}=0$ 时，意味着运输方式 j 价格的变动不会导致运输方式 i 的需求量的变动，即两种运输方式之间可以认为是无关的。

研究运输需求的交叉弹性在交通运输领域也具有现实意义。如发展铁路、公路或水运等平行线路的时候应当充分考虑它们之间的替代关系，避免各种运输方式的资源浪费或过度竞争。而具有互补关系的运输方式在规划建设时也应充分考虑各类运输方式之间的接驳，只有互补运输方式之间相互促进，才能保证运输系统的良性发展。

(5) 运输需求的派生弹性。

运输需求是一种派生需求，运输需求的派生弹性是用来描述运输需求量随本源需求变化的反应程度，可以分为生产派生弹性 E_G 和商品派生弹性 E_C，通常用来分析货运需求。

① 运输需求的生产派生弹性 E_G。

运输需求的生产派生弹性 E_G 是指（工农业）生产水平每变动百分之一，引起运输需求量变化百分之几，通常用 G 表示生产水平。商品派生弹性计算公式为

$$E_G=\frac{\Delta Q}{\Delta G}\cdot\frac{G}{Q} \tag{3.20}$$

运输需求的生产派生弹性 E_G 通常为正值，生产水平 G 与运输需求量 Q 同方向变动，即当工农业生产水平提高时，工农业产品产量增加，运输需求量也随之增加；反之当工农业生产水平降低时，工农业产品产量减少，运输需求量也随之减少。运输需求生产派生弹性可以应用于宏观运输经济分析，反映运输与国民经济各部门发展的比例，为国家制定运输经济政策提供依据，也可以用于运输行业管理和运输企业发展战略的制定。

② 运输需求的商品派生弹性 E_C。

运输需求的商品派生弹性 E_C 是指某种商品需求水平每变动百分之一，引起运输需求量变化百分之几，通常用 C 表示商品的需求。商品派生弹性计算公式为

$$E_C = \frac{\Delta Q}{\Delta C} \cdot \frac{C}{Q} \tag{3.21}$$

由于运输需求往往取决于市场商品需求,运输需求的商品派生弹性是研究运输需求随本源需求变动而变动情况,所以研究运输需求的商品派生弹性有实际意义。运输需求的商品派生弹性可以用于微观运输需求预测,比较不同商品对运输需求的灵敏程度;同时也可以度量商品对运费的敏感程度,为企业生产经营和运价制定提供决策依据。

3.3 运输供给概要

3.3.1 运输供给的概念及特点

在经济学中,需求与供给相生相伴,二者相互依存,运输需求是运输供给的前提和基础,而运输供给是运输需求产生的原因。在研究运输市场规律的过程中,有必要对运输供给加以了解。

1. 运输供给的概念

一个物品的供给是指在一定的价格水平下,厂商愿意出售的商品或服务的数量。可以从宏观和微观两方面进行理解:微观层次上,可以认为是厂商在一定价格水平下愿意出售的商品或服务的数量;宏观层次上,可以认为是市场上所有厂商在一定价格水平下愿意出售的商品或服务数量的总和,也称作市场供给。

而引申到运输领域,运输供给是指在一定的时间和空间内,一定的价格水平或社会服务背景下,生产者愿意且能够提供的运输产品或服务。

由运输供给的定义可知,运输供给必须具备两个条件,一是运输生产者有提供运输产品或服务的意愿,二是运输生产者有提供运输产品或服务的能力,二者缺一不可。

根据运输供给的定义,运输供给包含四项要素:

(1)运输供给量。运输供给量通常用运输设备的运输能力来表示,即运输生产者提供的运输产品或服务的数量。

(2)运输方式。运输方式是指公路、铁路、航空、水运和管道五种运输方式,不同运输方式在运输能力、运输成本、运输条件等方面各有不同,因此不同运输方式呈现出不同的运输供给特点。

(3)运输布局。指各类运输方式基础设施的空间分布和各种设备的合理配备及其发展变化方面的情况。

(4)运输经济管理体制。指运输业发展所建立的运输所有制结构、企业制度、资源配置方式和相应的政策、法律和法规等。

2. 运输供给的特点

运输供给具有以下特点。

(1)非储存性。

运输生产活动是通过运输工具完成运输对象的空间位移来实现的,只是从产生地向目的地的移动,在过程中不会产生新的物品,因此,运输供给是与生产紧密联系在一起的。

运输供给产品与工业产品不同,它不能被存储起来,这就是运输供给的非储存性。

运输业属于第三产业,即服务产业,而非储存性是所有服务产业的特性,该性质决定了运输业不能采取像工农业那样的产品储备的方式,而只能采用运输能力储备的方式去适应市场变化。而由于运输需求具有很强的波动性,运输生产能力在短时间内可能无法适应运输需求的变化,供需难以均衡,因此,运输能力的设计往往会高于运输高峰需求,以适应运输需求的波动与增长,但此种方法也会带来一定的风险,即运输能力存储量越大,市场供过于求的可能性越大,会造成资源浪费。

(2)时空不平衡性。

运输供给的时空不平衡性主要是由于运输需求在运输时间、运输方向、运输设备的适应性等方面不同所造成的运输供需不匹配。运输供给的时间不平衡性主要体现在因季节差异而导致的高峰与低谷。运输供给的空间不平衡性体现在不同地区发展水平不一致、各地产业结构不同等方面,较发达的地区运输供给比较充足,而相对落后的地区运输供给相对滞后。此外,运输供给的空间不平衡性还体现在运输方向上,如林区、矿区等地向外运输木材、煤矿等产品的运输供给远远大于其他生活用品向内的运输供给,加之部分运输产品对载运工具的特殊要求,运力浪费的情况十分常见。因此,运输企业需要掌握运输市场供需时间和空间的不平衡性,合理组织与调整运输结构,运用科学的管理方法提高经营管理水平。

(3)整体性。

运输供给的整体性体现在交通基础设施的整体性和运输设备的整体性两方面,任何一部分的缺失都不能保证运输供给的完整性。

交通基础设施,如铁路、公路、航空、水运、管道等运输线路和相应的机场、车站、港口等都会为运输供给提供相应的物质基础,它们之间相互配合,保证运输系统的完整性。在进行基础设施建设的过程中,应当做到统一规划、统一设计、协同施工,保证交通基础设施的完整性,充分发挥各部分的作用。

运输设备是指包括火车、轮船、飞机等能够在交通运输线路上运行,并能在相应场站上停靠的运输工具。作为人或物运输的载体,运输设备也具有整体性。如某辆车核载50人,而在车站分别各有25人前往两个方向的目的地,人们无法将这辆车进行分割满足不同方向旅客的出行需求。

(4)外部性。

在第1章中已经介绍过,交通运输业是具有显著外部性的部门。在运输业中,发达的运输水平可以带动周边地区的经济发展,这种产生正面促进作用的效果就是运输供给的正外部性,它能促进区域经济的繁荣和商品价格的下降,带来巨大的经济效益,而其他产品并不具备这一功能。但由于交通的发展,也会带来噪声、空气污染、能源消耗、交通阻塞等负面效应,也会造成社会经济的损失,即运输供给的负外部性。

(5)部分可替代性。

运输供给由各种运输方式和运输生产者的能力构成。有时在同一运输线路上存在多种运输方式,均能实现运输对象空间位移的需求,如旅客出行可以选择公路、铁路或航空,均可以到达目的地,因此运输供给存在着可替代性,这种可替代性是运输方式之间和运输企业之间竞争的基础。与此同时,由于运输产品在时间、空间的限制,人们对出行成本、舒适度和便捷度的要求不同,使得不同运输方式之间或同一运输方式的替代性受到了一定的限制,这种限制也从侧面反映出不同方式之间的差异性,也为运输服务在某一领域的运输供给上形成一定程度的垄断提供基础,如某些易腐的产品进行远距离运输的时候,运输时间是最为重要的影响因素,航空运输由于运输速度快,更容易占据运输供给的市场份额。

因此,运输供给的替代性和不可替代性是同时存在的,且具有相应的条件限制,这就是运输供给的部分可替代性。

3.3.2 运输供给的影响因素

运输需求的影响因素主要有以下几方面。

1. 经济因素

一个国家或地区的经济发展水平是影响运输供给水平的决定性因素。经济发展一方面会导致更大的运输需求,在另一方面也为进一步完善运输线路、场站设施和运输工具提供基础。在经济总量一定的情况下,若要提高交通运输发展投资,增大运输供给,就必定要将更大比例的国民收入投入进去,因此,一个国家或地区的交通运输供给能力和供给水平,很大程度上取决于经济发展水平。如我国长江三角洲地区、京津冀等地区是我国经济发达地区,相应运输供给水平也高于其他区域,而经济水平较为落后的地区,运输供给能力也较差。

2. 政治因素

作为一个国家重要的基础产业,运输业不仅关系到国家的经济发展,还事关国家的国防安全。因此,各国政府都会对运输业实行一定的干预手段。运输政策是国家经济政策的一部分,是政府从经济、政治、军事、国际社会等多方面考虑为运输业合理发展制定的准则,在不同时期、不同国情下会有不同的交通运输政策。如国家一直对国际航运实行保护和扶持政策,这无疑会对运输供给能力产生重要影响。

3. 技术因素

科学技术是推动社会经济和发展的第一生产力,也是推动运输业发展的重要动力。新型载运工具的不断发展、运输能力和效率的提高都是科学技术发展的结果。科学技术因素在提高运输能力、降低运输成本、提升运输服务质量和生产管理水平方面有着重要作用。纵观交通运输行业的发展历史,就是不断进行技术创新的历史,以蒸汽机的发明为代表的第一次工业革命促使交通运输业进入了机器运输时代,第二次工业革命产生了内燃机火车和轮船,随后的汽车、飞机等现代运输工具,形成了如今由五种运输方式为基础的运输系统。因此,科学技术的发展极大地促进了运输业的发展,使运输供给能力和水平有了极大的增长。

3.3.3 运输供给分析

1. 运输供给函数

运输供给的大小用运输供给量表示。运输供给是指在一定的时间和空间内,一定的价格水平或社会服务背景下,生产者愿意且能够提供的运输产品或服务的数量。运输供给量受多种因素影响,如政府相关政策、商品价格、运输成本等。在这里用一个通用的表述形式将运输供给量表示为各影响因素的函数,即运输供给函数。

运输供给函数的通用表述形式为

$$Q_s = Q_s(P, X_1, \cdots, X_i, \cdots, X_n) \tag{3.22}$$

式中,Q_s 为运输供给量;P 为运输价格;X_i 为除运输价格外,影响运输供给量的其他影响因素,$i=1,2,\cdots,n$。

在运输供给量的诸多影响因素之中,运输服务价格 P 是最为灵敏和重要的因素,因此,为便于分析,假定运价之外的其他影响因素不变,将运输供给函数简化为运输供给量和运输价格的函数,即

$$Q_s = Q_s(P) \tag{3.23}$$

与需求曲线相反,根据供给定律,通常情况下,在其他因素(非价格因素)不变的情况下,生产者愿意提供的运输供给量与运输价格同方向运动,即运输服务价格升高,会引起运输供给量增加,反之运输价格下降,会引起运输供给量减少。

2. 运输供给曲线

根据运输供给函数的性质,可以画出典型运输供给函数的趋势曲线,即运输供给曲线,如图 3.7 所示,纵坐标表示运输价格,横坐标表示运输供给量。

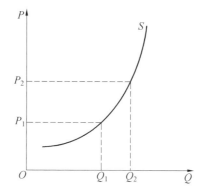

图 3.7 运输供给曲线

运输供给曲线 S 上的点表示在其他条件不变的情况下,运输供给量 Q 随着运输价格 P 的变化情况,当运价由 P_1 上升到 P_2 时,运输供给量由 Q_1 增加到 Q_2;反之,当运价由 P_2 下降到 P_1 时,运输供给量由 Q_2 减少到 Q_1。

3. 运输供给的变动和运输供给量的变动

与运输需求的变动和运输需求量的变动类似,运输供给的变动和运输供给量的变动也是两个完全不同的概念。运输供给量指的是在某一运价水平上,生产者提供的运输服务的数量,对应点是运输供给曲线上的一点;而运输供给指的是在不同运价水平下,运输生产者愿意且能够提供的服务的数量,表示运价和运输供给量的对应关系的总和,每一种对应关系下,都可以绘制出一条运输供给曲线。

在非价格影响因素不变的情况下,运价的改变会导致运输供给量的变化,而不会引起

运输供给的变化,这被称为运输供给量的变动;当非价格影响因素发生变化时,会引起运输供给曲线的左右移动,这种运输供给曲线的位移被称为运输供给的变动,如图3.8所示。

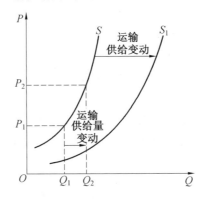

图 3.8 运输供给变动和运输供给量变动

(1)运输供给的价格弹性。

运输供给的价格弹性是描述在一定时期内,运输供给量对价格变化的敏感程度的参数,即在其他条件不变的情况下,运价变动所引起的运输供给量变动的灵敏程度,可用式(3.24)表示

$$E_s = \frac{\Delta Q_s / Q_s}{\Delta P / P} = \frac{\Delta Q_s}{\Delta P} \cdot \frac{P}{Q_s} \tag{3.24}$$

式中,P 为运输价格,ΔP 为运输价格的变化值;Q_s 为运输供给量,ΔQ_s 为运输供给量的变化值;E_s 为运输供给的价格弹性。

不同情况下,运输供给的价格弹性大小是不同的,受多种因素影响。例如,能够较容易根据运价灵活调整运力结构的运输产业,其供给价格弹性较高;反之,供给价格弹性较低,如同一吨位的普通货车和厢式货车相比,普通货车可以运输多种货物,适应性强,因此供给价格弹性大;而厢式货车能够运输有限的货物种类,因此供给价格弹性较小。

同运输需求价格弹性相类似,运输供给价格弹性也采用弧弹性和点弹性两种计算方法。

①弧弹性 E_s。

已知需求曲线上两点的坐标(Q_{s1}, P_1)、(Q_{s2}, P_2),采用弧弹性的中点公式计算两点之间的弧弹性,计算公式为

$$E_s = \frac{Q_{s2} - Q_{s1}}{P_2 - P_1} \cdot \frac{P_1 + P_2}{Q_{s1} + Q_{s2}} \tag{3.25}$$

②点弹性 ε_s。

当价格的变化 $\Delta P \to 0$ 时,$\Delta Q_s \to 0$,点弹性就是在该点的弧弹性。即

$$\varepsilon_s = \frac{\partial Q_s}{\partial P} \cdot \frac{P}{Q_s} \tag{3.26}$$

(2)运输供给价格弹性分类。

一般情况下,运价升高,会引起运输供给量的增加,根据运输供给价格弹性的定义,运输供给弹性的值一般为正值,根据运输供给价格弹性的大小,可以将供给价格弹性分为以

下五类。

①完全无弹性,即 $E_s=0$。此种情况下,无论运价如何改变,不会引起供给量的变动,此时供给曲线是一条平行于纵轴的线。

②完全有弹性,即 $E_s=\infty$。此种情况下,价格为既定时,供给量是无限大的,此时供给曲线是一条平行于横轴的线。

③单位弹性,即 $E_s=1$。运价每变动 1 个百分点,引起供给量变动 1 个百分点。

④缺乏弹性,即 $E_s<1$。运价每变动 1 个百分点,引起供给量的变动不足 1 个百分点。

⑤富有弹性,即 $E_s>1$。运价每变动 1 个百分点,引起供给量的变动超过 1 个百分点。

特别的,如果供给曲线为直线,即 $Q_s=a+bP$,由运输供给点弹性定义,$E_s-1=b\cdot\dfrac{P}{Q}-1=\dfrac{bP-(a+bP)}{a+bP}=\dfrac{-a}{a+bP}$。则当 $a<0$,即供给曲线过价格轴时,$E_s>1$,为富有价格弹性,如图 3.9 中的曲线 S_5;当 $a>0$,即供给曲线过供给量轴时,$E_s<1$,为缺乏价格弹性,如图 3.9 中的曲线 S_4;当 $a=0$,即供给曲线过原点时,$E_s=1$,为单位价格弹性,如图 3.9 中的曲线 S_3;当供给曲线平行于价格轴时,$E_s=0$,为完全有弹性,如图 3.9 中的曲线 S_1;当供给曲线平行于供给量轴时,$E_s=\infty$,为完全无弹性,如图 3.9 中的曲线 S_2。通常情况下,运输市场上供给弹性呈现为富有弹性和缺乏弹性两种。

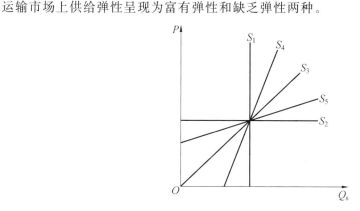

图 3.9 运输供给价格弹性分类

(3)运输供给的交叉弹性 E_{sij}。

由于运输企业、不同运输方式之间存在着可替代性和互补性,而运输供给的交叉弹性描述的是运输企业或两种运输方式之间的关系,即某种运输服务价格的变动引起另一种运输服务供给的变动的灵敏程度,如式(3.27)所示

$$E_{sij}=\frac{\Delta Q_{si}/Q_{si}}{\Delta P_j/P_j}=\frac{\Delta Q_{si}}{\Delta P_j}\cdot\frac{P_j}{Q_{si}} \tag{3.27}$$

运输供给的交叉弹性在运输行业管理部门、规划部门、运输企业在进行相关的运输发展规划时,具有重要的参考价值。

不同的运输供给交叉弹性值在交通运输领域具有不同的意义。

①交叉弹性为正值,即 $E_{sij}>0$,意味着运输方式 j 的运输服务价格的变动会导致运输方式 i 的供给量朝同方向变动,此时,称两种运输方式存在供给互补性。如水路运输服务价格的提高,会引起运输企业提供的运输供给量增加,从而促进港口集疏运交通运输供给,因此,可以认为水路运输和港口集疏运交通之间存在互补关系。

②交叉弹性为负值,即 $E_{sij}<0$,意味着运输方式 j 的运输服务价格的变动会导致运输方式 i 的供给量朝反方向变动,此时,称两种运输方式存在供给替代性。如铁路运输服务价格的增长会使运输企业选择提高铁路运输供给,减少公路运输的供给量,因此,铁路运输和公路运输之间存在替代性。

③交叉弹性为0,即 $E_{sij}=0$,意味着运输方式 j 的运输服务价格的变动不会导致运输方式 i 的供给量的变动,此时认为两种运输方式之间没有相关性。

值得注意的是,供给交叉弹性和需求交叉弹性在表示不同运输方式的互补性和替代性时符号是相反的。

【例 3.2】 某物流企业经营全国货运物流业务,采用公路运输方式,该公司的统计资料表明,从 A 地到 B 地之间货运运力与运价之间的函数关系为 $Q=2P+10$(Q 为货运供给量,P 为运价)。

①计算 $P=5$ 时公路货物运输供给价格点弹性 ε_s。

②计算 $P_1=5$ 和 $P_2=10$ 之间的公路货物运输供给价格弧弹性 E_s。

③另一家物流公司同样经营从 A 地到 B 地的物流业务,但通过航空运输,如果该航线航空运价下降8%,目前公路运价为5个单位,则公路运输供给量可提高到25个单位,试计算这两种运输方式的供给交叉价格弹性 E_{sij}。

解 ①船舶运输供给价格点弹性为

$$\varepsilon_s = \frac{\partial Q_s}{\partial P} \cdot \frac{P}{Q_s} = 2 \times \frac{5}{2 \times 5 + 10} = 0.5$$

②当 $P_1=5$ 时,$Q_1=2\times5+10=20$;当 $P_2=10$ 时,$Q_2=2\times10+10=30$,则运输供给价格弧弹性为

$$E_s = \frac{Q_{s2}-Q_{s1}}{P_2-P_1} \cdot \frac{P_1+P_2}{Q_{s1}+Q_{s2}} = \frac{30-20}{10-5} \cdot \frac{10+5}{20+30} = 0.6$$

③已知航空运输运价变化率 $\Delta P_j/P_j = -10\%$。

公路运输供给变化率为

$$\frac{\Delta Q_{si}}{Q_{si}} = \frac{25-(2\times5+10)}{2\times5+10} = \frac{5}{20} = 25\%$$

公路运输对航空运输的价格交叉弹性为

$$E_{sij} = \frac{\Delta Q_{si}/Q_{si}}{\Delta P_j/P_j} = \frac{25\%}{-8\%} = -3.125$$

$E_{sij}<0$,航空运输与公路运输之间是互相可替代的。

3.4 交通运输系统供需均衡分析

前面已经分别对运输需求和运输供给进行了介绍,但由于二者并不是孤立存在的,而是相互联系、相互制约的,因此有必要将运输需求和运输供给进行进一步的综合分析,了

解运输需求与供给相互作用对运输市场的影响,运输市场供需的平衡机制,以及实现运输市场均衡的调节方法。

由于运输需求与运输供给存在内在的技术经济特性差异,运输供给与需求一定会呈现出一定的非均衡性,这种非均衡性主要体现在以下三点:一是由于运输服务的不可储存性与运输供给提升周期较长,使得运输供给能力呈现出一种阶梯跳跃式的不平稳增长特性,其与运输需求的平滑增长特性虽方向一致,但步长不同,使得运输市场的均衡是短暂的或瞬时的,而不均衡状态则是常态的;二是根据交通运输在社会经济中的地位和作用,交通运输业不应立足于交通本身发展交通,而应从对社会发展经济贡献最大化角度考虑其发展问题,因此,运输供给"适度超前"于社会经济发展对运输服务的需求来说是相对合理的;三是由于运输供给总是有限的,不可能在"质"和"量"上满足无限的运输需求,即运输需求受运输供给的制约,得到满足的运输需求总是有限的。这一点在本章第5节会进行详细解释。

3.4.1 运输市场的供需状态

运输市场的运输供给和运输需求之间的关系,主要有以下三种。

1. 运输总供给和总需求完全一致

在此种情况下,运输总供给和运输总需求完全一致,即运输供给能力能够刚好适应社会经济发展产生的运输需求,不难看出,这种情况是一种十分理想的状态,在现实的生活中不可能存在。

运输需求是一种派生需求,是受因社会经济发展而产生的各种本源性需求所影响的,而由于这些本源性需求复杂、多变的特点,也就造成了运输需求的广泛性和多样性,甚至由于经济生活和社会生活的多变,派生出的运输需求都会有一部分是难以预测的,当发生自然灾害、战争或社会动乱时,都会派生出各种偶然运输需求。而前文提到过,运输供给具有整体性,包括交通基础设施的整体性和运输设备的整体性,现代一体化运输的发展和综合运输体系的建立和完善,都使得各种运输方式的发展不是孤立的,而是紧密地连接成一个整体。供给能力的提高,需要整个运输系统的协调发展,这与运输需求发展的特点不同,导致运输总供给和运输总需求完全一致的情况只能存在于理想中。

2. 运输总供给与总需求不一致

运输总供给与运输总需求不一致的情况不可避免,其中包括运输总供给滞后于运输总需求和运输总供给超前于运输总需求两种情况。前者是由于运输供给能力不能满足社会经济增长引起的需求增长,从而产生滞后现象,严重时会制约经济发展,形成"瓶颈",造成不可估量的损失;后者会造成运输资源的浪费。

3. 运输总供给与总需求基本一致

现实中,运输总供给和运输总需求完全一致是不会出现的,而运输总供给和总需求不一致又是人们不希望看到的,因此,运输市场追求的可实现目标是保证运输总供给和运输总需求基本一致,即运输供给能力能够基本满足运输需求增长的要求,可稍稍超前或滞后,二者差距不会过大,从而相互协调共同发展。

运输总供给和运输总需求基本一致,是对运输供需关系变动的科学总结,研究这种运输供给与运输需求的变动规律很有必要。在一个国家或地区处理交通运输业和经济发展关系、制定运输发展战略的过程中,应当对其给予高度的重视。

3.4.2 运输市场均衡机制

1. 运输市场均衡概念及形成

(1)运输市场的均衡。

在经济学中,均衡是指经济体系中各种变量相互影响从而趋于稳定达到平衡的状态。这种均衡通常包括以下几种含义。

①均衡是一种状态,在经济学领域,均衡状态函数是指商品数量与价格的相互关系。

②均衡状态下,供给方和需求方都能够获得同等的满足。

③满足是一种实现了经济价值所导致的心理状态。它既可以是个体或样本层面上的,也可以是社会或统计层面上的。

引申到运输市场,运输市场的均衡同样是一种状态,它是指各种同时存在、对立和不断变动的变量,在相互冲突、调整、运行的过程中,趋于暂时相对稳定,从而达到运输供给和运输需求暂时平衡的状态。

运输市场的均衡分析是从运输供给和运输需求两方面研究市场的状态及变化规律。根据所研究的内容和方向的不同,可以分为局部均衡分析和一般均衡分析。局部均衡分析是分析某一运输方式或某一货物的供给和需求相互平衡的过程;而一般均衡分析是认为所有运输方式和货物的总供给、总需求和运输价格相互影响,从而分析总供给和总需求达到平衡的过程。

运输市场的供给和需求是决定运输市场行为的两个基本力量,二者之间的平衡是相对的,不平衡是绝对的。由于市场运行机制的存在,运输供给和需求的运动具有一定的规律性,从而出现某些相对的均衡状态,即市场均衡。

运输市场是一个非常复杂的系统,它涉及多种运输方式、运输工具、运输服务、运输对象、运输区域,不同运输方式和运输路线之间还存在着替代和互补关系,同时一旦运输价格的改变较大,还会导致整个运输市场的动荡,因此,对运输市场的均衡分析是一项很复杂的工作。

在一个完全竞争的运输市场中,运输需求和运输供给共同决定了均衡运价和均衡运量。运输需求和运输供给在均衡时所达到的一致的状态,即为均衡状态。运输需求价格和供给价格相一致时,即为均衡运价。运输需求量与运输供给量相同时,即为均衡运量。均衡运价对应的运量就是均衡运量。

市场均衡通常用供求关系图进行描述,如图 3.10 所示,该图将需求曲线和供给曲线进行叠加,D 表示运输需求曲线,S 表示运输供给曲线,横坐标 Q 为运输需求量或供给量,纵坐标 P 表示运输价格,两条曲线在横纵坐标上采用统一单位。

在需求量和供给量相等的价格水平 P_0 下,达到了市场均衡,即均衡点为 E 点,均衡点对应的运量 Q_0 为均衡运量,对应的运价 P_0 为均衡运价。在均衡点 E 处,价格既没有上升的趋势也没有下降的趋势,运输供给者和运输需求者同时得到了满足。

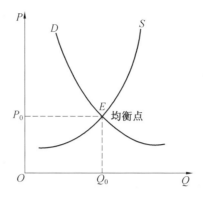

图 3.10 简单的供需均衡

(2)简单供需均衡过程。

在运输市场具有充分竞争的前提下,上述运输市场的均衡是运输市场自发形成的,当运输市场的供给和需求没有发生变化时,运输均衡点也不会发生变动,即均衡运价和均衡运量也保持不变,由于运输市场是处在一种动态均衡状态下的,因此当运价发生变化时,背离均衡运价,运输市场会自发进行调节,促使运价重新回到均衡运价,如图 3.11 所示。

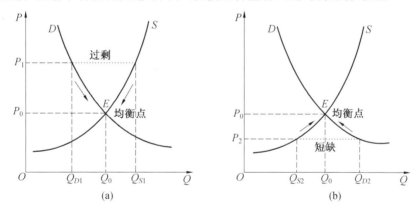

图 3.11 简单的供需均衡过程

当运输价格上升到 P_1 时,如图 3.11(a)所示,由运输需求曲线 D 和运输供给曲线 S 可知,运输需求会减少至 Q_{D1},运输供给会增加至 Q_{S1},此时,运输供给大于运输需求,会导致运输资源过剩,在此种情况下,过剩的资源将会通过降低价格的方法寻求市场,而随着运价的上升,运输需求量将沿着曲线 D 增加,运输供给量将沿着曲线 S 减少,从而过剩的资源将不断缩小,当运价回到均衡运价 P_0 时,整个市场又重新达到市场均衡。

同理,当运输价格下降到 P_2 时,如图 3.11(b)所示,运输需求会增加至 Q_{D2},运输供给会减少至 Q_{S2},此时,运输需求大于运输供给,会导致运输资源短缺,在此种情况下,需求方会为了有限的运输资源选择以提升运价的方式提高竞争力,而随着运价的升高,运输供给也逐渐增加,从而短缺量将不断缩小,当运价回到均衡运价 P_0 时,整个市场又重新达到市场均衡。

运输市场均衡和变动的动态过程是其基本的运行机制,通常,在整个市场供求关系不变的情况下,运输市场处在一种稳定的动态均衡过程中,虽然大部分时间是处在不均衡状态下,但通过运价和供需状态的冲突与调整,能够使需求量和供给量重新达到平衡,使运价维持在一个稳定的水平,即运输市场总是在均衡和不均衡的状态中反复变化。

随着社会科技的不断进步,世界经济和国际贸易的发展,必然会导致运输需求和运输供给的变动,这种变动是运输市场供求关系的变动,原有的供需均衡将被打破,形成运输供需之间的矛盾,这一矛盾会引起运价的波动,从而推动市场形成新的均衡。下面将分析不同供需变动情况下运输市场均衡所受的影响。

2. 供需变动下运输市场均衡

当运输市场均衡形成后,运输供给和运输需求会随着时间的推移发生变化,此时,原有的市场均衡状态被打破,从而形成新的市场均衡状态。随着运输供给和运输需求条件的变化,均衡点会发生变化,因此均衡价格和均衡运量也会随之发生变化。影响供需条件的因素多种多样,交通发展水平、人均收入水平等因素都会影响运输需求曲线,生产技术的发展、生产要素价格变化等因素都会影响运输供给曲线,在大多数情况下,多种影响因素共同作用使得运输市场均衡变动情况极其复杂,为了便于理解,现分别从供给变动、需求变动、二者同时变动三种情况对均衡点的影响进行定性分析。

(1)需求不变,供给变动对均衡点的影响。

假设运输需求不变,由于生产技术的提高或生产要素价格的降低,如铁路运输中高速铁路的建设,公路运输中新型运输车辆的出现,海运中船舶的大型化等,都会导致供给状况发生变化。

如图 3.12 所示,曲线 D 为运输需求曲线,曲线 S 为原运输供给曲线,二者交点 E 为原均衡点,对应的均衡运价为 P_0,对应的均衡运量为 Q_0,现假设运输需求曲线 D 保持不变。

若运输供给减少,运输供给曲线左移至曲线 S_1 处,与运输需求曲线 D 相交于新的均衡点 E_1,对应均衡运价为 P_1,对应的均衡运量为 Q_1,由图 3.12 可知,$P_0 < P_1$,$Q_0 > Q_1$,即在运输需求不变的情况下,运输供给的降低会导致均衡运价提高,均衡运量减小。

反之,运输供给增加,运输供给曲线右移至曲线 S_2 处,与运输需求曲线 D 相交于新的均衡点 E_2,对应均衡运价为 P_2,对应的均衡运量为 Q_2,由图 3.12 可知,$P_0 > P_2$,$Q_0 < Q_2$,即在运输需求不变的情况下,运输供给的增加会导致均衡运价降低,均衡运量增加。

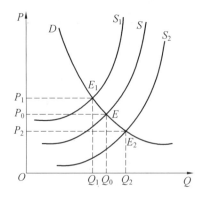

图 3.12 需求不变、供给变化的运输供需曲线

(2)供给不变,需求变动对均衡点的影响。

假设运输供给不变,由于交通发展水平、人均收入水平、经济状况等因素发生变化均会导致运输需求发生变化。

如图3.13所示,曲线D为原运输需求曲线,曲线S为运输供给曲线,二者交点E为原均衡点,对应的均衡运价为P_0,对应的均衡运量为Q_0,现假设运输供给曲线S保持不变。

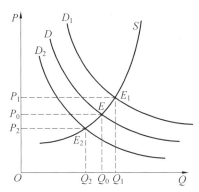

图3.13 供给不变、需求变化的运输供需曲线

若运输需求增加,运输需求曲线右移至曲线D_1处,与运输供给曲线S相交于新的均衡点E_1,对应均衡运价为P_1,对应的均衡运量为Q_1,由图3.13可知,$P_0<P_1$,$Q_0<Q_1$,即在运输供给不变的情况下,运输需求的增加会导致均衡运价和均衡运量同时增加。

反之,运输需求减少,运输供给曲线左移至曲线D_2处,与运输供给曲线S相交于新的均衡点E_2,对应均衡运价为P_2,对应的均衡运量为Q_2,由图3.13可知,$P_0>P_2$,$Q_0>Q_2$,即在运输供给不变的情况下,运输需求的降低会导致均衡运价和均衡运量同时减小。

(3)供给需求同时变动对均衡点的影响。

在现实生活中,受各种因素影响,往往运输供给和运输需求会同时发生变化,而运输均衡也会随之变化,均衡点变化趋势与运输供给和运输需求的变化幅度息息相关。现分别对运输供给和运输需求同时增加,同时减少,运输供给增加、运输需求减少,运输供给减少、运输需求增加四种情况予以讨论。

①运输供给和运输需求同时增加对均衡点的影响。

由图3.14可知,运输供给和运输需求同时增加,运输需求曲线D右移至曲线D_1,根据运输供给增加幅度的大小,运输供给曲线S分别右移至曲线S_1、S_2和S_3。

当运输供给曲线右移至曲线S_1时,运输供给增加的幅度小于运输需求增加的幅度,新的均衡点为E_1,新的均衡运价和均衡运量分别为P_1和Q_1,此时,$P_0<P_1$,$Q_0<Q_1$。

当运输供给曲线右移至曲线S_2时,运输供给增加的幅度等于运输需求增加的幅度,新的均衡点为E_2,新的均衡运价和均衡运量分别为P_2和Q_2,此时,$P_0=P_2$,$Q_0<Q_2$。

当运输供给曲线右移至曲线S_3时,运输供给增加的幅度大于运输需求增加的幅度,新的均衡点为E_3,新的均衡运价和均衡运量分别为P_3和Q_3,此时,$P_0>P_3$,$Q_0<Q_3$。

由以上分析可知,运输需求的增加会导致均衡运价提高、均衡运量增加;运输供给的增加会导致均衡运价的降低、均衡运量的增加。因此,在运输供给和运输需求同时增加的

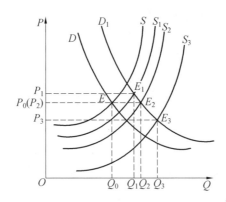

图 3.14　供给和需求同时增加的供需曲线

情况下,均衡运量的增加是一定的,而均衡运价的变化取决于二者增加幅度的相对大小。即当运输供给增加的幅度小于运输需求增加的幅度时,均衡运价提高;当运输供给增加的幅度等于运输需求增加的幅度时,均衡运价不变;当运输供给增加的幅度大于运输需求增加的幅度时,均衡运价降低。

②运输供给和运输需求同时减少对均衡点的影响。

由图 3.15 可知,运输供给和运输需求同时减少,运输需求曲线 D 左移至曲线 D_1,根据运输供给减少幅度的大小,运输供给曲线 S 分别右移至曲线 S_1、S_2 和 S_3。

当运输供给曲线左移至曲线 S_1 时,运输供给减少的幅度小于运输需求减少的幅度,新的均衡点为 E_1,新的均衡运价和均衡运量分别为 P_1 和 Q_1,此时,$P_0>P_1$,$Q_0>Q_1$。

当运输供给曲线左移至曲线 S_2 时,运输供给减少的幅度等于运输需求减少的幅度,新的均衡点为 E_2,新的均衡运价和均衡运量分别为 P_2 和 Q_2,此时,$P_0=P_2$,$Q_0>Q_2$。

当运输供给曲线左移至曲线 S_3 时,运输供给减少的幅度大于运输需求减少的幅度,新的均衡点为 E_3,新的均衡运价和均衡运量分别为 P_3 和 Q_3,此时,$P_0<P_3$,$Q_0>Q_3$。

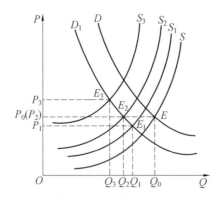

图 3.15　供给和需求同时减少的供需曲线

由以上分析可知,运输需求的减少会导致均衡运价降低、均衡运量减少;运输供给的减少会导致均衡运价的提高、均衡运量的减少。因此,在运输供给和运输需求同时减少的情况下,均衡运量的减少是一定的,而均衡运价的变化取决于二者减少幅度的相对大小。即当运输供给增加的幅度小于运输需求增加的幅度时,均衡运价降低;当运输供给增加的幅度等于运输需求增加的幅度时,均衡运价不变;当运输供给增加的幅度大于运输需求增加的幅度时,均衡运价提高。

③运输供给增加、运输需求减少对均衡点的影响。

由上文分析可知,运输需求的减少会导致均衡运价降低、均衡运量减少;运输供给的增加会导致均衡运价的降低、均衡运量的增加。因此,在运输供给增加、运输需求减少的情况下,均衡运价的降低是一定的,而均衡运量的变化取决于二者变化幅度的相对大小,如图 3.16 所示。

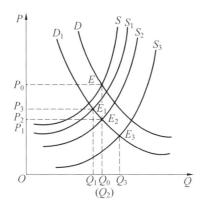

图 3.16 供给增加、需求减少的供需曲线

当运输供给增加的幅度小于运输需求减少的幅度时,均衡运量减少;当运输供给增加的幅度等于运输需求减少的幅度时,均衡运量不变;当运输供给增加的幅度大于运输需求减少的幅度时,均衡运量增加。

④运输供给减少、运输需求增加对均衡点的影响。

由上文分析可知,运输供给的减少会导致均衡运价的提高、均衡运量的减少;运输需求的增加会导致均衡运价提高、均衡运量增加。因此,在运输供给增加、运输需求减少的情况下,均衡运价的提高是一定的,而均衡运量的变化取决于二者变化幅度的相对大小,如图 3.17 所示。

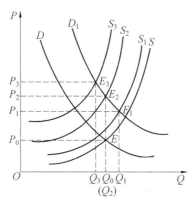

图 3.17 供给减少、需求增加的供需曲线

即当运输供给减少的幅度小于运输需求增加的幅度时,均衡运量增加;当运输供给减

少的幅度等于运输需求增加的幅度时,均衡运量不变;当运输供给减少的幅度大于运输需求增加的幅度时,均衡运量减少。

综上所述,运输供给的变化会导致均衡运价向反方向变动,均衡运量向同方向变动;而运输需求的变化会导致均衡运价和均衡运量均向同方向变动。在现实情况中,常常二者同时发生变动,此时均衡运价和均衡运量的变动将根据二者变化幅度的相对大小进行分析。上述分析由于只分析了运输供给和运输需求变动后均衡点的变动情况,并没有对新均衡的形成过程进行分析,因此,此方法被称为静态均衡分析法。

3.4.3 运输市场调节方法

运输市场的均衡与否体现着运输资源配置是否达到了最优,当市场运输总需求量和运输总供给量相等或需求总价格和供给总价格相等时,就达到了运输市场均衡,这时运输市场资源配置达到了最优。但是由于运输市场受多种因素影响,因此均衡是暂时的,不均衡才是常态,运输市场总是时时刻刻处在变化之中。可以通过一定的政策和手段对运输供需进行调节,对运输市场均衡产生影响。本章前几节市场对运输均衡的影响已经有了较为详细的介绍,在此不再赘述,本部分主要介绍相关政策和措施对运输均衡的调节作用。

1. 价格政策调节

理想的运输市场只是一种假设,在现实经济生活中,往往会出现恶性竞争、垄断等情况,政府作为宏观调控的主体,往往会采用价格调控的政策,在保证运输市场的公平和有序的前提下,设定一定的保护价格。保护价格是指国家为保护生产者或消费者的利益而制定的价格,一般只适用于个别商品或个别商品的一定时期。保护价格包括最低限价和最高限价,在运输市场上设置保护价格会对市场的均衡造成一定的影响。

最低限价是政府通过一定手段将某种商品的价格定在高于均衡运价的最低价格,目的是避免商品价格下降到某一水平之下,是一种保护生产商的手段,因此又被称为保护价。最低限价的设置可以有效保护生产者的收入。某些运输产品市场自发形成的均衡价格较低,不利于行业发展,通过此项措施可以有效防止生产者收入过低,如许多国家都会制定农产品保护价格。但最低限价一般会高于均衡运价,从而产生供大于求的现象,进一步导致运输资源过剩。

最高限价是政府为了制止哄抬物价、维持市场价格水平而采取的对某些商品价格规定的低于均衡价格的最高价格。一般来说,最高限价是为了防止某些生产者形成统一联盟,获取垄断高价,损害行业公平性和消费者利益。如政府会对救灾物资的运价设置最高限价,避免因运价过高导致救援不及时,造成严重后果。最高限价的设置往往会出现供不应求的现象,从而导致运输资源短缺。

2. 财政政策调节

财政政策调节的主要措施有税收和补贴政策。

税收是国家为向社会提供公共产品、满足社会公共需要,凭借公共权力,参与国民收入分配,依法、强制、无偿取得财政收入的一种特殊分配关系。现假定国家对某种运输服务实行征税,由于税收是由生产者或销售者支付给国家,消费者并不关心税收多少,他们只关心运输产品价格的高低,因此增加税收只会影响供给曲线,并不会影响需求曲线。增加税收会导致运输供给曲线左移,从而导致均衡运价升高,运输需求量减少。

相反,若政府对某种运输提供一定的补贴政策,会导致均衡运价降低,运输需求量增加。

3. 投资政策调节

交通运输基础设施投资大、建设期长、养护成本高、利润低,且交通基础设施具有准公共物品性,因此交通运输行业的建设和发展完全依靠市场调节是不现实的,必须有政府作为投资主体参与建设、运营,才能保证交通运输业的稳定、有序发展。

交通投资政策主要包括国家直接投资和国家引导投资两方面。国家直接投资是指国家直接将财政资金投入到某一运输方式,对交通基础设施进行建设,从而提升交通供给,发展交通运输,适应交通运输需求。国家引导投资是指国家通过实施一定的税收、补贴、信贷政策鼓励或限制社会资本投入到某一运输项目,能够起到引导合理发展运输行业结构的作用。

4. 运输需求管理调节

运输需求管理调节主要是指通过采用相应的技术或手段对运输需求进行调节,使运输需求和运输供给之间保持合理的均衡。如向交通参与者提供实时路况信息,引导交通流合理分配,缓解高峰时段和高峰路线的出行压力;通过调整停车费、拥挤收费等措施减少私人交通出行比例,鼓励公共交通出行等。

3.5 运输需求预测

运输需求预测分析是运输组织和运输规划的重要内容,也是交通建设项目进行后期运输状态评价的主要依据,其准确与否直接影响土地、资金等资源的利用效率。在进行运输需求预测之前,有必要对运输需求和运输量的概念进行区分。由本章第1节可知,运输需求是指在一定的时间内,一定的价格水平或社会服务背景下,旅客或货物进货商等对交通运输提出的实现旅客或货物空间位移的且有支付能力的需要。而运输量是指在实际的供给条件下能够实现的运输需求的大小。运输量的大小与运输需求密切相关,但在很多情况下,运输量并不能够代表运输需求,运输需求的实现与否还要取决于运输供给能力,当运输供给能力能够完全满足运输需求时,运输量就可以基本反映运输需求的大小,但在许多落后地区,运输供给严重不足,导致实际产生的运输量仅仅是运输需求的一部分,二者实际上并不相等。加大交通基础设施建设、扩大运输能力,能够将被限制的运输需求转化为实际的运输量。

以往有些学者对运输需求与运输量的区别认识不足,在预测过程中简单地将运输需求用运输量来替代,这种概念上的张冠李戴无疑会使预测的精度大打折扣。明确运输需求和运输量的关系,能够为运输需求预测指明方向。在运输能力能够满足需求的情况下,用历史运输量来预测未来的运输需求是可行的;若运输能力不能够满足运输需求,不考虑运输能力,仅用历史运输量预测未来的运输需求会存在很大的误差,难以反映真实的运输需求。

随着我国市场经济体制的不断完善,交通基础设施的快速发展,运输能力的不断提高,运输需求和运输量之间的差异将越来越小。

3.5.1 预测原理

预测的基本原理主要有以下三点。

1. 惯性原理

在物理学上,惯性原理指的是一个不受任何外力的物体将保持静止或匀速直线运动。而在事物发展过程中,认为客观事物的发展变化也是依据一定的规律表现出延续性,通常可以称之为"惯性现象"。依据这一性质,可以通过分析预测对象过去和现在的状态,延续到未来,从而预测事物未来的状态。具体方法如趋势外推法、移动平均法等。

2. 类推原理

类推原理认为相类似的事物的变化也是相似的,因此可以通过分析类似事物的变化规律,根据预测事物的历史变化特征,推测预测事物未来的发展状态。如可以根据地理位置相近、等级相同的公路历史交通量预测规划公路的交通量。

3. 相关原理

相关原理认为任何事物都不是独立存在的,而是与其他事物相互影响、相互作用的,很多情况下,事物之间的相互影响常常存在着因果关系。通过对运输需求影响因素的变化规律进行分析,可以预测未来运输需求的状态。相关原理是回归分析法的理论依据。

3.5.2 预测分类

为了提高运输需求预测的准确性,揭示运输发展的客观规律,国内外学者进行了诸多的理论探索,并提出了多种预测模型。到目前为止,运输需求的预测方法已有300余种之多,可以从不同角度对其进行分类。

(1)按照预测方法的不同,可以分为定性预测方法和定量预测方法。常用的定性预测方法有第1章中提到的德尔菲法等;定量预测方法有指数平滑法、回归分析法、弹性系数法、马尔可夫分析法、客流调查法、细分集成法、灰色系统法等;另外,还有在此基础上派生出的多种方法的综合运用,如组合预测法等。预测建模的原理,基本上可以分为两类:一类是源于运输的派生性逻辑推论的因果关系原理,它认为运输需求的发展变化是由外部经济社会环境决定的,通过分析运输需求同经济变量之间的关系,来建立预测模型;另一类是趋势外推原理,它认为运量数据综合体现了各种因素的功能,运量变化呈现出的很强的趋势性往往体现了经济发展规律的延续性,因此运量的历史变化态势可以用来作为推测未来需求量的依据。

(2)按照运输需求预测对象不同可以分为货运需求预测和客运需求预测。

(3)按照运输需求预测期的长短不同可以分为长期预测、中期预测和短期预测。一般预测期为1~5年为短期预测,5~10年为中期预测,10年以上则属于长期预测。

(4)按照预测的层次可以分为全国运量预测、国民经济各部门运量预测、各地区运量预测和各种运输方式运量预测。

(5)按运输方式不同可以将运输需求预测分为公路运输需求预测、铁路运输需求预测、航空运输需求预测、水路运输需求预测等。

(6) 按照预测内容不同可以分为发送量预测、到达量预测、周转量预测和平均运量预测，在确定了各地区的客货发到量之后，往往还需要预测各地区的内部交通量和各地区间的交通量，并且这些交通量还需要在不同运输方式之间、不同运输线路之间进行分配。

3.5.3 预测方法

由于交通运输需求的影响因素非常多，涉及方方面面，大到国家宏观城市规划、交通规划、制定的相关政策法规、土地利用性质和区位模式，小到市场经济发展、人们日常出行偏好等多个方面，而许多的影响因素很难用完全定量化的指标进行表示，因此在进行交通需求预测的时候很难利用现有历史数据和预测方法通过定量化方法取得准确的预测结果。因此，在运输需求的理论研究过程中，为了便于分析，通常会进行一定的假设，一般认为需求与价格之间存在一种对应关系，在假定其他影响因素保持不变的情况下，仅考虑运输价格因素对运输需求的影响，这种对应关系是不随时间变化的，这与本章前面所研究的方法是一致的。但是很显然，这并不符合实际情况，除运价外，其他影响因素造成运输需求曲线的移动对于未来运输需求的影响也是不容忽视的。除此之外，运输价格因素本身也是相当复杂的，它不仅包含出行成本，还包括人们的时间成本、舒适度成本和环境成本等多方面因素，也说明想要准确预测未来交通运输需求是一项很困难的工作。

因此，选择运输需求预测方法时，应当根据现有运输数据资料，分析其蕴含的内在经济机理，将定性分析和定量分析相结合，这样才能做到既有效又可靠。只有在进行供需均衡分析的基础上，结合运量预测方法，才能更真实地反映经济发展对于未来运输业的实际需求。

1. 运输需求总量预测方法

为了对运输需求量的发展趋势有一个宏观的掌握，必须对整个区域的综合运输需求总量进行宏观预测。根据其预测原理不同，可以大致分为经验判断法、时间序列预测法和因果模型预测法。

第一类为经验判断法。它依靠人们的经验和综合分析能力进行预测，主要有运输系数法、产值系数法、递增率法、定额法、比重法、类比法以及德尔菲法等。这类方法比较适合进行短期预测，结果较为可靠，但如进行中长期预测，由于环境条件变化的不确定性，仅仅依靠经验推导是不能完全符合实际的。

第二类为时间序列预测法。时间序列预测法依据预测对象过去的统计数据，找到其随时间变化的规律，建立时序模型，从而达到判断未来数据的目的，即利用过去的数据资料来预测未来状态。其基本思想为，未来是过去的延伸，过去的变化规律将会持续到未来，在未来一定时期内某种现象在数量上的演变特征，是无法脱离过去的发展趋势的。常用的时间序列预测法包括时间序列平滑法、趋势外推法等确定型时间序列预测模型等。这类方法简单易行，只要有过去的可靠资料，即可对未来进行预测。它们在短期和中期预测中用得较多，使用时要求历史资料有一定的发展趋势，且要求未来的趋势与过去的趋势相类似。

第三类为因果模型预测法。它利用事物之间的因果关系来预测未来。利用回归分析方法预测货运量的原理是根据与运输量直接有关的国民经济指标相关关系,利用历史统计资料及预测期的相关指标建立回归方程,据此测算预测期年度的运量水平。因果模型预测法是把所要预测的对象同其他有关因素联系起来进行分析,制定出解释因果关系的模型,然后根据模型进行预测。因果模型预测法包括回归分析法、计量经济模型、投入产出预测法等。

因果模型预测法是预测经济分析领域的一种重要方法,它有一个清晰的模型结构,模型使用得当时可以很好地解释变量之间的相互关系。然而在现实生活中,事物的影响因素是多种多样、错综复杂的,得到全部的影响因素只能是研究者的一个美好愿望,这也限制了因果模型预测法的实际应用。有时候,复杂的计量经济模型的预测能力还不如简单的时间序列模型。一般来说,计量经济模型的建立常常依赖于具体的数据环境,而实际中的环境是经常变化的,很难在变化的环境中得出合理的预测结果。因此,计量经济模型在预测方面的应用受到了一定的限制,它更多地适用于经济系统的建模和分析等方面的研究。尽管如此,因果关系思想却始终深刻地影响着预测理论的进一步发展。

现根据运输需求对象的不同分别介绍货物运输需求总量预测方法和旅客运输需求总量预测方法。

(1) 货物运输需求总量预测方法。

货物运输总量预测方法有很多,最常用的有二三十种,这里分别介绍弹性系数法、情景预测法、灰色系统预测法和投入产出法四种典型的预测方法:

① 弹性系数法。

弹性系数法是通过历史年份运输量求出其关于经济量的弹性,当有了经济量的预测值后,通过该弹性预测未来货运需求量。即未来运输量的增长率＝预期的经济量增长率×弹性值。

② 情景预测法。

情景预测法首先构造一个"无突变"的情景 A,即在假定当前的环境不发生重大变化的条件下,研究对象未来的情景;然后分析情景 A 的环境因素,以及各因素的不同取值对 A 造成不同的影响,由此产生了情景 B 和情景 C,进而又可以产生 A、B、C、AB、AC、BC 六种情景。同时还可以假设有突发事件 D,它对情景 A、B、C 又有不同程度的影响,从而又产生了 AD、BD、CD、ABD、ACD、BCD 六种情景。由于环境因素的不同,取值还可以产生其他多种情景,但情景的范围是确定的,即 B∪C∪D。情景预测法在分析过程中根据不同情景可采用不同的预测方法,使定量、定性分析相结合,这样就弥补了定性预测和定量预测各自的缺陷。情景预测法有以下一些特点:

a. 适用范围广,不受任何假设条件的限制,任何对未来的分析都可以使用该方法。

b. 考虑问题周全,且具有灵活性。未来可能会出现的各种状况和环境因素都会被考虑在内,有利于决策者进行分析。

c. 能及时发现未来可能出现的问题,以便采取措施减轻或消除它们潜在的影响。

d. 定性分析和定量分析相结合,为决策者提供主观与客观相结合的未来情景。它通过定性分析找出各种因素和各种可能性,并通过定量分析提供一种尺度,辅助决策者更好地进行决策。

在实际应用过程中,常用的情景预测法有未来分析法、目标展开法及间隙分析法等。

③灰色系统预测法。

灰色系统预测法以一般的灰色统计聚类数据的累加、累减的规律性处理,然后对各因素之间的相关性进行分析,建立动态的模型,做出预测、决策和进行反馈控制。因此,灰色系统预测具有系统性、联系性和动态性的特点。

使用一般的预测方法进行预测时,建立模型通常采用最小二乘法为主要方法,而最小二乘法所得到的解是近似解,具有程度不同的残差,在分析未来情况时,这些残差都含有一定程度的有用信息,如果大量丢失这些有用信息,会降低对有用信息的充分利用程度,影响预测效果。而灰色系统预测法在原有资料的基础上,充分辨识、利用残差中的有用信息,从而扩大了关于未来的信息量,达到提高预测精度的目的。

④投入产出法。

投入产出法是经济学和数学相结合的一种数量分析方法,由美国经济学家瓦西里·列昂惕夫(Wassily Leontief)创立,主要用于研究各部门投入与产出的相互依存关系。其最大的特点是从国民经济是一个有机整体的观点出发,综合研究各个具体部门之间的数量关系(技术经济联系)。然而,虽然目前该模型在解决静态开放问题方面表现出了很好的性能,但在解决动态问题方面却表现较差。因此,投入产出法未能得到广泛的应用。

(2)旅客运输需求总量预测方法。

基于上面各类预测方法的思路,结合旅客运输需求特点,主要介绍常规客运量预测的方法,包括客流调查法、指数平滑预测法、回归预测法、重力模型预测法和自回归预测法。

①客流调查法。

客流调查是进行客流及经济调查、预测未来客运量时最基本的环节。调查的主要内容有:当地自然条件、经济发展水平、人口数量、人口结构及分布状况、其他运输方式的发展状况等。

客流调查可以较为准确地掌握影响客流的主要因素,并可以直接计算一些因会议、旅游等产生的短期特殊客流量。

在调查分析的基础上,一般可以用以下公式预测近期客流量

$$P = K_m \times M \tag{3.28}$$

式中,P 为线路规划期内的运量;K_m 为居民规划期内平均每人次乘车次数;M 为区域内规划年度的人口数。

这种方法受时间约束较强,一般只适用于对近期运量的测算,但是客流调查法是预测客运量最基本的方法,采用任何数学模型进行预测也离不开客运量调查得来的基础数据。当然,这种方法只是一种粗略的预测方法,一般不单独使用。

②指数平滑预测法。

所谓平滑就是指采用某种平均的方式,来消除历史数据中存在的随机波动,找出其中的主要发展趋势。在没有特殊的突变因素影响时,由于消除了随机波动,指数平滑预测法一般能够较好地反映客运量的变化趋势,预测结果较为准确。指数平滑预测法的优点在于,能够根据系数不断调整对各个时期历史数据的依赖程度,及时补充新的信息,从而最大限度地接近未来趋势。

③回归预测法。

回归预测法是通过找出预测对象及其各种因素之间的统计规律,建立变量之间的回归方程,并将回归方程作为预测模型进行预测的方法。它可以分析预测对象的主要影响因素,并能对模型的合理性和预测的可信度进行统计检验。依据自变量和因变量之间的相关关系不同,可分为线性回归预测和非线性回归预测。回归预测法反映预测对象与相关因素的关系仍是静态的。

a. 把运输量仅仅看作时间 t 的函数,即

$$Y = f(t) \tag{3.29}$$

该方法称为定基预测法,它是利用历年的运输量资料,选择合适的函数进行回归求出参数,利用该回归方程预测将来任一时间 t 的运输量。

b. 把运输量看作各种经济指标 X_i 的函数,即

$$Y = f(X_1, X_2, \cdots, X_i) \tag{3.30}$$

该方法称为定标预测法,它利用运输量与经济指标的回归方程进行预测,预测未来 t 年运输量时应首先知道(规划或预测)未来 t 年的各相关经济指标。

④重力模型预测法。

重力模型的基本思想为:A、B 两地之间的客运量与两地的人口数量和两地的距离有关,且两地的人口越多,两地间的客运量越大;两地的距离越远,两地间的客运量越少。这与万有引力定律相类似,因此称为重力模型或引力模型。用公式可以表示为

$$W = C \times \frac{P_A \times P_B}{L^\alpha} \tag{3.31}$$

式中,W 为 A、B 两地之间的客运量;C 为比例系数;L 为 A、B 两地之间的距离;α 为参数;P_A、P_B 为 A、B 两地的居民数量。

利用重力模型预测法预测两地之间的客运量关键在于对大量的历史数据进行模拟计算以确定参数 C 和 α。比例系数 C 的确定与客运量的变化和其他一些因素有关,不同的地区、不同的线路所对应的比例系数也不同。参数 α 的大小取决于两地之间距离的远近。一般而言,两地之间距离越长,该模型的预测精度越会被削弱。有关计算经验显示,当 $\alpha = 2$ 时,预测精度较好。

利用重力模型进行短期预测能够收到较好的效果,然而在进行长期预测时,由于比例系数受到多种因素的影响难以掌握,从而影响预测结果的稳定性。

⑤自回归预测法。

自回归预测法是一种根据预测对象的历史时间序列在不同时期取值之间存在的依存关系,建立回归方程进行预测的方法。具体来说,就是用同一变量向前推移若干期的时间序列作自变量序列,用一个变量的时间序列作为因变量序列,分析一个因变量序列和另一个或多个自变量序列之间的相关关系,建立回归方程进行预测。至于向前推移几期,则需要由分别计算出的相关系数决定。自相关系数值越大,则依存关系越强。

2. 运输结构预测模型

运输结构预测模型通常可分为集计模型和非集计模型。集计模型是将个体出行方式统一集合到交通小区中,并将交通小区视为基础单元,进行分析预测;而非集计模型以个

体为单位,考虑区域内每个个体的出行方式,构造预测模型。

(1) 运输结构预测集计模型。

集计模型是指在传统的交通规划或交通需求预测中,首先将研究地区划分为若干个小区,然后以这些小区为基本单位展开研究。集计分析方法以概率统计分析为基础,思路简单直观,易于理解。主要包括:转移曲线法、重力模型的转换模型、回归模型法等。

转移曲线法中的转移曲线是指在前期大量调查数据的基础上,绘制曲线关系图以得到城市中各种交通方式的分担比例,与其影响因素之间的关系曲线。其中影响因素包括各交通小区间的距离、行程时间或各交通方式所需的时间之差等。通过转移曲线,可以较为方便地得出各出行方式在城市交通小区中的分担率,进而得出城市整体的交通结构。其缺点是曲线的绘制需要依赖大量现状调查资料,在运输方式种类和影响因素变化的情况下,无法反映未来各交通方式分担率的变化。

(2) 运输结构预测非集计模型。

非集计模型研究对象为出行个体,其基本假设是当出行个体面临选择时,对某种运输方式选择的偏好程度可以用被选择对象的"吸引度"或"效用值"来描述,而效用是描述被选择对象的属性和决策者的特征的函数。基于个体效用最大化理论,从个体入手对调查得到的数据进行分析,从而构造个体对运输方式选择的预测模型。常用的非集计模型包括 Logit 模型、Probit 模型等。

其中,Logit 模型的基本假设是效用误差项服从相互独立的 Gumbel 分布。Logit 模型因为其概率表达式的显性特征及模型的求解速度快、应用方便而在运输结构预测中得到了广泛的应用。近年针对改进 Logit 模型的研究也较多,主要有 BNL(Binary-Nomial Logit)模型、NL(Nested Logit)模型、MNL(Multinomial Logit)模型等。

作为一种非线性模型,Probit 模型则是在假设效用误差项服从正态分布前提下,为弥补线性模型的不足而建立的,应用在仅存在两种运输方式时使用的结构预测模型。

与 Logit 模型相比,Probit 模型不具有独立无关性假设引起的相互独立性,可以很好地模拟出行个体的随机喜好性;然而,当运输结构中存在三种或以上运输方式时,Probit 模型的应用会受到一定的限制。

在实际运输需求预测过程中,需要根据预测时间、预测对象、预测目的以及能够获取的数据资料等多方面因素综合考虑,结合不同预测方法的特点,选择合适的预测方法,保证预测精度。

3. 运输需求预测综合集成方法

定性到定量综合集成方法是在大量工程实践中,为了研究地理系统、生物系统或社会经济系统等复杂系统而提出的一种科学研究方法。运输系统是由人、载运工具、交通基础设施、信息及组织管理等部分有机构成,其结构庞大、信息庞杂、组织管理严密,同时与外界环境物质、能量、信息交换频繁,是一个开放的复杂系统。

运输需求的本质是人或物位移的需要,与运输系统各个部分以及所处的自然地理、社会经济等外界环境密切相关,因此运输需求的预测是一类与开放复杂系统相关的复杂问题,基于此,部分学者将"定性到定量综合集成方法"应用于交通运输需求预测领域,研究相对应的运输需求预测综合集成方法,能够为当前综合运输系统规划的研究和实践提供参考。

运输需求预测需要将专家经验、数据信息和计算机有机结合起来，构成一个"人机结合、以人为主"的高度智能化预测系统。然而，虽然现阶段以"四阶段法"为框架的预测方法也融合了定性定量相结合的思想，但在操作过程中，往往弱化定性分析，偏重定量模型计算，降低了运输需求预测的可信度和有效性，本质上是一种"人机结合、以机器为主"的方法。

在运输需求预测综合集成法中，定性分析是定量分析的前提，定量分析又是定性分析的深化。该方法的总体思路是预测运输需求量，从定性分析入手，逐步地细化定量，在定量结果基础上再综合评估后得出结论，以达到对运输需求的系统性、全局性把握，其具体执行流程如图3.18所示。在保留传统"四阶段法"优点的同时着重对相应的定性分析工作内容加以界定与强调，在此基础上讨论确定具体模型方法的选用。

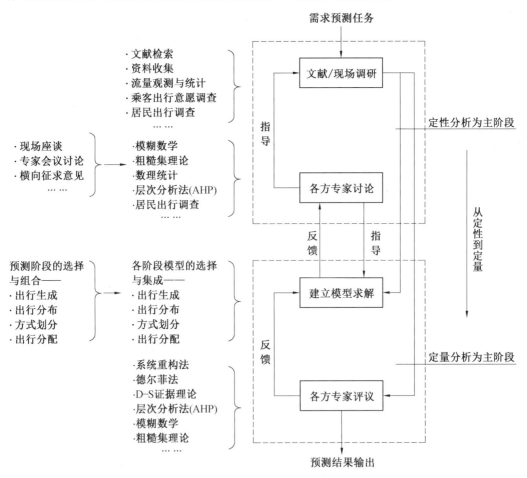

图3.18 运输需求综合集成预测方法流程图

该方法首先通过搜集文献资料、现场交通调查，形成对运输需求预测项目的初步感知，在此基础上，汇集各方专家并与之充分交流讨论，听取专家意见明确问题症结所在，找出解决途径并形成对问题的定性判断，综合形成运输需求预测项目的技术路线，用以指导后续工作,之后在技术路线指导下,进行更进一步的资料研究与交通调查,收集更为翔实的资料,再次汇集各方专家并与之充分交流讨论,对研究区域未来形势作出合理研判,确定合适的预测阶段组合及模型,并对各预测阶段输出结果的可能取值作出宏观上的合理判断,在此基础上,构建各种预测模型进行求解,生成运输需求预测的定量信息。最后,针对模型预测生成的定量信息,再次组织各方专家共同分析、讨论,基于新一轮信息与知识的综合集成,对结论的可信度与有效性进行综合评估。如需改进,则反馈修正模型和调整参数,重复上述工作,直至得到可靠的结论。

4. 运输需求预测案例分析

本部分以浙江省城际轨道交通为例,参考《运输需求预测综合集成方法研究》(朱炜,交通运输系统工程与信息,2013),进行客流预测的案例演示。

2008年浙江省城镇体系规划确定了"四圈三带"的发展布局,为了支撑这一布局、加速城市群一体化,建设以城际轨道交通为重点的综合运输体系是其中的重要内容,而城际轨道交通规划合理性的重要基础是客流预测的准确度。为此,浙江省交通规划设计研究院开展了浙江省域城际轨道交通规划客流预测工作,将综合集成方法的思想融入客流预测过程中,取得了较好的效果。

运输需求预测不仅涉及运输系统本身,还涉及外部环境的方方面面,因此,运输需求预测既要综合考虑运输需求与其他各方面之间的关系,同时又要在此基础上给出定量分析,为决策提供科学依据。因此,该项目充分考虑利用多种形式将各个领域专家纳入进来,包括交通、管理、经济、计算机等多个学科,不同专业领域的专家的知识相互交叉结合,对项目进行研究和讨论,使客流需求预测工作的技术路线及各模型方法从无到有、从模糊到清晰而逐渐显现。

在运输需求预测综合集成法中,定性分析是定量分析的前提,定量分析则又是定性分析的深化。在项目前期的定性综合集成基础上,项目组细化了客流预测的技术路线,保留传统"四阶段法"框架,同时对定性分析工作内容做了明确的界定与强调,在此基础上讨论确定了具体模型方法的选用。

在交通区划分过程中,项目参考专家意见,根据城镇体系规划中"四圈三带"发展布局,研究区域最终被划分为63个交通分析区,并根据预测需要进一步归并为22个中区、4个大区。

轨道交通客流生成预测通常采用回归分析法、时间序列法、弹性系数法及生成率法等,客流分布预测则通常采用增长率模型、重力模型等。但上述生成预测方法都适用于较为稳定的用地发展,浙江省正处于快速城市化发展阶段,其省域范围内用地布局结构未来必然发生较大的变化,且交通条件的改善也会诱增大量客流,对各分析区的交通生成量及各区之间的交通交换量产生影响。基于此,在实际客流预测中,客流生成阶段采用了改进的生成率法,在客流分布阶段考虑了诱增客流的预测。

作为沿海发达省份,浙江省域范围内已形成较发达的综合运输网络,其中轨道交通系统将发挥骨干运输的作用,满足大量、集中的中长距离出行需求。轨道交通自身特性决定了它并不是"门到门"的交通方式,其客流集散还需要常规公交、自行车、步行甚至是小汽车等其他方式的接驳。传统"四阶段法"将方式划分与客流分配相互独立与分割,不能很好地处理这类多方式多路径组合出行问题。基于上述分析，项目在进行常规的客流预测方式划分、客流分配的同时，研究提出了一种多方式多路径组合模型，寻求将方式划分与客流分配两个阶段紧密融合、统一处理。

经过上述模型计算得到的定量预测结果，再由多学科的专家共同分析、研讨，在定量计算基础上进行新一轮综合集成。定量结果若不准确，则修正模型、调整参数，重新计算，再进行专家评议，如此反复多次，直至各方专家都认为这些定量计算结果已较为准确可靠。综合评议相关宏观因素及最后确定的客流预测结果如表3.1、表3.2所示。

表3.1 影响项目预测结果的相关宏观因素汇总（部分）

编号	重要事件	时间/年
1	浙江省"四圈三带"城镇体系规划确立	2008
2	杭州空港经济区建设	2008
3	舟山跨海大桥建设通车	2009
4	沪昆铁路浙江段建设	2009
5	杭甬铁路客运专线建设	2009
6	沪杭磁悬浮立项获批	2010
7	浙江省公路水路交通发展布局规划获批	2010
8	长江三角洲地区区域规划	2010
……		

表3.2 分方式客流分担预测结果

时间/年	轨道			公路			综合		
	客流量/万人次	增长率/%	比重/%	客流量/万人次	增长率/%	比重/%	客流量/万人次	增长率/%	比重/%
2008	34.95	8.8	10.4	301.13	3.6	89.6	336.08	4.2	100
2020	95.75	—	17.3	457.72	—	82.7	553.47	—	100
2030	165.25	5.6	22.2	579.1	2.4	77.8	744.35	3	100

运输系统是一类开放的复杂巨系统，运输需求预测是一类复杂性问题。不同于许多发达国家，我国正处于快速城镇化的重要阶段，经济发展、用地布局等对运输需求有重要影响的各类宏观环境因素不断变动，现有的"四阶段法"运输需求预测存在明显缺陷。为此，将从定性到定量的综合集成运输需求预测方法应用于浙江省城际轨道交通客流预测项目之中，取得了较好的效果。研究成果可为完善和发展运输需求预测理论提供一定的参考。

本章小结

本章首先分别介绍了运输需求和运输供给的相关概念、特点、影响因素，运输需求函数和运输供给函数的基本形式,以及价格弹性的相关内容;其次对运输系统供需均衡进行了简要的定性分析,讨论了各种供需变化对市场均衡产生的不同影响,从而介绍了运输市场的各类调节方法;在本章最后一节对运输需求预测进行了介绍,主要包括预测基本原理和思想、预测分类,以及货物运输需求和旅客运输需求预测方法及其适用条件,最后介绍了运输需求预测综合集成方法的基本思想和流程,并以浙江省城际轨道交通客流需求预测为例,对综合集成方法的实际应用做了介绍。

习题与思考题

1. 请解释运输需求的概念?运输需求的影响因素有哪些?
2. 运输需求的变动与运输需求量的变动有什么不同?请举例说明。
3. 设 B 组和 C 组人群对某一运输服务的运输需求函数 D_B 和 D_C 均为线性函数,需求曲线 D_B 和 D_C 相交于纵轴于点 A,如图 3.19 所示。

①请证明,对任意价格 P_0,B 和 C 两组人群对该运输服务的价格弹性相等,即 $E_{dM}=E_{dN}$。

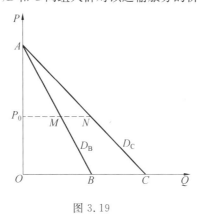

图 3.19

②若 $A=200,B=200,C=300$,则对两组人群服务的最大收入分别是多少,对应的价格 P 是多少?

4. 某种产品的运输需求函数为 $Q=500-100P$,式中 P 表示货物运价,Q 表示货物需求量。求:

①求价格 $P=2$ 和价格 $P=4$ 之间该产品运输需求的弧弹性。

②根据运输需求函数,求 $P=2$ 时运输需求的价格点弹性。

③根据该需求函数画出几何图形,利用几何方法求出 $P=2$ 时需求的点弹性,该结果与需求函数求出的结果一致吗?

5. 已知某运输商品的需求函数和供给函数分别为:$D=26-2P,Q=2+6P$。试求该商品的均衡价格,以及均衡时的需求价格弹性和供给价格弹性。

6. 已知某一时期某一运输商品的需求函数为 $D=30-5P$,供给函数为 $Q=-15+5P$。

①求该时期的均衡运价和均衡运量,并作出几何图形。

②假设在供给函数不变的情况下,由于消费者收入水平的提高,需求函数变为 $D=45-5P$,求此时该商品的均衡运价和均衡运量,并作出几何图形。

③假设在需求函数不变的情况下,由于生产水平的提高,供给函数变为求 $Q=-10+5P$,求此时均衡运价和均衡运量,并作出几何图形。

④根据①、②和③,试说明需求变动和供给变动对运输供需均衡的影响。

7. 请阐述运输供给的概念、运输供给的影响因素有哪些。

8. 运输供给的变动与运输供给量的变动有什么不同? 请举例说明。

9. 请结合本章知识,解释均衡运价是如何形成的。

10. 讨论当运输需求和运输供给反方向变动时对均衡点有何影响。

11. 运输市场的调节方式有哪些? 如何看待设置最高限价和最低限价?

12. 运输需求的预测方法有哪些? 各有什么适用性和局限性?

参考文献

[1] 孙启鹏,吴群琪,张圣忠,等.运输需求的本质及特征分析[J].综合运输,2007(08):17-20.

[2] 荣朝和.西方运输经济学[M].2版.北京:经济科学出版社,2002.

[3] 蒋惠园.交通运输经济学[J].中国学术期刊文摘,2009(2):276-276.

[4] 严作人.运输经济学[M].北京:人民交通出版社,2009.

[5] 杭文.运输经济学[M].南京:东南大学出版社,2008.

[6] 陆化普.交通规划理论与方法[M].北京:清华大学出版社,1998.

[7] 郭重庆.中国综合交通运输发展战略[M].西安:西安交通大学出版社,2004.

[8] 彭辉,朱力争.综合交通运输系统及规划[M].成都:西南交通大学出版社,2006.

[9] 马清.青岛胶州湾大桥及隧道影响效果探讨及展望[C]//中国城市规划学会城市交通规划学术委员会.协同发展与交通实践——2015年中国城市交通规划年会暨第28次学术研讨会论文集.中国城市规划设计研究院城市交通专业研究院,2015.

[10] 吴群琪,杨霞,汪忠.道路运输供需品质分析与需求预测[J].长安大学学报(社会科学版),2007(04):16-19.

[11] 吴群琪,陈文强,张圣忠.运输需求本质及其特征研究[J].铁道运输与经济,2009,31(4):32-36.

[12] 郭重庆.中国综合交通运输发展战略[M].西安:西安交通大学出版社,2004.

[13] 汪忠.道路运输预测理论研究[D].西安:长安大学,2003.

[14] 彭志敏,吴群琪,孙瑞芬.我国综合运输供给与需求失衡度测量[J].统计与决策,2018,4(16):44-47.

[15] 颜建新,马洪生,肖崇紫,等.基于投入产出法的道路货运需求预测研究[J].交通运输工程与信息学报,2016,14(1):25-32.

[16] 邵春福,熊志华,姚智胜.道路网短时交通需求预测理论、方法及应用[M].北京:清华大学出版社,2011.

[17] 关宏志.非集计模型:交通行为分析的工具[M].北京:人民交通出版社,2004.

[18] 王健,胡晓伟,孙广林.城市客运交通经济学[M].北京:人民交通出版社,2016.

[19] 王树盛. Probit 模型及其在交通方式分担中的应用研究[C]//全国博士生学术论坛. 2005:48-50.

[20] 朱炜,韩斌. 运输需求预测综合集成方法研究[J]. 交通运输系统工程与信息, 2013, 13(03):25-32.

[21] 浙江省交通规划设计研究院. 浙江省城际轨道交通客流需求预测研究[R]. 杭州:浙江省交通规划设计研究院, 2010.

[22] 闫智晶. 城市综合客运交通枢纽规划研究[D]. 兰州:兰州交通大学, 2015.

[23] BUTTON K. Transport Economics [M]. 3rd Edition. London: Edward Elgar, 2006.

[24] BUTTON K, MARTINI G, SCOTTI D, et al. Fare elasticities of demand for direct and indirect flights in sub-Saharan Africa[J]. Applied Economics Letters, 2017, 24(8): 523-526.

[25] WEBSTER M, BLY F. Demand for public transport[R]. Crowthorne: TRL, 2004.

[26] GOODWIN P B. A review of new demand elasticities with special reference to short and long run price effects[J]. Journal of Transport Economics and Policy, 1992, 26(2): 155-169.

[27] PRENTICE B E, PROKOP D. Concepts of transportation economics [M]. Singapore: World Scientific, 2016.

[28] ACCIARO, MICHELE. Transport economics: Theory, applications and policy [J]. Maritime Economics & Logistics, 2008, 10(3):328-329.

[29] JONES I S. Urban transport appraisal[M]. London: Macmillan Education UK, 1977.

[30] 王炜. 交通规划[M]. 北京:人民交通出版社, 2017.

第 4 章 运输项目财务分析

在完成对某项目的市场调查、技术预测、拟建规模、资源优化、技术方案论证、环境保护措施等可行性研究工作后,需对项目进行经济分析。经济分析是可行性研究的核心内容,也是投资者决策所需的重要依据。经济分析主要包括项目的财务分析和费用效益分析两部分,是对项目的各方案投入与产出的基础数据进行推测、估算,对项目各方案进行评价和选优的过程。

本章主要研究的是项目的财务分析,其中主要包括财务分析的方法、指标及主要标准,财务分析所依据的基础和条件,此外还需要了解资金结构及风险,识别财务费用和效益,从而编制财务报表、计算财务指标并完成财务分析。本章以下内容所提到的财务分析均为项目财务分析。

4.1 财务分析概述

4.1.1 财务分析的定义

19 世纪末 20 世纪初,为了降低向外发放贷款的风险,美国银行在对企业做出放贷决定前,会对企业是否具有偿还贷款的能力进行财务数据调查与分析,这就是财务分析的起源。为了能够更加科学准确地调查与分析,学者们研究出了一系列财务分析方法,研究内容包括经济组织的过去、现在及未来,其目的在于向与企业有关的所有组织或个人提供更加科学全面的资料和数据,用来评价和预测企业的偿贷能力等。

财务分析(Financial Analysis)是以会计核算、报表资料以及其他相关数据资料为基础,根据投资人、管理者、经营者、政府等不同主体的分析目的,深入研究企业的基本信息和财务信息,分析企业出现的问题并对企业未来的发展状况进行预测。具体分析内容包括过去及现在所有的筹备资金活动、投资活动、运营活动、分配活动及相应的盈利能力、营运能力、偿债能力和增长能力状况等,从而为不同主体做决策提供依据。

4.1.2 财务分析的作用

1. 为评价项目经营情况提供重要依据

在进行财务管理过程中,需依据项目的财务分析结果,对项目的经营情况作出合理评价。财务分析主要包括盈利能力、营运能力、偿债能力、现金流量情况等内容,财务分析结果的客观性、准确性对判断项目经营情况有着极为重要的作用。

2. 为投资者及债权人提供正确的决策依据

投资者及债权人依据财务分析结果对项目的盈利能力、营运能力及偿债能力等有了全面的掌握,并对投资后的收益水平和风险程度进行合理预测,进而做出正确的决策。

3. 为找出财务管理中的漏洞提供重要线索

在有限成本的条件下获得最大利润是项目财务管理的最终目标。依据财务分析结果，合理地评价项目过去的运营情况，帮助管理者找到财务管理中的漏洞，分析存在的问题并制定相应的改善措施，提升项目的财务管理能力。同时，通过财务分析结果也能分析项目现阶段存在的问题，从而进行有针对性的研究和优化。

4.1.3 财务分析的主要内容

项目的财务分析主要包含盈利能力、偿债能力及财务生存能力三个方面。其中生存能力取决于项目的财务效益和费用情况及其在时间上的分布。项目的盈利能力、偿债能力和生存能力，是通过编制财务报表和计算相应的评价指标来进行分析判断的。为判别项目的财务可行性所进行的财务分析包括以下基本内容。

1. 财务评价基础数据及参数的确定、估算与分析

财务评价基础数据及参数的确定、估算与分析是财务评价准备阶段的工作。收集的数据与信息包括财务效益、费用等相关数据，并依据现行的法律法规和政策标准，对项目投资情况、总费用成本情况、融资方案情况、运营收入情况、缴纳税金情况、利润和利润分配情况，以及其他与项目有关的财务效益与费用情况进行分析。

2. 编制财务分析基本报表

进行财务效益和费用估算时，需要编制财务分析辅助报表，在此基础上就可以编制财务分析的基本报表。其中财务分析辅助报表包括：建设投资估算表（概算法和形成资产法）、建设期利息估算表、流动资金估算表、项目总投资使用计划与资金筹措表、营业收入营业税金及附加和增值税估算表，以及总成本费用估算表（生产要素）。而财务分析的基本报表主要有5类，它们分别是现金流量表（包括项目投资现金流量表、项目资本现金流量表和投资各方现金流量表）、利润与利润分配表、财务计划现金流量表、资产负债表及借款还本付息计划表。

财务分析基本报表是计算分析盈利能力、偿债能力和财务生存能力的基础。其中盈利能力分析需要编制现金流量表和利润与利润分配表。而偿债能力分析需要编制资产负债表、借款还本付息计划表。财务生存能力分析则需要编制财务计划现金流量表。

3. 计算、分析财务分析指标

根据编制的财务分析基本报表，可方便快捷地计算出一系列反映项目盈利能力、偿债能力和财务生存能力的指标，并对各项财务指标进行汇总。其中反映项目盈利能力的指标有：投资回收期、资本金净利润率、总投资收益率、财务净现值和财务内部收益率等。反映项目偿债能力的指标有：利息备付率、偿债备付率、流动比率、资产负债率、速动比率等。此外，还需根据财务计划现金流量表进行财务生存能力分析。

4. 进行不确定性分析

根据项目的静态分析、偿债能力分析、财务生存能力分析和投资各方现金流量分析可进行不确定性分析。不确定性分析是指对项目总投资和效益的变化是由不可预知的、不可预估的、非概率的因素引起的不确定性情况的分析。（具体内容详见第6章）

5. 得出财务分析的最终结论

根据上述分析结果,并与国家有关部门公布的基准值或经验标准、历史标准、目标标准等相比较,并从企业或项目自身角度出发,得出项目的可行性结论。

4.1.4 财务分析的步骤

财务分析主要包括融资前分析和融资后分析两个阶段,其中融资前分析和融资后分析分别满足投资决策和融资决策的需要。融资前分析是指在考虑融资方案前就开始进行的财务分析,在融资前分析时只进行盈利能力分析,并以项目投资折现现金流量分析为主。而融资后分析是以融资前分析和初步的融资方案为基础,包括对盈利能力的分析、偿债能力的分析及财务生存能力的分析,主要考察资金筹措方案能否满足要求。具体步骤如下:

1. 融资前分析

首先,在融资前需要对项目方案中涉及的基础数据进行了解和分析,主要包括建设投资、营业收入、营业成本和流动资金等信息,通过数据分析可得到项目投资现金流量情况,其分析结果可以科学地反映出该项目方案设计是否合理。通过考察该项目的设计方案是否可行,可判断项目是否值得为之融资。因此,投资现金流量分析对项目的发起人、投资者、债权人和政府部门都具有重要的意义。当融资前分析的投资现金流量分析的结论是"否"时,可对项目的设计方案进行改进。若多次修改仍不能满足要求,则可以选择放弃或暂时放弃项目。而当投资现金流量分析的结论是"是"时,才有必要考虑接下来的融资方案,并进入项目的融资后分析。

2. 融资后分析

在项目融资后分析阶段,通过结合融资方案,并分析建设期利息、还本付息和总成本费用等数据,可整合编制出利润分配表、财务计划现金流量表和资产负债表等,同时也可得出资本金现金流量分析结论。当资本金现金流量分析结论是"否"时,需要重新设计融资方案。而当资本金现金流量分析结论是"是"时,才可进行投资各方现金流量分析。融资后分析主要是对比选择融资方案,通过分析为投资者提供科学的决策依据。同时,通过编制出的利润分配表、财务计划现金流量表和资产负债表,可对该项目进行静态分析、偿债能力分析和财务生存能力分析等。最后,根据该项目的静态分析、偿债能力分析、财务生存能力分析和投资各方现金流量分析可进行不确定性分析,并得出最终的财务分析结论。财务分析的具体步骤如图 4.1 所示。

4.1.5 财务分析的基本原则

为了确保财务评价的有效性和客观性,应遵循如下基本原则。

1. 微观利益与宏观利益协调原则

财务分析必须符合国家的国民经济发展规划及产业政策,与经济建设方针、政策及有关法规相一致。这有助于协调企业微观利益与国民经济宏观利益。

2. 费用与效益计算的口径一致性原则

只有当项目的效益与费用都限定在同一范围内时,才可以进行比较,从而计算得到的

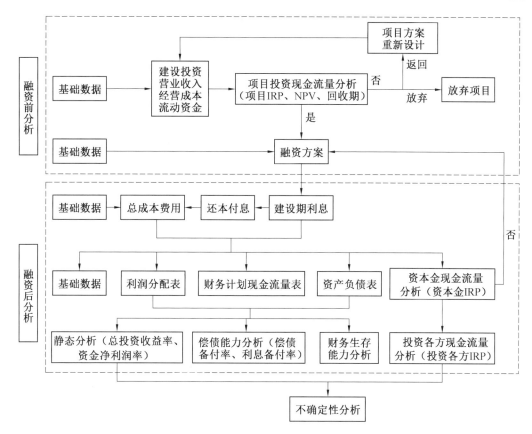

图 4.1 财务分析的具体步骤

净效益才是真实的项目投入回报。如果在投资估算中包含了某个工程项目,那么该工程对项目贡献的效益也应该计算在内,否则会导致该项目的效益评价偏低;反之,如果只考虑了该工程对项目效益的贡献,但未将建设该工程的投资计算在内,则会高估项目的效益。

3. 费用与效益识别有无对比原则

"有无对比"指的是"有项目"相对于"无项目"的对比分析。其中"有项目"状态是指对该项目进行投资后,在计算期间内该项目发生的有关资产、费用与效益的预计情况。而"无项目"状态则指的是不对该项目进行投资的情况下,在计算期间内,该项目发生的有关资产、费用与效益的预计情况。需要注意的是,在对项目的效益和费用进行识别时,只有"有无对比"的差额部分才是由于项目的建设而增加的效益和费用(增量效益和费用),所以本原则排除了项目实施以前就已经存在的各种条件影响,突出了项目活动的效果。

4. 动态分析与静态分析相结合、以动态分析为主的原则

融资后盈利能力分析包括动态分析和静态分析两种。动态分析法是当前国际上通行的主要方法,以整个计算周期内各年的效益与费用为依据,采取现金流量分析法计算项目内部收益率和净现值等评价指标。至今为止,我国国家发展和改革委员会(简称国家发展改革委)和原建设部(现为住房和城乡建设部,简称住房城乡建设部)一共发布实施了三版《建设项目经济评价方法与参数》,分别为 1987 年的第一版、1993 年的第二版和 2006 年的第三版。这三个版本都应用了动态分析与静态分析相结合、以动态分析为主的原则，制定出了一套完整的项目经济评价方法与指标体系。目前使用的是发布于 2010 年的《公路建设项目经济评价方法与参数》。

5. 基础数据确定的稳妥原则

财务评价最终结果的准确性主要是由基础数据的可靠性决定的。由于财务评价中所采纳的大量基础数据都来源于预测和估算，不确定性在所难免。为了确保财务评价结果能更好地满足投资决策的需要，提供较为可靠的信息，避免人为的主观估计所带来的风险，所以在基础数据的确定和选取中应遵循稳妥原则。

6. 注意运输项目财务评价的特殊性原则

（1）运输项目的财务评价对项目的决策起着辅助性作用。交通运输连接着生产与生产、生产与交换、生产与消费、交换与消费等诸多环节，是社会再生产过程在流通领域内的继续，在增加运输效益的同时，还会带来更多工业、农业、商业及旅游等多方面效益。交通运输也直接关系到国民经济的发展，同时也会受到国民经济的制约。运输项目的财务评价仅对项目的决策起辅助性作用，主要的决策依据是国民经济评价，只有国民经济评价才能正确全面地衡量交通运输项目的经济效益和成本。

（2）进行财务分析的主要目的是通过研究收费标准，动态计算贷款偿还年限等指标，分析项目的盈利能力和偿债能力等。但由于交通运输项目属于公共基础设施，各建设部门自身没有盈利问题，而所得收入不完全是运输项目效益的全部货币表现。因此，运输项目的财务分析不必计算使用者的经济效益，这是运输项目财务分析的一个显著特点。

4.2 财务效益和费用的识别

识别费用和效益是编制财务报表的前提。项目的财务效益主要表现为生产经营的营业收入，而财务费用主要表现为建设项目总投资、经营成本和税金等各项支出。财务效益和费用的识别需要从费用、效益识别的准则，收益与费用的范围及项目的计算期这三个方面来划分。

（1）费用、效益识别的准则。费用、效益识别的准则就是识别的目标。对目标有贡献的就是收益，对目标有削减的就是费用；目标是与评价的层次相联系的，有总目标和子目标之分。总目标与经济社会发展、人民生活相联系；子目标则直接与项目实施单位的利益相联系，当然它不能违反总目标。对财务评价这一层次来说，最直接的目标就是盈利。凡是能对项目盈利有贡献的就是收益；反之就是费用。

（2）确定收益与费用的范围。由于财务评价的标准是项目实施单位所获得的盈利，所以判断收益、费用的计算范围应是实施单位的直接收入或支出。对于一些虽然是项目所引起的费用或带来的收益，但只要不是实施单位所直接支付或收取的，则不予计算。例如由于项目建设导致沿线土地增值，但项目建设单位并没有获得土地收益，因此项目财务效益不应计算土地增值。相对的，如果该项目的建设带来周围环境的污染，但政府并没有对建设单位进行处罚，所以由于环境污染治理所产生的费用也应不作为项目的财务费用。

同时，要注意区分针对全部投资和自有资金收益与费用的不同。例如对于投资总额和流动资金,如果针对项目来说是费用。但当分析项目自有资金的盈利能力时,虽然投资者投入项目的是全部固定资产投资和全部流动资金,但同时也从银行获得贷款,所以投资者自身投入项目的只是固定资产投资和流动资金中的自有资金部分,因而只有固定资产投资及流动资金中的自有资金部分,才是投资者的费用;而在分析全部投资的盈利能力时,回收的流动资金无疑是项目的效益。但当分析自有资金的盈利能力时,因为投资者在回收全部流动资金时还要还清流动资金借款,所以对投资者来说,只有其回收的自有流动资金部分才能视为效益。

(3)项目的计算期。项目的计算期是指从资金正式投入到项目结束为止的时间,是在经济评价中为项目进行动态分析所设定的时间期限,主要包括建设期和运营期两个阶段。

①建设期。建设期是指从资金正式投入开始到项目建成投产所经历的时间,可按照合理工期或预计的建设进度进行确定。建设期的确定需考虑项目的建设规模、项目复杂程度、管理水平与人员素质等因素,并与项目进度计划中的建设工期相协调。项目进度计划中的建设工期是指从项目主体工程正式破土动工到项目建成投产所需的时间。

②运营期。项目的运营期是由项目的运营寿命期决定的,一般根据项目中所使用的主要设施和设备的经济寿命期、主要技术的寿命期及产品的寿命期等多方面因素综合确定,可细分为投产期和达产期两个阶段。若行业内有严格规定的,则应遵从行业规定的项目计算期,否则除了建设期应当根据实际需求确定以外,一般来讲,计算生产期设定不宜超过20年,因为如果计算期越长,各方面因素的变化范围就会越大,从而引起的误差也会随之增大,并且按折现法计算20年后的金额会很少,这对于评价结论来说不会产生重要的影响。对交通运输项目服务年限很长的项目来说,计算期可适当延长,比如25年,其具体计算方法可依据部门和行业特点而定。

4.2.1 效益识别

财务效益的主要组成部分是生产经营的产品营业收入。而对于运输项目而言,其财务效益主要表现为运营收入,是指在一定时期内(通常为一年)提供服务所获得的收入。

1. 营业收入

产品或服务的数量和价格是影响营业收入的两个重要决定因素。如果是该项目涉及多种产品或提供多项服务,在估算销售收入时应分别计算各种产品或劳务。此外,对于一些不便于详细分类的销售收入,可采取折算成标准产品的方法计算其销售收入。销售价格一般应选用出厂价格,但也可依据实际需求选用送达用户的价格或离岸价格。销售收入的计算公式为

$$销售收入 = 销售量 \times 销售单价$$

对于为社会提供准公共产品的非经营性项目,如交通项目,应将补贴作为项目的收益,通过预算平衡计算所需补贴的数额。

2. 回收固定资产余值

寿命期末回收的固定资产余值为该项目的效益。一些折旧期较长的项目,甚至是"永久性"的工程项目,其计算期小于折旧寿命期,计算期最末一年可计入该年的固定资产净值。

3. 回收流动资金

回收流动资金一般是指在计算期的最末一年,收回原来投放在各种流动资产上的营运资金。

4. 补贴收入

国家为鼓励和扶持一些经营性公益事业和基础设施项目的建设和推进,如城市轨道交通项目、污水处理项目等,会给予一些相应的补贴。政府在经营期内按有关规定可以给予补贴,其中包括先征后返的增值税、按销量或工作量等,可根据国家的相关规定计算定额补助并按期给予定额补贴,此外也存在属于财政扶持的其他形式的补贴。这里仅包括与收益相关的政府补助,与资产相关的政府补助不在此处核算。与资产相关的政府补助是指企业取得的用于构建或以其他方式形成长期资产的政府补助。其中补贴收入与营业收入一样,均应列入项目投资现金流量表、项目资本金现金流量表和财务计划现金流量表。

4.2.2 费用识别

项目的财务费用主要表现为建设项目总投资、经营成本和税费、技术转让费、维持运营投资和营业外净支出等各项支出。而对于运输项目,其财务费用主要表现为各项成本费用。

1. 建设投资

建设投资是指因建设某个项目所引起的全部费用,主要包括项目的固定资产投资、流动资金投资、研究开发费用、可行性研究费用、技术软件购买费用、人员培训支出和试生产费用等。建设投资分为生产性建设项目投资和非生产性建设项目投资两种。其中生产性建设项目投资主要包括建设投资和铺底流动资金两部分,而非生产性建设项目投资只包括建设投资。

2. 经营成本

经营成本是指项目建设的总成本费用扣除其项目的固定资产折旧费、财务费用支出和无形及递延资产摊销费之后所剩余的成本费用。它是项目评价的特有的重要概念,主要为项目财务评价中的现金流量分析提供依据。其计算公式为

$$经营成本 = 总成本费用 - 折旧费 - 摊销费 - 财务费用(利息支出)$$

经营成本不包括折旧、摊销费和利息支出,是因为固定资产折旧费、无形及递延资产摊销费是建设投资所形成资产的补偿价值,仅是建设项目内部固定资产投资的现金转移,而非现金支出。而依据现金流量的定义,经营成本应只计算现金收支,因此折旧费和摊销费不予考虑。此外,因为全部投资现金流量表是以全部投资为计算基础的,不应考虑资金来源,利息支出不作为现金流出,而自有资金现金流量表中已经单独列出贷款利息支出,所以经营成本中不应再考虑利息支出。

3. 税费

税费主要包括增值税、资源税、消费税、所得税、城市维护建设税和教育费附加等。在进行财务评价时,应着重说明税种、税率、计税依据和计税额等。如果存在减免税等优惠,应明确表明政策依据、减免方式和减免金额。

4. 技术转让费

技术转让费是依据协议中的规定，按产品的销售量或利润的一定比例计算，并且按年支付的技术转让费用。因为在投产前已一次性支付并计入固定资产投资中，所以不再单独列入。

5. 维持运营投资

维持运营投资是指某些项目在运营期间需要投入一定的固定资产投资才能维持正常运营。因为已计入固定资产投资中，所以不再单独列入。

6. 营业外净支出

一般项目可不计算营业外净支出，若数目较大，可估计列入。

4.2.3 财务价格、利率和汇率识别

1. 财务价格

财务评价的主要目的是估计拟建项目在未来数年的效益与费用，但由于在未来投入物和产出物的价格可能会有所变化，所以为了科学地反映项目的未来效益和财务状况，财务分析采取预测价格。其中预测价格应在选定的基年价格基础上测算。

(1) 价格的影响因素。

影响价格变化的因素大体可归纳为两种：一种是绝对价格变动因素，是指用货币的绝对值表示某一单个商品的价格水平；另一种是相对价格变动因素，是一种商品用另一种商品标示的价值，是指商品之间的比价关系。导致商品相对价格变化的因素有许多种，如价格政策的变化、供应量的变化、消费水平的变化、消费习惯的改变和可替代产品的出现等，都可能引起商品间比价的改变。但在项目的寿命期内，绝对价格的水平会受通货膨胀或生产效率的影响而发生变化，但相对价格则不一定，因此进行价格预测时，应当全面考虑价格的影响因素。此外，由于实际价格在建设期和生产经营期均有所不同，因此，应在建设期时提前预留涨价预备费，当设备材料等投入生产时，直接用统一的价格来计算投资成本，不必再考虑每年价格的变化。

(2) 三种价格。

由于在项目的财务分析中，常常会发生价格因其他影响因素改变而变动的情况，因此，需多方面考虑在计算期内应采用哪种价格进行计算。例如，固定价格或各年都变动的价格，若采用价格变动的情况，还需分析该价格变动的影响因素和变动走向等问题。这就涉及财务分析中三种重要价格的概念：基价、实价和时价。

① 基价。

基价（又称固定价格）是指通过基年的价格水平来表示的价格，并且不考虑价格以后会变动。其中基年一般选择财务分析评价工作开始进行的年份，但也可以选择预计开始建设的年份。若在计算期内采用基价来进行计算，则项目计算期内各年的价格都是一样的。在整个生产经营期间内，其实都需要这一预测的固定价格进行计算，从而得到产品销售收入和燃料动力、原材料费用的价格。主要有三点原因：

第一，由于导致项目计算期内价格变动的因素有许多，比如通货膨胀、技术进步或消耗降低等现象都会引起价格的变动，但对这些因素进行预测又较为困难，因此可以采用基

价来进行计算。

第二,当比较不同项目或方案时,若排除价格的变动因素,其对比结果不会受到影响。

第三,在实际情况中,会发生投入物涨价的同时,产出物也会随之涨价,从而两者可以大致抵消。所以采用基价,可以简化计算过程并减轻财务评价工作量,但并不能因此判断计算期内产品的实际价格没有发生变化。

②时价。

时价指在任何时候,当时实际的市场价格。它不仅考虑了因为通货膨胀等因素引起的价格的绝对变动,同时也考虑到价格的相对变动。时价是以基价为基础,再按照预测的不同商品价格的上涨率而计算出商品在计算期内各个年中的时价。时价计算公式为

$$时价 = 基价 \times (1+r_1) \times (1+r_2) \times \cdots \times (1+r_n)$$

其中,r_i是指第i年的时价上涨率。

③实价。

实价是指从时价的基础上扣除通货膨胀的影响因素,反映了价格相对变动的因素,表示了基年价格的水平。实价的计算公式为

$$实价 = 时价/(1+通货膨胀率)$$

实价上涨率的公式为

$$实价上涨率 = [(1+时价上涨率)/(1+通货膨胀率)] - 1$$

由此可知,当时价上涨率大于通货膨胀率时,则该商品的实价上涨率大于0。若商品间的相对价格保持不变,则实价上涨率为零,那么实价就等于基价。

(3)价格选择。

①实价体系原则上应用于现金流量分析和盈利能力分析。其主要原因在于实价扣除了通货膨胀因素的影响,它能够科学地反映出投资该项目后的实际盈利情况,为投资者的决策提供科学的理论依据。

②时价体系原则上应用于偿债能力分析和财务生存能力分析。其主要原因是采用时价编制利润与利润分配表、资产负债表和财务计划现金流量表时,可更真实地反映项目在计算期内各年当时的财务状况,从而能相对合理地进行偿债能力分析和财务生存能力分析。

③财务评价中计算营业收入和生产成本时所采用的价格,可以是包含增值税的价格,也可以是不包含增值税的价格,在财务评价时应当详细说明采用何种计价方法。

2. 利率和汇率

利率是指在一定期间内利息额与借贷金额(本金)的比率。利率可以分为固定利率和浮动利率,其中固定利率是指在借贷期间内不会因借贷供求变化而改变的利率,它适用于短期借贷。浮动利率则恰恰相反,会随着市场利率的变化而定期变动,它用于市场利率变化快且借贷时间长的借贷关系。而在进行财务评价时,选用固定利率的借款项目应当直接采用约定的利率进行计息,而选择浮动利率的借款项目需预测出借款期内的平均利率,并采用预测的平均利率进行计息。

汇率通过一种货币来表示另一种货币的价格,在进行与国外合作的交通运输项目时会经常涉及。在财务评价中,汇率的取值一般选用国家外汇部门公布的人民币外汇牌价

和基准价。由于汇率的浮动会直接影响产品的价格,因此汇率在财务评价中也起着至关重要的作用。

4.3 财务效益与费用估算

4.3.1 财务效益与费用估算的含义

财务效益与费用估算是财务分析的重要依据,其估算的准确性与可靠程度直接影响财务分析结论。而财务效益与费用估算的主要内容,是以项目市场、资源、技术条件评估为基础,从项目的角度出发,依据国家现行的经济法规和价格政策等规定,对相关的财务数据进行搜集、整理、测算,并编制有关财务数据估算的表格。

4.3.2 财务效益与费用估算的原则

(1)合法性原则。在进行财务数据估算时,必须严格执行国家有关部门制定的经济法规、条例、制度及规定,不应掺入研究人员的主观意愿,以保证财务估算工作的合法性及可行性。

(2)真实性原则。财务基础数据估算,必须体现严肃性、科学性和统一性,要本着实事求是的精神,真实反映客观情况。对于比较重要的数据和参数,还应进行进一步的调查核实,确保真实无误。

(3)准确性原则。财务数据估算的准确与否直接关系到经济评价结论的正确与否。因此,分析评价人员必须严格遵守准确性原则,在数据的选择上强调客观性,克服主观片面性。

(4)有无对比原则。遵守有无对比的原则,是为了识别正确的项目效益的部分。"有项目"是指项目实施后未来的状况,而"无项目"是指未实施项目的未来状况。在财务效益与费用估算中,只有"有项目"和"无项目"的差额部分才是由于建设该项目而引起的效益和费用。因此只有坚持该原则,才能使项目效益的估算更加全面、准确。

4.3.3 财务效益与费用估算的程序

财务效益与费用估算是财务分析的重要基础,应保证测算的准确性和可靠性,具体步骤如下。

1. 掌握项目概况,制订财务效益与费用估算工作计划

由于各个项目的背景、条件,以及内部因素和外部条件等各不相同,工作人员在进行可行性研究时必须全面了解和掌握项目的基本概况,针对项目的特点制订合理的财务效益与费用估算的工作计划,确定估算工作的重点,并做好相关的时间和人员安排等。

2. 收集资料

由于财务效益与费用估算工作所涉及的范围很广,需要对大量的资料进行广泛的收集和整理,其中主要资料有:

(1)有关部门批准的项目建议书和其他有关文件,如选址意见书、土地转让的批复等。

(2) 国家有关部门制定的法律法规、政策、规章制度、办法和标准等。
(3) 同类项目的有关基础数据。

3. 进行财务效益与费用估算

在收集、整理和分析有关资料的基础上,对各项财务效益与费用进行测算,并按照有关规定,编制相应的财务效益与费用估算表格。

财务效益与费用估算表主要有:①建设投资估算表;②建设期利息估算表;③流动资金估算表;④项目总投资使用计划与资金筹措表;⑤营业收入、营业税金及附加和增值税估算表;⑥总成本费用估算表。

4.3.4 财务效益与费用估算的内容

1. 项目计算期的估算

对于项目的计算期并没有固定的统一标准,因为项目计算期的长短主要依据项目的实际情况。但项目的计算期不可设置得过长,设置一般不超过20年。项目计算期是根据多种影响因素综合确定的,包括行业特点、主要装置(或设备)的经济寿命等,而运营期一般是根据项目所使用的主要设备的经济寿命期来确定。项目主要设备的经济寿命期是指设备从投入使用开始到由于继续使用不经济而需提前更新所经历的时间。项目的主要设备在使用过程中存在两种磨损情况:一种为有形磨损,这种磨损是因为自然因素或生产因素所引起的;第二种是无形磨损,这种磨损是由非自然因素或非使用而导致的设备损失,如科学技术的进步导致原设备贬值或报废等。从理论上讲,应充分考虑这两种磨损因素,从而根据设备在经济上最合理的使用年限,来确定项目生产期。

2. 营业收入的估算

营业收入估算的基础数据主要包括产品或服务的价格和数量。其中分年运营量可以通过设计运营方案来确定,或依据经验直接判定分年的负荷率,再依据负荷率进行计算确定分年运营量。判定负荷率时应结合项目的性质、产出成熟度、技术掌握的难易程度及市场的开发程度等做全面考虑。此外,运营计划或分年负荷的确定没有固定的模式,具体项目应具体分析。一般来说,投产时的负荷率处于较低的水平,但往后会逐年提高,而提高的幅度则取决于各影响因素的分析结果。

3. 补贴收入的估算

按照《企业会计制度》的规定,项目运营期内所得到的各种财政性补贴可作为财务的收益,记为补贴收入。其中包括:企业实际收到的先征后返的增值税款;企业实际收到的按销量或工作量等依据国家规定的补助定额计算并按期给予的定额补助;属于国家财政扶持的领域而给予的其他形式的补助。以上这几类补贴收入,是否计入应税收入,应根据财政、税务部门的有关规定。

4.4 基本财务报表与财务分析指标体系

在财务评价前,首先必须要做的就是收集、估计和测算一系列相关的财务资料,即财务预测,将其结果作为企业评价所需的基础资料,并整理在辅助报表中。以这些辅助报表为基础便可以编制财务评价的基本报表并且计算一系列财务评价的指标,从而考察项目的盈利能力、偿债能力和财务生存能力等。

财务报表是通过反映企业的经营活动、资金运转及现金交易往来情况来体现企业价值的载体。财务报表是企业对外提供会计信息的主要手段,其作为企业价值体现的载体对内部也提供诸多重要信息。在市场经济条件下,企业通过公开披露财务报表,可以让市场上有需要的相关者对企业有一个较为清晰的认识,财务报表的披露也是企业与社会联系的重要桥梁。上市企业通过财务报表展现公司的财务和经营状况,从而让市场了解公司的这些信息,了解该企业在市场环境中的竞争优势,从而更有利于吸引投资者。企业价值评估者需要以财务报告上的会计数据为依据,对企业价值的未来创造能力进行评估,财务报表的产生过程与企业价值增值成正相关,财务报表作为企业价值的外在表现,能够通过财务数据反映企业价值产生的过程。

项目财务分析结果的准确与否,一方面取决于是否准确地收集基础数据,编制完整、可靠的财务报表;另一方面取决于是否采用合理的评价指标体系。只有正确地选择评价指标体系,财务效益分析的结果才能与客观实际情况相一致,财务分析工作才具有实际意义。

4.4.1 财务盈利能力分析

项目的财务盈利能力是指项目获取利润的能力,主要是考察项目投资的盈利水平,它直接关系到项目投产后能否生存和发展,是评价项目财务可行性的基本标志。盈利能力相关的基本报表有财务现金流量表和利润与利润分配表。其中财务现金流量表包括项目投资现金流量表和项目资本金现金流量表。

1. 相关基本报表

(1)项目投资现金流量表。

项目投资现金流量表(全部投资流量表),是在项目确定融资方案前,以项目总投资作为计算基础,对项目在整个计算期内的现金流入和流出进行分析,用以计算项目所得税前及所得税后的财务内部收益率、净现值及投资回收期等评价指标的表格。项目投资现金流量表如表4.1所示。

(2)项目资本金现金流量表。

项目资本金现金流量表(自有资金投资流量表)是站在投资者的角度,以投资者的资本金作为计算基础,把借款本金偿还和利息支付作为现金流出,用以计算项目资本金的财务内部收益率、净现值及投资回收期等评价指标的表格,从而考察项目所得税后资本金可能获得的收益水平,从而对项目资本金的盈利能力进行评价,并衡量向外部借款对投资项目是否有利,最终投资人会依据以上结论做出最终决策。项目资本金现金流量表如表4.2所示。

(3)利润与利润分配表。

利润与利润分配表,是反映项目计算期内各年营业收入、利润总额、总费用成本及所得税后利润的分配情况,从而计算总投资利润率、投资利税率和资本金利润率等指标的表格。利润与利润分配表如表4.3表所示。

表 4.1 项目投资现金流量表

单位：万元

序号	项目	建设期/年			运营期/年																		
		2018	2019	2020	2021	2022	2023	2024	2025	2026	2027	2028	2029	2030	2031	2032	2033	2034	2035	2036	2037	2038	2039	2040
1	现金流入	0	0	0	3 508	3 769	4 049	4 350	4 703	4 977	5 267	5 574	5 898	6 278	6 529	6 789	7 060	7 342	7 681	7 871	8 185	8 512	8 851	10 757
1.1	运营收入				3 508	3 769	4 049	4 350	4 703	4 977	5 267	5 574	5 898	6 278	6 529	6 789	7 060	7 342	7 681	7 871	8 185	8 512	8 851	8 720
1.2	回收资产余值																							2 037
1.3	其他收入																							
2	现金流出	20 372	27 162	20 372	215	226	237	250	264	276	289	302	316	331	343	355	368	381	396	6 224	421	436	452	454
2.1	建设投资	20 372	27 162	20 372																				
2.2	经营成本				110	113	116	120	123	127	131	135	139	143	147	152	156	161	166	5 988	176	181	186	192
2.2.1	运营管理费				20	21	21	22	23	23	24	25	25	26	27	28	29	29	30	31	32	33	34	35
2.2.2	养护费				90	92	95	98	101	104	107	110	113	117	120	124	128	131	135	139	144	148	152	157
2.2.3	大中修费				0	0	0	0	0	0	0	0	0	0	0	0	0	0	0	5 818	0	0	0	0
2.3	水利建设基金				105	113	121	131	141	149	158	167	177	188	196	204	212	220	230	236	246	255	266	262
3	净现金流量(1-2)	-20 372	-27 162	-20 372	3 293	3 543	3 812	4 100	4 439	4 701	4 978	5 272	5 582	5 947	6 186	6 434	6 692	6 961	7 285	1 646	7 764	8 075	8 399	10 303
4	累计净现金流量	-20 372	-47 534	-67 905	-64 612	-61 069	-57 258	-53 157	-48 718	-44 017	-39 039	-33 767	-28 185	-22 238	-16 053	-9 619	-2 926	4 035	11 320	12 966	20 730	28 805	37 205	47 508

第4章 运输项目财务分析

表 4.2 项目资本金现金流量表

单位：万元

序号	项目	建设期/年 2018	2019	2020	运营期/年 2021	2022	2023	2024	2025	2026	2027	2028	2029	2030	2031	2032	2033	2034	2035	2036	2037	2038	2039	2040
1	现金流入				3 508	3 769	4 049	4 350	4 703	4 977	5 267	5 574	5 898	6 278	6 529	6 789	7 060	7 342	7 681	7 871	8 185	8 512	8 851	10 757
1.1	运营收入				3 508	3 769	4 049	4 350	4 703	4 977	5 267	5 574	5 898	6 278	6 529	6 789	7 060	7 342	7 681	7 871	8 185	8 512	8 851	8 720
1.2	回收固定资产余值																							2 037
1.3	其他收入				0	0	0	0	0	0	0	0	0	0	0	0	0	0	0	0	0	0	0	0
2	现金流出	6 470	8 890	7 271	1 415	1 426	1 437	1 450	1 464	1 476	11 489	11 102	10 716	331	343	355	368	381	396	6 224	421	436	452	454
2.1	项目资本金	6 059	8 079	6 059																				
2.2	债券本金偿还										10 000	10 000	10 000											
2.3	债券利息支付	411	811	1 211	1 200	1 200	1 200	1 200	1 200	1 200	1 200	800	400											
2.4	经营成本				110	113	116	120	123	127	131	135	139	143	147	152	156	161	166	5 988	176	181	186	192
2.5	水利基金				105	113	121	131	141	149	158	167	177	188	196	204	212	220	230	236	246	255	266	262
3	净现金流量(1-2)	-6 470	-8 890	-7 271	2 093	2 343	2 612	2 900	3 239	3 501	-6 222	-5 528	-4 818	5 947	6 186	6 434	6 692	6 961	7 285	1 646	7 764	8 075	8 399	10 303
4	累计净现金流量	-6 470	-15 361	-22 631	-20 538	-18 195	-15 584	-12 683	-9 444	-5 943	-12 165	-17 693	-22 511	-16 564	-10 379	-3 945	2 748	9 709	16 994	18 640	26 404	34 479	42 878	53 182

表 4.3 利润与利润分配表

单位：万元

序号	项目	2021	2022	2023	2024	2025	2026	2027	2028	2029	2030	2031	2032	2033	2034	2035	2036	2037	2038	2039	2040
1	运营收入	3 508	3 769	4 049	4 350	4 703	4 977	5 267	5 574	5 898	6 278	6 529	6 789	7 060	7 342	7 681	7 871	8 185	8 512	8 851	8 720
2	其他收入	0	0	0	0	0	0	0	0	0	0	0	0	0	0	0	0	0	0	0	0
3	总成本费用	1 310	1 313	1 316	1 320	1 323	1 327	1 331	935	539	143	147	152	156	161	166	5 988	176	181	186	192
3.1	经营成本	110	113	116	120	123	127	131	135	139	143	147	152	156	161	166	5 988	176	181	186	192
3.2	摊销	0	0	0	0	0	0	0	0	0	0	0	0	0	0	0	0	0	0	0	0
3.3	应付债券利息	1 200	1 200	1 200	1 200	1 200	1 200	1 200	800	400											
3.4	其他费用																				
4	水利基金	105	113	121	131	141	149	158	167	177	188	196	204	212	220	230	236	246	255	266	262
5	利润总额（1+2-3-4）	2 093	2 343	2 612	2 900	3 239	3 501	3 778	4 472	5 182	5 947	6 186	6 434	6 692	6 961	7 285	1 646	7 764	8 075	8 399	8 266
6	提取债券本金	0	0	0	0	0	0	10 000	10 000	10 000	0	0	0	0	0	0	0	0	0	0	0
7	未分配利润（5-6-7）	2 093	2 343	2 612	2 900	3 239	3 501	-6 222	-5 528	-4 818	5 947	6 186	6 434	6 692	6 961	7 285	1 646	7 764	8 075	8 399	8 266
8	息税前利润（利润总额＋利息支出）	3 293	3 543	3 812	4 100	4 439	4 701	4 978	5 272	5 582	5 947	6 186	6 434	6 692	6 961	7 285	1 646	7 764	8 075	8 399	8 266
9	可用于还本付息金额（上年未分配利润＋本年息税前利润）	3 293	5 636	8 248	11 148	14 387	17 888	21 666	15 738	10 520	6 067	12 253	18 687	25 379	32 340	39 625	41 272	49 035	57 110	65 510	73 776

2. 财务盈利能力分析指标体系

项目财务盈利能力分析主要是考察项目的盈利水平。关于盈利分析的各指标介绍如下。

(1) 财务净现值(FNPV)。

财务净现值是指项目按行业的基准收益率抑或设定的目标收益率(i_c),对项目计算期内各期(一般以年为单位)净现金流量折算到项目起始点的值之和。净现值包含资金的时间价值,是技术方案盈利能力的绝对指标,是反映计算期内技术方案盈利能力的动态评价指标,是项目财务的重要经济指标。通常财务标准可行的衡量依据为财务净现值大于等于零,表明该项目超过或达到预期的收益。其计算公式为

$$\text{FNPV} = \sum_{t=1}^{n}(\text{CI}-\text{CO})_t(1+i_c)^{-t} \tag{4.1}$$

式中,CI 为现金流入;CO 为现金流出;$(\text{CI}-\text{CO})_t$ 为第 t 年的净现金流量;i_c 为行业的基准收益率。

(2) 财务内部收益率(FIRR)。

财务内部收益率也称财务内部报酬率。它是使项目整个计算期内各年净现金流量现值累积等于零的折现率。简单来说,就是项目现金流入现值等于现金流出现值时的折现率,即使

$$\text{FNPV} = \sum_{i=1}^{n}(\text{CI}-\text{CO})_t(1-\text{FIRR})^{-t} = 0 \tag{4.2}$$

成立的 FIRR。

(3) 投资回收期(P_t)。

投资回收期是指使各计算期内累计的现金流量折算到投资初期的现金流等于项目最初的投资费用所需要的期限。也即,项目的累计净收益在逐个计算期内回收全部投资(固定资产和流动资产)的过程。它是反映项目财务上投资回收能力的重要指标,投资回收期越小,表明项目的投资能力越大。投资回收期以年表示,分为动态和静态。其计算公式如下。

① 静态回收期公式为

$$\sum_{t=1}^{P_t}(\text{CI}-\text{CO})_t = 0 \tag{4.3}$$

式中,P_t 为静态投资回收期。

② 动态资产回收期的公式为

$$\sum_{t=1}^{P_t}(\text{CI}-\text{CO})_t(1+i_c)^{-t} = 0 \tag{4.4}$$

式中,P_t 为动态投资回收期。

(4) 总投资收益率(ROI)。

总投资收益率是指项目达到设计生产能力后正常年份的年息税前利润或运营期内年平均息税前利率(EBIT)与项目总投资(TI)的比率。表示总投资的盈利水平,其计算公式为

$$ROI = \frac{EBIT}{TI} \times 100\% \tag{4.5}$$

式中，EBIT 为项目正常年份的年息税前利润或运营期内年平均息税前利润；TI 为项目总投资。

(5) 资本金净利润率(ROE)。

资本金净利润率是指项目达到设计生产能力后正常年份的年净利润或运营期内年平均净利润(NP)与项目资本金(EC)的比率。其计算公式为

$$ROE = \frac{NP}{EC} \times 100\% \tag{4.6}$$

式中，NP 为正常年份的年净利润或运营期内年平均净利润；EC 为项目的全部注册资本金，即项目资本金。

4.4.2 财务偿债能力分析

项目偿债能力指偿还到期债务的能力。是通过计算利息备付率、偿债备付率和资产负债率等指标，考察项目的偿债能力。项目偿债能力相关的基本报表为借款还本付息表。

1. 借款还本付息表

借款还本付息表主要用于反映项目计算期内各年的借款本金偿还和利息支付的情况，从而计算偿债备付率和利息备付率等指标。借款还本付息表如表 4.4 所示。

2. 财务偿债能力分析指标体系

项目财务盈利能力分析主要是考察项目的盈利水平。关于盈利分析的各指标介绍如下。

(1) 借款偿还期(P_d)。

借款偿还期是反映项目偿还借款能力的重要指标，一般以年为单位表示，是指在项目具体的财务条件及国家财政规定下，以可用作还款的项目收益额偿还借款所需的时间。其计算公式为

$$I_d = \sum_{t=1}^{P_d}(R_p + D' + R_o - R_r) \tag{4.7}$$

式中，I_d 为固定资产投资本金和利息之和；P_d 为借款偿还期(从建设开始年算起)；R_p 为年利润总额；D' 为年可用作偿还借款的折旧；R_o 为年可用作偿还借款的其他收益；R_r 为还款期间的年企业留利。

(2) 利息备付率(ICR)。

利息备付率是指在借款偿还期内的息税前利率(EBIT)与应付利息(PI)的比值。它是从付息资金来源的充裕性角度，反映可用于还本付息的资金偿还债务利息的保障程度。其计算公式为

$$ICR = \frac{EBIT}{PI} \tag{4.8}$$

式中，EBIT 为息税前利率，息税前利率＝利润总额＋计入总成本费用的利息费用；PI 为计入总成本费用的应付利息。

表 4.4 借款还本付息表

单位：万元

序号	项目	建设期/年			运营期/年																		
		2018	2019	2020	2021	2022	2023	2024	2025	2026	2027	2028	2029	2030	2031	2032	2033	2034	2035	2036	2037	2038	2039	2040
1	借款																							
1.1	期初借款余额	0	0	0	0	0	0	0	0	0	0	0	0	0	0	0	0	0	0	0	0	0	0	0
1.2	当期还本付息	0	0	0	0	0	0	0	0	0	0	0	0	0	0	0	0	0	0	0	0	0	0	0
	其中:还本	0	0	0	0	0	0	0	0	0	0	0	0	0	0	0	0	0	0	0	0	0	0	0
	付息	0	0	0	0	0	0	0	0	0	0	0	0	0	0	0	0	0	0	0	0	0	0	0
1.3	期末借款余额	0	0	0	0	0	0	0	0	0	0	0	0	0	0	0	0	0	0	0	0	0	0	0
2	债券																							
2.1	期初债券余额	0	10 000	20 000	30 000	30 000	30 000	30 000	30 000	30 000	30 000	20 000	10 000	0	0	0	0	0	0	0	0	0	0	0
2.2	当期还本付息	411	811	1 211	1 200	1 200	1 200	1 200	1 200	1 200	11 200	10 800	10 400	0	0	0	0	0	0	0	0	0	0	0
	其中:还本	0	0	0	0	0	0	0	0	0	10 000	10 000	10 000	0	0	0	0	0	0	0	0	0	0	0
	付息	411	811	1 211	1 200	1 200	1 200	1 200	1 200	1 200	1 200	800	400	0	0	0	0	0	0	0	0	0	0	0
2.3	期末债券余额	10 000	20 000	30 000	30 000	30 000	30 000	30 000	30 000	30 000	20 000	10 000	0	0	0	0	0	0	0	0	0	0	0	0
3	借款和债券合计																							
3.1	期初债券余额	0	10 000	20 000	30 000	30 000	30 000	30 000	30 000	30 000	30 000	20 000	10 000	0	0	0	0	0	0	0	0	0	0	0
3.2	当期还本付息	411	811	1 211	1 200	1 200	1 200	1 200	1 200	1 200	11 200	10 800	10 400	0	0	0	0	0	0	0	0	0	0	0
	其中:还本券	0	0	0	0	0	0	0	0	0	10 000	10 000	10 000	0	0	0	0	0	0	0	0	0	0	0
	付息	411	811	1 211	1 200	1 200	1 200	1 200	1 200	1 200	1 200	800	400	0	0	0	0	0	0	0	0	0	0	0
3.3	期末债券余额	10 000	20 000	30 000	30 000	30 000	30 000	30 000	30 000	30 000	20 000	10 000	0	0	0	0	0	0	0	0	0	0	0	0
计算指标	利息备付率				2.7	3.0	3.2	3.4	3.7	3.9	4.1	6.6	14.0	—	—	—	—	—	—	—	—	—	—	—
	偿债备付率				2.7	4.7	6.9	9.3	12.0	14.9	1.9	1.5	1.0	—	—	—	—	—	—	—	—	—	—	—

(3) 偿债备付率(DSCR)。

偿债备付率是指在借款偿还期内,用于计算还本付息的资金(EBITDA－T_{AX})与应还本付息金额(PD)的比值,它表示可用于计算还本付息的资金偿还借款本息的保障程度。其计算公式为

$$DSCR = \frac{EBITDA - T_{AX}}{PD} \qquad (4.9)$$

式中,EBITDA 为息税前利润加折旧和摊销;T_{AX} 为企业所得税;PD 为应还本付息金额,其中包括还本金额和计入总成本费用的全部利息。

(4) 资产负债率(LOAR)。

资产负债率是各期末负债总额除以资产总额的百分比,也就是负债总额与资产总额的比率。资产负债率反映通过借债筹集到的资金在总资产中占有多大的比例,也可以衡量企业在清算时,债权人的利益可以得到多大程度的保护。其计算公式为

$$资产负债率 = \frac{负债总额}{资产总额} \times 100\% \qquad (4.10)$$

(5) 流动比率。

流动比率是流动资产与流动负债的比率,用来衡量企业的流动资产在短期债务到期之前,可以变现用于偿还债务的能力。一般说来,流动比率越高,企业资产的变现能力越强,短期的偿债能力也就越强。一般认为,流动比率应在 2∶1 以上。流动比率等于 2∶1,表示流动资产是流动负债的两倍,这样即使流动资产有一半在短期内不能变现,也能保证企业能够偿还全部的流动负债。其计算公式为

$$流动比率 = \frac{流动资产}{流动负债} \times 100\% \qquad (4.11)$$

其中,流动资产指企业在一年或者超过一年的一个营业周期内,可以变现或者使用的资产,它是企业资产中不可或缺的组成部分。而流动负债也称短期负债,是指企业在一年或超过一年的一个营业周期内,需要偿还的债务,如短期借款、应付票据、应付账款、预收账款、应付工资、应付福利费、应付股利、应交税金、其他暂收应付款项、预提费用和一年内到期的长期借款等。

(6) 速动比率。

速动比率,又称"酸性测验比率",是指速动资产对流动负债的比率。它是衡量企业流动资产中可以立即变现用于偿还流动负债能力的指标。其计算公式为

$$速动比率 = \frac{速动资产}{流动负债} \times 100\% = \frac{流动资产 - 存货}{流动负债} \times 100\% \qquad (4.12)$$

其中,速动资产指可以迅速转换成为现金或已属于现金形式的资产,包括货币资金、短期投资、应收票据、应收账款、其他应收款项等,而流动资产中的存货、一年内到期的非流动资产及其他流动资产等则不应计入。一般认为,速动比率正常应维持在 1∶1,这表明企业的每 1 元流动负债就有 1 元易于变现的流动资产来抵偿,保证了企业的短期偿债能力。速动比率过低,那么企业的短期偿债风险会较大;速动比率过高,则表明企业在速动资产上占用的资金过多,会增加企业投资的机会成本。

4.4.3 财务生存能力分析

财务生存能力分析考察的是项目是否拥有足够的经营净现金流量来维持正常的经营,特别是在运营初期,各年累计盈余资金不出现负值是财务生存的必要条件。财务生存能力分析通过分析财务计划现金流量表,分析财务的可持续性,从而判断企业在财务上的生存能力。财务生存能力相关的基本报表为财务计划现金流量表。

1. 基本报表——财务计划现金流量表

财务计划现金流量表反映项目计算期内各年的投资、融资及生产经营获得的现金流入和流出情况,用于计算累计盈余资金,考察资金平衡和余缺情况,分析项目的财务生存能力。其中若累计盈余大于0,表明当年有资金盈余;相反,若累计盈余小于0,表明有短缺,需要筹措资金或调整借款及还款计划。

2. 财务生存能力分析指标体系

发展能力,也称成长性,它是项目自身的生产经营活动不断扩大积累而形成的发展潜能。发展能力衡量的核心是价值增长率。项目能否健康发展取决于多种因素,包括企业内在素质、外部经营环境、资源条件等。关于财务生存能力分析的各指标如下。

(1)营业增长率。

营业增长率是反映营业收入增减变动情况的重要指标,是企业本年营业收入增长额与上年营业收入总额的比率。其计算公式为

$$营业增长率 = \frac{本期营业收入增长额}{上年同期营业收入总额} \times 100\% \tag{4.13}$$

(2)资本积累率。

资本积累率反映企业当年资本的积累能力,是企业本年所有者权益增长额同年初所有者权益的比率。它是评价企业发展潜力的重要指标。其计算公式为

$$资本积累率 = \frac{本期所有者权益增长额}{年初所有者权益} \times 100\% \tag{4.14}$$

(3)总资产增长率。

总资产增长率又叫总资产扩张率,反映企业本期资产规模的增长情况,是企业本年总资产增长额与年初资产总额的比率。其计算公式为

$$总资产增长率 = \frac{本期总资产增长额}{年初资产总额} \times 100\% \tag{4.15}$$

(4)固定资产成新率。

固定资产成新率又叫固定资产净值率或有用系数,是企业当期平均固定资产净值与固定资产原值的比率。它反映企业所拥有的固定资产的新旧程度、企业固定资产更新的快慢和持续发展的能力。其计算公式为

$$固定资产成新率 = \frac{平均固定资产净值}{平均固定资产原值} \times 100\% \tag{4.16}$$

本章小结

项目财务分析是可行性研究的重要内容之一,它是在考察项目的盈利能力、偿债能力

和财务生存能力的基础上,判断项目的财务可行性的经济管理活动。其主要内容是依据国家现行的财税制度和价格体系,对项目相关的财务效益和费用数据进行分析计算。其中财务效益和费用是相对于项目而言的,效益是对项目的贡献,费用则是项目的削减,是负效益。数据分析后依据其结果编制财务基本报表。其中财务基本报表包括项目投资现金流量表、项目资本金现金流量表、投资各方现金流量表、利润与利润分配表、财务计划现金流量表、资产负债表、借款还本付息计划表。最后根据报表计算财务的评价指标,并考察项目的盈利能力、债偿能力以及财务生存能力,判断项目的财务可行性。

习题与思考题

1. 什么是财务分析?简述财务分析的方法及内容包括哪些。
2. 财务评价的效益与费用如何识别?
3. 财务分析的基本报表包括哪些?
4. 在投资现金流量表中,为什么经营成本不包括折旧和贷款利息?
5. 现拟建一个轨道项目,第 1 年投资 3 210 万元,第 2 年投资 1 600 万元,从第 3 年起,连续 6 年每年年末的净现金流为 1 350 万元,假定该项目的净残值不计,财务基准收益率为 11%。要求:画出该项目的现金流图,计算财务净现值,并据此判断该项目的经济可行性。
6. 某道路项目需 3 年建成,每年投资 3 亿元,全部贷款,贷款利息 8%。道路运营期内每年可获得经营收益 2 亿元,经营成本 0.1 亿元。要求:计算静态投资回收期和动态投资回收期(动态指标计算时取 $i=8\%$)。

参考文献

[1] 隽志才. 运输技术经济学[M]. 5 版. 北京:人民交通出版社,2013.
[2] 刘晓君. 工程经济学[M]. 北京:中国建筑工业出版社,2005.
[3] 赵淑芝. 运输工程经济学[M]. 北京:机械工业出版社,2014.
[4] 王璞. 技术经济学[M]. 北京:机械工业出版社,2012.
[5] 张厚钧. 工程经济学[M]. 北京:北京大学出版社,2009.
[6] 彭建刚,龙海明. 技术经济学[M]. 成都:西南财经大学出版社,2003.
[7] 孙陶生. 技术经济学[M]. 郑州:河南人民出版社,2006.
[8] 于立军. 工程经济学[M]. 北京:机械工业出版社,2005.
[9] 刘玉明. 工程经济学[M]. 北京:清华大学出版社,2006.
[10] WU B,JIA X S,XIA L H,et al. Cost-benefit analysis of the application of prognostics and health management technology[C]// International Conference on Quality. IEEE,2013:1923-1927.
[11] FABOZZI F J. Financial analysis[M]. Institutional Investment Management. Trento:Wiley-Blackwell,2012.

[12] VANCE. Financial analysis and decision making [M]. New york: McGraw-Hill, 2003.

[13] BURNS J D, RYAN S. Engineering economics[J]. Engineering Economist, 2018, 90(33): 373-386.

[14] ROUSE W B. Engineering economics[M]. New York: McGraw-Hill, 1976.

第5章 运输项目经济分析

经济费用效益分析是从国民经济的角度出发,以促进稀缺资源合理配置和社会经济可持续发展为目标,采用影子价格、社会折现率等费用效益分析参数,来考察项目的经济合理性。

交通运输业是国民经济的重要组成部分,是衔接生产与消费的一个重要环节,还是保证国家在政治、经济、文化、军事和人民生活等方面保持联系的手段之一,对于整个社会经济发展的效率起着至关重要的作用。随着近些年我国国民经济的飞速发展,城市化进程的逐步加快,对交通运输设施的需求也越来越大,因此交通运输设施建设项目也在如火如荼地进行着。然而并不是所有的交通运输设施建设项目都是必要和合理的。为了从资源合理配置的角度来评价项目建设的必要性和经济合理性,分析项目投资的经济效率和对社会福利所做出的贡献,对交通运输设施建设项目进行经济费用效益分析就显得尤为重要和必不可少了。

为了使读者进一步了解经济费用效益分析所包含的内容,以杭州地铁5号线一期工程为例,对该项目进行经济费用效益分析。杭州地铁5号线一期工程花费工程建设费用322.58亿元、运营维护费用167.77亿元,据估计项目产生诱发效益、节约时间效益、减少疲劳效益、减少交通事故效益和其他效益等共1 078.78亿元。经计算项目全部投资的经济内部收益率大于8%(社会折现率),经济净现值大于0,经济费用效益比大于1。通过上述经济费用效益分析可知,该项目会对社会经济做出贡献,具有经济合理性。

本章将对经济费用效益分析进行详细的介绍。

5.1 经济费用效益分析概述

经济费用效益分析,是分析与评价项目、判断其经济合理性的一项重要工作。经济费用效益分析是根据资源合理配置和社会经济可持续发展的原则,从整个国家的角度考察项目的费用和效益,根据货物影子价格、影子工资、影子汇率和社会折现率等经济参数,计算项目的经济效率,评价项目的经济合理性。

5.1.1 经济费用效益分析的适用范围

一个项目是否需要进行经济费用效益分析,主要是根据该项目对经济与社会的影响程度来确定的。一些规模较小、对社会影响较小的项目可以不开展经济费用效益分析,而只开展财务费用效益分析;对于政府投资的公益性项目,尤其是可能会产生较大社会影响的项目,应进行财务费用效益分析和经济费用效益分析。

由于参与经济活动的人获得的市场信息是不同的,有的人会利用信息优势进行欺诈,当人们对市场欺诈的担心严重影响交易活动时,市场资源配置的功能也就可能出现失灵的情况。另外当市场出现某种程度的垄断、外部影响等情况时,也会造成市场资源配置失灵。在市场资源配置失灵时,市场价格不能真实地反映项目的经济价值,这时需要利用经济费用效益分析来反映项目的实际经济价值,判断项目的经济合理性。一般情况下,如下几类项目需要做经济费用效益分析。

(1)自然垄断项目,例如电力、电信、邮政、交通运输等行业的项目。规模效益递增的产业,一般不会按照帕累托[①]最优(Pareto Optimality)规则运行,从而会导致市场配置资源的失效。所谓帕累托最优也称帕累托效率(Pareto Efficiency)、帕累托最佳配置,是博弈论中的一个概念,是指资源分配的一种理想状态。它指假设有固定的一群人和可分配的资源,在从一种分配状态到另一种状态的变化中,在没有使其中任何一个人的情况变坏的前提下,使其中至少一个人变得更好。

(2)公共产品项目。即项目产生的产品与服务可同时被消费,具有"消费的非竞争性"和"消费的非排他性"。只有将不愿意付费的消费者排除在该物品的消费之外,市场价格机制才能正常运行,因此市场机制对公共产品项目的资源配置失灵。在1.2.2节中已经知道,交通运输项目即是一种公共产品项目。

(3)具有明显外部效果的项目。在第1章已经介绍,交通运输业具有显著的外部性,当产生外部性时,需求供给曲线会发生变化,若市场依旧按照原需求供给曲线进行资源配置,将会出现市场失灵的情况。因此市场机制配置资源的优越性会因为这种外部效果的存在而被破坏,导致市场失灵。

(4)国家控制的战略性开发资源及涉及国家经济安全的项目,往往具有公共性、外部效果等综合特征,不能完全依靠市场资源配置。

(5)政府对经济活动的干预,也会导致市场失灵。

可以看到,交通运输项目或多或少地具有以上五个特性,因此,对交通运输项目进行经济费用效益分析是十分必要的。

从投资管理的角度,现阶段需要进行经济费用效益分析的项目可以分为以下几类。

(1)与国家安全、国土开发和市场不能有效配置资源相关的公益性项目、保护和改造生态环境项目、重大战略性资源开发项目,同时这些项目是政府用预算中的资金来投资的。

(2)与交通运输、水利农林等基础设施、基础产业相关的建设项目,同时这些项目是政府依靠各类专项建设基金进行投资的。

(3)由政府做信用担保,需要向国际金融组织和外国政府贷款的建设项目。

(4)企业投资建设的涉及国家经济安全、环境资源、公共利益的建设项目。

(5)符合法律、法规要求的其他政府性资金投资的建设项目。

5.1.2 经济费用效益分析的目的及作用

(1)财务分析在有些时候不能全面反映项目的经济合理性,因此需要对项目进行经济

---

① 维弗雷多·帕累托(1848—1923),意大利经济学家、社会学家,洛桑学派的主要代表之一。

费用效益分析，从而正确反映项目的经济效率和对社会福利的贡献率，评价项目的合理性。

（2）经济费用效益分析能够为政府合理配置资源提供依据，提高资源配置的有效性。资源具有稀缺性，因此不能满足所有需求。此时就需要通过经济费用效益分析，合理配置资源，提高资源配置的有效性。

（3）进行项目的经济费用效益分析，比较其与财务评价的差异并分析产生差异的原因，提出相关的政策调整建议，为制定财务方案提供依据。

（4）分析项目相关方付出的代价与获得的利益，通过经济费用效益分析，为社会评价提供依据。

（5）通过调整具有国家宏观调控意愿的指标，如影子价格、行业基准收益率、社会折现率等，实现稀缺资源的合理配置，推动对国民经济有利行业的发展并压制不利于国民经济发展行业的发展，从而改变宏观投资结构，做到合理化投资。

5.1.3 经济费用效益分析与财务分析的关系

1. 经济费用效益分析与财务分析的共同之处

（1）评价的方法相同。它们都属于经济效果评价，理论方法都涉及效益与费用的比较；都是采用现金流量分析法，使用内部收益率、净现值等指标评价项目的经济效果。

（2）评价的基础工作相同。它们前期都需要进行的基础工作是：预测产品需求、选择工艺技术、估算投资、设计资金筹措方案等。

（3）评价的目的相同。它们都是为了实现以最小的投入获得最大的产出。

（4）评价的计算周期相同。

（5）都遵循效益与费用识别的有无对比原则。

2. 经济费用效益分析与财务分析的区别

（1）分析角度不同。财务分析是以项目为出发点，从财务角度考察项目的收益能力、偿债能力等，以保证项目投资人、经营者及未来债权人的收益。经济费用效益分析则是以国家经济为基本出发点，考虑优化资源配置，分析项目在一定经济成本的基础上所能获得的经济收益和会对社会产生的福利，从而检验项目的经济合理性。

（2）费用和收益的含义与划分范围不同。财务分析通过项目直接产生的收入与支出，计算费用和收益。经济费用效益分析则从社会的角度出发，在考察项目的直接费用与效益的同时，还要考虑间接费用与效益。

（3）采用的价格体系不同。财务分析使用市场现行价格，经济费用效益分析使用影子价格。

（4）使用的参数不同。财务分析采用的是官方汇率，并以基准收益率作为折现率；经济费用效益分析采用国家统一测定的影子汇率和社会折现率。

5.2 经济费用与效益的识别

经济费用是指项目所使用的社会经济资源的经济价值，经济效益是指项目所创造的社会福利的经济价值。需要对项目的经济费用与经济效益进行识别,以便更好地对项目进行经济分析。

5.2.1 经济费用和效益识别的原则

1. 全面识别原则

项目的经济费用包括直接费用和间接费用,项目的经济效益包括直接效益和间接效益,在进行经济费用效益识别时,应考虑关联效果,全面分析项目所产生的费用与效益。

2. 有无对比原则

识别和计算增量效益与费用是经济费用效益分析的基础,在该过程中不应考虑沉没成本和已有效益。

3. 合理确定效益与费用的空间范围和时间跨度

经济费用和效益的识别要以本国居民为分析对象,若项目对国外成员产生影响应给予单独陈述。经济费用和效益的识别在时间跨度上要包含项目所产生的全部重要费用与效益,既要分析项目产生的近期影响,还需要考虑中期和远期影响。

4. 正确处理转移支付

从社会角度看,有些收入与支出并没有使资源增加或减少,这种现象称为转移支付。税负、补贴、借款和利息都属于转移支付。一般在进行经济费用效益分析时,不需要再计算转移支付的影响。

5. 正确识别和计算正面及负面的外部效果

需要对项目外部效果的识别是否合理进行评估,防止出现错误,在经济费用效益分析中通常只考虑项目可能产生的第一级乘数效应。所谓乘数效应是指经济活动中某一变量的变化所引起的经济总量变化的连锁反应程度,它是一种宏观的经济效应,也是一种宏观经济控制手段。

5.2.2 直接费用与直接效益的识别

经济费用分为直接经济费用和间接经济费用,经济效益分为直接经济效益和间接经济效益。直接经济费用与直接经济效益统称为内部效果。

1. 直接费用

直接费用是指在项目的计算范围内,为保证项目的顺利实施,花费在投入物上的费用。一般包括投入项目的各种人工、资金、物资、技术以及自然资源等。项目投入物产生的直接费用有多种表现:

(1)其他部门为本项目提供的投入物。

(2)社会生产规模扩大所消耗的社会资源的价值。

(3)因其他人被迫放弃使用资源而失去的社会利益。

(4)国家外汇支出的增加或外汇收入的减少。

在项目的财务分析中通常会分析直接费用,但仍然会有一定程度的评价失真。对于价值失真的直接费用,在经济分析中仍然要按影子价格进行重新计算。

2. 直接效益

直接效益是指在项目计算范围内，由项目产出物产生的经济效益。一般包含项目为社会生产提供的物质产品、科技文化成果和各种服务所产生的效益。项目产生的直接效益有多种表现：

(1)为了满足国内的需求，增加项目产出物，以此产生的相关效益。

(2)替代相同类型企业的效益较低的产出物，从而造成被替代企业减少产量甚至停产，使有效资源消耗减少。

(3)增加出口或减少进口从而增加或节约的外汇。

(4)一些特殊性效益，如时间节约的效果、人力资本增值的效果、对健康的影响效果等。

大多数的直接效益也会被体现在财务分析中，但是也同样会存在一定程度的失真现象。在经济分析中需要按影子价格对失真的直接经济效益进行重新计算。

5.2.3 外部效果的识别

外部性是指一个人或一群人的行动和决策使另一个人或一群人受损或受益的情况。外部性可以分为正外部性和负外部性，例如修建道路可以促进当地经济的发展，这就是修建道路产生的正外部性；当驾驶汽车上班时，汽车所排放的尾气对环境造成的影响就是该项行为产生的负外部性。外部性也可以称为外部效果，在项目建设或运营过程中，外部效果包括间接经济费用与间接经济效益，是指国民经济为项目付出的代价与项目对国民经济做出的贡献中，在直接费用与直接效益中未得到反映的那部分效益与费用。

在对项目进行经济费用效益评价时，外部效果的计算是不可或缺的内容。计算外部效果需要满足两个条件，即相关性条件和不计价条件。所谓相关性条件，是指项目的经济活动会对与本项目无直接关系的其他生产者和消费者的生产水平或消费质量造成影响。所谓不计价条件，是指这种费用或效益没有出现在财务报表中。

项目的外部效果主要有如下几类：

1. 环境效果

项目对自然环境和生态环境造成的污染和破坏，如交通运输建设作业过程中会产生大量的扬尘、沥青烟等有害气体，属于项目的间接费用。这类间接费用难以定量计算，一般是通过估算同类项目的损失或恢复环境质量所需要的费用来近似得到。如果实在难以获取，那么需要做出定性说明。除此之外，还有些项目会对环境产生积极影响，例如环境治理项目，对于这类项目在经济费用效益评价时还需要估计相应的间接效应。环境影响有时不能定量计算，至少也应当做定性描述。

2. 价格效果

当大批量出口项目产出物时，会造成国内同类产品的出口价格下降，导致外汇收益下降，减少的外汇收益被认为属于项目的间接费用。当项目产出物使得国内市场供应充足、产品价格下降时，消费者获得好处，此时认为这种情况只是将生产商的收益转移给了消费者，从国民经济的角度来看，总体收益并没有发生改变，因此消费者的收益并不认为是项目的间接收益。

3. 相邻效果

项目的开展会推动上游企业、拉动下游企业，使其生产能力得到更加充分的利用。实践证明，应该合理估计相邻效果，不能估计过大，因为一般来说项目的相邻效果可以体现在投入物与产出物的影子价格中，只有在特殊情况时才需要单独作为外部效果来进行计算。

4. 技术扩散效果

建设一个具有先进技术的项目，由于其人才流动、技术推广和扩散等原因，将会使整个社会都受益。例如，我国三峡等大型水利工程的实施，极大地推动了建筑、发电、防洪、航运等多个领域的技术发展；但这类间接效益通常难以识别和定量计算，因此在国民经济评价中一般只做定性说明。

5. 乘数效果

乘数效果是指由于项目的实施而使与项目相关的产业部门的闲置资源得到有效利用，进而产生一系列的连锁反应，带动某一地区或全国的经济发展所带来的外部净效益。

5.2.4 转移支付

根据对国民经济费用和效益的分析可以知道，一些财政支出和收益并不伴随着资源的增加或减少，致使国民收入发生变化，而只反映了资源支配权在社会实体之间的转移，这种收支款项就称为转移支付。转移支付只会导致资源在社会内部发生转移，既不额外消耗社会资源，也不为社会增添资源，因此不构成项目国民经济评价中的效益或费用。常见的转移支付有税收、补贴、折旧、国内贷款及其债务偿还等。

1. 税收

税收是一种财务上的转移支付。项目获得收益后需要向国家缴纳相应的税金。税金并没有使国民收入发生变化，只不过是将一部分货币从项目的收益人转移到政府手中。因此，虽然缴纳税收减少了项目的收益，但不能把任何种类的税收作为项目国民经济评价中的收益或费用，应从成本中剔除。

2. 补贴

补贴是一种货币流动方向与税金相反的转移支付。国家为鼓励和扶植某些投资项目所给予的价格补贴，是国家转移给项目的收益，并未造成国内资源的变化。因此在国民经济评价中，这部分补贴不应计入项目收益或费用。

3. 利息

项目在国内贷款所需支付的利息，也是由企业转移给国家或金融机构的一种转移性支出。因此，也不应计入国民经济收益或费用。国外借款利息不属于国内转移支付，应分不同情况进行处理。在项目全投资国民经济评价中，国外贷款及其还本利息，既不作为收益也不作为费用。在项目国内投资的国民经济评价中，国外贷款利息，应作为国民经济代价，列为项目费用。

4. 折旧

折旧是财务意义上的生产成本要素。在项目的经济评价中，已把投资的资源投入作为费用，与折旧对应的固定资产原值已全部包括在投资的经济费用中，而且项目的国民经济评价并不涉及固定资产的转移和补偿问题。因此折旧不再构成项目国民经济收益或费用，应予以剔除。

此外，在项目国民经济评价收益和费用的划分及计算中，对转移支付的处理，还要涉及工资、土地费用、自然资源费用等，需要逐一研究和分析，准确确定。

5.3 经济费用与效益的估算

5.3.1 经济费用与效益的估算原则

1. 支付意愿原则

项目产生的正面效益的计算遵循支付意愿原则。支付意愿是指社会成员对所接受的项目效益愿意付出的代价。

2. 受偿意愿原则

项目产生的负面影响的计算遵循接受补偿原则。接受补偿，顾名思义是指社会成员因接受项目产生的负面影响而获得补偿。

3. 机会成本原则

项目投入物的经济费用的计算应遵循机会成本原则，用来分析项目所耗费的资源的机会成本。机会成本是指利用一定资源获得某种效益时所放弃的其他效益中的最大值。

4. 实际价值计算原则

在进行经济费用效益分析时，要利用能反映费用与效益真实价值的实际价格，不需要考虑通货膨胀，但是可考虑相对价格变动。

5.3.2 影子价格

在我国现实经济生活中，由于经济机制、社会与经济环境、经济政策、历史因素等原因，产品和服务的经济价值很多时候不能通过市场价格得到反映。此时，若想真正反映其经济价值，就必须调整市场价格。这种用于经济分析的调整价格就是影子价格。影子价格又称为计算价格或经济价格，它是指依据一定原则确定的，能够反映投入物和产出物的真实经济价值，反映市场供求状况，反映资源稀缺程度，使资源得到合理配置的价格。在经济学中影子价格可理解为资源的边际贡献，即每增加一单位资源所产生的最优使用效果。影子价格是进行项目经济分析专用的计算价格，影子价格依据经济分析的定价原则测定，反映项目的投入物和产出物的真实经济价值，反映市场供求关系，反映资源稀缺程度，反映资源合理配置的要求。

由于不同货物的影子价格的确定方法不同，所以在介绍影子价格确定方法之前，有必要介绍一下货物的分类。货物根据是否可以进行外贸交易，分为可外贸货物和非外贸货物；根据定价机制的不同，可分为市场定价货物和非市场定价货物；由于土地、劳动力和自然资源的特殊性，可将它们划分为特殊投入物。

1. 市场定价货物的影子价格

(1) 可外贸货物的影子价格。

外贸货物是指在国际市场中可自由进口或出口的货物。为了不使工作过于复杂,在可外贸货物中,通常只考虑项目产出物中的直接出口货物和投入物中的直接进口货物。在计算外贸货物的影子价格时要以口岸价格为基础。

直接出口产出物的影子价格＝离岸价格(FOB)×影子汇率－出口费用

直接进口投入物的影子价格＝到岸价格(CIF)×影子汇率＋进口费用

注意:

①进口、出口费用是指在货物进口、出口时在国内产生的所有费用,包括运输费用、储存费用等,以人民币为计算单位。

②影子汇率是经济费用效益分析当中的一个重要参数,是外汇的影子价格,代表了外汇的真实水平。详细内容会在5.3.3节中进行介绍。

【例 5.1】 某交通运输建设项目,现需要从国外进口一个设备,设备的到岸价格为1 600万美元,外汇牌价1美元＝6.857元人民币,国内运杂费为300万元人民币,影子汇率换算系数为1.08,试计算该设备的影子价格。

解 影子汇率＝影子汇率换算系数×国家外汇牌价＝6.857×1.08＝7.406

直接进口投入物的影子价格＝到岸价格×影子汇率＋进口费用

＝1 600×7.406＋300＝12 149.6(万元)

(2)非外贸货物的影子价格。

非外贸货物是指不影响国家进出口的货物。非外贸货物的影子价格需要按照机会成本和消费者的支付意愿来确定。

对于产出物来说,如果产出物只是为了满足国内市场上的需求,不影响其他货物,那么货物的影子需要按支付意愿确定,此时市场价格中含税;如果产出物影响了原有的市场均衡,取代了某些货物,使某些货物停产,那么影子价格需要按照社会成本确定,此时市场价格中不含税。

对于投入物来说,如果项目需要的投入物可以通过市场新增的供给来满足,那么影子价格需要按照社会成本确定,此时市场价格中不含税;如果市场供给不能满足项目对投入物的需要,只能抢占原有用户的需求,那么影子价格需要按照支付意愿确定。

在不能判断产出物、投入物与市场供需的关系时,产出物的影子价格采用含税市场价格作为依据,投入物的影子价格采用不含税市场价格作为依据。

非外贸货物的影子价格以市场价格作为计算依据,计算公式为

产出物影子价格(出厂价)＝市场价格－国内运杂费

投入物影子价格(到厂价)＝市场价格＋国内运杂费

【例 5.2】 某钢铁企业生产的钢材产品在市场上有很大需求,估计的目标市场价格为5 000元/吨(含税),钢材到目标市场的运杂费为1 000元/吨。在进行经济分析时,钢材的影子价格应如何确定?

解 影子价格＝5 000－1 000＝4 000(元/吨)

2. 政府调控价格货物的影子价格

在我国大部分货物的价格是通过市场机制形成的,但是仍有少部分货物的价格是由政府调控的,如政府定价、指导价、最高限价、最低限价等。这些价格不能真实地反映货物

价值。在进行经济费用效益分析时,通常利用成本分解法、支付意愿法、机会成本法来确定其影子价格。

成本分解法是指分解某种货物的成本,并将分解得到的各项成本计算出相应的影子价格,最后得到该货物的分解成本。分解成本表示生产某种产品所消耗的全部社会资源的价值,包括投入的各种物料以及人工、土地等成本,也包括资本投入所应分摊的费用。

支付意愿法遵循支付意愿原则。支付意愿是指社会成员对所接受的项目效益愿意付出的代价。在完善的市场中,支付意愿可以通过价格来体现;在不完善的市场中,支付意愿可能无法通过价格得到准确的体现。

机会成本法遵循机会成本原则。机会成本是指利用一定资源获得某种效益时所放弃的其他效益中的最大值。例如在一个项目中投入了若干资金,那么这些资金就不能再投入到其他项目中,该资金的机会成本就是放弃的投资中可能获得的最大效益。

铁路运价等都是通过政府调控而形成的价格。铁路运输作为项目投入物时,其影子价格一般按完全成本分解定价;在运输能力有剩余的地区,按可变成本分解定价;在运输能力紧张的地区,则按被挤占用户的支付意愿定价。铁路运输作为产出物时,其影子价格可按铁路运输对国民经济的边际贡献率定价。

3. 特殊投入物的影子价格

项目的特殊投入物包括项目建设过程中使用的劳动力、土地和自然资源等,其影子价格的确定方法不同于前文所述。

(1) 劳动力的影子价格。

劳动力的影子价格通常用劳动力的影子工资来表示,它包含两部分,分别是劳动力机会成本和新增资源消耗。劳动力机会成本是指被投入于该项目的劳动力由于本项目而在其他项目中所放弃的收益,它与劳动力的技术熟练程度和稀缺程度有关,它们之间存在着正相关的关系。新增资源消耗是指被投入到本项目的劳动力由于新就业或转移岗位而产生的资源的消耗,例如搬迁费等。影子工资的相关内容会在 5.3.3 节中做进一步介绍。

(2) 土地的影子价格。

土地是一种宝贵的资源,项目占用了土地,在项目经济评价时就需要对土地的影子价格进行计算。土地的影子价格与土地的地理位置有关。

当项目所占用的土地是非生产性土地时,在市场完善的条件下,土地的影子价格应按市场价格确定;在市场不完善的条件下,土地的影子价格应按照消费者的支付意愿来确定。

当项目所占用的土地是生产性土地时,土地的影子价格等于土地机会成本和新增资源消耗之和。土地机会成本是指若该土地被用于其他项目的建设,那么可能产生的最大收益,需要注意的是最大收益需要按照净效益现值来计算。新增资源消耗是指占用该土地建设项目所造成的原有土地附着物财产的损失及其他资源的耗费。土地补偿费、青苗补偿费等应看作机会成本,拆迁费、剩余劳动力安置费用、养老保险费用等应看作新增资源消耗,耕地占用税、粮食开发基金等应看作转移支付,不需要计入项目费用中。

【例 5.3】 某项目需征地 275 亩,每亩实际征地费为 80 000 元,其中:土地补偿费和青苗补偿费 22 000 元,劳动力安置补助 20 000 元,拆迁费 15 000 元,耕地占用税 8 400 元,粮食开发基金 5 600 元,其他费用 9 000 元。土地的机会成本为 6 662 元/亩,拆迁费按建筑工程的影子价格换算系数 1.1 计算。耕地的国民经济费用是多少?

解 土地的影子价格＝土地机会成本＋新增资源消耗
$$= 6\ 662 + 20\ 000 + 15\ 000 \times 1.1 + 9\ 000$$
$$= 52\ 162 \text{ 元}$$

(3) 自然资源的影子价格。

自然资源的影子价格根据资源的性质分为两种情况进行计算。矿产等不可再生资源的影子价格按照资源的机会成本计算;水、森林等可再生资源的影子价格则按照资源的再生费用计算。

5.3.3 经济费用效益分析参数

1. 社会折现率

社会折现率(Social Discount Rate)是按国家规定将不同时间产生的各种费用和效益的现金流量折算成现值时所用的折现率,是衡量资金时间价值的重要参数。

社会对资金时间价值的估算就是通过社会折现率来体现的,社会折现率是从社会整体角度出发要求投资所应获得的最低收益率。在经济费用效益评价中,在计算净现值和评价国民经济内部收益率时会利用社会折现率,可间接调控投资规模,是项目经济可行性研究和方案比选的重要依据。国家对各工程项目进行利益分析时,对项目将来要发生的费用和效益都需按社会折现率折算为现值。在除社会折现率以外的其他条件相同的情况下,社会折现率越高,净现值与效益费用比值就越小,投资回收期就越长,这表示经济效果越差。

根据国家发布的《建设项目经济评价方法与参数》,目前我国社会折现率一般取值为 8%,对于收益期长的建设项目,社会折现率可适当降低,但不应低于 6%。适当的社会折现率有助于对项目作出正确评价,合理分配建设资金,减少盲目投资,有利于国民经济的良性发展。

2. 影子汇率

汇率是指两种货币之间的比价或交换比率。在财务分析中,都是利用官方汇率来计算外汇成本和外汇收益,但实际上有些时候官方汇率不能真实地反映出外币与本国货币之间的关系。因此在经济费用效益分析时,通常利用影子汇率来反映外汇与本国货币之间的关系。影子汇率也称外汇的影子价格,是反映外汇真实价值的汇率。对于产品是外贸出口货物的项目,影子汇率越高,项目的收益就越高,评价结论会有益于出口方案。对于引进投入物的方案,影子汇率越高,方案费用越高,评价结论也会不利于引进方案。

在经济费用效益分析中,影子汇率是通过影子汇率换算系数来计算的。影子汇率换算系数由国家统一测定和发布,是影子汇率与国家外汇牌价的比值。它与我国的外汇收支情况、进出口结构、进出口关税、进口增税及出口退税补贴等情况有关,目前我国的影子汇率换算系数为 1.08。

$$\text{影子汇率换算系数}＝\text{影子汇率}\div\text{国家外汇牌价}$$

【例 5.4】 已知 2018 年 9 月 23 日国家外汇牌价中 1 欧元等于 8.029 元人民币,影子汇率换算系数为 1.08,试求人民币对欧元的影子汇率。

解 影子汇率＝8.029×1.08＝8.671

3. 影子工资

在经济费用效益分析中,用影子工资来表示劳动力费用。影子工资代表为进行国民经济分析所使用劳动力而付出的真实代价。影子工资比名义工资或实际工资更能准确地反映劳动力资源的真实价值。它不仅能合理地反映劳动力的价值,而且还能反映社会消耗、劳动力市场的供求关系和劳动力资源的稀缺或过剩程度,有利于资源的优化配置。

影子工资一般是通过影子工资换算系数来计算的。影子工资换算系数是指影子工资与项目财务分析中的劳动力工资之间的比值。技术含量较高的工作影子工资换算系数一般取 1,即认为影子工资与财务分析中的劳动力工资一样。技术含量较低的工作影子工资换算系数在 0.25～0.8 之间。

5.4 报表的编制与经济费用效益分析

前文已经介绍了经济费用和效益的识别与估算,这些都是项目经济分析的准备工作,接下来需要编制经济费用效益分析报表,并根据报表数据计算评价指标,进行经济分析,判断项目的经济合理性。

5.4.1 经济费用效益分析报表

项目经济费用效益分析的报表一般包括建设期经济费用与财务费用调整表（表 5.1）、经济费用效益流量表等。

1. 建设期经济费用与财务费用调整表

表 5.1 建设期经济费用与财务费用调整表　　　　　　　　单位:万元

项目	估算费用	经济费用
第一部分 建筑安装工程费	888 462	798 310
人工、材料费	82 817	57 972
税　金	65 307	0
第二部分 土地使用及拆迁补偿费	234 430	148 477
征地费	201 846	112 634
拆迁费	32 584	35 842
第三部分 工程建设其他费	45 433	45 433
第四部分 预留费用	105 149	89 300
建设期利息	56 532	0
总投资	1 330 006	1 081 519

2. 项目投资经济费用效益流量表

项目投资经济费用效益流量表以全部投资作为计算的基础,用以计算全部投资经济内部收益率、经济净现值等指标,考察项目全部投资对国民经济的净贡献,并根据此表判断项目的经济合理性。如表 5.2 所示。

表 5.2 经济费用效益流量表

单位:万元

序号	项目	2020	2021	2022	2023	2024	2025	2026	2027	2028	2029	2030	2031	2032	2033	2034	2035	2036	2037	2038	2039	2040	2041	2042
1	费用流量	324 456	432 608	324 456	5 066	5 218	5 375	5 536	5 702	5 873	6 049	6 231	73 364	6 610	6 809	7 013	7 223	7 440	7 663	7 893	8 130	95 723	8 625	−531 876
1.1	建设费	324 456	432 608	324 456	0	0	0	0	0	0	0	0	0	0	0	0	0	0	0	0	0	0	0	0
1.2	运营管理费				3 546	3 653	3 762	3 875	3 992	4 111	4 235	4 362	4 492	4 627	4 766	4 909	5 056	5 208	5 364	5 525	5 691	5 862	6 038	6 219
1.3	大修费				0	0	0	0	0	0	0	0	66 946	0	0	0	0	0	0	0	0	87 349	0	0
1.4	日常养护费				1 520	1 565	1 612	1 661	1 711	1 762	1 815	1 869	1 925	1 983	2 043	2 104	2 167	2 232	2 299	2 368	2 439	2 512	2 588	2 665
1.5	机电维护费				0	0	0	0	0	0	0	0	0	0	0	0	0	0	0	0	0	0	0	0
1.6	残值				0	0	0	0	0	0	0	0	0	0	0	0	0	0	0	0	0	0	0	−540 760
2	效益流量	0	0	0	32 750	37 747	43 730	50 917	59 578	70 051	82 761	98 239	117 158	140 367	168 945	204 266	248 090	302 670	370 909	456 559	564 484	701 017	874 431	1 095 575
2.1	降低营运成本效益				20 511	23 793	27 719	32 431	38 106	44 965	53 284	63 408	75 772	90 927	109 567	132 576	161 079	196 517	240 733	296 102	365 685	453 450	564 515	705 681
2.2	旅客节约时间效益				8 187	9 497	11 064	12 945	15 210	17 948	21 268	25 309	30 245	36 294	43 734	52 918	64 295	78 440	96 089	118 189	145 964	180 995	225 339	281 674
2.3	减少交通事故效益				4 052	4 457	4 947	5 541	6 262	7 138	8 209	9 522	11 141	13 146	15 644	18 773	22 716	27 713	34 087	42 268	52 835	66 572	84 546	108 219
2.4	间接经济效益				0	0	0	0	0	0	0	0	0	0	0	0	0	0	0	0	0	0	0	0
3	净效益流量	−324 456	−432 608	−324 456	27 684	32 529	38 355	45 381	53 876	64 178	76 712	92 008	43 794	133 756	162 136	197 254	240 867	295 230	363 246	448 666	556 354	605 294	865 806	1 627 450

计算指标:
经济内部收益率 EIRR=11.12%,经济净现值 ENPV=505 429 万元,效益费用比 EBCR=1.54

5.4.2 经济费用效益分析指标

1. 经济净现值

经济净现值(Economic Net Present Value, ENPV)是指用社会折现率将项目计算期内各年的净效益流量折算到建设期初的现值之和。经济净现值是经济费用效益分析的主要指标,是反映项目对社会经济净贡献的绝对量指标。其表达式为

$$\text{ENPV} = \sum_{t=0}^{n}(B-C)_t(1+i_s)^{-t} \tag{5.1}$$

式中,ENPV 为项目的经济净现值;B 为项目的经济效益流量;C 为项目的经济费用流量;$(B-C)_t$ 为项目第 t 期的经济净效益流量;n 为项目的计算期,以年计算;i_s 为社会折现率。

项目的经济净现值等于或大于零,表示社会经济为拟建项目付出代价后,可以得到符合或超过社会折现率所要求的以现值表示的社会盈余;表示项目的经济盈利性达到或超过了社会折现率的基本要求,项目可以被接受。经济净现值是反映项目对社会经济净贡献的绝对量指标。经济净现值越大,表明项目所带来的以绝对数值表示的经济效益越大。

2. 经济内部收益率

经济内部收益率(Economic Internal Rate of Return, EIRR)是指使项目在计算期内各年经济净效益流量的现值累计等于零时的折现率,是反映项目对国民经济贡献的相对量指标。其计算公式为

$$\sum_{t=0}^{n}(B-C)_t(1+\text{EIRR})^{-t}=0 \tag{5.2}$$

式中,EIRR 为经济内部收益率;B 为经济效益流量;C 为经济费用流量;$(B-C)_t$ 为项目第 t 年的经济净效益流量;n 为项目的计算期,以年计算。

项目的经济内部收益率等于或大于社会折现率时,表明项目对社会经济的净贡献达到或者超过了社会折现率的要求,这时应认为项目是可以实施的。经济内部收益率是从资源配置角度反映项目经济效益的相对量指标,表示项目占用的资金所能获得的动态收益率,反映资源配置的经济效率。

3. 经济效益费用比

经济效益费用比是指项目经济净现值和建设资本金投入的比值。其表达式为

$$R_{BC} = \frac{\sum_{t=1}^{n}B_t(1+i_s)^{-t}}{\sum_{t=1}^{n}C_t(1+i_s)^{-t}} \tag{5.3}$$

式中,R_{BC} 为经济效益费用比;B_t 为第 t 期的经济效益;C_t 为第 t 期的经济费用。

如果经济效益费用比大于1,则说明项目的经济效益大于项目的经济费用,该项目会对社会经济做出贡献,此时项目应该被接受。

5.5 费用效果分析

5.5.1 费用效果分析概述

1. 费用效果分析的定义

费用效果分析有广义和狭义之分。广义费用效果分析是指将所产生的效果与所耗费的费用进行比较,来对所付出的代价进行分析判断。广义的费用效果分析不需要强调使用什么计量方式。狭义的费用效果分析是指分析以形式计量的费用和以非货币形式计量的效果。在评价项目时通常使用狭义的概念。费用效果分析中的费用是指为满足项目预先设定的要求而需要付出的经济或财务代价;效果是指由项目的建设结果所产生的作用、效能,是项目要实现的目标,一个项目可以选择一个或多个效果指标来衡量项目的效果。

前文所述的费用效益分析可以确保选择的方案效果大于费用,但是费用效果分析只能用来比较不同方案的好坏,不能保证效果大于费用。因此根据社会和经济发展的客观需要直接进行费用效果分析的项目,在确保项目建设具有必要性的前提下,重要的是制订可以实现项目目标的方案,在花费尽量少的费用便可获得最佳的效果的前提下,通过比较和选择多种方案,将多种方案按照优劣进行排序,以供决策。

2. 费用效益分析与费用效果分析的比较

在费用效益分析中,费用与效益都需要用货币来衡量,在市场经济中,货币作为一般等价物,在叠加计算项目所有效果时,是一种非常重要的参照物,因此费用效益分析简单明了,分析结果透明,人们更加容易接受。在经济分析中,当项目效果或其中主要部分用货币来衡量较容易实现时,需要进行费用效益分析。

进行费用效益分析时把项目的效益用货币来衡量可能存在困难,因为并不是所有的效益都可以用货币来表示。例如在某个路口加装了红绿灯,由此减少了交通事故,减少交通事故产生的经济效益难以用货币进行准确衡量;再如,某工程导致的环境恶化等。费用效果分析就克服了效果定价的困难,可以直接用非货币化的效果指标与费用进行比较,方法相对来说更加简单,适合用于分析项目效果难以用货币来衡量的项目。

3. 费用效果分析的应用条件

费用效果分析以多方案比选为原则,比选的项目应满足如下条件。

(1)比选的方案要有两个及以上,且各方案之间的关系为互斥关系或者可转换为互斥关系。

(2)比选的方案应该拥有相同的目标,如果目标不同或者不满足最低效果要求,那么方案不可以进行比较。

(3)比选的方案所花费的费用应该能用货币进行计量,并且以资金限制为约束,控制资金用量。

(4)效果需要用同一非货币标准进行衡量,如果存在多个效果,需要将其进行加权处理,得到一个综合指标。

(5)比选方案的生命周期应该具有可比性。

4. 费用效果分析的基本程序

费用效果分析可以按照如下步骤进行：

(1) 确定项目目标。
(2) 设计可供选择的方案。
(3) 将项目的目标转化为具体的可量化的效果指标。
(4) 对费用与效果要素进行识别，并对各个比选方案的费用与效果进行估算。
(5) 利用相关指标进行综合比较，分析各个比选方案的优劣。
(6) 建议最优方案或者提供各比选方案的优劣排序。

5.5.2 费用效果分析指标与计算

1. 费用现值

费用现值(Present Cost，PC)的计算公式为

$$PC = \sum_{t=0}^{n} (CO)_t (P/F, i, t) \tag{5.4}$$

式中，PC 为费用现值；$(CO)_t$ 为第 t 期现金流量；n 为计算期；i 为折现率；$(P/F, i, t)$ 为现值系数。

2. 费用年值

费用年值(Annual Cost，AC)的计算公式为

$$AC = \left[\sum_{t=0}^{n} (CO)_t (P/F, i, t)\right](A/P, i, n) \tag{5.5}$$

式中，AC 为费用年值；$(CO)_t$ 为第 t 期现金流量；n 为计算期；i 为折现率；$(P/F, i, t)$ 为现值系数；$(A/P, i, t)$ 为资金回收系数。

比选方案的计算期不一致时，应该利用费用年值公式进行计算。

3. 效果费用比

$$R_{E/C} = E/C \tag{5.6}$$

式中，$R_{E/C}$ 为效果费用比；E 为项目效果；C 为项目的计算期费用，用现值或年值来表示。

有时候为了方便或符合使用习惯，也可以采用费用效果比作为费用效果分析的评价指标，公式为

$$R_{C/E} = C/E \tag{5.7}$$

式中，$R_{C/E}$ 为费用效果比。

5.5.3 费用效果分析方法

1. 最小费用法

在进行方案比较时需要满足控制变量的原则，即在效果相同的条件下，选择消耗费用最少的方案，也叫作固定效果法。

2. 最大效果法

与最小费用法原则一样，只不过是在费用相同的条件下，选择产生效果最大的方案，也叫作固定费用法。

3. 增量分析法

当两个比选方案的费用、效果都不相同，并且方案之间的差距较大时，也就是说不能使用最小费用法或最大效果法时，可以比较比选方案的费用差值和效果差值，判断获得增量效果时所需要付出的增量费用是否值得，需要注意的是不可以直接选择费用效果比小或效果费用比大的方案。

采用这种方法进行费用效果分析时需要首先确定基准指标$[E/C]_0$或$[C/E]_0$，之后判断ΔE、ΔC与基准指标之间的关系。若$\Delta E/\Delta C \geqslant [E/C]_0$或$\Delta C/\Delta E \leqslant [C/E]_0$，应该选择费用较高的方案，否则应选择费用较低的方案。

当有两个以上的比选方案时，应该首先将比选方案按照费用由小到大的顺序进行排列；其次从费用最少的两个方案开始，利用增量分析方法选出较有优势的方案；最后继续利用增量分析法，将较有优势的方案与紧邻的下一个方案进行比较，选出新的优势方案，重复进行该步骤，直到选出最终的优势方案。

本章小结

本章首先对经济费用效益分析进行概述，介绍了经济费用效益分析的定义、适用范围、目的、作用及其与财务分析的关系；其次对经济费用与经济效益进行具体说明，包括费用与效益的识别与估算，其中涉及转移支付、影子价格等新概念；然后介绍了项目投资经济费用效益流量表、经济费用效益分析投资费用估算调整表等经济费用效益分析报表和经济净现值、经济内部收益率等经济费用效益分析指标；最后简单介绍了费用效果分析的定义、计算指标和分析方法，并将其与费用效益分析进行比较。

习题与思考题

1. 什么是经济费用效益分析？它与财务分析有什么关系？
2. 在经济费用效益分析中，识别经济费用与经济效益的原则是什么？
3. 在经济费用效益分析中，估算经济费用与经济效益的原则是什么？
4. 什么是影子价格？影子价格测定的方法有哪些？
5. 某项目 M 的投入物为 G 厂生产的 A 产品，由于项目 M 建成使原用户 W 由 G 厂供应的投入物减少，一部分要靠进口，已知条件如下：项目 M 距 G 厂 100 km；G 厂到原用户 W 的距离为 130 km；原用户 W 距港口 200 km，进口到岸价格为 400 美元/吨，影子汇率为 1 美元=6.875 元人民币，贸易费用按采购价的 6% 计算，国内运费为 0.15 元/(t·km)。要求：计算项目 M 投入物到厂价的影子价格为多少？
6. 某建设项目拟进口一种设备，已知每套设备的到岸价为 1 000 万美元，外汇牌价是 1 美元=8 元人民币，国内运杂费为 300 万元人民币，贸易费用国内支付人民币，贸易费用率为 6%，影子汇率换算系数为 1.08。试计算设备的影子价格。
7. 某进口设备，其国内现行价格为 216 元/吨，其影子价格换算系数为 1.08，国内运费及贸易费为 38 元/吨，人民币对美元的影子汇率为 6.85，求该进口设备用美元表示的到岸价格 CIF。

8. 经济费用效益评价的指标主要有哪些？如何进行计算？

9. 什么是经济费用效果分析？它与经济费用效益分析有什么关系？

10. 某公路项目建设投资（含建设期利息）为 24 172 万元，其中：建筑工程费 9 020 万元，设备及工器具购置费 5 772 万元（含进口关税和进口环节增值税 574 万元），安装工程费 1 180 万元，工程建设其他费用 4 308 万元（含建设用地费用 2 196 万元），基本预备费 2 028 万元，涨价预备费 1 038 万元，建设期利息 826 万元。已知公路建设工程影子价格换算系数为 1.1，设备及安装材料价格均为市场价格，建设用地影子价格为 1 432 万元。问：国民经济评价的建设投资为多少？

参考文献

[1] 林晓言,陈娟.交通运输工程经济学[M].北京:社会科学文献出版社,2015.

[2] 赵淑芝.运输工程经济学[M].北京:机械工业出版社,2014.

[3] 刘颖春,刘立群.技术经济学[M].北京:化学工业出版社,2010.

[4] 隽志才.运输技术经济学[M].5版.北京:人民交通出版社,2013.

[5] 隽志才.公路运输技术经济学(修订版)[M].北京:人民交通出版社,1998.

[6] 刘晓君.工程经济学[M].北京:中国建筑工业出版社,2005.

[7] 王璞.技术经济学[M].北京:机械工业出版社,2012.

[8] 张厚钧.工程经济学[M].北京:北京大学出版社,2009.

[9] 彭建刚,龙海明.技术经济学[M].成都:西南财经大学出版社,2003.

[10] 孙陶生.技术经济学[M].郑州:河南人民出版社,2006.

[11] 于立军.工程经济学[M].北京:机械工业出版社,2005.

[12] 刘玉明.工程经济学[M].北京:清华大学出版社,2006.

[13] 梁毅师.费用效益分析在政府投资项目可行性论证中的应用研究——以某高速公路为例[D].南宁:广西大学,2013.

[14] 帅斌,黄文成,吴贞瑶,李等.中日德铁路项目经济效益评估比较研究[J].铁道运输与经济,2018.40(1):1-7.

[15] 曹世超.城市轨道交通国民经济评价方法及参数研究[D].西安:西安建筑科技大学.2015.

[16] 刘清玉.费用－效果分析法(CEA)在公共项目投资决策中的运用[J].当代经济,2016(31):128-129.

[17] STANLEY C T Y. Planning and construction of low carbon cities: The relevance of cost-benefit analysis[J]. China City Planning Review,2011,20(03):17-25.

[18] ROBINSON R . Cost-benefit analysis[J]. Economic Evaluation and Health Care, 1993,307(6909):924-926.

[19] GREGORY N M. Principles of economics [M]. 7th Edition. Stamford, USA: Cengage Learning,2014.

[20] 王健,胡晓伟,孙广林.城市客运交通经济学[M].北京:人民交通出版社,2016.

第6章 运输项目风险与不确定性分析

在前面关于经济效果的讨论中,始终存在一个前提假设,那就是在方案经济效果的评价中,所使用的所有投资、成本、产量、价格等基础数据都具有极高的可信度。然而,在实际的项目实施过程中,一定会存在一些不确定性因素影响方案的经济性评价,例如受到通货膨胀、物价变动、技术装备和生产能力的变化、政府政策和法规的修改、基础数据的不足或误差、预测方法的局限、预测时假设的不准确、不可抗力等很多不可预测因素影响,方案经济效果的分析结果可能会与实际值偏离较大,从而对项目的决策产生不利影响,导致投资存在一定程度的风险。所以在进行项目经济分析时,需要对项目进行不确定性分析。

6.1 风险与不确定性分析概述

6.1.1 风险分析与不确定性分析

风险的定义有狭义与广义之分。狭义的概念认为风险是不好的后果发生的潜在可能性,反映了风险不利的一面。广义的概念则认为风险是特定情况下可能发生的结果与预期结果的差异性。风险分析是指识别项目中存在的风险因素、估计风险出现的概率、评价风险会产生的影响并制定应对风险对策的过程。风险分析主要采用概率分析法。一般来说,风险分析既可以用于财务评价也可以用于经济费用效益评价。

不确定性是相对于确定性而提出的一个概念,是指项目或事件在未来可能发生也可能不发生。如果发生,那么发生的时间、情况及结果等相关内容都是未知的。不确定性分析是指对项目的不确定性因素进行分析,研究不确定性因素的变化对项目经济效益的影响,找出主要的敏感因素及临界点的过程。不确定性分析主要包括盈亏平衡分析和敏感性分析。一般来说,盈亏平衡分析只适用于项目的财务评价,敏感性分析既可以用于财务评价也可以用于经济费用效益评价。

6.1.2 风险分析与不确定性分析的重要性

风险分析应该存在于项目经济分析的整个过程中。在项目的可行性研究过程中,风险分析可以通过信息反馈的方式不断调整方案,使其不断优化,从而降低风险,避免决策时因忽略风险而蒙受损失;通过风险分析建立的风险管理系统,为实现项目的全过程风险管理奠定了基础,可以起到防范风险的作用。

由于项目存在不确定性,项目的效益可能会高于预期也可能会低于预期,通过不确定性分析可以找出对项目效益产生影响的敏感因素,帮助投资者估计对项目产生影响的因素的影响趋势和影响程度,使其在项目开始的时候就对重要因素给予充分的考虑,以保证项目可以获得预期的效益。不确定性分析在项目方案比选的时候,更是会发挥重要的作用,在比选方案的时候会更加注重分析各方案在影响因素波动后的效果,从而选择出最佳方案。

6.1.3 项目的不确定性因素

进行不确定性分析的目的就是要找出项目的不确定性因素,分析其影响程度,制定应对措施,以达到预期效果。一般来说影响项目的不确定性因素包括如下几个方面。

(1)通货膨胀。由于通货膨胀的存在,物价发生变动,会导致项目的投入物、产出物价格发生变化,从而会导致项目的总费用、总效益发生变动。

(2)工艺技术的进步。在项目评价时,项目所需投入物的数量、获得产出物的数量及它们的价格是根据当时的工艺技术水平确定的。然而在相当长的项目寿命期内,工艺技术水平不可能一成不变,新技术、新替代材料的产生及应用会影响项目的经济效益。

(3)供求结构的变化。市场供求结构的变化会影响供求关系,从而会导致物价发生变动,给项目带来的影响与通货膨胀带来的影响相似。

(4)项目的外部影响因素。项目外部影响因素主要是指项目的政治、经济环境的变化,包括与项目相关的政策、规章或标准的变化,组织中雇佣关系的变化等。

项目中的不确定性因素还有很多,在进行项目评价时,难以全面分析这些不确定性因素。因此,在实际工作中,往往只分析对项目影响较大的不确定性因素。

6.2 盈亏平衡分析

盈亏平衡分析又称为损益平衡分析,它是根据项目的产品产量、总成本、总收入等数据确定项目的盈亏平衡点,以判断不确定性因素对项目的影响程度。项目的盈亏平衡点(Break Even Point,BEP)是项目盈利和亏损的分界点,在该点上项目的总收入等于项目的总成本,它代表项目不盈不亏的临界水平。

项目进行盈亏平衡分析的目的就是找出盈亏平衡点,根据盈亏平衡点来判断项目风险的大小以及项目对风险的承受能力,为投资决策提供依据。盈亏平衡分析,按成本、收入与产量之间是否为线性关系可分为线性盈亏平衡分析和非线性盈亏平衡分析;按是否考虑时间价值,又可分为静态盈亏平衡分析和动态盈亏平衡分析。

6.2.1 独立方案的盈亏平衡分析

1. 线性盈亏平衡分析

收入一般可以看成是产品单价与销量之间的乘积,在不考虑其他因素的影响时,可以认为总收入与产品销量之间呈线性关系。成本包括固定成本和可变成本,当固定成本不变,可变成本与产品产量呈线性关系时,就可以认为成本与产量之间是线性关系。此时,项目的总收入、总成本均为产量的线性函数,在这种条件下的盈亏平衡分析就是线性盈亏平衡分析。

线性盈亏平衡分析有三个假设条件:所生产的全部产品都会被卖出,即产品产量即为销售量;产品的销售单价保持不变;产品的可变成本与产量成正比例关系,固定成本与产量无关,保持不变。

线性盈亏平衡分析的方法一般有图解法和解析式法两种。

(1)图解法。

图解法是指通过在同一坐标系中绘制"总收入-产量线"与"总成本-产量线",利用两线交点确定盈亏平衡点,并进一步分析,如图 6.1 所示。

盈亏平衡图的绘制方法是:在一个坐标系中,横坐标表示产品的产量即销量,纵坐标表示金额;画出直线 OA 表示总收入线,直线 BC 表示总成本线,水平直线 BD 表示项目的固定成本线;总收入线 OA 与总成本线 BC 相交于一点 E,点 E 即为盈亏平衡点,在此点项目的总收入等于总成本。三角形 OBE 表示的区域为项目的亏损区,与三角形 OBE 相对的区域即为项目的盈利区。

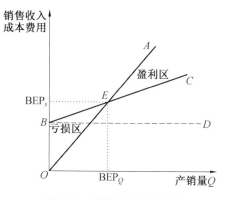

图 6.1 线性盈亏平衡分析

(2)解析式法。

解析式法是一种通过列数学表达式来计算盈亏平衡点的方法。当项目达到盈亏平衡的状态时,项目的收入等于项目的成本,即

$$\text{TR} = \text{TC} \tag{6.1}$$

$$\text{TR} = (P-t)Q \tag{6.2}$$

$$\text{TC} = C_f + C_v Q \tag{6.3}$$

式中,TR 为项目总收入;TC 为项目总成本;P 为单位产品价格;t 为单位产品税金及附加;Q 为产品产量(即销量);C_f 为固定成本;C_v 为单位产品可变成本。

当 TR=TC 时,即

$$(P-t)Q = C_f + C_v Q \tag{6.4}$$

可解得

$$Q = \frac{C_f}{P-t-C_v} \tag{6.5}$$

所以

$$\text{BEP}(产量) = \frac{C_f}{P-t-C_v} \tag{6.6}$$

盈亏平衡点除经常用产量表示外,还可以用其他指标来表示,具体表达式为

$$\text{BEP}(生产能力利用率) = \frac{\text{BEP}(产量)}{Q_0} \times 100\% \tag{6.7}$$

式中，Q_0 为设计生产能力。

$$\text{BEP}(安全生产率) = 1 - \text{BEP}(生产能力利用率) \quad (6.8)$$

一般认为，经营安全率达到 40% 以上为低风险；30%～40% 为较低风险；20%～30% 为中等风险；10%～20% 为较高风险；10% 以下是高风险。

当达到设计生产能力时，产品销售价格的盈亏平衡点可以表示为

$$\text{BEP}(单位产品价格) = \frac{C_f}{Q_0} + C_v + t \quad (6.9)$$

【例 6.1】 某新项目打算生产一种新型交通信号灯，设计方案的计划产量为 50 000 件，根据市场情况每件售价为 27 500 元，每件信号灯缴付的营业税及附加费为 2 500 元，已知该信号灯单位变动成本为 10 000 元，固定成本为 3 亿元，试求该项目用产量表示的盈亏平衡点、用生产能力表示的盈亏平衡点以及用单位产品价格表示的盈亏平衡点。

解

$$\text{BEP}(产量) = \frac{300\ 000\ 000}{27\ 500 - 10\ 000 - 2\ 500} = 20\ 000 (件)$$

$$\text{BEP}(生产能力利用率) = \frac{20\ 000}{50\ 000} \times 100\% = 40\%$$

$$\text{BEP}(单位产品价格) = \frac{300\ 000\ 000}{50\ 000} + 10\ 000 + 2\ 500 = 18\ 500 (元/件)$$

2. 非线性盈亏平衡分析

线性盈亏平衡分析是在一些假设的基础上进行的，在很多情况下是无法满足给定的假设条件的，因此总收入和总成本可能与产品产量呈现非线性关系，这时就需要进行非线性盈亏平衡分析。进行非线性盈亏平衡分析，关键还是要确定盈亏平衡点，非线性盈亏平衡分析可能有多个盈亏平衡点。

假设总收入、总成本与产量是如图 6.2 所示的非线性关系，在图中收入线与成本线有两个交点——点 A 和点 B，在点 A 和点 B 上，总收入等于总成本；当产量 Q 小于 Q_A 或大于 Q_B 时，项目处于亏损状态；当产量 Q 处于 Q_A 和 Q_B 之间时，项目处于盈利状态，因此点 A 和点 B 都是项目的盈亏平衡点。

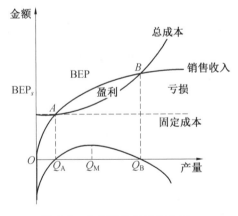

图 6.2 非线性盈亏平衡分析

【例 6.2】 某运输工程项目预计年营业收入是 $TR = 300Q - 0.03Q^2$ 万元，Q 为年客

货运换算周转量(吨千米)。总固定成本为 $C_f = 180\,000$ 万元,总可变成本 $C_v = 100Q - 0.01Q^2$ 万元。试求盈亏平衡点运量。

解 总收入为
$$TR = 300Q - 0.03Q^2$$
总成本为
$$TC = C_f + C_v = 180\,000 + 100Q - 0.01Q^2$$
当 TR = TC 时,有
$$300Q - 0.03Q^2 = 180\,000 + 100Q - 0.01Q^2$$
解得,$Q_1 = 1\,000$ 吨千米,$Q_2 = 9\,000$ 吨千米。

盈亏平衡点运量为 1 000 吨千米和 9 000 吨千米。当运量在 1 000~9 000 吨千米范围内时,总收入大于总成本,项目处于盈利状态;若客货运量小于 1 000 吨千米或者大于 9 000 吨千米时,总收入小于总成本,项目处于亏损状态。

6.2.2 互斥方案的盈亏平衡分析

互斥方案是指互相排斥的方案,在若干个可选择的方案中,选择了其中一个方案,就不能同时接受其他方案。例如,若干个修路方案,选择了一个,就不能同时选择其他修路方案,所有的修路方案都是互斥的。在比选多个互斥方案时,如果多个备选方案同时受某个不确定性因素影响,那么可以求出互斥方案的盈亏平衡点,再根据盈亏平衡点进行方案选择。

假设某个确定性因素 x 同时影响两个互斥方案的经济效果,将 x 看作一个变量,那么两个互斥方案的经济效果指标可表示为

$$E_1 = f_1(x_1) \tag{6.10}$$
$$E_2 = f_2(x_2) \tag{6.11}$$

当两个方案经济效果相同时,有 $f_1(x_1) = f_2(x_2)$。解出满足这个方程式的 x,即为两个方案的盈亏平衡点,也就是决定这两个方案优劣的临界点。结合预测不确定因素 x 未来的取值范围,并做出相应的决策。

【例 6.3】 现有 A、B 两个互斥的投资方案,方案的期初投资额、每年年末的营业收入及营业费用如表 6.1 所示,投资方案的寿命期均具有较大的不确定性,基准收益率 $i_c = 10\%$,不考虑期末资产残值。试就项目寿命期分析两方案的临界点,并指出当两个投资方案的寿命期为 9 年时哪个方案最佳。

表 6.1 投资方案的现金流量 单位:万元

投资方案	期初投资	年营业收入	年营业费用
A	3 000	780	600
B	5 000	1 520	1 000

解 设项目寿命期为 n,则
$$NPV_A = -3\,000 + (780 - 600)(P/A, 10\%, n)$$
$$NPV_B = -5\,000 + (1\,520 - 1\,000)(P/A, 10\%, n)$$

令 $NPV_A = NPV_B$，即 $-2\,000 + 340(P/A, 10\%, n) = 0$，解得，$(P/A, 10\%, n) = 5.8824$。

结合查表及插入法得，两方案寿命期的临界点为 9.32 年。当两个投资方案的寿命期为 9 年时，A 方案比 B 方案好。

盈亏平衡分析如图 6.3 所示。

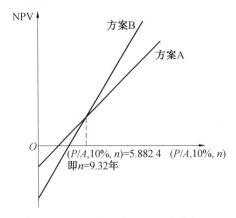

图 6.3 互斥方案盈亏平衡分析

6.3 敏感性分析

所谓敏感性分析，是指从众多不确定性因素中找出对投资项目经济效益有重要影响的那部分敏感性因素，并分析计算其对项目经济效益的影响程度和敏感性程度，进而判断项目承受风险能力的一种不确定性分析方法。通过敏感性分析，可以找出对建设项目经济效果影响最敏感的因素，并采取有效的措施和对策，保证经济效果的准确性。其中不确定性因素分为敏感因素和不敏感因素。当某不确定性因素在变化时导致投资项目的经济效益变化较大时，可判断该不确定性因素为敏感性因素。相反，当某不确定性因素在变化时导致投资项目的经济效益变化不明显时，可判断该不确定性因素为不敏感性因素。

敏感性分析的主要任务，就是要通过分析项目不确定性因素的变化，找出项目的敏感因素，确定敏感因素的敏感程度，从而判断当敏感因素达到临界值时，投资方案可达到的极限承受能力。临界值指的是因为不确定性因素的变化使项目由可行变为不可行的临界数值，一般用不确定性因素相对于基本方案的变化率或其对应的具体数值来表示。依据每次的变动因素数目不同，敏感性分析可分为单因素敏感性分析和多因素敏感性分析。

6.3.1 单因素敏感性分析

当存在多个不确定性因素影响项目经济效果时，如果只考虑一个因素的变动，而假设其他因素均保持不变，这种分析就叫作单因素敏感性分析。

1. 敏感度系数

敏感度系数用来表示项目评价指标对不确定性因素的敏感程度。可按下式计算

$$S_{AF} = \frac{\Delta A/A}{\Delta F/F} \qquad (6.12)$$

式中，S_{AF} 为评价指标 A 对不确定性因素 F 的敏感指数；$\Delta F/F$ 为不确定因素 F 的变化率（%）；$\Delta A/A$ 为不确定因素 F 发生 ΔF 变化时，评价指标 A 的相应变化率（%）。

由式（6.12）可以看出，$|S_{AF}|$ 越大表示敏感系数较高。$S_{AF}>0$ 表示评价指标与不确定因素变化的方向相同，$S_{AF}<0$ 表示评价指标与不确定因素变化的方向相反。

2. 临界点

临界点（转换值）表示允许项目的不确定性因素向不利方向变化的临界数值。一般采用不确定性因素相对基本方案的变化率或其对应的具体数值表示。若超过这一临界值，项目的经济效果评价指标将不可行。

【例 6.4】 某运输类投资项目基础数据如表 6.2 所示，所采用的数据是根据对未来可能出现的情况估算得来的，且期末资产残值为 0。通过对未来影响经营情况的某些因素预测，估计投资额 K、经营成本 C、产品价格 P 均有可能在 $\pm 20\%$ 范围内变动。假设产品价格变动和纯收入变动的百分比相同，已知基准折现率为 10%，不考虑所得税。就 K、C、P 进行单因素敏感性分析。

表 6.2 基础数据表

年份	0	1	2~11
投资额 K	210		
经营成本 C			45
纯收入 B			105
净现金流量	-200	0	60

解 根据表中数据，计算确定性分析结果

$$\text{NPV} = -K + (B-C)(P/A, 10\%, 10)(P/F, 10\%, 1)$$
$$= -210 + 60 \times 6.144\,6 \times 0.909\,1 = 125.16（万元）$$

根据 K、C、P 做单因素敏感性分析，变动百分比分别为 ΔK、ΔC、ΔP：

$$\text{NPV} = -K(1+\Delta K) + (B-C)(P/A, 10\%, 10)(P/F, 10\%, 1)$$
$$\text{NPV} = -K + [B(1+\Delta P) - C](P/A, 10\%, 10)(P/F, 10\%, 1)$$
$$\text{NPV} = -K + [B - C(1+\Delta C)](P/A, 10\%, 10)(P/F, 10\%, 1)$$

敏感性因素分析表如表 6.3 所示，单因素敏感性分析如图 6.4 所示。

表 6.3 敏感性因素分析表　　　　　　　　　　　　单位：万元

变动因素变动量	-20%	-10%	0	10%	20%
投资额 K	167.130 624	146.130 624	125.130 624	104.130 624	83.130 624
经营成本 C	175.400 217 6	150.265 420 8	125.130 624	99.995 827 2	74.861 030 4
产品价格 P	7.834 905 6	66.482 764 8	125.130 624	183.778 483 2	242.426 342

经分析，对项目 NPV 的影响由大到小依次为 P、C、K。

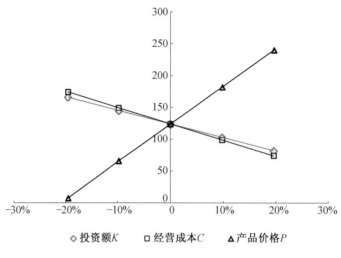

图 6.4 单因素敏感性分析图

6.3.2 多因素敏感性分析

单因素敏感性分析方法简单易行,但其忽略了因素之间的相关联性。实际上,因素的不确定性是相互联系的,而多因素敏感性分析正是考虑了这种关联性,弥补了单因素分析的不足。它在假定其他不确定性因素不变的条件下,计算分析两种或两种以上不确定性因素同时发生变动,对项目经济效益的影响程度,确定敏感性因素及其极限值。多因素敏感性分析能反映多因素的联动对建设项目的综合影响,从而能够更真实地反映事物的规律性。因此,为准确识别分析项目面临的风险,除进行单因素敏感性分析外,更应该开展多因素敏感性分析。

【例 6.5】 某交通运输项目的固定资产投资 I 为 160 000 元,项目建设期为 1 年,建成后每年年收入 R 为 31 300 元,年经营费用 C 为 2 600 元,该项目的寿命期为 11 年,回收固定资产残值 S 为 16 000 元。若基准收益率为 10%,试就最关键的两个因素——投资和年收入,对项目的净现值进行双因素的敏感分析。

解 $\text{NFV} = -I + (R-C)(P/A,10\%,10)(P/F,10\%,1) + S(P/F,10\%,11)$
$= -160\,000 + (31\,300 - 2\,600) \times (P/A,10\%,10)(P/F,10\%,1) +$
$16\,000(P/F,10\%,11)$

设投资变化率为 X,同时改变的年收入变化率为 Y,则有

$\text{NPV} = -160\,000 \times (1+X) + [31\,300 \times (1+Y) - 2\,600](P/A,10\%,10)(P/F,$
$10\%,1) + 16\,000 \text{ 元} \times (P/F,10\%,11)$
$= -160\,000 \times (1+X) + [31\,300 \times (1+Y) - 2\,600] \times 6.144 \times 0.909 +$
$16\,000 \times 0.35$
$= 5\,889.5 - 160\,000X + 174\,810.5Y$

如果 $\text{NPV} \geqslant 0$,则该项目的盈利在 10% 以上。

令 $\text{NPV} \geqslant 0$,即 $Y \geqslant 0.92X - 0.034$,当 $X=0$ 时,$Y=-3.4\%$;当 $Y=0$ 时,$X=3.7\%$,即当投资增加超过 3.7%,年收入增加;收入降低超过 3.4%,投资减少,如图 6.5 所示。

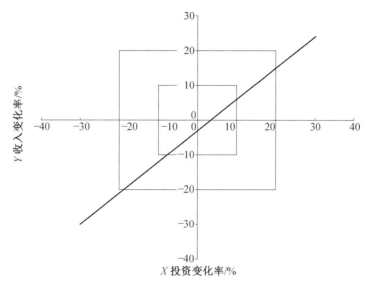

图 6.5 双因素敏感性分析图

如图 6.5 所示，$Y \geqslant 0.92X - 0.034$，$NPV \geqslant 0$，即斜线以上的区域 $NPV \geqslant 0$，而斜线以下的区域 $NPV \leqslant 0$，并显示了允许两个因素同时变化的幅度。

若 X 和 Y 的变化幅度在 ±10% 或 ±20% 以内，该投资方案的 $NPV < 0$ 的概率等于被临界线割下的右下角面积与相应方框总面积的比值。根据此值，可以判断出本方案净现值随投资和年收入的变化而变化的敏感性。显然，本投资方案风险较小。

6.4 概率分析

敏感性分析是通过研究各种不确定性因素的变化对经济效果评价指标的影响，从而判断敏感因素的。但敏感性分析对参数不同值发生的可能性并未进行估计，而是统一假设各种不确定性因素的变化在概率相等的条件下进行。但实际上，不确定性因素在未来发生变动的概率并不相等，因此还需要进行概率分析。

概率分析，也称风险分析，是采用概率与数理统计理论来定量描述项目的风险和不确定性的方法。其基本原理是：假设各参数是服从某种分布的相互独立的随机变量，由于项目的经济效益是一个含有参数的函数，所以经济效益也必然是一个随机变量。因此在进行概率分析时，首先对参数进行概率估计，再以此为基础对经济效益进行计算，最后通过计算累积概率、经济效益期望值和标准差来定量地描述项目的风险和不确定性。

6.4.1 经济效益不确定性的概率描述

经济效益不确定性的概率描述，是把某经济指标值在不同取值范围内的可能性大小定量表示出来。严格来说，影响项目经济效果的绝大多数因素（如经营成本、销量收入等）都是随机变量，在对其进行概率估算时，通常以大量历史数据为依据，也可以通过与同类项目的比较进行估计和推算，其中每种不确定性因素的概率之和必须等于 1。此外，经济效益指标也是随机变量。随机变量的概率分布类型有很多种，常见的有均匀分布、二项分布、泊松分布、指数分布、正态分布等。在多数情况下，可以认为不确定性因素和经济指标均近似地服从正态分布。

1. 计算经济指标期望值及标准差

(1)经济指标的期望值。

期望值是指在大量的重复事件中随机变量所有可能取值的加权平均值，反映了平均最可能达到的值，其中权数为各种可能取值出现的概率，即

$$E(X) = \sum_{i=1}^{N} x_i p_i \tag{6.13}$$

式中，$E(X)$ 为经济指标 X 的期望值；x_i 为第 i 种情况下的经济指标值；p_i 为第 i 种情况出现的概率。

(2)经济指标的标准差。

期望值是所有可能取值的加权平均值，而标准差反映随机变量取值的离散程度，即在平均值上下的波动情况。显然，标准差越大，其经济指标的离散程度越大，因此若以期望值作为项目经济效益的估计值的风险就越大。相反，若标准差越小，其经济效益的期望值的代表性就越大，以期望值作为项目经济效益的估计值的风险就越小。

一般地，假定某项目寿命期内可能发生 k 种状态，各种状态的净现金流序列为 $\{y_t | t=0,1,\cdots,n\}_j (j=1,2,\cdots,k)$，对应于各种状态的发生概率为

$$p_j (j=1,2,\cdots,k, \sum_{j=1}^{k} p_j = 1) \tag{6.14}$$

则在第 j 种状态下，方案的净现值为

$$\text{NPV}_{(j)} = \sum_{t=0}^{n} y_{tj} (1+i_0)^{-t} \tag{6.15}$$

式中，y_{tj} 为在第 j 种状态下，第 t 周期的净现金流。

方案净现值的期望值为

$$E(\text{NPV}) = \sum_{j=1}^{k} \text{NPV}_{(j)} p_j \tag{6.16}$$

不考虑项目各年现金流量的相关性，方案经济指标的标准差计算公式为

$$\sigma_x = \sqrt{\sum_{j=1}^{k} P_j [\text{NPV}_{(j)} - E(\text{NPV})]^2} = \sqrt{D(\text{NPV})} = \sqrt{\sum_{j=1}^{k} P_j [\text{NPV}_{(j)}]^2 - E^2(\text{NPV})} \tag{6.17}$$

2. 估计经济指标值在某一范围时的概率

对于单个项目的概率分析，除了计算其期望值与标准差之外，还应分析计算经济指标在某一范围时的概率，通过其概率值的大小可以估计项目所能承受风险的程度。

假定经济指标取值的概率服从正态分布，已知其期望值与标准差，那么计算经济指标值在某一范围时的概率可以通过转换成标准正态分布的方法来实现。设连续性随机变量 x 服从参数为 $\mu、\sigma$ 的正态分布，其分布函数为

$$F(x) = \frac{1}{\sqrt{2\pi}\sigma} \int_{-\infty}^{x} e^{-\frac{(t-\mu)^2}{2\sigma^2}} dt \tag{6.18}$$

令 $u=\dfrac{t-\mu}{\sigma}$,上式可化为标准正态分布函数

$$F(x)=\dfrac{1}{\sqrt{2\pi}}\int_{-\infty}^{\frac{(x-\mu)}{\sigma}}e^{-\frac{u^2}{2}}du=\Phi\left(\dfrac{x-\mu}{\sigma}\right) \tag{6.19}$$

令 $Z=\dfrac{x-\mu}{\sigma}$。Z 为标准正态随机变量,通过 Z 对随机变量 x 的代换,将 x 的正态分布转换为 Z 的标准正态分布。Z 取某一范围数值时的概率可查标准正态分布表。因此,由标准正态分布表,可直接查出 $x<x_0$ 的概率值。故经济指标在某一范围时的概率计算公式为

$$P(x<x_0)=P\left(Z<\dfrac{x_0-\mu}{\sigma}\right)=\Phi\left(\dfrac{x_0-\mu}{\sigma}\right) \tag{6.20}$$

方案经济指标 x 小于等于某一取值 x_0 时的概率为

$$P(x\leqslant x_0)=P\left(Z<\dfrac{x_0-E(x)}{\sigma}\right) \tag{6.21}$$

方案经济指标 x 大于某一取值 x_0 时的概率为

$$P(x>x_0)=1-P(x\leqslant x_0) \tag{6.22}$$

方案经济指标 x 的取值在 $x_1\sim x_2$ 之间时的概率为

$$P(x_1<x\leqslant x_2)=P\left(Z<\dfrac{x_2-E(x)}{\sigma}\right)-P\left(Z<\dfrac{x_1-E(x)}{\sigma}\right) \tag{6.23}$$

【例 6.6】 已知某交通运输项目净现值服从正态分布,净现值期望值为 160 万元,标准差为 80 万元,试求:

(1) 项目净现值小于 100 万元的概率。
(2) 项目在经济上可行的概率。
(3) 项目净现值在 220 万~250 万元之间的概率。
(4) 项目可能获得的最大净现值。

解 (1) $P(\mathrm{NPV}<100)=P\left(Z<\dfrac{100-160}{80}\right)=P(Z<-0.75)$

查表得 $P(\mathrm{NPV}<100)=0.2266=22.66\%$。

(2) $P(\mathrm{NPV}>0)=1-P(\mathrm{NPV}\leqslant 0)=1-P\left(Z<\dfrac{0-160}{80}\right)=1-P(Z\leqslant -2)$

查表得 $P(NPV>0)=1-0.0228=0.9772=97.72\%$。

(3) $P(220<\mathrm{NPV}<250)=P\left(Z<\dfrac{250-160}{80}\right)-P\left(Z<\dfrac{220-160}{80}\right)$

$$=P(Z<1.125)-P(Z<0.75)$$

故:$P(220<\mathrm{NPV}<250)=0.8686-0.7734=0.0952=9.52\%$。

(4) 设 $P(Z<Y)=100\%$,查表得 $Y=3.09$,即

$$\dfrac{\mathrm{NPV}-E(\mathrm{NPV})}{\sigma}=3.09$$

$$\mathrm{NPV}=3.09\times\sigma+E(\mathrm{NPV})=3.09\times 80+160=407.2$$

即 $P(\mathrm{NPV}<407.2)=100\%$。

这说明,项目有 100% 的可能获得 407.2 万元以下的净现值,或者可以说项目不可能获得比 407.2 万元更高的净现值。

6.4.2　多方案选优时对方案经济效益的风险比较

在多方案选优时,一般情况下,项目方案的经济效益是不能确定的,因此仅用经济指标进行评价是不够充分的,同时还应比较方案经济效益的风险大小。

如果备选方案的经济指标期望值相等,则应对方案经济指标的标准差进行比较,标准差越大,则意味着实际发生的方案损益值与期望值偏差的可能性就越大,从而方案的风险性就越高。相反的,标准差越小则风险性越低。因此,标准差是方案风险大小的主要度量指标,即以标准差最小者为优。

如果备选方案经济指标期望值不相等,则风险的大小依据变异系数值来确定。变异系数即标准差系数,又称离散系数,是标准差与期望值的比值,用公式表示为

$$V = \frac{\sigma}{E(x)} \tag{6.24}$$

式中,V 为变异系数。

显然,变异系数是用相对数表示的离散程度,即风险大小。变异系数越大,表示该项目经济效益的风险越大,因此在多方案选优时,应以变异系数最小者为优。

本章小结

项目的风险与不确定性分析是项目评价中的重要组成部分。本章第 1 节对风险分析和不确定性分析进行了简单的概述,介绍了风险分析和不确定性分析的定义及重要性,同时还介绍了影响项目的不确定性因素;第 2 节~第 4 节分别对盈亏平衡分析、敏感性分析和概率分析进行了详细的说明。

习题与思考题

1. 什么是风险分析和不确定性分析?
2. 什么是盈亏平衡分析?
3. 怎么确定盈亏平衡点?
4. 什么是敏感性分析?
5. 某方案设计产量为 3 000 吨,产品的销售价格为 700 元/吨,固定成本为 900 000 元,单位变动成本为 400 元/吨,产品的销售税金及附加忽略不计。试求该项目用产量表示的盈亏平衡点、用生产能力表示的盈亏平衡点以及用单位产品价格表示的盈亏平衡点。
6. 某项目的年设计运输能力为 100 000 万吨千米,平均每万吨千米运费收入(单价)为 8 万元,平均每万吨千米的油耗和人工等可变成本为 3.5 万元,年固定总成本为 18 000 万元,营业税及附加按运输收入的 5% 计算。求:按运输能力利用率表示的 BEP_Q 和盈亏平衡点运输量 Q_0。

7. 某企业现有 A、B 两个互斥方案,方案的期初投资额、每年年末的营业收入及营业费用如表 6.4 所示,投资方案的寿命期均具有较大的不确定性,基准收益率 $i_c=10\%$,不考虑期末资产残值。要求:(1)试就项目寿命期分析两方案的临界点,并指出当两个投资方案的寿命期均为 8 年时哪个方案最佳?(2)以假设两个投资方案的寿命期均为 8 年,期初投资、年营业收入为不确定因素,试通过净现值指标对最佳方案进行双因素敏感性分析,并指出当期初投资增加 1% 时,年营业收入的允许变动范围。

表 6.4 投资方案的现金流量　　　　　　　　　　　单位:万元

投资方案	期初投资	年经营收入	年经营费用
A	6 000	3 660	3 200
B	8 000	5 900	5 100

8. 假定某投资方案净现值服从均值为 2 400 万元、均方差为 1 200 万元的正态分布。试计算:NPV≥0 时的概率;NPV≥2 400 万元时的概率。

参考文献

[1] 林晓言,陈娟.交通运输工程经济学[M].北京:社会科学文献出版社,2015.
[2] 赵淑芝.运输工程经济学[M].北京:机械工业出版社,2014.
[3] 刘颖春,刘立群.技术经济学[M].北京:化学工业出版社,2010.
[4] 隽志才.运输技术经济学[M].5 版.北京:人民交通出版社,2013.
[5] 刘晓君.工程经济学[M].北京:中国建筑工业出版社,2005.
[6] 王璞.技术经济学[M].北京:机械工业出版社,2012.
[7] 张厚钧.工程经济学[M].北京:北京大学出版社,2009.
[8] 彭建刚,龙海明.技术经济学[M].成都:西南财经大学出版社,2003.
[9] 孙陶生.技术经济学[M].郑州:河南人民出版社,2006.
[10] 于立军.工程经济学[M].北京:机械工业出版社,2005.
[11] 刘玉明.工程经济学[M].北京:清华大学出版社,2006.
[12] XIAO J H, MIAO J G, CHEN X H. Balance analysis of profit and loss on exploiting coal-bed gas in China[J]. International Journal of Mining Science and Technology(矿业科学技术学报),2001,11(002):196-198.
[13] KUANG K C, YOU J X. Research on profit and loss balance of real-estate development[J]. Construction Management Modernization,2008(3):1-4.
[14] ZTA A, KMEN N. Risk analysis in fixed-price design-build construction projects [J]. Building and Environment,2004,39(2):229-237.

第 7 章 运输项目综合评价

运输项目综合评价是项目体系中不可缺少的一个环节。通过将项目分解为不同子系统来评价其对项目总目标的价值,做出最优的决策以使整个项目达到最优化的程度。本章将从项目综合评价的内容、流程、指标体系的构建等方面对项目综合评价进行系统的介绍,并引入几种常见的项目综合评价方法,比较分析几种评价方法的异同和使用条件。

7.1 运输项目综合评价概述

按照传统定义,项目综合评价是对技术方案在经济计算和效果评价的基础上进行的全面论证,是从宏观、中观、微观的角度对项目的社会、技术、环境等方面的影响进行综合权衡、优选和决策的活动。综合评价通常采用多目标决策方法,包括评分法、指数法和综合评价方法,以得到项目实施方案的国民经济效果。综合评价的目的是获得当前系统的发展状态并根据过去的发展规律对未来的发展做出评估。首先在各方面、各层次分析评价的基础上谋求项目方案的整体优化而并非某一项指标或几项指标达到最优;其次从不同角度进行分析,将得出的结论进行综合从而得出对项目整体效果产生影响的完整概念。在交通运输项目中,为追求整个系统的优化、协调发展,决策者需要在项目评估和立项决策等阶段利用综合评价对各项指标,如不同交通方式之间的协调性等,建立系统的评价标准。

7.1.1 综合评价内容

综合评价贯穿整个项目过程的始终,因此综合评价的内容也将项目的各个过程涵盖在内,即从项目的评估阶段到项目竣工,都需要对运输项目的方案进行评价。由于每个阶段在整个项目体系中扮演的角色不同,对他们进行评价的方法和内容也不尽相同。在本节中,将针对可行性项目综合评价的内容展开介绍。

在一个成熟、复杂的交通运输项目中,评价的内容往往会涵盖多个方面,这取决于项目本身的特点和侧重点。经过对多种类型的运输项目的研究,评价内容一般可以归纳为技术评价、经济评价、社会评价、资源评价、政治评价、环境评价、国防评价七个方面。

1. 技术评价

技术的运用是项目中的核心,技术评价也是最先评价的一项指标,其主要针对运输项目中的技术运用进行评价。比如进行道路建设时,评价沥青的生产设备是否符合国家要求,运用的生产技术是否先进,是否存在故意运用低成本的生产方式和生产设备来生产低质量产品的情况,以及工艺路线、生产组织方式等。评价主要包括技术的安全性、可靠性、科学性、先进性、适用性等方面,同时对成功率、系统化、流水线化进行评判,对技术的副作用如辐射性、技术实现过程需要的其他条件、后备物资以及原材料等影响因素进行评估。

其中安全性、可靠性要求占主导地位。在此基础上，应该针对不同项目方案做出具体的评价内容。

2. 经济评价

运输项目经济评价是综合评价的重要内容之一，科学、客观、合理地分析评价运输项目的投资经济效果直接影响到项目的决策。企业经济评价指标一般选取企业内部收益率、投资回收期、产出效率指标、运营效率、盈利能力、偿债能力、发展能力等主要评价指标。运输项目的国民经济评价方面则主要选取经济内部收益率、经济净现值、社会贡献等指标。运输项目经济评价的基本方法为经济费用效益分析法。

3. 社会评价

判断运输项目是否具有社会可行性是社会评价的主要目的，同时也对项目的建设和后期运营能否对社会发展做出一定贡献进行评估。从宏观上来讲，评价的目的主要包括实现社会稳定、可持续协调发展；同时满足人们出行及车辆运输的基本需求；充分利用地方人力和资源来为居民的出行提供帮助。从项目角度来讲，其目的包括建立一个可以保证项目成功完成的组织模式；对未来可能的风险进行预测，尽量减少不良的社会后果和影响，同时对这些潜在因素采取相应措施和提出解决方法。

4. 资源评价

资源评价的目的是对运输项目是否满足国家资源节约标准进行评价。内容包括判断项目方案是否达到保护资源、节约不可再生资源、增加资源利用率等要求。

5. 政治评价

政治评价的内容包括判断项目的实施方案是否满足国家方针政策，对国家的国际影响力及国际地位进行评估。

6. 环境评价

环境评价旨在评价运输项目的执行对环境的作用和导致环境发生的变化。例如道路交通项目的环境污染评价包括施工期和运营期两方面，涵盖水污染、对生态环境的破坏程度、尾气污染等。

7. 国防评价

对部分运输项目要进行国防评价。内容包括运输项目对国家边境安全、运输物资效率等方面的支持能力。

7.1.2 综合评价流程

在综合评价与决策的程序中，评价指标体系构建与指标权重的确定尤为重要。评价指标体系是被评价对象的目标及衡量这些目标的指标，按照其内在的因果和隶属关系构成的树状价值结构。指标的名称和指标值是对指标质和量的规定。具体的综合评价流程如下。

1. 确定评价目标

确定清晰、明确的技术方案目标可以为评价带来事半功倍的效果，其包括对评价对象的总目标及各个小分支的分目标。

2. 建立综合评价指标体系

建立严格的指标体系可以防止评价的过程偏离总目标的方向，提高评价的整体效率，规范评价内容，具体内容将在本章第 2 节详细介绍。

3. 确定指标值

确定指标值是一个需要相当工作量的过程。指标类型不同，评价值的确定方法也不同。

4. 确定指标权重

根据各项指标的重要性对权重值进行合理分配是确定权重的核心。总体采用对比评分法确定，采用的具体方法有专家评价法、连环比率法等。

5. 构造综合评价模型

综合评价的结果在此过程中产生。根据评价模型即数学模型对各项指标进行数据处理，进而得出具有竞争力的结果。

6. 综合评价结果排序与决策

将每个方案的评测结果进行合理排序，筛选出不同条件下最优的方案。

7.1.3 综合评价指标体系构建

拥有一个完整、有效的基础设施建设综合项目评价指标体系，对开展后续的综合评价工作具有重大意义。设计指标体系时，主要考虑的构建原则包括以下几方面。

(1) 指标体系必须结构清晰。为达到简洁、清晰的效果，需要按照建设项目的可行性分析阶段、施工建设阶段以及项目后评价阶段设置相应指标。

(2) 指标体系的设置必须公正、公平，并具有经济性。即综合评价指标体系应能客观反映现实，公正地评价一个项目的运营状况；在综合评价中应当坚持公平的原则；完成工作需要相对较少的时间和人工成本；采用的任何指标都应满足可量化和客观化要求。

(3) 指标必须能够成为有效的衡量手段。在这种情况下，评价工作才会具有相应的可信度。评价的可信度是指评价所得到的结果前后一致性程度，即评价结果的可信程度有多大。评价的效度是指评价所得到的结果反映客观实际的程度和有效性，也就是评价本身所能达到期望目标的程度有多大。

(4) 评价工作必须有可靠的信息来源。由谁来提供信息、提供什么类型的信息、什么时候提供信息、信息的详尽程度等，是评价工作能否公正、及时、客观的关键所在。

(5) 评价工作必须可以随时发现错误。评价不仅需满足确定项目状态的功能，及时纠正也起着至关重要的作用。没有及时纠正偏差，评价工作即失去了意义。发现和纠正偏差是项目控制的关键部分。

项目综合评价指标体系如图 7.1 所示，总体可由项目可行性评价、项目建设阶段评价及项目后评价三方面组成。

在指标体系中，首先是项目可行性评价。项目可行性评价类指标包括财务绩效评价指标、自然环境评价指标、社会评价指标、国民经济评价指标、偿债能力评价指标、资产运营评价指标、其他评价指标等七类。通过综合考虑这些指标是否达到要求，来判断该项目是否可行。

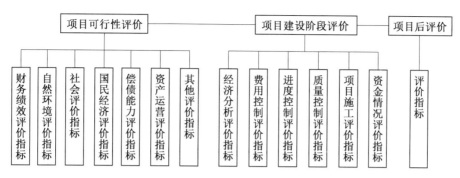

图 7.1　项目综合评价指标体系框图

项目建设阶段评价指标包括经济分析、费用控制、进度控制、质量控制、项目施工、资金情况六类。通过对建设阶段指标的综合考量、分析后进入项目后评价阶段。关于项目后评价阶段详情参见第 8 章内容。

事实上,根据项目综合评价的对象、内容以及方法的不同,综合评价指标体系建立也存在十分大的差异。不过一般情况下,指标体系均满足递阶层次结构。综合评价衡量不同目标的指标时,由于不同指标的计量单位互斥,需要将定性指标进行量化。利用性质和计量单位差异的多个指标进行综合评价,是一项简单易行又十分必要的综合评价方法,其基本思路是通过定量化使指标具有运算性,转化多个指标为一个综合单指标,以其评分值的大小作为评价依据。下面将介绍主观赋值评价法与客观赋值评价法两种评价方法。

7.2　几类常用综合评价方法

7.2.1　主观赋值评价法

在综合评价方法中,根据多个指标对多个项目单位进行评价。通过对运输项目的多元化分析,达到综合评判项目的决策和目标是否符合标准的目的。在本节中,将介绍综合评价中主观赋值评价法的几种主要方法及其应用条件。主观赋值评价法,顾名思义,是指指标评价值的数据源来自于专家打分,对运输项目给出的结果不能超出制定的权数。主观赋值评价法反映了决策者的意向,决策或评价结果都有很大主观性,但是相对的解释性很强,不会出现与事实相悖的情况。

1. 0—4 评分法

0—4 评分法一般适用于评价指标较少的项目评价中。将所有指标 1 对 1 进行比较,按双方重要程度的不同,将总和 4 分分配给双方。以上每种情况双方都共得 4 分,随后,按照每一个指标的评分占所有指标的评分总和的百分比来确定其权重。

【例 7.1】　系统中有 A、B、C、D 4 个指标,例如:A 与 B 相比,A 得 3 分则 B 得 1 分;A 与 C 相比,A 得 2 分,C 得 2 分。用 0—4 评价法确定权重如表 7.1 所示。

表 7.1 0—4 评分法确定相对权重

指标	一对一比较结果				评分值	权重值
	A	B	C	D		
A	—	3	2	4	9	0.375
B	1	—	0	2	3	0.125
C	2	4	—	0	6	0.25
D	0	2	4	—	6	0.25
合计					24	1.000

2. 比例分配法

比例分配法采用 5 级分制和 10 级分制评分,以确定权重。例如采用 5 级分制时,两个指标按照其重要程度分别给分,但两个指标得分之和为 5 分。相对权重确定的步骤为:依次将指标与其他指标进行对比,将每组中两个指标按照其重要程度进行给分,算出每组指标的比值,并采用同样的方法确定其他指标与各指标对应的比值,如遇到小数则进行四舍五入;最后将每个指标与其他指标进行对比,将所得总分占所有指标共得分数的比重确定为权值。

【例 7.2】 例如,系统中有 A、B、C、D 4 个指标,按照 5 级分制评分。指标 A 与指标 B、C、D 的对比给分分别为 1∶4,2∶3,3∶2。利用比例权重法确定所有指标的相对权重如下:

A 与其他指标的比值:A/B=1/4;A/C=2/3;A/D=3/2。

再计算其他指标之间的比值,如:B/C=(A/C)×(B/A)=8/3。

同理 B/D=6/1;C/D=9/4。

按此方法可以得出每个指标的总的分数,进而求出每个指标的权重值。权重值确定结果如表 7.2 所示。

表 7.2 比例分配法确定权重

指标	逐个确定比例				评分值	权重值
	A	B	C	D		
A	—	1	2	3	6	0.2
B	4	—	4	4	12	0.4
C	3	1	—	3	7	0.233
D	2	1	2	—	5	0.167
合计					30	1.000

3. 集值迭代法

该方法一般适用于需考察的指标数量较多的情况。设指标集为 $X=\{x_1,x_2,x_3,\cdots,x_m\}$,选取 $L(L>1)$ 位专家,分别让每一位专家(如第 $k(1\leqslant k\leqslant L)$ 位专家)在指标集中选取

他认为最重要的 $s(1 \leqslant s \leqslant m)$ 个指标。易知,第 k 位专家如此选取的结果是指标集 X 的一个子集 $X^k = \{x_1^{(k)}, x_2^{(k)}, \cdots, x_s^{(k)}\}(k=1,2,\cdots,L)$。即

$$u_k(x_j) = \begin{cases} 1, & \text{若 } x_j \in X^{(k)} \\ 0, & \text{若 } x_j \notin X^{(k)} \end{cases} \tag{7.1}$$

该函数用于判断第 k 位专家是否选择了第 j 个指标,如果第 j 个指标被第 k 位专家选择,则该函数值为 1;反之,则值为 0。即

$$g(x_j) = \sum_{k=1}^{L} u_k(x_j) \quad (j=1,2,\cdots,m) \tag{7.2}$$

该函数代表所有专家选择的重要指标的总数。

将 $g(x_j)$ 归一化后,将此比值 $g(x_j)/\sum_{k=1}^{L} u_k(x_j)$ 作为指标 x_j 相对应的权重系数 w_j,即

$$w_j = g(x_j) / \sum_{j=1}^{m} \sum_{k=1}^{L} u_k(x_j) \quad (j=1,2,\cdots,m) \tag{7.3}$$

使得到的结果更加符合实际情况,增加如下运算。

取既定一正整数 $g_{(k)}(1 \leqslant g_{(k)} < m)$ 为初值,让每一位专家依次按下述步骤选择指标:

第 1 步,在 X 中选取他认为最重要的 $g_{(k)}$ 个指标,得子集

$$X_{1,k} = \{X_{1,k,1}, X_{1,k,2}, \cdots, X_{1,k,g_k}\} \subset X \tag{7.4}$$

第 2 步,在 X 中选取他认为最重要的 $2g_{(k)}$ 个指标,得子集

$$X_{2,k} = \{X_{2,k,1}, X_{2,k,2}, \cdots, X_{2,k,2g_k}\} \subset X \tag{7.5}$$

第 3 步,在 X 中选取他认为最重要的 $3g_{(k)}$ 个指标,得子集

$$X_{3,k} = \{X_{3,k,1}, X_{3,k,2}, \cdots, X_{3,k,3g_k}\} \subset X \tag{7.6}$$

……

第 s 步,在 X 中选取他认为最重要的 $sg_{(k)}$ 个指标,得子集

$$X_{s,k} = \{X_{s,k,1}, X_{s,k,2}, \cdots, X_{s,k,sg_k}\} \subset X \tag{7.7}$$

若自然数 s 满足 $sg_k + r_k = m(0 \leqslant r_k < g_k)$,得第 $k(k=1,2,\cdots,L)$ 位专家在指标集 X 中选取他认为最重要的指标,选取过程结束后得到 sg_k 个指标子集,接下来计算指标 x_j 的权系数 w_j。

计算函数:

$$g(x_j) = \sum_{k=1}^{L} \sum_{i=1}^{s} u_{ik}(x_j) \quad (j=1,2,\cdots,m) \tag{7.8}$$

该函数代表所有专家在所有步骤中选择的重要指标的总数。其中

$$u_{ik}(x_j) = \begin{cases} 1, & \text{若 } x_j \in X_{i,k} \\ 0, & \text{若 } x_j \notin X_{i,k} \end{cases} \quad (j=1,2,\cdots,m;k=1,2,\cdots,m) \tag{7.9}$$

该函数用于判断第 k 位专家在第 i 步中是否选择了第 j 个指标,如果第 j 个指标被第 k 位专家在第 i 步中选择,则该函数值为 1;反之,则值为 0。

将 $g(x_j)$ 归一化后,即得与指标 x_j 相对应的权系数为

$$w_j = g(x_j) / \sum_{k=1}^{m} g(x_k) \quad (j=1,2,\cdots,m) \tag{7.10}$$

若考虑到某一指标一直未被选中(很少出现的情况),则权重系数做下述调整

$$w_j = \frac{g(x_j) + \frac{1}{2m}}{\sum_{k=1}^{m}\left(g(x_k) + \frac{1}{2m}\right)} \quad (j=1,2,\cdots,m) \tag{7.11}$$

在上述选取过程,专家的初值 $g_k(k=1,2,\cdots,L)$ 越小,则权系数 w_j 就更切合实际,然后相对应的步骤会增加,工作量变大。

7.2.2 客观赋值评价法

与主观赋值评价法相比,客观赋值评价法是以在实际测评中得出的真实数据为基础进行评价的方法,具有很强的客观性,并且大概率可以获得十分精准的权重值。但同时,由于客观赋值评价法全部是理论计算,解释性较差,理解起来比较困难。

1. 逼近理想点法

设理想系统为 $s^* = (x_1^*, x_2^*, \cdots, x_m^*)^T$,任一系统(即任一被评价对象)$s_i = (x_{i1}, x_{i2}, \cdots, x_{im})^T$ 与 s^* 间的加权欧式距离为

$$h_i = \sum_{j=1}^{m}[\omega_j(x_{ij}-x_j^*)]^2 = \sum_{j=1}^{m}\omega_j^2(x_{ij}-x_j^*)^2 \quad (i=1,2,\cdots,n) \tag{7.12}$$

因此,求使所有 h_i 之和取最小值的权重系数 $w_j(j=1,2,\cdots,m)$,即求优化问题

$$\min \sum_{i=1}^{n} h_i = \sum_{i=1}^{n}\sum_{j=1}^{m}\omega_j^2(x_{ij}-x_j^*)^2$$
$$s.t. \ \omega_1 + \omega_2 + \cdots + \omega_n = 1$$
$$\omega_j > 0 (j=1,2,\cdots,m) \tag{7.13}$$

值得指出的是,由于评价指标体系的建立与筛选原则,应有 $\omega_j > 0(j=1,2,\cdots,m)$。
建立 Lagrange 函数

$$L(\omega_1,\omega_2,\cdots,\omega_n,\lambda) = \sum_{i=1}^{n}\sum_{j=1}^{m}\omega_j^2(x_{ij}-x_j^*)^2 + 2\lambda(\omega_1+\omega_2+\cdots+\omega_{j-1}+\omega_j-1) \tag{7.14}$$

分别求偏导数 $\frac{\partial L}{\partial \omega_j}, \frac{\partial L}{\partial \lambda}$,并令其均为 0,得到方程组

$$\omega_j \sum_{j=1}^{m}(x_{ij}-x_j^*)^2 + \lambda = 0 \quad (j=1,2,\cdots,m)$$
$$\omega_1 + \omega_2 + \cdots + \omega_n = 1 \tag{7.15}$$

由方程组(7.11)得

$$\omega_j = \frac{\frac{1}{\sum_{i=1}^{n}(x_{ij}-x_j^*)^2}}{\sum_{j=1}^{m}\frac{1}{\sum_{i=1}^{n}(x_{ij}-x_j^*)^2}} \quad (j=1,2,\cdots,m) \tag{7.16}$$

当各项指标 x_j 相对于评价目标重要程度相同时,上述为权重向量 ω 的求法及其有关

问题。需要注意的是 ω 仅反映了各系统之间的差异,是通过指标观测值在最大限度地体现出各个被评价对象差别的原则下计算出的,相应指标的重要程度并没有得到反映。

2. 均方差法

均方差法计算过程如下,其中各参数的意义与逼近理想点法中的参数相同。

第 j 个指标的权重系数公式为

$$\omega_j = \frac{s_j}{\sum_{k=1}^{m} s_k} \quad (j=1,2,\cdots,m) \tag{7.17}$$

式中的第 j 个指标的均方差满足

$$s_j^2 = \frac{1}{n} \sum_{i=1}^{n} (x_{ij} - \overline{x_j})^2 \quad (j=1,2,\cdots,m) \tag{7.18}$$

同时第 j 个指标的均值满足

$$\overline{x_j} = \frac{1}{n} \sum_{i=1}^{n} (x_{ij})^2 \quad (j=1,2,\cdots,m) \tag{7.19}$$

3. 极差法

极差法公式如下,其中各参数意义参见逼近理想点法。

第 j 个指标的权重系数为

$$\omega_j = \frac{r_j}{\sum_{k=1}^{m} r_k} \tag{7.20}$$

式中

$$r_j = \max_{\substack{i,k=1,\cdots,n \\ i \neq k}} \{|x_{i,j} - x_{k,j}|\} \quad (j=1,2,\cdots,m) \tag{7.21}$$

7.3 模糊集综合评价方法

7.3.1 模糊集基本概念

1. 模糊集的概念

集合一般用来表示一个系列的数。当集合中存放的不是数字而是汉字时,那它就被赋予了新的概念。模糊集就是这种特殊集合之一,它里面存放的是适用于综合评价的回答,如"很好""一般"等评价性词语。模糊性是指对于评价的对象不能简单地用确定的词语如"是"等来描述,即概念本身是不清晰、不明确的。例如,在评价某种交通运输技术是否先进时,往往得到不确定性的回答(十分先进、比较先进、不先进),这种不确定性在技术评价时称为模糊性。将数学的思维用于解决此类模糊性的问题,导致了模糊集合这一概念的诞生。

2. 模糊矩阵的概念与运算

(1)模糊矩阵。

矩阵 $\boldsymbol{R}=(r_{ij})_{n \times m}$ 为一个模糊矩阵,对于任意的 $i \leqslant n$ 以及 $j \leqslant m$ 均有 $r_{ij} \in [0,1]$。

(2)模糊矩阵的合成。

定义:一个 n 行 m 列模糊矩阵 $\boldsymbol{Q}=(q_{ij})_{n\times m}$,与一个 m 行 l 列的模糊矩阵 $\boldsymbol{R}=(r_{ij})_{m\times l}$ 进行合成。合成后的矩阵为一个 n 行 l 列的模糊矩阵 $\boldsymbol{S}$,$\boldsymbol{S}$ 的 i 行 k 列的元素等于 $\boldsymbol{Q}$ 的 i 行与 $\boldsymbol{R}$ 的 k 列元素的对应元素的较小值,然后在所得结果中取较大值。通俗来讲,就是将两矩阵相乘的行列之间的乘法和加法,变成了取小和取大的操作,即

$$\boldsymbol{S}_{ik}=\bigvee_{j=1}^{m}(q_{ij}\wedge r_{jk})(1\leqslant i\leqslant n,1\leqslant k\leqslant l) \tag{7.22}$$

式中,$\wedge$ 和 $\vee$ 称为扎德算子,"$\vee$"表示取最小,"$\wedge$"表示取最大,S 同样称为 q 对 r 的模糊乘积。

(3)隶属度的概念。

要对 μ_0 是否属于 $A_{\sim*}$,做 n 次模糊统计试验,得出 μ_0 对 $A_{\sim*}$ 的隶属频率 $\triangleq$ "$\dfrac{\mu_0\in A_{\sim*}的次数}{n}$"。若试验次数 n 足够大,隶属频率就会越来越趋近一个值,即成为隶属度,记为:$\mu_{A_{\sim*}}$。

最大隶属度原则:若有 $i\in[1,2,\cdots,n]$,使

$$\mu_{\underset{\sim}{A}}(\mu_0)=\max[\mu_{\underset{\sim}{A_1}}(\mu_0),\cdots,\mu_{\underset{\sim}{A_n}}(\mu_0)] \tag{7.23}$$

则认为 μ_0 相对隶属属于 $\underset{\sim}{A_i}$。

7.3.2 模糊综合评价

模糊综合评价,即为一个模糊变换,又分为一级以及多级模型。其原理为:首先确定被评价对象的指标集和评价集;再分别确定各个指标的权重以及它们的隶属度向量,进而得到模糊评价矩阵;最后把模糊评价矩阵与指标的权向量进行模糊运算归一化,得到模糊综合评价结果。

1. 一级模型

借助于一级模型,进行模糊综合评价的步骤大致如下。

(1)确定评价对象因素集。

确定评价对象的因素集 $X=\{x_1,x_2,\cdots,x_n\}$,确定指标体系。

(2)确定评价集。

评价集 $Y=\{y_1,y_2,\cdots,y_m\}$ 又称决策集、评语集,表示对各项指标的满足程度,确定可能出现的不同评价等级。

(3)单因素模糊评价。

单因素模糊评价是一个从 x 到 y 的模糊映射,即

$$\begin{aligned}&f:X\to f(y)\\&x_i\to r_{i1}/y_1+r_{i2}/y_2+\cdots+r_{im}/y_m\\&0\leqslant r_{ij}\leqslant 1(i=1,2,\cdots,n;i=1,2,\cdots,m)\end{aligned} \tag{7.24}$$

由 $\underset{\sim}{f}$ 诱导出模糊关系,矩阵为

$$\underset{\sim}{R} = \begin{pmatrix} r_{11} & r_{12} & \cdots & r_{1m} \\ r_{21} & r_{22} & \cdots & r_{2m} \\ \vdots & \vdots & & \vdots \\ r_{n1} & r_{n2} & \cdots & r_{nm} \end{pmatrix}$$

矩阵的作用是最后将模糊评价矩阵与因素的权向量进行模糊运算,并进行归一化处理,从而得到模糊评价的综合结果。

(4)利用熵值法确定权重值。

利用熵值法确定权重值,即对因素集中的各因素的重要程度做出权重分配。

(5)模糊综合评价。

按照模糊评价数学模型进行模糊合成,从而得出综合评价结果。根据最大隶属度原则,得到评价结果。

2. 多级模型

利用多级模型进行模糊综合评价的一般步骤如下。

(1)将因素集分为若干子集,记为

$$X_1, X_2, \cdots, X_s$$

满足 $\bigcup_{i=1}^{s} X_i = X, X_i \bigcap X_j = \varnothing (i \neq j)$。$\bigcap$ 和 $\bigcup$ 分别为集合中的交和并的运算符号,$\varnothing$ 为空集,X_i 与 X_j 不相交。

设每个子集

$$X_i = \{X_{i1}, X_{i2}, \cdots, X_{in}\} \quad (i = 1, 2, \cdots, n)$$

$$\sum_{i=1}^{s} n_i = n$$

其中,n 为因素集中全部因素数目。

(2)对每个子集 X_i 利用一级模型分别进行模糊综合评价。

假定评价集 $Y = \{y_1, y_2, \cdots, y_n\}$,$X_i$ 中的各项指标权重分配为 $\underset{\sim}{A}_i = (a_{i1}, a_{i2}, \cdots, a_{in})$,要求 $\sum_{j=1}^{n_i} a_{ij} = 1$。$X_i$ 中的单因素模糊评价矩阵为 $\underset{\sim}{R}_i$,于是第一级模糊综合评价为

$$\underset{\sim}{B}_i = \underset{\sim}{A}_i \underset{\sim}{R}_i = (b_{i1}, b_{i2}, \cdots, b_{im}) \quad (i = 1, 2, \cdots, s) \tag{7.25}$$

(3)进行多级模糊综合评价。

将每个 X_i 当作一个因素对待,用

$$\underset{\sim}{R} = \begin{pmatrix} \underset{\sim}{B}_1 \\ \underset{\sim}{B}_2 \\ \vdots \\ \underset{\sim}{B}_n \end{pmatrix} = (b_{ij})_{s \times m} \tag{7.26}$$

作为 $\{X_1, X_2, \cdots, X_n\}$ 的单因素模糊评价矩阵,而每个 X_i 作为 X 中一部分,反映 X 的属性,按相对重要性给出权重分配 $\underset{\sim}{A} = \{A_1^*, A_2^*, \cdots, A_s^*\}$,得到二级模糊综合评价为

$$\underset{\sim}{B} = \underset{\sim}{A} \underset{\sim}{R} \tag{7.27}$$

对于二级、三级以至更多级的模糊综合评价,均是在 $\underset{\sim}{R}_i$ 的基础上完成的,这种情况下

可先将指标利用模糊聚类分析进行分类,然后从最低一级评价开始逐步高级评价,最后得出结论。至于进行多级还是一级模糊综合评价,需要根据具体案例的评价因素确定。

7.4 综合评价函数法

利用统计分析进行综合评价是综合评价函数法最大的特点。一般来说,综合评价函数法的流程如下:首先,对每个项目方法的各项指标进行统计分析,构建相关的综合评价函数的数学模型。其次,将每个方法的各项指标值代入综合评价的函数中,解出每个项目方法的综合评价函数值,并将其作为综合单指标的评价值,进而根据数值的情况确定方案的优劣。

7.4.1 评价指标的无量纲化

指标的无量纲化是综合评价的前提。

设有 m 个定量评价指标 $x_1, x_2, x_3, \cdots x_m$,且取得 n 个技术方案 m 项评价指标的观测数据 $x_{ij}(i=1,2,\cdots,n; j=1,2,\cdots,m)$ 作为研究的基础。

为了较为贴合实际情况,排除由于量纲不同的困扰,以及数据相差较大对计算的影响,可先将指标无量纲化,以下是几种常用方法。

1. "标准化"处理法

取

$$x_{ij}{}^* = \frac{x_{ij} - \overline{x_j}}{s_j} \quad (i=1,2,\cdots,n; j=1,2,\cdots,m) \tag{7.28}$$

其中

$$\overline{x_j} = \frac{1}{n}\sum_{i=1}^{n} x_{ij} \quad (j=1,2,\cdots,m)$$

$$s_j = \sqrt{\frac{1}{n}\sum_{i=1}^{n}(x_{ij}-\overline{x_j})} \quad (j=1,2,\cdots,m)$$

$\overline{x_j}$ 和 s_j 分别表示第 j 个指标的样本平均值和样本均方差。显然,x_{ij}^* 的样本平均值为 0,样本均方差为 1,且记 x_{ij}^* 为 x_{ij},称为"标准观测值"。

2. 极值处理法

如果令 $M_j = \max_i \{x_{ij}\}, m_j = \min_i \{x_{ij}\}$,则

$$x_{ij}^* = \frac{x_{ij} - m_j}{M_j - m_j} \tag{7.29}$$

无量纲,且 $x_{ij} \in [0,1]$。

特别地,当 $m_j = 0 (j=1,2,\cdots,m)$ 时,有

$$x_{ij}^* = \frac{x_{ij}}{M_j} \quad (x_{ij}^* \in [0,1]) \tag{7.30}$$

若采用非线性加权综合评价模型,当评价指标均为极大型且 $m_j > 0 (j=1,2,\cdots,m)$ 时,则

$$x_{ij}^* = \frac{x_{ij}}{m_j} \quad (x_{ij}^* \in [1, \infty]) \tag{7.31}$$

3. 功效系数法

令

$$x_{ij}^* = c + \frac{x_{ij} - m_j}{M_j - m_j} \times d \tag{7.32}$$

式中，M_j、m_j 分别为指标 x_j 的满意度和不允许值，c、d 均为已知正常数，c 为对变换后的值进行平移，d 为对变换后的值进行"放大"或"缩小"。通常取 $c=60, d=40$，即

$$x_{ij}^* = 60 + \frac{x_{ij} - m_j}{M_j - m_j} \times 40 \quad (x_{ij}^* \in [60, 100]) \tag{7.33}$$

若采用线形模型，则 $\max_i \{y_i\}$ 对应的系统运行最好；若采用非线性模型，即 $\max_i \{y_i\}$ 对应的系统状况最好。

7.4.2 构造综合评价函数

取指标向量 $\boldsymbol{x} = (x_1, x_2, \cdots, x_m)^\mathrm{T}$ 的线性函数

$$\boldsymbol{y} = \sum_{j=1}^m b_j x_j = \boldsymbol{b}^\mathrm{T} \boldsymbol{x} \tag{7.34}$$

为技术方案的综合评价函数。$\boldsymbol{b} = (b_1, b_2, \cdots, b_m)^\mathrm{T}$ 是 m 的维持向量。如用第 i 个技术方案的 m 个观测值 $\boldsymbol{x} = (x_{i1}, x_{i2}, \cdots, x_{im})^\mathrm{T}$ 代替 x，则第 i 个技术方案的综合单指标评价值 y_i 为

$$y_i = \boldsymbol{b}^\mathrm{T} \boldsymbol{x}_i \quad (i = 1, 2, \cdots, n) \tag{7.35}$$

令

$$\boldsymbol{y} = \begin{pmatrix} y_1 \\ y_2 \\ \vdots \\ y_n \end{pmatrix} \quad \boldsymbol{X} = \begin{pmatrix} x_{11} & x_{12} & \cdots & x_{1m} \\ x_{21} & x_{22} & \cdots & x_{2m} \\ \vdots & \vdots & & \vdots \\ x_{n1} & x_{n2} & \cdots & x_{nm} \end{pmatrix} \tag{7.36}$$

则式(7.36)为

$$\boldsymbol{y} = \boldsymbol{X}\boldsymbol{b}$$

确定向量 $\boldsymbol{b}$ 的准则为：能够较为清楚地显示出"质量"不同的技术方案之间的差异性，用数学方法表示向量 $\boldsymbol{y} = \boldsymbol{X}\boldsymbol{b}$ 按 n 个技术方案取值构成的样本方差

$$\sigma^2 = \frac{1}{n} \sum_{i=1}^n (y_i - \bar{y})^2 = \frac{1}{n} \boldsymbol{y}^\mathrm{T} \boldsymbol{y} - \bar{y}^2 \tag{7.37}$$

将 $\boldsymbol{y} = \boldsymbol{X}\boldsymbol{b}$ 代入式(7.37)，将原始数据标准化处理，使 $\bar{y} = 0$，于是有

$$n\boldsymbol{\sigma}^2 = \boldsymbol{b}^\mathrm{T} \boldsymbol{X}^\mathrm{T} \boldsymbol{X} \boldsymbol{b} = \boldsymbol{b}^\mathrm{T} \boldsymbol{H} \boldsymbol{b} \tag{7.38}$$

式中，$\boldsymbol{H}$ 为对称正定矩阵，且

$$\boldsymbol{H} = \boldsymbol{X}^\mathrm{T} \boldsymbol{X} \tag{7.39}$$

虽然，对 $\boldsymbol{b}$ 不加限制，式(7.39)可取最大值，限定 $\boldsymbol{b}^\mathrm{T}\boldsymbol{b} = 1$，问题转换为求下面公式取值最大时的向量 $\boldsymbol{b}$，即

$b^T Hb / b^T b$

可以证明，取 b 为对称正定矩阵 H 的最大值对应的特征向量，方差 $b^T Hb$ 取值最大。

综合评价函数法作为一种加权综合评价法，权重 b 分配的原则是能够最大限度地体现方案之间的差异。该方法脱离了人的主观性，充分利用客观数据所提供的信息进行客观的评价，结果更具有竞争力。

7.5 层次分析法

7.5.1 层次分析法概述与原理

层次分析法（Analytic Hierarchy Process，AHP）由美国运筹学家托马斯·塞蒂于 20 世纪 70 年代提出，是一种不完全定量分析的层次决策分析方法。

层次分析法的基本原理为根据复杂决策问题的特性和要达到的总目标，将问题分解为不同的组成因素。按照因素之间的相互影响及隶属关系，将因素按照不同层次聚集组合，构建一个多层次的结构模型，最终将问题归结为最底层相对于最高层的相对重要权值的确定问题，或相对优劣次序的排列问题，即得到了在此方法下的项目方案优劣排序，从而为决策提供帮助。

7.5.2 层次分析法的步骤及方法

1. 建立递阶层次结构模型

将决策的目标、考虑的因素和决策对象之间的关系分为最高层、中间层和最低层。一般情况下，一层的元素数量在 9 个以内。

（1）最高层。这一层次中只有一个元素，一般它是决策的目的、分析的问题和理想结果。

（2）中间层。这一层次中包含为了实现目标所涉及的中间环节，包括一些考虑指标和决策的准则。

（3）最底层。这一层次中包含为了实现目标可供选择的各种方案。

递阶层次结构模型如图 7.2 所示。

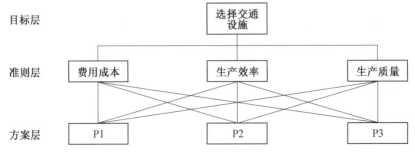

图 7.2 递阶层次结构模型

通过相互比较，确定各准则对目标的权重，各方案对每一准则的权重。将上述两组权重进行综合，确定各方案对目标的权重。

2. 构造层次判断矩阵

以矩阵的形式来表述每一层中的所有要素对上一层某一具体要素的相对重要程度。要比较一层中 n 个元素对上一层一个因素 Y 的影响，可以从这 n 个中任取第 i 个和第 j 个，比较它们对于因素 Y 的影响，并按照表 7.3 进行赋值。

表 7.3 矩阵标度及定义判断表

标度 a_{ij}	定义
1	元素 i 与 j 的影响相同
3	i 比 j 的影响稍强
5	i 比 j 的影响强
7	i 比 j 明显影响强
9	i 比 j 绝对影响强
2,4,6,8	i 与 j 影响之比在上述两个相邻等级之间

根据表 7.3，将每两个元素比较之后的结果标度填入对应角标的矩阵元素中，矩阵为

$$\boldsymbol{A} = \begin{bmatrix} a_{11} & a_{12} & \cdots & a_{1n} \\ a_{21} & a_{22} & \cdots & a_{2n} \\ \cdots & \cdots & \cdots & \cdots \\ a_{n1} & a_{n2} & \cdots & a_{nn} \end{bmatrix}$$

注意，矩阵中 $a_{ii}=1$，且 $a_{ij}=1/a_{ji}(i,j=1,2,3,\cdots,n)$。

3. 层次单序及一次性检验

首先求出每个行向量的平均值 $\overline{X_i}$，即

$$\overline{X_i} = \sqrt[n]{\prod_{j=1}^{n} a_{ij}}$$

再对其进行归一化处理，求得列向量 $\boldsymbol{X}_i$（权向量／特征向量），即

$$\boldsymbol{X}_i = \overline{X_i} \div \sum_{i=1}^{n} \overline{X_i}$$

然后求出最大特征根及其对应的特征向量，并将特征向量进行归一化，即

$$\lambda_{\max} = \frac{1}{n} \sum_{i=1}^{n} \frac{(AX)_i}{X_i}$$

最后进行一致性检验。一致性指标：CI=（最大特征根－维度）/（维度－1），其值与一致性程度成反比，即 CI 的值越大，不一致的程度越高。RI 是随机一致性指标，由维度即矩阵的阶数 n 判断，下面给出 RI 的取值表（表 7.4）。

表 7.4 RI 取值表

n	1	2	3	4	5	6	7	8	9
RI	0	0	0.58	0.90	1.12	1.24	1.32	1.41	1.45

$$\mathrm{CI} = \frac{\lambda_{\max} - n}{n-1}, \text{且} \frac{\mathrm{CI}}{\mathrm{RI}} = \mathrm{CR} < 0.1$$

一致性比率 CR=CI/RI，只有当 CR＜0.1 时，认为符合一致性；反之，则需要重新建立矩阵。重复上述过程直至满足 CR＜0.1 的条件。

4. 层次总排序

设某层为 A，其中 m 个因素 $A_i(i=1,2,\cdots,m)$，相对于层次排序权重为 $X_i^i(i=1,2,\cdots,m)$，其下一层次 B 层 n 个因素相对于上层 A 中因素为 A_j 的层次单排序为 $M_j(j=1,2,3,\cdots,m)$，它们对于 A_i 的层次排序的权重分别为 X_{ij}。设 B 层因素对上层即 A 层中因素 A_j 的层次单排序一致性指标为 CI_j，随机一致性指标为 RI_j。

B 层的因素相当于目标的权重值为

$$X_j = \sum_{i=1}^{m} X_{ij} \cdot X_i^i \tag{7.40}$$

层次总排序一致性比率为

$$\mathrm{CR} = \frac{\sum_{i=1}^{m} X_{ij} \cdot \mathrm{CI}_j}{\sum_{j=1}^{m} X_{ij} \cdot \mathrm{RI}_j} < 0.1 \tag{7.41}$$

7.6 案例分析

援引论文《城市轨道交通项目综合效益评价方法研究》（陈肖桦，石家庄铁道大学，2015），拟定对 N 市的地铁项目线路进行综合效益评价的案例演示。具体的 N 市地铁项目 5 年的运载量统计见表 7.5。

表 7.5 N 市地铁项目 5 年运载量

年份	运载量/万人次	市常住人口/万人	地铁人均乘坐次数
2013	45 216	819	55
2012	40 060	816	49
2011	34 370	811	42
2010	21 459	801	27
2009	11 353	711	15

通过对 N 市地铁已有线路进行研究、分析，拟以 N 市地铁 1 号线、地铁 2 号线两年的相关数据统计作为研究基础。N 市地铁 1 号线路全长 39.7 千米，平均每天的乘客运载量为 81 万人次。（截至 2014 年 7 月）

N 市的地铁 2 号线路全长 37.8 千米，平均每天的乘客运载量为 55 万人次。（截至 2014 年 7 月）

7.6.1 综合评价指标的权重确定

对指标进行无量纲化处理。

根据 N 市近年来的经济状况以及地铁 1 号线、地铁 2 号线的具体情况,经过仔细的研究分析,针对 N 市地铁 1、2 号线设置了如表 7.6 所示的指标隶属函数区间值。

表 7.6　N 市地铁 1、2 号线各指标隶属函数区间值

指标	100～85	85～70	70～55	55～0
出行效率效益	>3	[3,2.5]	[2.5,2]	<2
安全性效益	>2.8	[2.8,1.8]	[1.8,0.8]	<0.8
舒适度效益	>14	[14,10]	[10,6]	<6
替代性效益	>3	[3,1.5]	[1.5,0]	<0
可达性效益	>6	[6,4]	[4,2]	<2
净现值	>−8	[−8,−9.5]	[−9.5,−11]	<−11
内部收益率	>5	[5,4]	[4,3]	<3
投资回收期	<21	[21,23]	[23,25]	>25
增加就业收益	>20	[20,15]	[15,10]	<10
能源节约收益	>1.5	[1.5,1]	[1,0.5]	<0.5
空气污染减少收益	>1.6	[1.6,1.4]	[1.4,1.2]	<1.2
噪声减少收益	>0.08	[0.08,0.06]	[0.06,0.04]	<0.04

使用极值处理法将指标进行无量纲化处理,结果如表 7.7 所示。

表 7.7　N 市地铁 1、2 号线各指标无量纲化处理结果

指标	2012 年		2013 年	
	1 号线	2 号线	1 号线	2 号线
出行效率效益	83.89	67.45	91.69	63.40
安全性效益	75.25	68.35	87.85	72.70
舒适度效益	68.73	60.48	85.41	67.34
替代性效益	70.20	56.40	84.00	59.70
可达性效益	66.85	60.70	90.55	73.23
净现值	84.70	74.50	77.50	64.60
内部收益率	80.05	70.75	80.05	70.75
投资回收期	80.80	57.40	80.80	57.40
增加就业收益	70.08	69.79	84.08	71.75
能源节约收益	71.20	58.90	88.60	67.60
空气污染减少收益	70.33	76.84	85.24	67.66
噪声减少收益	76.00	67.75	94.00	74.50

7.6.2　综合评价指标权重的计算

选用层次分析法对 N 市地铁 1 号线、2 号线的综合效益评价指标进行赋权。首先采用层次分析法计算主观权重,选取 5 位专家进行打分,下面以一位专家的打分为例,介绍主观权重的确定(表 7.8)。

表 7.8　专家对第一层综合效益指标评价

综合效益	交通效益	经济效益	社会效益	环境效益
交通效益	1	3	1/3	1/2
经济效益	1/3	1	1/5	1/4
社会效益	3	5	1	2
环境收益	2	4	1/2	1

以第一层综合效益四个指标为例,层次单排序的计算过程如下所示。

将每行元素相乘,得到 M_i,即

$$M_i = (0.5, 0.02, 30, 4)$$

将 M_i 开 4 次方得到 W_i^o,即

$$W_i^o = (0.841, 0.376, 2.340, 1.414)$$

对 W_i^o 进行标准化处理得到各指标权重 W_i,即

$$W_i = (0.169, 0.076, 0.471, 0.284)$$

计算特征根 λ_i,即

$$\lambda_i = (4.100, 3.923, 4.090, 4.081)$$

求出最大特征根 $\lambda_{\max}$,即

$$\lambda_{\max} = 4.049$$

判断一致性指标为

$$CI = \frac{\lambda_{\max} - 4}{4 - 1} = 0.016\ 2$$

判断随机一致性比率为

$$CR = \frac{CI}{RI} = \frac{0.016\ 2}{0.90} = 0.018$$

CR=0.018<0.1 符合一致性要求。

本章小结

本章从项目综合评价指标体系出发,系统地介绍了交通运输项目综合评价的几类常用评价方法,包括主观赋值评价法、客观赋值评价法、模糊集综合评价法、综合评价函数法等。其中,不同的评价方法各有优劣,适用条件不尽相同,在实际的应用中,宜根据实际情况选取恰当的评价方法,以做出客观公正的评价。最后通过具体案例进行了分析,阐述了综合评价方法的具体应用。

习题与思考题

1. 什么是综合评价？综合评价应遵循哪些原则？
2. 什么是评价指标体系？建立评价指标体系应遵循哪些原则？

3. 主观赋值评价与客观赋值评价各有什么主要方法?
4. 模糊综合评价的主要步骤是什么?
5. 综合评价函数法最显著的特点是什么?
6. 简述层次分析法的基本思想和基本步骤。
7. 假设项目风险评价标准分为五级,第一级代表项目风险极低,第五级代表项目风险极高。现要评价某项目风险情况,已知项目风险情况与 A、B、C、D、E 五种因素有关,且各因素的影响程度不同,假设各因素的权重分别为 $\boldsymbol{W} = (0.3126, 0.3502, 0.1921, 0.0911, 0.054)$,备择集为评价标准一至五级。单因素评价矩阵为

$$\boldsymbol{R} = \begin{bmatrix} 0.1 & 0.4 & 0.2 & 0.1 & 0.2 \\ 0.2 & 0.4 & 0.3 & 0.1 & 0 \\ 0.4 & 0.3 & 0.1 & 0.1 & 0.1 \\ 0.1 & 0.2 & 0.4 & 0.3 & 0 \\ 0.3 & 0 & 0.2 & 0.4 & 0.1 \end{bmatrix}$$

要求:应用模糊综合评价方法来确定该项目风险等级。

参考文献

[1] 隽志才.运输技术经济学[M].5 版.北京:人民交通出版社,2013.
[2] 孙健.基础设施建设项目综合评价指标体系和应用研究[D].北京:清华大学,2004.
[3] 陈肖桦.城市轨道交通项目综合效益评价方法研究[D].石家庄:石家庄铁道大学,2015.
[4] 隽志才.公路运输技术经济学(修订版)[M].北京:人民交通出版社,1998.
[5] 刘晓君.工程经济学[M].北京:中国建筑工业出版社,2005.
[6] 王璞.技术经济学[M].北京:机械工业出版社,2012.
[7] 张厚钧.工程经济学[M].北京:北京大学出版社,2009.
[8] 彭建刚,龙海明.技术经济学[M].成都:西南财经大学出版社,2003.
[9] 孙陶生.技术经济学[M].郑州:河南人民出版社,2006.
[10] 于立军.工程经济学[M].北京:机械工业出版社,2005.

第 8 章 运输项目后评价

可行性研究和项目前评价是项目开始建设之前对项目情况进行预测,为判断预测与实际项目营运效果的对比情况,需要引入项目后评价,即在项目开始投入使用后的综合评价。运输项目后评价是整个项目系统中重要的组成部分。本章将从项目后评价的意义、内容、程序等方面对项目后评价进行详细的阐述,并介绍几种项目后评价的常用方法及其各自的特点、适用条件。

8.1 项目后评价概述

8.1.1 项目后评价的定义

交通运输项目后评价是指在项目竣工投产后,并运行一段时间达到设计的运输能力后,对该项目的立项、决策设计、实施运营以及项目的社会经济效益进行客观的分析总结。通过检查项目是否达到投资预期的目标,项目的决策和规划是否合理,是否实现了项目的主要效益指标,分析实际与预测情况的差异,总结造成差异的原因,为未来项目的决策和完善投资运营管理水平积累经验,同时也为交通运输工程项目提出切实可行的建议。项目后评价与项目周期的循环关系示意图如图 8.1 所示。

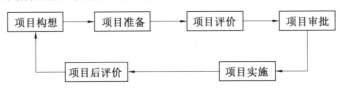

图 8.1 项目后评价的循环示意图

8.1.2 项目后评价的目的与任务

项目后评价的主要目的是提高投资者未来项目决策的科学性,提升项目管理水平和投资效益。其具体任务包括:

(1)结合项目的实施进程及其在每个阶段实际完成的情况,对项目准备和立项阶段评价文件中所确定的目标的完成情况进行评价。

(2)评价项目实施的效率和管理水平。

(3)分析项目的实际效益及其对经济、社会、环境起到的作用与影响。

(4)通过对实际情况与预期情况进行对比,从已经完成的项目中总结经验教训,提出能够对未来项目提供思考与帮助的建议。

8.1.3 项目后评价的原则

1. 科学性

项目后评价是否具有科学性的一个重要指标是其能否同时获得该项目的成功之处与失败之处的经验教训。同时还包括项目管理者能否保证评价信息资料的可靠性和评价方法的契合性，拥有科学的工作流程和管理方法，以及评价的结论能否有助于未来的项目决策和实施工作。

2. 独立性

交通运输工程项目后评价必须保证公平而独立，不能受到决策者、管理者、评价者和前评估人员的主观干扰，避免在发现问题、分析问题及得出原因时夹带偏见、得出不客观的结论。项目后评价应从投资者和项目业主之外的角度进行判断，坚决杜绝管理者自己评价自己的情况，将独立性贯穿整个项目评价的始终，以提高评价的可信度。

3. 反馈性

为了提高后续项目的决策水平，后评价需要进行信息反馈。项目后评价必须具备反馈控制，根据项目本身的实际运行情况做出事后控制，通过收集项目信息，发现问题并对经验教训进行总结，为日后的投资计划以及项目管理投资提供决策依据。

4. 合作性

项目后评价涉及面广，内容复杂，需要不同部门之间的相互合作，是一项复杂的综合评价，唯有各部门有效配合，项目后评价才能够顺利进行。

8.1.4 项目后评价与项目前评价的联系

在评价原则和方法上，项目后评价与项目前评价没有本质区别。但是由于评价目的等方面的不同，导致两者存在如下几点区别。

1. 评价的主体不同

项目后评价是以投资主体之外的第三者，如投资运行的监督管理机构等为主体，组织主管部门及财政、审计等有关部门实时进行的。项目前评价主体为投资主体或投资计划部门。

2. 评价的阶段不同

项目前评价属于项目的前期工作，决定项目是否可以继续进行。项目后评价则是在项目竣工并投入使用后再进行评价。

3. 评价的内容不同

项目后评价除了要对前评价所包含的项目的必要性、可行性、合理性、经济效益、社会效益和环境效益等进行评价外，还要对项目的管理水平、实施效率和决策行为进行评价。

4. 评价的根据不同

项目前评价主要依据国家、部门的相关法律规定、指标、参数以及历史资料。项目后评价则主要依据项目具体实施的材料，将预测的情况与实际情况进行比较分析。

5. 评价的性质不同

项目前评价为将要接受投资的项目进行评价，评价的结果将影响投资决策。项目后评价则对已经实施的项目进行评价、总结,提出解决已有问题的建议,同时为未来的项目提供科学的决策参考。

总而言之,项目后评价是建立在项目前评价的基础上的,是对项目前评价的评价程度的提升,其以项目前几阶段实施的实际情况作为资料和基础信息,对运输项目的决策、管理和结果进行检验及总结,为未来运输项目的实施提供可靠的建议和科学的决策帮助。

8.2 项目后评价的内容和程序

运输项目后评价的内容主要是对项目实施的过程、项目的经济效益、对社会环境的影响、项目的可持续性进行评价。

交通建设项目具有建设周期长、影响范围广、投资巨大、施工复杂的特点。结合项目建设自身特点及相关理论研究成果,项目后评价的内容可以划分为:项目实施过程后评价、经济效益后评价、项目影响后评价、可持续性后评价四个部分,如图8.2所示。

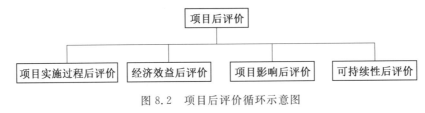

图 8.2 项目后评价循环示意图

8.2.1 项目实施过程后评价

项目实施过程后评价是指在项目竣工并且投入使用一段时间后,根据实际需求,对项目达到的实际效果及其目标的实现程度进行考察,给出评价结果,从而为未来的项目提供政策和管理方面的建议。通过对项目的实施过程后评价,展现项目在前期决策、方案设计、建设施工过程中的实际效果,为项目的后续工作提供依据。其中,项目实施过程后评价又包括项目前期工作后评价、项目建设实施后评价以及项目运营后评价。

1. 项目前期工作后评价

项目前期工作后评价是指对项目准备和项目决策进行的后评价,对照可行性研究报告,依据项目实际运行的结果进行评价,从而对项目的合理化以及可实现程度进行判断。

项目前期工作后评价的主要内容有:

(1)筹备工作后评价。评价的重点是筹备工作的效率,具体包括筹备机构人员组织健全程度、筹备机构人员素质程度、筹备计划的可行性等。

(2)决策后评价。包括项目决策的效率与质量水平调查,决策程序是否符合规定,项目的目标和目的等。

(3)勘察设计后评价。主要包括勘察设计依据、标准是否符合国家规范,勘察设计单位的工作效率程度,勘察设计方案在技术上的先进性与经济上的合理性等。

(4)资金后评价。重点评价筹备资金、社会集资来源是否符合国家相关规定,集资的目标完成度等。

2. 项目建设实施后评价

项目建设实施后评价是对项目实施过程进行的后续评价,是在前期工作全部结束之后进行的。项目建设实施过程后评价是针对项目从开工建设到项目竣工验收、交付使用、管理水平和过程工作质量所做的后评价工作,涵盖项目开工、项目施工、项目资金供应、项目竣工四个环节。

(1)项目开工评价。主要评价项目开工的各种条件是否具备,是否有相关部门批复的开工报告。

(2)项目施工评价。主要内容是进行施工进度控制,其中施工进度控制指的是施工过程中对施工进度进行定期或不定期的检查,若出现了工期延误的情况,则及时采取调整工程进度的措施。其主要任务是将计划进度与实际进度进行比较,对项目进度是否合理以及是否在合同规定期内进行考查。

(3)项目投资控制。项目投资控制指的是在项目投资形成过程中,指导并监督消耗的人力、物资和费用成本,纠正即将发生或已经发生的投资偏差,保证各项费用控制在计划投资的范围之内,以确保实现原有的投资目标。

(4)项目竣工评价。评价内容包括竣工验收的各项指标是否合格,竣工验收的程序是否符合国家的相关规定,竣工验收的各种资料是否齐全以及进行验收的机构的工作效率。

3. 项目运营后评价

项目运营后评价是项目运行过程的最后一个阶段,其中运营阶段是指从项目开始投入使用直到项目无法运行为止。对项目生产运营状况进行的后评价,一方面是通过对项目竣工运营后的实际运营情况和投资效益进行评价,从而分析衡量项目的实际经营效益与预测效益之间的偏差,总结项目投资的经验教训,为后续项目的投资决策提出切实可行的建议。另一方面,可根据当前存在的问题提出一些建议,以提高项目的投资效益。

8.2.2 经济效益后评价

经济效益后评价,同时也称为财务后评价,是对项目竣工交付的经济合理性进行计算、分析、论证并提出意见的过程,它将项目建成投产后的实际财务数据和效益,与项目前期计划预测的各项经济指标进行对比,分析和衡量实际经济效益与预测投资效益的偏差及其成因,系统全面地总结项目投资的经验教训,通过有效的信息反馈,为项目的投资决策提供依据。经济效益后评价可以全面衡量项目实际投资效益,并提高项目运营的实际经济效益。经济效益后评价包括内部收益率、净现值、投资回收期等财务效益指标的评价。以上指标在第4章中已经介绍过,在此不再赘述。

8.2.3 项目影响后评价

项目影响后评价指的是评价运输项目对其周边地区的经济、社会、文化和自然环境方面所产生的影响。项目影响后评价从国家宏观层面重点分析项目与社会的关系,包括经济、技术、环境和社会四个方面。影响评价应作为项目后评价内容的重点。

1. 经济影响后评价

其主要内容是通过编制项目投资表和国内资源效益流量表等计算出项目实际的经济

成本以及盈利指标。

(1)国内资源效益成本分析。

在国际和国内,相同资源的成本不同,导致运输项目在资源利用方面的成本也不同。国内资源效益成本分析是对运输项目建设和生产所用的国内资源价值进行分析计算,并与国际项目成本情况进行对比分析,以便从宏观上判断项目分配资源是否合理。在计算过程中,中间投入应按国际市场价格计算,要素投入应按机会成本计算。

(2)地区收入分配的影响分析。

主要是指项目对不同地区收入分配的影响,即项目对公平分配和扶贫政策的影响。项目收入分配影响可用以下两个参数来表达。

① 贫困地区收益分配系数 D_i,公式为

$$D_i = (G/G_i)^m \tag{8.1}$$

式中,D_i 为地区(省级)收益分配系数;G 为项目后评价时全国的人均国民收入;G_i 为特定项目所在省份在项目后评价时的人均国民收入;m 为国家规定的贫困省份的收入分配系数。

② 贫困地区收入分配效益,公式为

$$\text{IDR} = \text{ENPV} \times D_i = \sum_{t=0}^{n} (\text{CI} - \text{CO})_t (P/F, i_s, t) \times D_i \tag{8.2}$$

式中,IDR 为重新计算的经济净现值,即贫困地区取得的净现值。

上述计算可以判别贫困地区应享受的国家优惠政策。

2. 技术影响后评价

运输项目的技术影响后评价主要是对项目的工艺技术、技术设备选择的可靠性、先进性、适用性、配套性、经济合理性进行分析,并判断其对项目所在地区、行业内部的技术带来的影响,即是否带动了当地相关技术的运用与发展,所采用的技术在行业内属于哪一等级,是否满足先进性的要求等。

3. 环境影响后评价

环境影响后评价是指对国家政策实施、区域开发计划和建设项目对周边环境产生的影响进行的系统性识别、评估以及预测。主要对项目环境管理的决策、规定以及参数选择的实际效果进行审查。

项目环境影响后评价是指在建设项目正式投入运营后对周围环境的影响做出的评价。通过对项目实施后对环境影响的评价,全面反映建设项目投入运营后对空气质量、自然景观、交通运输以及区域发展的影响,判断项目计划的合理性,为提高决策水平、加强项目管理提供科学的依据。

环境影响后评价的内容一般包括:

(1)项目的污染控制。

主要工作包括分析、评价项目的废气、废水、废渣以及噪声等是否超出了国家规定的标准。

(2)对区域的环境质量影响。

主要分析项目对当地环境影响较大的污染物,这些污染物具体取决于环境的背景。

(3) 对自然资源的利用和保护。

自然资源主要包括水资源、土地、森林、海洋、草原、野生动植物等。评价内容主要包括自然资源的合理开发、综合利用、生态保护以及对自然资源的节约、利用是否符合国家相关标准。

(4) 对区域生态平衡的影响。

主要内容包括评价项目对人类、植被和动物种群等生态关系组成。环境所带来的影响，要求对项目实施前后的区域生态环境进行对比分析。

(5) 环境管理能力。

主要内容是对环境的监测管理的考察，评价是否按国家相关环保条例执行项目及环保相关制度和规定。

4. 社会影响后评价

社会影响后评价的主要内容包括项目对于就业、地区收入结构的影响，对附近居民的生活状态以及对地方发展、民族和宗教信仰等方面的影响。

具体内容包括：

(1) 对区域收入的影响。

(2) 对就业的影响。

(3) 对地区居民生活条件和生活质量的影响。

(4) 对地方和社区发展的影响。

(5) 对妇女、民族以及宗教信仰的影响。

8.2.4 可持续性后评价

项目的可持续性的含义是项目的建设资金投入使用之后，项目的既定目标是否可以达到，是否可以持续地发展下去。可持续性分析应当列出制约项目可持续发展的主要因素并分析要素产生影响的原因，常见的要素包括：市场、资源、财务、技术、环保、管理、政策等。评价分析项目实现可持续发展的主要条件，提出合理的建议和要求。

可持续性后评价的内容见表8.1。

表8.1 可持续性后评价的内容

目标		内容
可持续影响因素	内部因素	项目的优劣状况，改造及维护成本，企业的管理制度等
	外部因素	项目所需资源的可得性及利用率，生态环境的适应性，当地的政策法规
可持续性能力	发展度	项目自身的盈利能力
	协调度	项目与周围环境的协调性
	持续度	后续项目的发展能力
影响因子		通过具体的评价内容，找出影响项目可持续性的风险因子，提出建议，规避风险

资料来源：陈文晖.工程项目后评价[M].北京：中国经济出版社，2009.

项目的可持续性后评价是指在项目完成既定投资、竣工验收并且正式运营之后,对既定的项目目标的实现程度、项目的可持续性程度以及同类项目的重复性进行的评价。通过对项目进行评价,来判断运营者的管理能力、运营能力以及发展潜力。

8.2.5 项目后评价的程序

运输项目后评价应该遵循一个客观和渐进的过程。但是根据具体项目的类型、规模、情况,具体的项目后评价工作程序会有适当差别。项目后评价基本程序见图8.3。

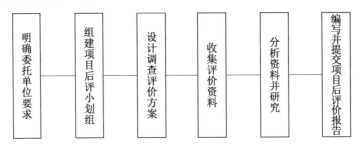

图8.3 项目后评价程序

1. 明确委托单位要求

应首先对项目本身及其所处地区、环境进行全面了解。与委托单位协商,确定项目后评价的目的、层次、范围以及具体细节要求。

2. 组建项目后评价小组

在协商签订协议后,后评价单位应立刻成立评价小组。评价过程要遵循客观、公正、民主、科学的原则,因此评价小组成员不能有业主单位人员兼任。其中人员应当包括:经济学专家、工程技术专家、投资管理专家、生产经营专家、市场预测专家等。

3. 设计调查评价方案

拥有完善的调查方案对于保证调查工作的顺利进行具有重要的指导作用。专家组应开展研讨会,根据运输项目的特点,确定项目后评价的内容和范围,选择科学的方法和指标体系。

4. 收集评价资料

为保证数据的来源可靠,需要进行项目的实地调查、勘测。评价需要项目整体过程包括前期立项、决策、施工等方面的资料。资料要涵盖微观和宏观两方面,宏观情况是指其在国家层面的影响和作用;微观情况是指项目自身的建设、运营、效益、可持续发展、社会、环境影响等方面。

5. 分析资料并研究

根据项目的特点,对所收集的数据和资料进行整合,建立相应的评价体系,分析项目的投入与产出、对社会、环境的影响。采用对比法、逻辑框架法对项目进行评价。总结项目的经验教训,并对出现的问题提出解决方案。

6. 编写并提交项目后评价报告

项目后评价报告是评价工作成果的体现,也是整个项目的精华,其中包含了从整个项目过程中总结出的经验教训、项目实施的概况综述、项目后评价工作的组织机构及其工作方法。编写完成后应向有关单位提交项目后评价报告。

8.3 项目后评价的主要方法

8.3.1 逻辑框架法

1. 逻辑框架法的概念

逻辑框架法(Logical Framework Approach,简称 LFA)是由美国国际开发署(USAID)在 1970 年开发并且投入使用的一种评价方法。目前,世界上有许多国际组织将其作为援助项目管理和评价的主要方法。

逻辑框架法是一种综合、系统地分析问题和评价项目的方法。广泛适用于项目策划设计、风险分析评估、监测评价、可持续分析等。

逻辑框架法是一种以概念化论述项目的方法,用一张简单的框图来分析一个复杂项目的结构和关系。该方法从确定需要解决的核心问题入手,向上逐级展开,对目标问题可能的影响与后果展开分析,然后自上而下进行推演找出其原因,得到所谓的"问题树"。将"问题树"描述的因果关系转化成相应的手段,即目标关系,得到"目标树",进而生成"规划矩阵"。其基本模式如表 8.2 所示。

表 8.2 逻辑框架法的基本模式

项目层次描述	层次指标	评价方法	主要条件
目标/影响	目标指标体系	具体评价方法	目标的主要条件
目的/作用	目的指标体系	具体评价方法	目的的主要条件
产出/结果	产出指标体系	具体评价方法	产出的主要条件
投入	投入指标体系	具体评价方法	投入的主要条件

由表 8.2 中的信息,逻辑框架法的基本模式为 4×4 的矩阵,矩阵自下而上的 4 行由项目的投入、产出、目的和目标四个层次构成,从左到右的 4 列则分别由项目层次、层次指标、评价方法和主要条件构成。在应用逻辑框架法时,首先定位项目的目标,确定项目的最终产出,对实现项目目标和目的所需的投入进行核实,然后建立每一层次对应的评价指标体系,最后综合考虑实现各个层次的主要影响条件,确定各个层次采用具体的评价方法。方法的核心是事物层次间的因果逻辑关系的分析。

为了建立逻辑框架法的目标层次,可以采用"问题树"和"目标树"的方法来进行分析。在后评价中建立目标树的目的是发现问题的因果关系,分清各目标的层次关系,确定项目的主要目标。对问题的分析可以形象地用一棵树的模型来表示。解决此问题是项目的目的,可以用问题树对目标树来对应建立。具体层次结构将在下文进行介绍。

2. 逻辑框架法的目标层次

(1)项目目标层次。

项目目标一般是指高层次的目标,是大环境下的目标,即计划、政策和方针等,一般由行业部门确定。

(2)项目目的层次。

项目目的是项目实现的直接结果,即项目为受益群体带来的效果。

(3)项目产出层次。

项目产出指项目完成的实际工程,即提供的产品及服务,其结果应当可直接进行计量。

(4)项目投入和活动层次。

项目投入指完成整个项目所需的全部资源的投入,包括全部资源投入量、有形的投入资源、设备以及技术和工程建设活动过程。

3. 垂直逻辑关系

逻辑框架法的垂直逻辑分为四个层次。项目目标是项目实现的宏观目标,也是最高层次,在实际应用中,为了达成项目目标,需要进行三个步骤。首先,明确项目投入是项目实施的先决条件。其次,确定项目的产出与经济变化之间的关系是项目发展的前提。最后,划分项目目标为具体的项目目的,这是项目规划的重点。在各层次之间建立反馈机制有助于加强目标及内容的逻辑联系,逻辑反馈如图 8.4 所示。

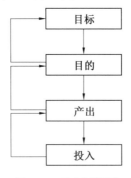

图 8.4 垂直逻辑图

4. 逻辑框架法水平逻辑关系

为了满足对项目实施分析和评价的要求,通过水平逻辑分析的项目层次指标体系、评价方法以及必要的外部条件来评价一个项目的成果。具体内容如表 8.3 所示。

表 8.3 水平逻辑关系

层次	评价指标体系	评价方法
目标	是否实现及实现的程度	资料分析、调查研究
目的	具体影响因素	资料分析、调查研究
产出	不同阶段全部产出	资料分析、调查研究
投入	所有资源(性质、数量、成本等)	评估报告、协议文件

5. 逻辑框架法的应用

逻辑框架法已经逐渐成为国际上的通用方法,通过评价项目的预期目标、各种目标层次、目标实现程度、没实现的原因、效果作用和影响,依据识别的问题、确定的目标,寻找可解决的途径,形成目标方案,依据形成的项目方案,投入资源,获得项目产出及目标路线图。

其广泛应用于项目策划设计、项目建议书、可行性研究、风险分析、评估、实施检查、监测评价和可持续分析等的实践中。

8.3.2 比较评价法

通常情况下,比较评价法是指将项目实施前与实施后相比较。在项目后评价中,比较分析法将实际的实施情况与实施计划书进行比较,分析产生偏差的原因并得出相应结论。

运输项目的比较评价方法分为"前后对比法(Before and After Comparison)"和"有无对比法(With and Without Comparison)"。

1. 前后对比法

前后对比法指将项目前期的可行性评价结论、技术经济效益评价指标和对项目未来的预测情况与项目的实际运行结果相比较,发现偏差并分析原因。

前后对比法是一种很常见的方法。在项目后评价中,应将项目前期进行的预测与实施后的实际收益进行对比,寻找偏差。前后对比法的思想是项目评价应当遵循的一种原则,主要用于制订计划、决策以及实施的程度,对项目的收益和影响进行衡量。

2. 有无对比法

有无对比法指在项目实施中,将项目实际发生的情况与假定项目实施时可能发生的各种情况进行对比,对项目的收益以及影响进行衡量。这里的"有"和"无"指的是评价的对象——项目。评价的方法是对比项目实施所消耗的资源与实施产生的整体效果,以此判断该项目实施的成功度及业绩。很多大型项目的建设过程很复杂,从开工建设到竣工验收需数年之功,除去项目自身因素,外部环境的变化也不容忽视。因此对比的重点在于区分项目的作用、影响和项目以外因素,如政策变化等产生的影响。项目后评价中的效益评价是对项目本身的效果进行准确的度量,因此必须要将非项目因素去除。

8.3.3 成功度评价法

1. 成功度评价法的概念

成功度评价法是指利用专家的经验性以及权威性,结合建设项目各方面的执行情况,建立完整全面的指标体系,对评价指标进行打分,计算出项目的综合评分,得到项目总体的成功程度。成功度评价法以项目的目标和经济效益为核心,以逻辑框架法分析的项目目标的实现程度和经济效益分析的评价结果为基准,对项目进行系统评价。

2. 成功度评价法的步骤

(1) 建立项目绩效评价指标体系。

(2) 根据每个指标进行专家打分。

(3) 确定评价等级。

(4) 分析单项指标成功度,并分析汇总后的整个项目成功度。

项目成功度的评价等级标准可参考表 8.4。

表 8.4 项目成功度评价等级表

等级	内容	标准
1	非常成功(AA)	实现了项目的所有指标或超越了预期目标
2	成功(A)	实现了项目的大部分指标和预期目标
3	部分成功(C)	实现了项目的部分目标
4	不成功(D)	实现了项目的少部分目标
5	失败(E)	无法实现目标或项目终止

分析单项指标成功度,并分析汇总后的整个项目成功度,是该方法的核心环节,只有用合理的评判方法进行评价才能得到准确的成功度。一般情况下,需要对十个以上的重要和次重要的影响因素进行定性分析,并以此为依据进行指标等级的确定。这一过程是由专家组集体对项目进行评估的。针对项目的特点,对不同的指标要有不同的重要程度划分,即确定项目的权重,进而确定权重下的评估等级。

根据项目的具体情况,对不同成功度评价指标体系进行构建,赋予各项指标具体的权重,得出各项指标的成功度,并得出整个项目的成功度。成功度评价模式如表 8.5 所示。

表 8.5 成功度评价模式表

成功度评价指标	相关重要性	标准	权重	等级	加权等级
项目决策评价					
项目选择评价					
勘察设计评价					
项目开工的评价					
施工组织与管理评价					
建设资金供应与使用评价					
建设工期的评价					
……					
项目综合评价					

需要注意的是在具体项目的评估过程中,可根据项目的类型和特点,选择需要测定的指标,不需要对所有指标进行测定。根据项目的类型和具体特点,评价人员可以得到指标和项目本身的相关性,对于那些"不重要"的指标就不需要进行测定。在测定各个指标时,按"非常成功""成功""部分成功""不成功""失败"五个等级进行打分。通过综合指标重要程度分析和单项成功度分析,得到整个项目的成功度指标。

3.成功度评价法的应用

成功度评价法主要是对项目的成败程度进行定性分析。根据方法的性质特点,成功度评价法适用于前预测性评价结果准确性较高的项目评价。成功度评价法所需要的评价时间不长,因此可以同时对一定数量的项目进行评价,而且可以得到相对精确的结果。由于项目依赖于专家的评价结论,因此专家的水平和阅历需要得到保证,同时专家的数量不宜过多。

优点:方法简单易行,操作性强,结论明确,方便决策者快速了解评价结论。

缺点:由于部分项目评价指标的表述具有模糊性,且由于专家组成员在专业背景、知识结构、社会经历等方面的差异,会对指标影响的评价带来影响,难免带上个人主观色彩,对模糊的资料进行量化处理方面具有一定的难度,从而容易得出具有片面性和静止性的结论。

8.3.4 模糊综合评价法

模糊综合评价法的原理:首先确定被评价对象的指标集合评价集;再分别确定各个指标的权重,进而得到模糊评价矩阵;最后把模糊评价矩阵与指标的权向量进行模糊运算归一化,得到模糊综合评价结果。

1. 二级模型

借助于一级模型,进行模糊综合评价的步骤大致如下。

(1)确定评价对象因素集。

确定评价对象的因素集 $U=\{U_1,U_2,\cdots,U_n\}$,确定指标体系。

(2)确定评价集。

评价集 $Y=\{y_1,y_2,\cdots,y_m\}$ 又称决策集、评语集,对各项指标的满足程度确定可能出现的不同评价等级。

(3)建立模糊关系矩阵。

请 m 位专家对评价项目的实际情况进行打分,矩阵为

$$R=\begin{pmatrix} r_{11} & r_{12} & \cdots & r_{1m} \\ r_{21} & r_{22} & \cdots & r_{2m} \\ \vdots & \vdots & & \vdots \\ r_{n1} & r_{n2} & \cdots & r_{nm} \end{pmatrix}$$

矩阵的作用是在最后把模糊评判矩阵与因素的权向量进行模糊运算并进行归一化,得到模糊评价综合结果。

(4)利用熵值法确定权重值。

利用熵值法确定权重值(熵权法)即对因素集中的各因素的重要程度做出权重分配。根据熵权法的相关理论,指标间的差异程度与权重值正相关。如果指标的信息熵越小,该指标提供的信息量就越小。由评价指标构成的判断矩阵来确定指标的权重值,可以使结果更符合客观实际。

设一级指标的权重集为

$$W=\{W_1,W_2,\cdots,W_n\}$$

二级指标的权重集为

$$W_i=\{W_{i1},W_{i2},\cdots,W_{in}\}$$

则 m 位专家对指标 U_{ij} 的评分为 X_{ijx},评价矩阵为

$$X_i = \begin{pmatrix} x_{i11} & x_{i12} & \cdots & x_{i1m} \\ x_{i21} & x_{i22} & \cdots & x_{i2m} \\ \vdots & \vdots & & \vdots \\ x_{in1} & x_{in2} & \cdots & x_{inm} \end{pmatrix}$$

接着进行标准化得到矩阵 Y_i。

二级指标 U_{ij} 的熵权为

$$H_i = -\frac{1}{\ln m} \sum_{x=1}^{m} y_{ijx} \ln y_{ijx}$$

二级指标 U_{ij} 的权重为

$$W_{ij} = \frac{1 - H_{ij}}{\sum_{j=1}^{m}(1 - H_{ij})}$$

一级指标的权重为

$$W_i = \frac{\sum_{j=1}^{m}(1 - H_{ij})}{\sum_{i=1}^{n}\sum_{j=1}^{m}(1 - H_{ij})}$$

2. 多级模型

对于多级模型,先对二级指标进行模糊综合评价,评价模型为权重 W 和模糊关系矩阵 B 的合成运算,即 $R_i = W_{ij} \times B_{ij}$。在二级指标评价的基础上,再对一级指标进行模糊综合评价。三级指标同理。

3. 其他方法

项目后评价也可以采用其他的方法进行,如因果分析法、德尔菲法、专家讨论法、层次分析法等。在具体的项目评价中,评价方法的选择需要根据项目自身条件、特点和评价的要求来确定。

8.4 案例分析

本章援引论文《城市轨道交通项目后评价研究——以武汉轻轨一号线为例》(李灿灿,武汉科技大学,2010),通过对武汉轻轨一号线的项目后评价进行案例演示。武汉轻轨一号线分为一期工程和二期工程两部分,全长 28.87 千米,并已于 2010 年投入使用。

8.4.1 项目后评价体系

1. 根据评价指标体系建立因素集(表 8.6)

表 8.6 因素集

目标层次	分类	一级指标	二级指标
城市轨道交通项目后评价指标体系 U	过程评价 U_1	前期工作评价 U_{11}	项目决策 U_{111}
			融资方案 U_{112}
			勘察设计 U_{113}
		建设实施评价 U_{12}	施工质量 U_{121}
			投资控制 U_{122}
			施工进度 U_{123}
		运营管理评价 U_{13}	管理机构 U_{131}
			运营效果 U_{132}
	影响评价 U_2	环境影响评价 U_{21}	噪声震动 U_{211}
			空气质量 U_{212}
			城市景观 U_{213}
		社会影响评价 U_{22}	群众满意度 U_{221}
			促进社会和谐 U_{222}
			影响城市发展 U_{223}
	可持续评价 U_3	内部因素评价 U_{31}	规模因素 U_{311}
			技术因素 U_{312}
		外部因素评价 U_{32}	社会环境 U_{321}
			资金因素 U_{322}
	经济评价 U_4	国民经济评价 U_{41}	经济内部收益率 U_{411}
			经济净现值 U_{412}
			效益费用比 U_{413}
		财务评价 U_{42}	财务内部收益率 U_{421}
			财务净现值 U_{422}
			投资回收期 U_{423}

2. 数据来源——专家打分(表 8.7、表 8.8)

表 8.7 一号线过程评价打分表

一级指标		二级指标	专家评分				
			专家 A	专家 B	专家 C	专家 D	专家 E
过程评价 U_1	前期工作评价 U_{11}	项目决策 U_{111}	87	90	75	80	85
		融资方案 U_{112}	75	80	70	80	75
		勘察设计 U_{113}	93	85	75	90	85
	建设实施评价 U_{12}	施工质量 U_{121}	95	90	80	85	80
		投资控制 U_{122}	85	80	70	80	70
		施工进度 U_{123}	75	70	65	85	65
	运营管理评价 U_{13}	管理机构 U_{131}	80	70	65	83	75
		运营效果 U_{132}	65	80	60	80	60

表 8.8 一号线影响评价打分表

一级指标		二级指标	专家评分				
			专家 A	专家 B	专家 C	专家 D	专家 E
影响评价 U_2	环境影响评价 U_{21}	噪声震动 U_{211}	85	80	85	75	85
		空气质量 U_{212}	90	90	75	85	85
		城市景观 U_{213}	85	70	80	90	80
	社会影响评价 U_{22}	群众满意度 U_{221}	70	60	75	80	70
		促进社会和谐 U_{222}	73	75	70	80	75
		影响城市发展 U_{223}	86	60	75	85	70

8.4.2 项目后评价指标计算

以项目过程后评价 U_1 为例进行计算。

1. 前期工作评价 U_{11} 计算

由专家打分表 8.7 中的数据计算可得出项目决策、融资方案、勘察设计三项内容的单因素评价矩阵分别为

$$\boldsymbol{B}_{111}=(0.2,0.6,0.2,0,0)$$
$$\boldsymbol{B}_{112}=(0,0.4,0.6,0,0)$$
$$\boldsymbol{B}_{113}=(0.4,0.4,0.2,0,0)$$

根据评价级的设定，B_{111} 的含义为，在对项目的决策评价中，有 20% 的专家认为该项目的决策非常好，60% 的专家认为决策比较好，其余 20% 的专家认为项目决策水平一般。进而得到前期工作评价的单因素模糊评价矩阵 R_{11}，即

$$R_{11} = \begin{bmatrix} B_{111} \\ B_{112} \\ B_{113} \end{bmatrix} = \begin{bmatrix} 0.2 & 0.6 & 0.2 & 0 & 0 \\ 0 & 0.4 & 0.6 & 0 & 0 \\ 0.4 & 0.4 & 0.2 & 0 & 0 \end{bmatrix}$$

由表8.7可知,前期工作评价的评分矩阵为

$$X_{11} = \begin{bmatrix} 87 & 90 & 75 & 80 & 85 \\ 75 & 80 & 70 & 80 & 75 \\ 93 & 85 & 75 & 90 & 85 \end{bmatrix}$$

将评分矩阵进行标准化得到

$$Y_{11} = \begin{bmatrix} \frac{87}{417} & \frac{90}{417} & \frac{75}{417} & \frac{80}{417} & \frac{85}{417} \\ \frac{75}{380} & \frac{80}{380} & \frac{70}{380} & \frac{80}{380} & \frac{75}{380} \\ \frac{93}{428} & \frac{85}{428} & \frac{75}{428} & \frac{90}{428} & \frac{85}{428} \end{bmatrix}$$

计算熵权值,可得

$$H_{111} = -\frac{1}{\ln 5}\left(\frac{87}{417}\ln\frac{87}{417} + \frac{90}{417}\ln\frac{90}{417} + \frac{75}{417}\ln\frac{75}{417} + \frac{80}{417}\ln\frac{80}{417} + \frac{85}{417}\ln\frac{85}{417}\right) = 0.9987$$

同理可得:$H_{112} = 0.9992, H_{113} = 0.9984$。

得出项目前期工作评价中项目决策、融资方案、勘察设计的权重分别为

$$W_{111} = \frac{1-H_{111}}{3-(H_{111}+H_{112}+H_{113})} = \frac{1-0.9987}{3-(0.9987+0.9992+0.9984)} = 0.351$$

同理,$W_{112} = 0.216, W_{113} = 0.433$,满足 $W_{111} + W_{112} + W_{113} = 1$,即

$$W_{11} = [W_{111} \quad W_{112} \quad W_{113}] = [0.351 \quad 0.216 \quad 0.433]$$

利用综合模糊评价模型则有

$$B_{11} = W_{11} \times R_{11} = [0.243 \quad 0.471 \quad 0.286 \quad 0 \quad 0]$$

其含义为,运用模糊综合评价法得到武汉一号线前期工作评价的结果为很好的占24.3%,较好的占47.1%,一般的占28.6%。0.243+0.471=0.714>0.5,说明前期工作完成得比较理想。

同理,可以根据以上过程对建设实施、运营管理进行评价,得到如下结果

$$B_{12} = [0.085 \quad 0.400 \quad 0.315 \quad 0.2 \quad 0]$$

说明武汉轻轨一号线建设实施评价的结果为很好的占8.5%,较好的占40%,一般的占31.5%,较差的占20%,说明一号线的运营情况属于中上等水平。

$$B_{13} = [0 \quad 0.4 \quad 0.123 \quad 0.477 \quad 0]$$

说明武汉轻轨一号线运营管理评价的结果为较好的占40%,一般的占12.3%,较差的占47.7%,说明一号线的运营情况中等偏下,不理想。

2. 项目过程综合评价

由前面三个评价结果可知,前期工作的综合评价矩阵为

$$B_1 = \begin{bmatrix} B_{11} \\ B_{12} \\ B_{13} \end{bmatrix} = \begin{bmatrix} 0.243 & 0.471 & 0.286 & 0 & 0 \\ 0.085 & 0.4 & 0.315 & 0.2 & 0 \\ 0 & 0.4 & 0.123 & 0.477 & 0 \end{bmatrix}$$

由此可得
$$W_1 = [0.204 \quad 0.364 \quad 0.432]$$

利用模糊综合评价模型有

$$A_1 = W_i \times B_i = [0.204 \quad 0.364 \quad 0.432] \times \begin{bmatrix} 0.243 & 0.471 & 0.286 & 0 & 0 \\ 0.085 & 0.4 & 0.315 & 0.2 & 0 \\ 0 & 0.4 & 0.123 & 0.477 & \end{bmatrix}$$

$$= [0.081 \quad 0.416 \quad 0.226 \quad 0.277 \quad 0]$$

结果分析：项目过程评价结果中的最大值为 0.416，其相对评价为"较好"，即武汉轻轨一号线项目过程评价的结果为较好的占 41.6%，非常好的占 8.1%，中等的占 22.6%，较差的占 27.7%，说明一号线的决策、建设的总体情况属于较好的层次，效果比较理想。

重复以上过程，对影响评价 U_2、可持续评价 U_3、经济评价 U_4 进行计算，分别得到

$$A_2 = [0.073 \quad 0.405 \quad 0.397 \quad 0.125 \quad 0]$$
$$A_3 = [0.058 \quad 0.325 \quad 0.342 \quad 0.275 \quad 0]$$
$$A_4 = [0 \quad 0.135 \quad 0.472 \quad 0.393 \quad 0]$$

3. 项目综合后评价

根据上述计算结果，得到项目综合评价的模糊评价矩阵为

$$A = \begin{bmatrix} A_1 \\ A_2 \\ A_3 \\ A_4 \end{bmatrix} = \begin{bmatrix} 0.081 & 0.416 & 0.226 & 0.277 & 0 \\ 0.073 & 0.405 & 0.397 & 0.125 & 0 \\ 0.058 & 0.325 & 0.342 & 0.275 & 0 \\ 0 & 0.135 & 0.472 & 0.393 & 0 \end{bmatrix}$$

因此可得项目过程、影响、可持续和经济评价在项目中和评价中所占的比重为

$$W = [0.353 \quad 0.251 \quad 0.168 \quad 0.228]$$

根据模糊综合评价模型可得

$$P = W \times A = [0.057 \quad 0.334 \quad 0.345 \quad 0.264 \quad 0]$$

结果分析：项目综合评价结果中的最大值为 0.345，其相对的评语是"中等"，即武汉轻轨一号线的综合评价的结果为中等的评价占 34.5%，非常好的占 5.7%，较好的占 33.4%，较差的占 26.4%，说明武汉轻轨一号线项目总体状况属于中等偏上，靠近较好水平，基本理想。

本章小结

项目后评价作为项目建设评价的重要部分，是运输项目中的重要内容，本章先后介绍了项目后评价的主要内容的一般流程，并系统地介绍了项目后评价的几种主要方法。最后通过案例演示，对武汉轻轨一号线的项目后评价进行了分析。与项目综合评价一样，项目后评价同样应选取较为合适的方式，以得出公正的结果，并随着技术的改进不断进行完善。

习题与思考题

1. 项目后评价的概念及项目周期的划分是什么?
2. "前后对比法"与"有无对比法"的概念及差异是什么?
3. 与项目综合评价相比项目后评价有何不同?其主要任务是什么?
4. 项目后评价的内容是什么?
5. 项目后评价都有哪些方法,各自有什么特点?
6. 阐述项目后评价与可行性研究评价的区别与联系。
7. 请简述逻辑框架法的基本步骤和适用条件。

参考文献

[1] 刘光明.高速公路建设项目可行性研究及后评价[J].交通世界,2017(07):12-13,19.
[2] 刘思峰,唐学文,米传民.路桥项目后评价理论与方法[M].北京:科学出版社,2009.
[3] 王立晓,曹玉梅.基于灰色模糊综合评价的交通影响后评价研究[J].交通科技与经济,2016,18(05):14-20.
[4] DOWLING L. Post-evaluation of pavement maintenance treatments [J]. American Journal of Evaluation, 2001,22(1):71-79.
[5] DANIEL L. Evaluation checklists: Practical tools for guiding and judging evaluations[J]. American Journal of Evaluation, 2001,22(1):71-79.
[6] 沈颖,过秀成,陈荣生.公路建设项目后评价理论体系分析[J].华东公路,1997,19(4):58-60.
[7] 曹振良,高晓慧.中国房地产业发展与管理研究[M].北京:北京大学出版社,2002.
[8] 李灿灿.城市轨道交通项目后评价研究——以武汉轻轨一号线为例[D].武汉:武汉科技大学,2010.
[9] 刘正山.房地产投资分析[M].大连:东北财经大学出版社,2000.
[10] 陈岩,周晓平.水利建设项目后评价的管理与反馈机制研究[J].科技进步与对策,2007(4):140-143.
[11] 陈煜红,谭碧.模糊综合评价法在商业地产项目后评价中的应用[J].四川建筑科学研究,2007(2):200-204.
[12] 黄丽娜.浅谈工程项目后评价[J].现代经济信息,2018(11):377.

第 9 章　PPP 交通运输项目物有所值评价

　　交通运输项目的建设是人民生活和城市发展的基础条件之一。随着我国新型城镇化的加速推进,项目建设对各类交通运输基础设施的需求越来越高,但由于基础设施建设资金需求量大,沿用多年的政府拨款及租赁等项目投融资模式已难以满足交通基础设施建设项目对资金的需求。为了缓解资金缺口,需要建立以市场化融资为主,投资主体多元化、融资渠道多样化的融资体系,加大对项目融资等模式的推广和应用,以保证各类交通基础设施的建设。目前比较常见的市场化融资模式有 BOT 模式、TOT 模式、PPP 模式等。其中 PPP 模式是指从公共事业的需求出发,利用民营资源的产业化优势,通过政府与民营企业双方合作,共同开发、投资建设,并维护运营公共事业的合作模式,即政府与民营经济在公共领域的合作伙伴关系。通过这种合作形式,政府将与参与合作的各方共同承担责任和融资风险,可以充分发挥合作各方的优势,并降低私人企业对投资建设风险的担忧。本章将从 PPP 模式的介绍开始,引入物有所值的定义,并对物有所值评价的思路、流程和物有所值定量评价流程进行系统阐述,最后介绍一例具体的高速公路 PPP 项目,方便读者理解。

9.1　概　　述

9.1.1　PPP 模式的定义

　　PPP(The Public-Private Partnership)是指政府和社会资本合作的模式,是一种新兴的项目投融资模式,适用于城市基础设施项目的建设管理。随着中国经济发展速度趋向稳定与城镇化建设进程稳步推进,地方政府债务压力进一步加大,急需寻找一种有效的途径来改善这一状况。为了顺应时代发展要求,国家正大力建设现代化的治理体系,提高治理能力,发挥市场在资源配置中的决定作用。在这样的背景下,PPP 这样一种政府和社会资本合作的模式进入了大众的视野。

　　在 PPP 模式下,政府部门与私人企业以合约的形式确定权责分配,推进项目按期顺利进行,最终使政府与私人部门都能得到比独自承担项目更大的利益,政府财政支出压力减轻,私人部门投资风险减少,实现双赢。将 PPP 模式应用于交通运输项目,可以更好地明确各个投资方的责任与权利,发挥资本作用,分担政府财政压力,有助于推动交通运输项目的建设发展。在财政收入增速放缓、地方债务实行规模控制和规范管理等背景下,PPP 模式将成为今后交通基础设施建设的重要方式。

9.1.2　PPP 模式的发展

　　近些年来,PPP 模式在政府的推动下发展迅速。2013 年中国共产党第十八届中央委员会第三次全体会议通过的《中共中央关于全面深化改革若干重大问题的决定》指出："支持非公有制经济健康发展，允许社会资本通过特许经营等方式参与城市基础设施投资和运营"。2015年10月29日，《中国国民经济和社会发展"十三五"规划纲要》推广政府和社会资本合作模式；2015年11月10日，中央财经领导小组会议明确要进行供给侧结构性改革。PPP模式是实现国家治理现代化的需要，是缓解地方政府债务压力的需要，是全面推进依法治国的需要，是适应经济新常态的需要，是融行政体制、财政体制、投融资体制为一体的新一轮深度改革。

PPP模式在国内收费公路领域的应用可以追溯到20世纪80年代，国家尝试在电力、水务和公路等领域开展EPC(Engineering Procurement Construction，工程总承包)模式、BT(Build-Transfer，建设-移交)模式、BOT(Build-Operate-Transfer，建设-经营-转让)模式，主要解决融资问题。2014年，财政部发布《关于推广运用政府和社会资本合作模式有关问题的通知》(财金〔2014〕76号)、《关于政府和社会资本合作示范项目实施有关问题的通知》(财金〔2014〕112号)，随后，财政部牵头发布《政府和社会资本合作模式操作指南(试行)》，规范项目识别、准备、采购、执行、移交各环节操作流程，拉开了PPP新一轮改革的序幕。2015年4月，财政部和交通运输部联合发布《关于在收费公路领域推广运用政府和社会资本合作模式的实施意见》(财建〔2015〕111号)，明确了收费公路PPP项目在总体目标、基本原则、实施要求、保障措施方面的内容，随后交通部发布《交通运输部关于深化交通运输基础设施投融资改革的指导意见》(交财审发〔2015〕67号)；2015年12月，财政部制定了《PPP物有所值评价指引(试行)》(财金〔2015〕167号)，给出了定性评价和定量评价的原则和方法。2017年，国家发展和改革委员通知，鼓励各地政府、金融机构、企业等创新合作机制和投融资模式，利用政府PPP等方式，加快投资建设天然气储气调峰设施。

9.1.3 物有所值的定义

物有所值(Value for Money，VFM)是政府评估是否采用PPP模式的一个衡量指标。财政部《关于印发政府和社会资本合作模式操作指南(试行)的通知》(财金〔2014〕113号)对物有所值的定义为："物有所值(Value for Money，VFM)，是指一个组织运用其可以利用资源所能获得的长期最大利益。"物有所值评价是国际上普遍采用的一种评价传统上由政府提供的公共产品和服务是否可用政府和社会资本合作模式的评估体系，旨在实现公共资源配置利用效率最优化。通俗来说就是，若PPP模式能带来物有所值，那么政府采用PPP模式来替代传统的投融资模式就是合理的。

目前，中国交通行业主管部门尚未出台物有所值的具体评价方法，收费公路PPP模式物有所值定量评价的基本方法均来自于财政部发布的《PPP物有所值评价指引(试行)》(财金〔2015〕167号)，其核心是：比较定量评价是在假定采用PPP模式与政府传统投资方式产出绩效相同的前提下，通过对PPP项目全生命周期内政府方净成本的现值(PPP值)与公共部门比较值(PSC值)进行比较，判断PPP模式能否降低项目全生命周期成本。

根据收费公路PPP项目的具体情况，定量评价的流程如图9.1所示。

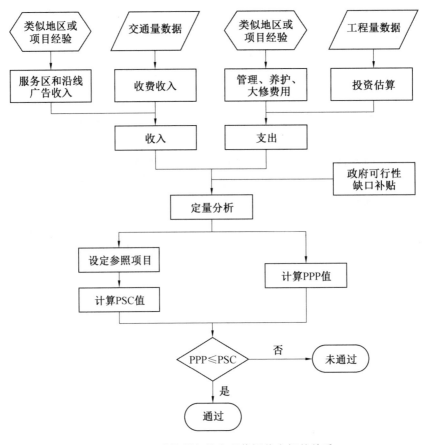

图 9.1 基础数据与物有所值评价之间的关系

其中,物有所值定量评价 PSC 值计算需要设立参照项目,参照项目要求如表 9.1 所示。

表 9.1 物有所值定量评价的参照项目要求

序号	要求
1	参照项目与 PPP 项目产出说明要求的产出范围和标准相同
2	参照项目应采用基于政府现行最佳实践的、最有效和可行的采购模式
3	参照项目的内容不一定全部由政府直接承担,政府也可将项目部分内容外包给第三方建设或运营,但外包部分的成本应计入参照项目成本
4	参照项目的各项假设和特征在计算全过程中应保持不变
5	参照项目财务模型中的数据口应保持一致

下面将从物有所值评价基本思路、定性评价流程、定量评价流程三方面进行讲解,并辅以案例分析,使读者加深理解。

9.2 物有所值评价基本思路

PPP 项目的物有所值是一个相对概念,进行 PPP 项目的物有所值评价就是把 PPP 模式与政府采用传统投融资模式所取得的成果进行对比。在效果相同的前提下,投入少的模式就更具有"物有所值";在投入相同的前提下,得到效果更好的模式就更具有"物有所值"。物有所值是投入的成本与获得的效果之间的关系,判断的主要标准是相对于成本的效果。投入的成本包括项目全周期内所有的建设、运营和维护成本,这是对于提供产品和服务而言的;效果包括产品和服务的质量(如适用性、便利性和及时性等),而不只是产品和服务的数量。

物有所值评价过程包括评价准备、定性评价、定量评价及信息管理四部分。具体评价思路图如图 9.2 所示。本节主要针对物有所值评价中的评价准备及信息管理进行讲解,后续 9.2 和 9.3 节会详细讲述物有所值定性评价、定量评价过程。

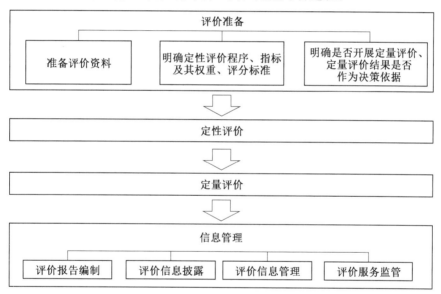

图 9.2 物有所值评价思路图

9.2.1 物有所值基本评价资料

物有所值评价所需资料包括:项目方案、项目产出说明、项目风险识别、项目风险分配、可行性研究报告、设计文件等。下面就其中的项目产出说明、项目风险识别和项目风险分配作详细说明。

1. 项目产出说明

PPP 项目产出说明书是对 PPP 项目产出进行定义和规范的说明性文件,其作用是让参与 PPP 项目的投资者明确项目需求及相应产出要求。产出(Outputs)是项目产品或服务的绩效衡量标准。

狭义上的 PPP 产出是指满足 PPP 项目需求的产品和服务等较为直观的产出,即"项目产出"。项目产出在不同模式下其产出结果应当一致,无论采用 PPP 模式还是传统模式,项目产出都是指向项目产品、服务和基础设施建设的指标。

广义上的 PPP 产出是采用 PPP 模式与传统模式所产生的效益差,即"模式产出",以货币化(定量化,可能为正值或负值)和非货币化(定性描述和判断)方式衡量。与项目产出的绝对标准不同,模式产出强调 PPP 与传统模式的差异性,即同一个 PPP 项目可能因为边界条件的变化而产生不同的模式产出。

2. 风险识别与分配

将 PPP 模式下的风险归类为系统性风险和非系统性风险,其中系统性风险包括政治风险、金融风险、不可抗力风险;非系统风险包括建设风险、运营风险、市场风险、技术风险,见图 9.3。

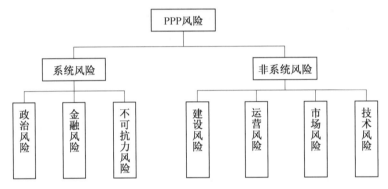

图 9.3 PPP 项目风险分类

PPP 模式中的各类风险分别由 PPP 模式中各项目参与方(或多方)承担,风险分配遵循以下原则。

(1)最优分配原则。

风险分配应综合考虑 PPP 项目各方主体利益,在法律许可的范围内争取达到整体利益最大化。在风险分配过程中,争取将不同种类的风险分配给能最有效减少该风险成本的主体,同时达到政府成本最小化的目的。分配风险的同时,需要给予风险承担方自主处理减小风险的权利。

(2)风险收益对等原则。

对于 PPP 项目的风险分配,投资方不仅要承担风险成本与损失,同时也应获得相应水平的收益,即风险与收益对等。既关注社会资本对于风险管理成本和风险损失的承担,又尊重其获得与承担风险相匹配的收益水平的权利。

(3)风险可控原则。

进行 PPP 项目风险分配时,各方不能为了减少自身风险而一味进行风险转移,应综合考虑风险承担方的财务、运营等综合能力来设定一个损失承担的上限,项目各个参与方所承担的风险都不应超过这个自身承受上限,这样才有助于 PPP 模式下项目健康发展。

本节初步分析交通运输 PPP 项目在全生命周期阶段可能面临的风险,主要包括设计、建设风险,运营风险,财务风险,收入风险,法律风险,政府行为引起的风险和其他风险等。具体风险需要根据不同项目进行相应调整。根据风险分类和分配原则,交通运输

PPP项目各类风险具体含义及分配如下。

(1)设计、建设风险。

设计、建设风险指项目无法按时完工,成本超出预算或者建设质量达不到产出说明书的要求,主要包括:设计不当、工程技术风险、完工风险等。通常,项目建设机构可以对绝大多数的建设风险进行很好的管理,项目公司(由项目发起人共同组成的有限责任公司)可以通过与项目建设方签订协议来规避此项风险。

(2)运营风险。

运营风险通常指由物料成本、人工成本增加而造成的运营成本超支、服务质量不达标、安全管理风险等。对于高速公路PPP项目,项目公司需要自行承担风险或通过与项目运营机构签署运营维护合约来转移风险。

(3)财务风险。

财务风险主要包括利率风险、融资风险和偿债风险等。利率风险主要指由利率变动直接或间接造成项目的投资增加或收益受损的风险;融资风险主要是指由于融资结构不合理等因素引起的融资可及性风险;偿债风险主要是指到期不能偿还债务的风险。交通运输PPP项目的财务风险由项目公司承担。

(4)收入风险。

收入风险主要有项目需求风险。为了提高收益,项目公司应从改良基础设施、提高服务质量、优化管理措施、增加配套服务等方面着手,增加项目的吸引力。

(5)法律风险。

法律风险主要包括第三方违约及合约文件冲突等风险。交通运输PPP项目的法律风险主要由政府和项目公司一起承担。

(6)政府行为引起的风险

政府行为引起的风险主要指政策风险和工程变更风险等,其中政策风险可以分为收费、税收、补助及补偿兑现政策风险。

收费政策风险是指政府给予项目单位的收费权利变化带来的风险,具体涉及交通、财政、物价等有关部门确定的收费标准调整、对某类通行车辆收费的减免等。税收政策风险是指政府给予项目单位税收优惠政策变化带来的风险。补助及补偿兑现风险是指政府事前约定给予项目单位一定政府补助或补偿,并在确定的时间内予以支付,但因各种原因政府尚未兑现从而给项目单位带来损失的风险。从行业管理的角度看,这些政策具有一定的稳定性,对项目的影响不大。

(7)其他风险。

其他风险主要指的是不可抗力风险,通常不可抗力风险都由项目公司和政府一起承担。其他风险通常分为两类,一类是由自然因素导致的风险,此类风险的不可抗力因素通常指那些不能预见的,如地震、海啸、狂风、瘟疫等自然灾害导致PPP项目产生亏损或盈利减少的风险;另一类是由非自然因素导致的风险,与前一类风险相反,此类风险为非自然因素导致的不可抗力风险。这类风险的不可抗力因素通常指不能预见的战争、骚乱等社会异常事件发生导致PPP项目产生亏损或盈利减少的风险。

3. 项目风险量化方法

项目风险的量化过程需要考虑各种风险支出和出现的概率,然后转化为项目成本的形式。

财政部在《政府和社会资本合作模式操作指南(试行)》中推荐比例法、情景分析法及概率法三种项目风险量化方法。

(1)比例法。

在风险支出与风险发生概率都难以确定具体大小的时候,可以将每项风险转化为PPP项目全周期内全部成本的一定比例,按比例值计算每项风险成本。

(2)情景分析法。

在各类风险支出已知但风险发生概率未知情况下,可采取情景假定的方法,设定出"基本""不利"和"最坏"等情景及情形发生比率,通过计算每种情形下的风险成本即可推算出总风险成本。

(3)概率法。

在各类风险支出与风险发生概率都可以计算的时候,可以直接计算各类风险成本。

9.2.2 物有所值评价指标选取原则

针对不同的项目,选取的物有所值评价要素也不尽相同,不过一般存在着一些共性因素,如风险管理、项目全周期成本、项目产出、项目建设规模、项目发展潜力等。另外,还可以根据不同项目的实际情况增加一些其他相关因素,比如业绩考核和竞争奖励体系与运作模式、项目建设方案与合作灵活性等。评价指标的具体选取原则如下。

1. 全面性原则

评价指标体系切忌"以偏概全",否则会严重影响评价结果的准确性。一个良好的评价指标体系,必须保证能够覆盖问题的各个方面,对评价项目做到全方位的分析评价。

2. 可比性原则

评价指标体系的构建不能对某一评价对象具有"倾向",必须对所有评价对象都适用且保证客观公正。

3. 可操作性原则

评价指标体系必须保证实用性,即其价值能够通过实践检验。实用性要落实到评价指标体系中的每一个指标且每一个指标数据都能够被准确且有效地搜集到。对操作性不强的指标,应该避免将其直接删除,而是研究是否能够对其数据搜集途径进行优化或寻找是否有新的指标能够代替计算。

4. 预见性原则

一般来讲,PPP项目的建设运营周期在20~30年,由于其周期太长,因此评价指标体系必须能够对项目的发展变化进行考虑,即评价指标体系需具有既定的预见性。

当然,在具体筛选指标时,除了综合考虑上述原则外,还应该具体问题具体分析,根据对象特点做出灵活改变。一方面要对评价指标按照上述原则进行综合考虑;另一方面由于具体对象的特殊性,对各原则的衡量方法与精度不能强求一致。

9.2.3 物有所值评价信息管理

物有所值信息管理主要指项目本级财政部门(或 PPP 中心)会同行业主管部门,在物有所值评价结论形成后,完成物有所值评价报告编制工作,报省级财政部门备案,并将报告电子版上传 PPP 综合信息平台。同时,加强对物有所值评价第三方专业机构和专家的监督管理,通过 PPP 综合信息平台进行信用记录、跟踪、报告和信息公布。省级财政部门应加强对全省(市、区)物有所值评价工作的监督管理。物有所值评价报告内容主要包括以下四部分。

1. 项目基础信息

项目基础信息主要包括项目概况、项目产出说明和绩效标准、PPP 运作方式、风险分配框架和付费机制等。

2. 评价方法

评价方法主要包括定性评价程序,指标及权重,评分标准,评分结果,专家组意见以及定量评价的 PSC 值,PPP 值的测算依据,测算过程和结果等。

3. 评价结论

物有所值评价结论分为"通过"和"未通过"两种。

4. 附件

附件通常包括(初步)实施方案、项目产出说明、可行性研究报告、设计文件、存量公共资产的历史资料、PPP 项目合同、绩效监测报告和中期评估报告等。

9.3 物有所值定性评价流程

物有所值定性评价主要采用专家打分法,具体流程如下。

(1)确定项目定性评价的具体评价指标和指标权重。

(2)成立定性评价专家小组,聘请经济方面(财政、资产评估、会计、金融等)、工程技术、项目管理和法律等有关行业专家,专家总数不少于 7 名。

(3)组织召开专家小组会议,专家们经过充分讨论后给定性评价指标逐项打分,打分为百分制。

(4)汇总专家意见及评分。按照指标权重计算加权平均分,得到 PPP 项目定性评价结果、PPP 项目定性评价结论。原则上,评分结果在 60 分及 60 分以上的,定性评价评定"通过";否则,定性评价评定"不通过"。

9.3.1 物有所值定性评价指标

针对不同的评价项目需要选取不一样的定性评价指标,并赋予每个指标相应权重。定性评价指标的选取需要重点考虑那些无法量化但对物有所值评价有关键影响的因素,针对 PPP 项目,一般可选择项目质量、项目发展潜力、政府和私人投资部门的投资管理能力等指标。常用的 PPP 项目定性评价指标有如下十二项。

1. 整合能力

PPP 模式产生物有所值是通过对项目的设计、建造、融资等阶段进行整合实现的。整合的潜力越大,越适合 PPP 模式。

2. 风险管理

PPP 模式下政府与社会资本方风险共担、利益共享,将政府本身的风险转移到社会资本方和其他机构,使风险得到合理分配,进而使政府投入成本降低,风险减小。因此,各机构的风险管理能力对于风险的合理分配和 PPP 的物有所值程度有着重要的作用。

3. 创新潜力与绩效指标

一般来讲,产出说明只规定交付需要的成果,而不对其过程提出具体要求,这样对项目创新有一定程度的刺激作用,增加了社会资本方的创新空间。政府及相关部门应同时对管理方式做出改变,建立产品或服务的绩效指标,并对其进行绩效管理。

4. 竞争潜力

竞争潜力是指项目吸引资本竞争投资的能力。PPP 项目的建立不仅要满足政府方的社会需求,也要满足社会资本方对项目收益的要求,这对政府公共部门与社会投资双方都是公平的。因此项目的公益性和经营性越平衡,项目回报越合理,对于社会资本的竞争投资吸引力就越大。

5. 政府实力

政府在 PPP 管理方面必须有足够的实力来保证项目顺利运作,这就需要对其配套政策和 PPP 运作经验等情况做出考察。政府实力越强,越能够对 PPP 项目物有所值提供保障。

6. 融资能力

项目的融资能力对于项目的运作成功也有着重要的作用,项目的边界条件说明越清楚、划分越具体,获得融资的成功性就越大。

7. 规模效益

PPP 项目需要拥有足够的规模以降低交易成本,项目的规模越大,对资产的整合和管理就越有利,所形成的规模效益对社会资本的吸引力也就越大。

8. 复杂程度

一般来讲,越复杂的项目其专业性要求越高,管理难度也更高,但相应地,复杂的项目所获得的收益也越大。这类项目更适合交由专业的社会资本来管理。

9. 预见性

由于 PPP 项目一般合约期较长,对于资产的长期运营和维护的要求较高,也就是说,稳定性和可预见性与其得分正相关。

10. 全生命周期成本

全生命周期成本是政府判断项目盈利与否的重要依据,因此要对项目全生命周期成本的理解程度和测算的准确程度进行考察。

11. 社会资本能力

除了政府需要具备相应实力外,为了确保激烈的竞争市场环境及保证项目运作和管理的效果,对于社会资本的能力也需要进行考察。

12. 政治法律环境

对于政治法律环境,首先要考察地区行业的政治制度、方针政策、法律法规等是否对项目的经营行为有所制约;其次要考察地区政治法律环境是否鼓励采用 PPP 模式。

9.3.2 定性评价指标权重

定性评价指标权重分配时,将定性指标分为基本指标与附加指标两类。在各项评价指标中,六项基本评价指标权重为 80%,其中任一指标权重一般不超过 20%;附加评价指标权重为 20%,其中任一指标权重一般不超过 10%。定性评价以全生命周期整合程度、风险识别与分配、绩效导向与鼓励创新、潜在竞争程度、政府机构能力、可融资性这六项为基本评价指标。物有所值定性评价指标权重一般如表 9.2 所示。

表 9.2 物有所值定性评价指标权重

	评审指标	权重/%
基本指标	增加公共供给	15
	风险识别与分配	15
	提高效率	15
	促进创新	15
	政府 PPP 能力	10
	政府采购政策落实潜力	10
	基本指标小计	80
附加指标	项目规模	5
	项目资产寿命	5
	项目融资可行性	10
	附加指标小计	20
合计		100

9.3.3 定性评价评分标准

单项指标采取百分制原则,根据每位专家打分,计算平均分得到各项指标最终分值。结合各项评价指标权重计算项目最终定性评价得分。

评分结果一般被分为五个等级以表示不同水平的物有所值:

(1) 0~10 分。表示本项目在该指标方面物有所值非常不明显,或缺乏物有所值依据。

(2) 11~40 分。表示本项目在该指标方面物有所值比较不明显,或比较缺乏物有所值依据。

(3) 41~60 分。表示本项目在该指标方面一定程度上物有所值。

(4) 61~80 分。表示本项目在该指标方面能较好体现物有所值的原则,比较适合采用 PPP 模式。

(5)81~100 分。表示本项目在该指标方面非常能体现物有所值的原则,采用 PPP 模式更好。

定性评价结果根据定性评价最终得分得出。其中 60 分以下表示本项目在该指标下物有所值定性评价"不通过";60 分及以上表示本项目在该指标下物有所值定性评价"通过"。

9.4 物有所值定量评价流程

定量评价是在假定采用 PPP 模式与政府传统投资方式产出绩效相同的前提下,通过对 PPP 项目全生命周期内政府方净成本的现值(PPP 值)与公共部门比较值(PSC 值)进行比较,判断 PPP 模式能否降低项目全生命周期成本。公共部门比较值(Public Sector Comparator,PSC),是指在全生命周期内,政府采用传统采购模式提供公共产品和服务的全部成本的现值,主要包括建设运营净成本、可转移风险承担成本、自留风险承担成本和竞争性中立调整成本等。PPP 值与 PSC 值的组成及关系如图 9.4 所示。

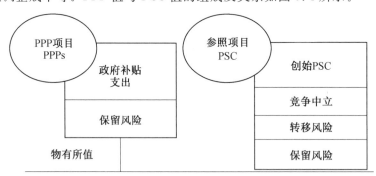

图 9.4 PPP 值与 PSC 值组成对比图

9.4.1 参照项目 PSC 值的测算

PSC 值是指政府采用传统采购模式提供与 PPP 项目产出说明要求相同的基础设施及公共服务的全生命周期成本的净现值。PSC 值是 PPP 项目物有所值定量分析的比较基准,假设前提是采用政府传统采购模式与 PPP 模式的产出绩效相同。

根据国内外的测算经验,参照项目 PSC 值可以认为由以下几部分构成:基本 PSC(包括融资成本和基本成本)、竞争性中立调整值和风险承担成本(包括自留风险承担成本和可转移风险承担成本)等。其中,较为容易计算的是基本 PSC,而竞争性中立调整值和风险承担成本比较难确定。PSC 净现值表达式为

$$\text{PSC} = \sum_{t=1}^{T_1}(\text{PSC}_0 + \text{OC}_L + \text{MC})(1+i)^{-t} + \sum_{t=T_1+1}^{T}(\text{PSC}_0 + \text{OC}_N + \text{MC} - \text{KR}_{\min})(1+i)^{-t}$$

(9.1)

式中,PSC_0 为初始 PSC 值;OC_L 为建设期竞争性中立调整成本;MC 为政府风险承担成

本;OC_N 为运营期竞争性中立调整成本;KR_{min} 为签订特许经营合约时,政府向开发商承诺的最低收入担保;T 为项目特许经营期,即项目全生命周期;T_1 为项目建设年限;i 为折现率。

式(9.1)中,PSC_0 代表初始 PSC 值,是指传统模式下,参照项目建设、运营和管理全生命周期内政府支出的除风险成本以外的全部成本,可参照相关项目历史数据确定,由式(9.2)计算。

$$PSC_0 = (\sum C_{GB}^l - \sum R_C^m) + (\sum C_{GM}^n - \sum R_E^p) + \sum C_E^q \tag{9.2}$$

式中,C_{GB}^l 为第 l 种项目建设成本;R_C^m 为第 m 种投资企业资本性收益;C_{GM}^n 为第 n 种项目运营维护成本;R_E^p 为第 p 种第三方收入;C_E^q 为第 q 种其他成本。

对于选取的参照项目,建设成本 C_{GB} 为项目建设期政府资本金投入及建设期贷款利息。资本性收益 R_C 理论上应为项目运营期末回收的固定资产余值,公路项目可不考虑;运营维护成本 C_{GM} 为项目营运期内发生的运营管理支出、养护支出(具体数额可参考"工程可行性研究报告")及财务费用;第三方收入 R_E 包括通行费收入、服务区收入和沿线广告收入等;其他成本 C_E 主要指不直接计入建设运营维护成本的成本,例如专家咨询费用、市政通信等室外配套工程修建费用等。《PPP 物有所值评价指引(试行)》(财金〔2005〕167 号)中指出,参照项目成本可以不由政府全部承担,政府可将一部分项目内容外包给其他单位以减少财政负担,但这一部分成本也需计入。

式(9.1)中引入竞争性中立调整成本 OC 是因为与传统的政府采购模式项目相比,企业投资模式项目可以获得某些体制优惠,如减免的税费、廉价的资源以及特殊的监管待遇等,因此在分析项目成本收益时有必要把这些隐性因素提取量化,与其余成本收益值一同整合分析。本模型中将 OC 分为建设期与运营期两部分,建设期竞争性中立调整成本 OC_L 主要指私人投资部门需要比政府部门多支出的成本,例如土地使用成本、行政许可成本等;运营期竞争性中立调整成本 OC_N 主要包括收入所得税等有关税费。

式(9.1)中 MC 为政府风险承担成本,为方便风险计量及下一步的计算,将 MC 进一步分类为政府自留风险承担成本 MC_G 和可转移给社会资本的风险承担成本 MC_S,那么 MC 的计算公式为

$$MC = \sum MC_G^j + \sum MC_S^k \tag{9.3}$$

式中,MC_G^j 为第 j 种政府自留风险承担成本;MC_S^k 为第 k 种可转移给社会资本的风险承担成本。

政府自留风险承担成本 MC_G 是指政府部门固定保留给自身承担的风险,这部分风险政府将不会转移给其他项目参与方,且政府可以自己承担风险损失后果,主要指的是政策方面的风险成本;可转移给社会资本的风险承担成本 MC_S 是指政府将不能承担或不愿承担而转移给其他社会资本的风险成本,包括工程、施工技术等部分。

为了将 PSC 与 PPP_S 值更好地进行比较,对拟建项目按照 PPP 模式进行风险识别与分配。由于政府自留风险承担成本 MC_G 在 PSC 值与 PPP_S 值比较时可对等扣除,可仅对项目公司承担的风险部分即可转移给社会资本的风险承担成本 MC_S 进行量化分析计算。

MC_S 的计算可以采用财政部推荐的比例法,第 i 种 MC_S 可用矩阵 $\boldsymbol{MC}_S^i = [\boldsymbol{A}^i, \boldsymbol{Q}^i]$ 表示,其中 A^i 为第 i 种项目风险发生的概率,Q^i 为第 i 种项目风险发生的后果,二者均可以

采用定性定量结合,即通过发放调查问卷或专家调查法获得。将 A^i 分为五级对应最坏、较差、不利、基本、有利五种情境假定,并依次量化为 5%、15%、15%、40%、25%;将 Q^i 分为五种对应五种情境假定,并依次量化为建设、运营或维护成本比例。

MC_S 的计算公式为

$$MC_S = \sum (A^i \times (Q^i)^T) \tag{9.4}$$

式(9.1)中折现率 i 的选择对物有所值评价的结果也有很大影响,其取值应体现资金占用所要求的时间价值补偿、通货膨胀价值补偿、风险价值补偿以及行业特点。在实践中,可根据不同的实际情况采用社会实践价值偏好折现率、无风险利率、社会偏好率及长期贷款利率等。

9.4.2 PPP 项目 PPPs 值的确定

PPP 项目 PPPs 值随项目建设方案的变化而变化。令 X 为运输系统 PPP 项目建设方案集合,$x \in X$,那么 PPPs 值的计算可以转化成一个最小值问题,即

$$\min_{x \in X} PPPs(x) = \sum \left[\varphi(x)(\sum_{T_1}\sum_{l} C'^{l}_{GB}(x,T_1) + \sum_{T_2}\sum_{n} C'^{n}_{GM}(x,T_2) + \sum_{T}\sum_{j} MC'^{j}_{G}(x,T)) + \varepsilon_x \right] \tag{9.5}$$

$$\text{s.t.} (9.6) \sim (9.9)$$

式中,$C'^{l}_{GB}(x)$ 为方案 x 的第 l 种影子报价政府建设期成本;$C'^{n}_{GM}(x)$ 为方案 x 的第 n 种影子报价政府运营期成本;$MC'^{j}_{G}(x)$ 为方案 x 的第 j 种政府自留风险承担成本;$\varphi(x)$ 为决策变量;ε_x 为决策变量;T 为项目特许经营期,即项目全生命周期,$T = T_1 + T_2$;T_1 为项目建设年限;T_2 为项目运营年限。

式(9.5)中 $\varphi(x)$ 为决策变量,由式(9.6)、(9.7)计算。

$$\varphi(x) = \begin{cases} 1, & \text{方案 } x \text{ 采用 PPP 模式投资建设} \\ 0, & \text{方案 } x \text{ 不投资建设} \end{cases} \tag{9.6}$$

选择一个建设方案进行投资,即

$$\sum \varphi(x) = 1 \tag{9.7}$$

政府对于建设方案 x 的总支出成本 $C_G(x)$ 可以理解为政府对 x 的总投资额 $e_G(x)$,且 $e_G(x) = C_G(x) = C_{GB}(x) + C_{GM}(x)$,那么存在政府最大投资金额 $\psi_G(x)$;假设投资企业对于建设方案 x 投资额为 $e_C(x)$,那么存在企业最大投资金额 $\psi_C(x)$。式(9.5)的政府投资金额约束和企业最大投资金额约束为

$$\varepsilon_x = \begin{cases} 0, & e_G(x) \leqslant \psi_G(x), e_C(x) \leqslant \psi_C(x) \\ M, & \text{其他} \end{cases} \tag{9.8}$$

式中,M 为很大的正数。

在计算政府总支出成本 $C_G(x)$ 时除考虑由政府承担的一般的建设运营维护成本以外,还要将投资企业的收益 $R_C(x)$ 考虑进去,其应大于等于政府部门与投资企业签订特许经营合约时向其承诺的最低收入担保 $KR_{\min}$,这部分成本可考虑进补贴成本内,即投资企业最低收益约束,见式(9.9)。

$$R_C(x) \geqslant KR_{\min} \tag{9.9}$$

式(9.5)中政府自留风险承担成本 MC'_G 在与参照项目 PSC 值比较时可对等扣除,可不予计算。

影子报价政府运营总成本 $C'_G(x)$ 为式(9.5)中政府建设期总成本 $\sum C'_{GB}(x)$ 与政府运营期总成本 $\sum C'_{GM}(x,T_2)$ 之和,即

$$C'_G(x) = \sum C'_{GB}(x) + \sum C'_{GM}(x,T_2) \tag{9.10}$$

具体计算公式为

$$C'_G(x) = \left(\sum C'^{l}_{GB}(x) - \sum R'^{m}_C(x)\right) + \left(\sum C'^{n}_{GM}(x) - \sum R'^{p}_E(x)\right) + \sum C'^{q}_E(x) \tag{9.11}$$

式中,$C'^{l}_{GB}(x)$ 为方案 x 的第 l 种项目建设成本;$R'^{m}_C(x)$ 为方案 x 的第 m 种投资企业资本性收益;$C'^{n}_{GM}(x)$ 为方案 x 的第 n 种项目运营维护成本;$R'^{p}_E(x)$ 为方案 x 的第 p 种第三方收入;$C'^{q}_E(x)$ 为方案 x 的第 q 种其他成本。

式(9.11)中政府建设成本 $C'_G(x)$ 是指政府对项目建设投入的支出,具体包括初始资金投入、土地使用权、基础设施建设投入、设备购买投入等形式,在交通运输 PPP 项目中为政府利用财政性资金入股项目公司投入项目建设的资金。

资本性收益 $R'^{m}_C(x)$ 是指项目运营期末进行的转让、出租或处置回收项目资产所获得的收益,在高速公路 PPP 项目中不存在此项收益。

第三方收入 $R'^{p}_E(x)$ 意义同参照项目 PSC 值的第三方收入,在交通运输 PPP 项目中为项目运营期内的运营收入。

政府运营维护成本 $C'^{n}_{GM}(x)$,包括政府向项目运营管理方支付的费用,包括运营管理费和防止亏损的财政补贴,在交通运输 PPP 项目中为政府财政性资金对项目运营期的运营补助;政府其他成本 $C'^{q}_E(x)$ 与参照项目 PSC 值基本相同,需要注意的是 PPP 项目比参照项目多出了对于私人投资部门未中选的补偿金、政府向私人投资部门贷款的利息等,视具体情况而定,在交通运输 PPP 项目中为政府放弃的项目公司股利。

9.4.3 PSC 值与 PPPs 值比较

$$K = \text{PSC}/\text{PPPs} \tag{9.12}$$

式中,K 为项目决策变量。

若 $K \geqslant 1$ 表示项目定量评价"通过",此 PPP 项目"物有所值";反之则不通过。

9.4.4 定量评价指标灵敏度分析

PPP 项目特有的 PPP 模式导致其项目管理活动较传统模式更为复杂,加之其项目周期长、参与方众多,整个项目周期中充斥着多种不确定因素。这些影响因素对项目的影响程度是不同的,有的因素即使发生很大的变化也不会对评价结果造成很明显的影响;而有些因素则正好相反,其极小的变化都会导致评价指标的极大变化,甚至有可能改变评价结果。前者被称为不敏感因素,后者被称为敏感因素。

对于物有所值评价的评价指标灵敏度分析的目的在于:首先,验证可能影响项目评价结果的不同因素对评价指标的影响,观察影响因素变动对评价指标的影响幅度,以此可以

帮助鉴别项目的敏感因素，有助于项目各方进行项目风险管理；其次，一个项目评价方法在不同影响因素的合理变动范围内都应具有有效性和可行性，进行评价指标的灵敏度分析是验证一个评价方法是否合理的有效手段。

单因素灵敏度分析的灵敏度系数 S_F 计算公式为

$$S_F = \frac{\Delta A/A}{\Delta F/F} \tag{9.13}$$

式中，S_F 为评价指标 A 对于不确定因素 F 的灵敏度系数；$\Delta F/F$ 为不确定因素 F 的变化率；$\Delta A/A$ 为不确定因素 F 变化时，评价指标 A 的相应变化率。

$S_F>0$ 时，表示评价指标与不确定因素同符号变化；$S_F<0$ 时，表示评价指标与不确定因素不同符号变化。$|S_F|$ 较大表示灵敏度系数高。

定量评价指标选择参照项目 PSC 值与 PPP 项目 PPPs 值，以此验证 PPP 物有所值评价的有效性与可行性。

9.5　案例分析

本章引用论文《高速公路 PPP 项目物有所值评价研究》（李佳，哈尔滨工业大学）进行案例演示。本案例为高速公路 PPP 项目。项目拟订方案的工程总造价为 209 261 万元，平均每千米造价为 8 099 万元。该项目运营期按 30 年计算，国民经济内部收益率为 11.08%，大于社会折现率 8%；经济净现值 85 227 万元，大于 0，本项目财务效益可行。

9.5.1　项目产出分析

1. 交通量预测

交通量预测是为掌握项目影响区内各方向公路运输通道的交通流量、流向、车型构成等交通特性，而进行全面的机动车 OD 调查（交通起讫点调查）和交通量观测。在对相关交通调查数据进行合并处理以及对项目所在区域路网进行分析的基础上，编制单位对交通小区进行了划分，并形成了基年（2015 年）OD 表。采用"四阶段法"对未来年交通量进行了预测，经复核后，拟建项目未来年交通量见表 9.3。

表 9.3　拟建项目未来年交通量预测　　　　　　　　　　　单位：pcu/d

年份	公路路段交通量				
	①—②	②—③	③—④	④—⑤	路段平均
2019①	3 670	2 690	2 950	3 290	3 180
2024	4 430	3 250	3 560	3 970	3 840
2029	6 020	4 420	4 850	5 400	5 220
2034	8 320	6 100	6 690	7 460	7 210
2039	1 1570	8 480	9 300	10 370	10 020
2048	20 450	14 990	16 450	18 330	17 720

---

① 为保证计算的完整性，本书保留了引用论文中对 2019 年的交通量预测的数据，下同。

2. 营运收入

该高速公路 PPP 项目的项目营运收入包括通行费收入、服务区及广告经营收入等。

(1) 通行费收入。

根据规范,该高速公路通行费客车按车型、货车按车重征收。结合车型构成情况及超限经验数据,考虑计重收费因素后的分车型收费标准,最终所得收费收入见表 9.4。

表 9.4 拟建项目营运期内通行费收入　　　　　　单位:万元/年

年份	通行费收入
2019	1 635
2024	1 971
2029	2 682
2034	3 705
2039	5 150
2048	9 105

注:通行费收入未考虑税费。

(2) 服务区及广告经营收入。

服务区经营收入包括服务区餐饮、住宿和加油站等经营收入。服务区经营收入采用类比国内其他高速公路的方法测算。广告收入参照国内已通车高速公路收入情况取平均每千米 1 万元计。服务区及广告经营收入测算结果见表 9.5。

表 9.5 拟建项目营运期内服务区及广告收入　　　　　　单位:万元/年

年份	服务区及广告收入
2019	156
2024	195
2029	271
2034	386
2039	559
2048	1 024

注:上述收入未考虑税费

(3) 拟建项目营运收入。

综上,测算拟建项目在 30 年运营期内的收入如表 9.6 所示。

表 9.6 拟建项目营运期收入　　　　　　单位:万元/年

年份	营运收入
2019	1 791
2024	2 166
2029	2 953
2034	4 091
2039	5 709
2048	10 129

9.5.2 物有所值评价

1. 定性评价

(1)评价指标设置。

本项目物有所值定性评价选取 12 个评价指标,并赋予每个指标相应权重。各评价指标及其权重如表 9.7 所示。

表 9.7 物有所值定性评价指标及权重

编号	评价指标	权重/%	编号	评价指标	权重/%	编号	评价指标	权重/%
1	整合能力	15	5	政府实力	10	9	预见性	5
2	风险管理	15	6	融资能力	10	10	全生命周期成本	5
3	创新潜力与绩效指标	15	7	规模效益	5	11	社会资本能力	3
4	竞争潜力	10	8	复杂程度	5	12	政治法律环境	2

(2)专家意见。

本项目物有所值定性评价专家组由 5 名分别来自工程技术、行业运营、投资经济、风险管理、法律法规方面的专家担任。

(3)评分结果。

单项指标采取百分制原则,根据每位专家打分,计算平均分得到各项指标最终分值。该高速公路 PPP 项目物有所值定性评价各项评价指标得分见表 9.8。本项目物有所值定性评价最终得分为 81 分。根据评分细则,本项目定性评价结果为:通过物有所值定性评价。

表 9.8 物有所值定性评价结果

编号	评价指标	权重/%	得分	加权得分
1	整合能力	15	86	12.9
2	风险管理	15	82	12.3
3	创新潜力与绩效指标	15	78	11.7
4	竞争潜力	10	78	7.8
5	政府实力	10	75	7.5
6	融资能力	10	85	8.5
7	规模效益	5	80	4.0
8	复杂程度	5	80	4.0
9	预见性	5	80	4.0
10	全生命周期成本	5	80	4.0
11	社会资本能力	3	85	2.6
12	政治法律环境	2	85	1.7
	最终得分	100	81	0

2. 定量评价

(1) 参数选择。

①参照项目。

假定待评价 PPP 项目以传统模式运行,并以此为参照项目。

②基年。

PSC 值和 PPPs 值计算时基年取项目开工年的前一年,即 2015 年。

③贷款利率。

长期贷款利率取 2015 年 10 月 24 日央行公布的基准利率 4.90%。

④折现率。

折现率在长期贷款利率基础上增加 1%,即 5.90%。

⑤评价期。

评价期按《收费公路管理条例》规定的中部地区经营性收费公路经营期上限 30 年计。社会投资人自有资金基准回报率取内部收益率 8%。

⑥税费。

参照项目按政府还贷型收费公路情景计,不缴纳营业税和所得税,但缴纳水利基金。水利基金按通行费收入的 3% 计。

PPP 项目按经营性收费公路情景计,按 3.3% 缴纳营业税和附加,按现行税法缴纳所得税。

⑦PPP 项目公司融资结构。

PPP 项目公司资本金设定为全部建设投资的 57%,即 119 578 万元。其中建设投资的 28%,即 58 593 万元为政府财政性资金投入;建设投资的 29%,即 60 985 万元为社会资本自有资金投入。建设资金余下缺口由项目公司融资解决。项目公司中社会资本股比为 51%,政府股比为 49%,政府股份不参与分红。

(2) PSC 值计算。

①初始 PSC 值。

根据式(9.2)测算,初始 PSC 值为 169 138 万元,详见表 9.9、表 9.10、表 9.11。

②竞争性中立调整值。

PPP 项目中竞争性中立调整值所列费用中除所得税外,均为政府或社会资本需同等支出的费用,故调整值仅为所得税。经测算,竞争性中立调整值为 772 万元,详见表 9.10。

③风险承担成本。

根据项目风险分配基本框架,使用概率法测定风险承担成本。因政府自留风险承担成本在 PSC 值和 PPPs 值比较时可对等扣除,故在此只针对可转移给社会资本的风险承担成本测算。

为了将 PSC 值和 PPPs 值更好地进行比较,对拟建项目按照 PPP 模式进行风险识别与分配,结果见表 9.12。

表 9.9 PSC 情景下借款还本付息估算表

单位：万元

序号	项目	建设期/年			运营期/年																												
		1	2	3	4	5	6	7	8	9	10	11	12	13	14	15	16	17	18	19	20	21	22	23	24	25	26	27	28	29	30	31	32	33
		2016	2017	2018	2019	2020	2021	2022	2023	2024	2025	2026	2027	2028	2029	2030	2031	2032	2033	2034	2035	2036	2037	2038	2039	2040	2041	2042	2043	2044	2045	2046	2047	2048
1	长期借款	0	0	0	162 034	159 553	156 950	154 220	151 356	148 352	145 201	141 895	138 427	134 789	130 973	126 970	122 771	118 366	113 745	108 898	103 813	98 480	92 884	87 015	80 858	74 399	67 624	60 517	53 062	45 241	37 037	28 431	19 404	9 934
1.1	年初借款累计	0	46 308	110 321	162 034	159 553	156 950	154 220	151 356	148 352	145 201	141 895	138 427	134 789	130 973	126 970	122 771	118 366	113 745	108 898	103 813	98 480	92 884	87 015	80 858	74 399	67 624	60 517	53 062	45 241	37 037	28 431	19 404	9 934
1.2	本年借款	45 200	60 267	45 200	0	0	0	0	0	0	0	0	0	0	0	0	0	0	0	0	0	0	0	0	0	0	0	0	0	0	0	0	0	0
2	本年应付本息	1 107	3 746	6 513	10 421	10 421	10 421	10 421	10 421	10 421	10 421	10 421	10 421	10 421	10 421	10 421	10 421	10 421	10 421	10 421	10 421	10 421	10 421	10 421	10 421	10 421	10 421	10 421	10 421	10 421	10 421	10 421	10 421	10 421
2.1	偿还本金	0	0	0	2 481	2 603	2 730	2 864	3 004	3 151	3 306	3 468	3 638	3 816	4 003	4 199	4 405	4 621	4 847	5 085	5 334	5 595	5 869	6 157	6 459	6 775	7 107	7 455	7 821	8 204	8 606	9 028	9 470	9 934
2.2	付息	0	0	0	7 940	7 818	7 691	7 557	7 416	7 269	7 115	6 953	6 783	6 605	6 418	6 222	6 016	5 800	5 574	5 336	5 087	4 826	4 551	4 264	3 962	3 646	3 314	2 965	2 600	2 217	1 815	1 393	951	487
3	还款资金来源	0	0	0	2 481	2 603	2 730	2 864	3 004	3 151	3 306	3 468	3 638	3 816	4 003	4 199	4 405	4 621	4 847	5 085	5 334	5 595	5 869	6 157	6 459	6 775	7 107	7 455	7 821	8 204	8 606	9 028	9 470	18 653
3.1	用于还本的未分配利润	0	0	0	0	0	0	0	0	0	0	0	0	0	0	0	0	0	0	0	0	0	0	0	884	1 517	2 184	2 888	3 631	4 414	8 606	9 028	9 470	0
3.2	用于还本的折旧	0	0	0	0	0	0	0	0	0	0	0	0	0	0	0	0	0	0	0	0	0	0	0	0	0	0	0	0	0	0	0	0	0
3.3	用于还本的财政补助	0	0	0	2 481	2 603	2 730	2 864	3 004	3 151	3 306	3 468	3 638	3 816	4 003	4 199	4 405	4 621	4 847	5 085	5 334	5 595	5 869	6 157	5 575	5 258	4 923	4 567	4 190	3 789	0	0	0	18 653

表9.10 PSC情景下损益表

单位:万元

序号	项目	建设期/年			运营期/年																												
		1	2	3	4	5	6	7	8	9	10	11	12	13	14	15	16	17	18	19	20	21	22	23	24	25	26	27	28	29	30	31	32	33
		2016	2017	2018	2019	2020	2021	2022	2023	2024	2025	2026	2027	2028	2029	2030	2031	2032	2033	2034	2035	2036	2037	2038	2039	2040	2041	2042	2043	2044	2045	2046	2047	2048
1	营运收入	1 791	1 860	1 933	2 007	2 085	2 166	2 305	2 452	2 609	2 776	2 953	3 152	3 364	3 591	3 833	4 091	4 373	4 674	4 997	5 341	5 709	6 046	6 403	6 781	7 181	7 605	8 054	8 529	9 032	10 130			
2	水利基金	54	56	58	60	63	65	69	74	78	83	89	95	101	108	115	123	131	140	150	160	171	181	192	203	215	228	242	256	271	304			
3	总成本	8 453	8 340	8 220	8 094	7 962	7 823	7 677	7 523	7 362	7 014	6 827	6 630	6 423	6 206	5 978	5 739	5 487	5 223	4 654	4 348	4 026	3 689	3 334	2 962	2 571	2 161	1 730	31 418					
3.1	经营成本	514	521	529	537	545	553	562	570	579	596	605	614	623	633	642	652	662	672	692	702	713	723	734	745	757	768	779	30 931					
3.2	折旧费	0	0	0	0	0	0	0	0	0	22 965	0	0	0	0	0	0	0	0	26 652	0	0	0	0	0	0	0	0	0					
3.3	运营期利息	7 940	7 818	7 691	7 557	7 416	7 269	7 115	6 953	6 783	6 605	6 418	6 222	6 016	5 800	5 574	5 336	5 087	4 826	4 551	4 264	3 962	3 646	3 314	2 965	2 600	2 217	1 815	1 393	951	487			
4	利润总额(1−2−3)	−6 716	−6 535	−6 345	−6 147	−5 939	−5 722	−5 441	−5 145	−4 831	−26 878	−4 149	−3 769	−3 307	−2 940	−2 488	−2 010	−1 497	−953	−376	−25 735	884	1 517	2 184	2 888	3 631	4 414	5 241	6 112	7 031	−21 592			
5	财政补助	9 197	9 138	9 075	9 011	8 943	8 873	8 747	8 612	8 469	30 694	8 152	7 968	7 772	7 561	7 336	7 095	6 831	6 548	6 246	31 892	5 575	5 258	4 923	4 567	4 190	3 789	0	0	0	31 525			
5.1	其中用于弥补亏额	6 716	6 535	6 345	6 147	5 939	5 722	5 441	5 145	4 831	26 878	4 149	3 769	3 367	2 940	2 488	2 010	1 497	953	376	25 735	0	0	0	0	0	0	0	0	0	21 592			
5.2	其中用于偿还贷款本金	2 481	2 603	2 730	2 864	3 004	3 151	3 306	3 468	3 638	3 816	4 003	4 199	4 405	4 621	4 847	5 085	5 334	5 595	5 869	6 157	5 575	5 258	4 923	4 567	4 190	3 789	0	0	0	9 934			

表 9.11 PSC 情景下财务现金流量表

单位：万元

序号	项目	建设期/年			运营期/年																												
		1	2	3	4	5	6	7	8	9	10	11	12	13	14	15	16	17	18	19	20	21	22	23	24	25	26	27	28	29	30	31	32	33
		2016	2017	2018	2019	2020	2021	2022	2023	2024	2025	2026	2027	2028	2029	2030	2031	2032	2033	2034	2035	2036	2037	2038	2039	2040	2041	2042	2043	2044	2045	2046	2047	2048
1	现金流入：	0	0	0	10 998	10 998	11 008	11 018	11 028	11 039	11 052	11 064	11 078	33 469	11 105	11 120	11 136	11 152	11 168	11 186	11 204	11 223	11 242	37 233	11 284	11 304	11 326	11 348	11 370	11 394	11 419	11 444	11 471	41 655
1.1	营运收入	0	0	0	1 791	1 860	1 933	2 007	2 085	2 166	2 305	2 452	2 609	2 776	2 953	3 152	3 364	3 591	3 833	4 091	4 373	4 674	4 997	5 341	5 709	6 046	6 403	6 781	7 181	7 605	8 054	8 529	9 032	10 130
1.2	回收资产余值	0	0	0	0	0	0	0	0	0	0	0	0	0	0	0	0	0	0	0	0	0	0	0	0	0	0	0	0	0	0	0	0	31 525
1.3	财政补助	0	0	0	9 197	9 138	9 075	9 011	8 943	8 873	8 747	8 612	8 469	30 694	8 152	7 968	7 772	7 561	7 336	7 095	6 831	6 548	6 246	31 892	5 575	5 258	4 923	4 567	4 190	3 789	3 364	2 914	2 438	0
2	现金流出：	17 578	23 437	17 578	10 988	10 998	11 008	11 018	11 028	11 039	11 052	11 064	11 078	33 469	11 105	11 120	11 136	11 152	11 168	11 186	11 204	11 223	11 242	37 233	11 284	11 304	11 326	11 348	11 370	11 394	11 419	11 444	11 471	11 655
2.1	车辆购置费	17 578	23 437	17 578	0	0	0	0	0	0	0	0	0	0	0	0	0	0	0	0	0	0	0	0	0	0	0	0	0	0	0	0	0	0
2.2	运营管理费	0	0	0	223	226	230	233	237	240	244	247	251	255	259	263	266	270	275	279	283	287	291	296	300	305	309	314	319	323	328	333	338	343
2.3	养护费	0	0	0	291	295	300	304	309	313	318	323	328	333	338	343	348	353	358	364	369	375	380	386	392	398	404	410	416	422	428	435	441	448
2.4	大修费	0	0	0	0	0	0	0	0	0	0	0	0	22 378	0	0	0	0	0	0	0	0	0	25 970	0	0	0	0	0	0	0	0	0	30 140
2.5	水利基金	0	0	0	54	56	58	60	63	65	69	74	78	83	89	95	101	108	115	123	131	140	150	160	171	181	192	203	215	228	242	256	271	304
2.6	偿还本息	0	0	0	10 421	10 421	10 421	10 421	10 421	10 421	10 421	10 421	10 421	10 421	10 421	10 421	10 421	10 421	10 421	10 421	10 421	10 421	10 421	10 421	10 421	10 421	10 421	10 421	10 421	10 421	10 421	10 421	10 421	10 421
3	净现金流量(1−2)	−17 578	−23 437	−17 378	0	0	0	0	0	0	0	0	0	0	0	0	0	0	0	0	0	0	0	0	0	0	0	0	0	0	−3 365	−2 916	−2 439	0
	初始 PSC 净现值	169 138																																

表9.12 参照项目风险分配

编号	风险种类	风险承担方
1	组织机构风险	项目公司
2	施工技术风险	项目公司
3	工程风险	项目公司
4	投资估算风险	项目公司
5	资金风险	项目公司
6	征拆超概风险	政府
7	市场风险(最低需求风险)	政府
8	政策风险	政府
9	财务风险	项目公司
10	不可抗力风险	政府和项目公司

可转移风险承担成本主要考虑工程与投资估算风险和财务风险。概率法情景设定参见表9.13、表9.14。

表9.13 工程及投资估算风险概率法情景设定

情景假定	风险后果	发生概率/%
有利	建设成本节约5%以上	5
基本	建设成本节约5%~成本超支5%	25
不利	建设成本超支5%~15%	40
较差	建设成本超支15%~20%	20
最坏	建设成本超支25%以上	10

表9.14 财务风险概率法情景设定

情景假定	风险后果	发生概率/%
有利	运营成本节约5%以上	25
基本有利	运营成本节约5%~成本超支5%	40
不利	运营成本超支5%~15%	15
较差	运营成本超支15%~25%	15
最坏	运营成本超支25%以上	5

根据测算,可转移风险承担成本为22 931万元。

④PSC值计算结果。

综上,根据9.4.1中参照项目PSC值的计算方法,鹤大高速公路佳木斯过境段PPP项目的参照项目PSC值为192 841万元。

(3) PPPs值计算。

根据9.4.2中PPP项目PPPs值的计算方法,测算PPPs值为176 240万元,详见表9.15、表9.16、表9.17。

表 9.15 PPP 情景下借款还本付息估算表

单位:万元

序号	项目	建设期/年				运营期/年																											
		1	2	3	4	5	6	7	8	9	10	11	12	13	14	15	16	17	18	19	20	21	22	23	24	25	26	27	28	29	30	31	32	33
		2016	2017	2018	2019	2020	2021	2022	2023	2024	2025	2026	2027	2028	2029	2030	2031	2032	2033	2034	2035	2036	2037	2038	2039	2040	2041	2042	2043	2044	2045	2046	2047	2048
1	长期借款	26 905	63 437	92 572	96 449	94 972	93 423	91 798	90 093	88 305	86 429	84 461	82 397	80 232	77 960	75 577	73 078	70 456	67 706	64 820	61 794	58 619	55 288	51 795	48 130	44 285	40 253	36 022	31 584	26 929	22 046	16 923	11 550	5 913
1.1	年初借款累计	0	27 564	65 667	96 449	94 972	93 423	91 798	90 093	88 305	86 429	84 461	82 397	80 232	77 960	75 577	73 078	70 456	67 706	64 820	61 794	58 619	55 288	51 795	48 130	44 285	40 253	36 022	31 584	26 929	22 046	16 923	11 550	5 913
1.2	本年借款	26 905	35 873	26 905	0	0	0	0	0	0	0	0	0	0	0	0	0	0	0	0	0	0	0	0	0	0	0	0	0	0	0	0	0	0
2	本年应付息	659	2 230	3 877	0	6 203	6 203	6 203	6 203	6 203	6 203	6 203	6 203	6 203	6 203	6 203	6 203	6 203	6 203	6 203	6 203	6 203	6 203	6 203	6 203	6 203	6 203	6 203	6 203	6 203	6 203	6 203	6 203	6 203
2.1	偿还本金	0	0	0	1 477	1 549	1 625	1 705	1 788	1 876	1 968	2 064	2 165	2 271	2 383	2 500	2 622	2 750	2 885	3 027	3 175	3 330	3 494	3 665	3 844	4 033	4 230	4 438	4 655	4 883	5 123	5 374	5 637	5 913
2.2	付息	0	0	0	4 726	4 654	4 578	4 498	4 415	4 327	4 235	4 139	4 037	3 931	3 820	3 703	3 581	3 452	3 318	3 176	3 028	2 872	2 709	2 538	2 358	2 170	1 972	1 765	1 548	1 320	1 080	829	566	290
3	还款资金来源	0	0	0	1 477	1 549	1 625	1 705	1 788	1 876	1 968	2 064	2 165	2 271	2 383	2 500	2 622	2 750	2 885	3 027	3 175	3 330	3 494	3 665	3 844	4 033	4 230	4 438	4 655	4 883	5 123	5 374	5 637	5 913
3.1	用于还本的未分配利润	0	0	0	0	0	0	0	0	0	0	0	0	0	0	0	0	0	0	0	0	0	0	0	0	0	0	0	0	2 324	2 772	5 374	5 637	0
3.2	用于还本的摊销	0	0	0	0	0	0	0	0	0	0	0	0	0	0	0	0	0	0	0	0	0	0	0	0	0	0	0	0	2 560	2 350	0	0	0
3.3	用于还本的财政补助	0	0	0	1 477	1 549	1 625	1 705	1 788	1 876	1 968	2 064	2 165	2 271	2 383	2 500	2 622	2 750	2 885	3 027	3 175	3 330	3 494	3 665	3 844	4 033	4 230	4 438	4 655	0	0	0	0	5 913

第9章 PPP 交通运输项目物有所值评价

表 9.16 PPP 情景下损益表

单位:万元

序号	项目	建设期/年				运营期/年																												
		1	2	3	4	5	6	7	8	9	10	11	12	13	14	15	16	17	18	19	20	21	22	23	24	25	26	27	28	29	30	31	32	33
		2016	2017	2018	2019	2020	2021	2022	2023	2024	2025	2026	2027	2028	2029	2030	2031	2032	2033	2034	2035	2036	2037	2038	2039	2040	2041	2042	2043	2044	2045	2046	2047	2048
1	营运收入	1 791	1 860	1 932	2 007	2 085	2 166	2 305	2 452	2 609	2 776	2 953	3 152	3 364	3 591	3 833	4 091	4 373	4 674	4 997	5 341	5 709	6 046	6 403	6 781	7 181	7 605	8 054	8 529	9 032	10 130			
2	营业税及附加	59	61	64	66	69	71	76	81	86	92	97	104	111	118	126	135	144	154	165	176	188	200	211	224	237	251	266	281	298	334			
3	总成本	7 144	7 078	7 007	6 934	6 856	6 775	6 689	6 599	6 504	23 188	6 300	6 190	6 074	5 953	5 825	5 691	5 550	5 401	5 246	5 083	4 910	4 729	4 540	4 341	4 131	3 911	3 680	3 438	3 183	25 521			
3.1	经营成本	385	391	397	403	409	415	421	428	434	17 224	447	454	461	468	475	482	489	496	504	19 989	519	527	535	543	551	559	567	576	585	23 198			
3.2	摊销费	2 033	2 033	2 033	2 033	2 033	2 033	2 033	2 033	2 033	2 033	2 033	2 033	2 033	2 033	2 033	2 033	2 033	2 033	2 033	2 033	2 033	2 033	2 033	2 033	2 033	2 033	2 033	2 033	2 033	2 033			
3.3	运营期利息	4 726	4 654	4 578	4 498	4 415	4 327	4 235	4 139	4 037	3 931	3 820	3 703	3 581	3 452	3 318	3 176	3 028	2 872	2 709	2 538	2 358	2 170	1 972	1 765	1 548	1 320	1 080	829	566	290			
4	利润总额（1−2−3）	−5 412	−5 278	−5 139	−4 993	−4 840	−4 680	−4 461	−4 228	−3 982	−20 504	−3 444	−3 142	−2 821	−2 480	−2 119	−1 735	−1 321	−881	−414	−19 395	611	1 117	1 652	2 216	2 813	3 442	4 107	4 809	5 551	−15 725			
5	弥补以前年度亏损	0	0	0	0	0	0	0	0	0	0	0	0	0	0	0	0	6	0	−414	−19 395	611	1 117	1 652	2 216	2 813	0	0	0	0	0			
6	应纳税利润	0	0	0	0	0	0	0	0	0	0	0	0	0	0	0	0	0	0	0	0	0	0	0	0	0	3 442	4 107	4 809	5 551	0			
7	所得税	0	0	0	0	0	0	0	0	0	0	0	0	0	0	0	0	0	0	0	0	0	0	0	0	0	861	1 027	1 202	1 388	0			
8	税后利润	0	0	0	0	0	0	0	0	0	0	0	0	0	0	0	0	0	0	0	0	0	0	0	0	0	2 582	3 081	3 607	4 163	0			
8.1	三基金	0	0	0	0	0	0	0	0	0	0	0	0	0	0	0	0	0	0	0	0	0	0	0	0	0	258	308	361	416	0			
8.2	可供分配利润	0	0	0	0	0	0	0	0	0	0	0	0	0	0	0	0	0	0	0	0	0	0	0	0	0	2 324	2 772	3 246	3 747	0			
9	财政补贴	10 655	10 655	10 655	10 655	10 655	10 655	10 655	10 655	10 655	10 655	10 655	10 655	10 655	10 655	10 655	10 655	10 655	10 655	10 655	10 655	10 655	10 655	10 655	10 655	10 655	10 655	10 655	10 655	10 655	10 655			
10	偿还贷款本金	1 477	1 549	1 625	1 705	1 788	1 876	1 968	2 064	2 165	2 271	2 383	2 500	2 622	2 750	2 885	3 027	3 175	3 330	3 494	3 665	3 844	4 033	4 230	4 438	4 655	4 883	5 123	5 374	5 637	5 913			
11	补贴后利润	3 766	3 827	3 891	3 958	4 027	4 099	4 227	4 363	4 508	−12 121	4 828	5 013	5 212	5 424	5 651	5 894	7 486	7 325	7 161	−12 405	7 422	7 739	8 076	8 434	8 813	8 095	8 305	8 528	8 765	−10 983			

表 9.17 PPP 情景下财务现金流量表

单位：万元

序号	项目	建设期/年			运营期/年																												
		1	2	3	4	5	6	7	8	9	10	11	12	13	14	15	16	17	18	19	20	21	22	23	24	25	26	27	28	29	30	31	32	33
		2016	2017	2018	2019	2020	2021	2022	2023	2024	2025	2026	2027	2028	2029	2030	2031	2032	2033	2034	2035	2036	2037	2038	2039	2040	2041	2042	2043	2044	2045	2046	2047	2048
1	现金流入：	0	0	0	12 446	12 515	12 388	12 662	12 740	12 821	12 960	13 071	13 264	13 431	13 608	13 807	14 019	14 246	14 488	14 746	15 028	15 329	15 652	15 996	16 364	16 701	17 058	17 436	17 836	18 260	18 709	19 184	19 687	20 785
1.1	营运收入	0	0	0	1 791	1 860	1 933	2 007	2 085	2 166	2 305	2 452	2 609	2 776	2 953	3 152	3 364	3 591	3 833	4 091	4 373	4 674	4 997	5 341	5 709	6 046	6 403	6 781	7 181	7 605	8 054	8 529	9 032	10 130
1.2	回收资产余值	0	0	0	0	0	0	0	0	0	0	0	0	0	0	0	0	0	0	0	0	0	0	0	0	0	0	0	0	0	0	0	0	0
1.3	财政补贴	0	0	0	10 655	10 655	10 655	10 655	10 655	10 655	10 655	10 655	10 655	10 655	10 655	10 655	10 655	10 655	10 655	10 655	10 655	10 655	10 655	10 655	10 655	10 655	10 655	10 655	10 655	10 655	10 655	10 655	10 655	10 655
2	现金流出：	18 295	24 394	18 295	6 647	6 655	6 663	6 672	6 681	6 689	6 700	6 711	6 723	6 747	6 761	6 774	6 789	6 804	6 819	6 836	6 853	6 871	6 368	6 910	6 929	6 949	6 969	6 991	7 873	8 063	8 263	8 473	29 735
2.1	自有资金投入	18 295	24 394	18 295	0	0	0	0	0	0	0	0	0	0	0	0	0	0	0	0	0	0	0	0	0	0	0	0	0	0	0	0	0	0
2.2	运营管理费	0	0	0	167	170	172	175	177	180	183	186	188	191	194	197	200	203	206	209	212	215	219	222	225	229	232	235	239	243	246	250	254	257
2.3	养护费	0	0	0	218	221	225	228	231	235	238	242	246	249	253	257	261	265	269	273	277	281	285	289	294	298	303	307	312	316	321	326	331	336
2.4	大修费	0	0	0	0	0	0	0	0	0	0	0	0	16 783	0	0	0	0	0	0	0	0	0	19 478	0	0	0	0	0	0	0	0	0	22 605
2.5	营业税及附加	0	0	0	59	61	64	66	69	71	76	81	86	92	97	104	111	118	126	135	144	154	165	176	188	200	211	224	237	251	266	281	298	334
2.6	所得税	0	0	0	0	0	0	0	0	0	0	0	0	0	0	0	0	0	0	0	0	0	0	0	0	0	0	0	0	861	1 027	1 202	1 388	0
2.7	偿还本息	0	0	0	6 203	6 203	6 203	6 203	6 203	6 203	6 203	6 203	6 203	6 203	6 203	6 203	6 203	6 203	6 203	6 203	6 203	6 203	6 203	6 203	6 203	6 203	6 203	6 203	6 203	6 203	6 203	6 203	6 203	6 203
3	净现金流量(1−2)	−18 295	−24 394	−18 295	5 799	5 860	5 924	5 990	6 060	6 132	6 259	6 396	6 541	−10 088	6 861	7 046	7 245	7 457	7 684	7 927	8 192	8 476	8 780	−10 372	9 454	9 772	10 109	10 467	10 845	10 386	10 646	10 921	11 214	−8 950

PPP 自有资金内部收益率＝8.00%　　　PPPs 值＝176 240

9.5.3 物有所值评价结论

综合上述 PSC 值和 PPPs 值的分析,计算得到项目全生命周期 PSC 值和 PPPs 值,具体计算结果见表 9.18。

表 9.18 物有所值指标表

指标	单位	数值
PSC	万元	192 841
PPPs	万元	176 240
物有所值量值	万元	16 601
物有所值指数	%	8.61

本项目物有所值量值和指数均为正,说明项目适宜采用 PPP 模式。

9.5.4 评价指标灵敏度分析

引文选择政府建设成本、政府运营成本、第三方收入作为主要的不确定性因素,对于定量分析评价指标的参照项目 PSC 值、PPP 项目 PPPs 值进行灵敏度分析。

根据实际工程经验,通常的不确定因素变动范围在[-10%,10%]之间,引文取2.5%为步长,给出了不同不确定因素下的参照项目 PSC 值和 PPP 项目 PPPs 值,分别如表9.19、表 9.20、表 9.21 所示。

表 9.19 政府建设成本变动下的 PSC 值与 PPPs 值

变动比例/%	-10.00	-7.50	-5.00	-2.50	0.00	2.50	5.00	7.50	10.00
PSC 值/万元	171 923	177 152	182 382	187 611	192 841	198 071	203 300	208 530	213 759
PPPs 值/万元	165 975	168 541	171 107	173 674	176 240	178 806	181 373	183 939	186 505

表 9.20 政府运营成本变动下的 PSC 值与 PPPs 值

变动比例/%	-10.00	-7.50	-5.00	-2.50	0.00	2.50	5.00	7.50	10.00
PSC 值/万元	183 063	185 508	187 952	190 397	192 841	195 285	197 730	200 174	202 619
PPPs 值/万元	162 458	165 903	169 349	172 794	176 240	179 686	183 131	186 577	190 022

表 9.21 第三方收入变动下的 PSC 值与 PPPs 值

变动比例/%	-10.00	-7.50	-5.00	-2.50	0.00	2.50	5.00	7.50	10.00
PSC 值/万元	206 623	203 178	199 732	196 287	192 841	189 395	185 950	182 504	179 059
PPPs 值/万元	184 274	182 266	180 257	178 249	176 240	174 231	172 223	170 214	168 206

由式(9.13)分别计算参照项目以及 PPP 项目的政府建设成本、政府运营成本、第三方收入变动时的灵敏度系数,结果如表 9.22 所示。

表 9.22 灵敏度系数表

指标	政府建设成本	政府运营成本	第三方收入
参照项目 PSC 值	1.14	0.53	−0.75
PPP 项目 PPPs 值	0.61	0.82	−0.48

整体来看,参照项目 PSC 值与 PPP 项目 PPPs 值都与政府建设成本与政府运营成本成正比,与第三方收入成反比。

可以看出,不确定因素的变动范围在[−10%,10%]之间时,PPP 项目 PPPs 值均低于参照项目 PSC 值,且 PPP 项目 PPPs 值对于政府建设成本和第三方收入的灵敏度都远低于参照项目 PSC 值;PPP 项目 PPPs 值对于政府运营成本的灵敏度虽然高于参照项目 PSC 值,但是差别比较小。

此结果说明,对于该 PPP 项目来说,采取物有所值评价方法比较合理。另外,案例灵敏度分析的结果对于证明高速公路 PPP 项目物有所值评价方法的有效性和可行性也起到了一定的支持作用。

本章小结

本章明确了 PPP 项目物有所值评价指标体系和 PPP 项目物有所值评价具体步骤,主要分为定性评价与定量评价两个层次进行,详细介绍各个评价指标选取原则以及评价指标数值的计算与取值方法。通过高速公路 PPP 项目案例,对其进行物有所值评价,梳理了定性与定量评价的评价过程,增强了本章内容的实用性。

习题与思考题

1. 简述 PPP 模式和物有所值评价的基本概念。
2. 简述 PPP 项目物有所值评价的基本流程。
3. 简述 PPP 项目物有所值的定量评价指标。

参考文献

[1] 郭上. 我国 PPP 模式物有所值评价研究[D]. 北京:财政部财政科学研究所,2015:1-35.
[2] CRUZ C O, RUI C M. Infrastructure public-private partnerships[M]. Berlin:Springer-Verlag, 2013:113-150.
[3] 郭艳. 高速公路 PPP 项目风险分担及收益分配研究[D]. 西安:长安大学,2013:7-13.
[4] 张秦. 建筑工程全寿命周期成本分析中折现率取值研究[D]. 北京:清华大学,2014:51.

［5］韩娟，胡晓伟.高速公路PPP项目合理回报机制的探讨［C］//王德荣.中国交通运输中长期发展战略研究.北京：人民交通出版社，2016：203-209.

［6］HU X W，HAN J. Highway project's value of money assessment under PPP mode and its application［J］. Journal of Advanced Transportation. 2018，Article ID 1802671.

［7］李佳.高速公路PPP项目物有所值评价研究［D］.哈尔滨:哈尔滨工业大学,2016.

第 10 章 运输设备更新的经济分析

运输设备是运输企业的生产基础,例如火车、邮轮、载货汽车等,深度参与社会生产活动的各个层面,具有极其重要的作用。在日常的生产活动中,运输设备在投入使用一定时间后,由于磨损或性能落后,就不能继续使用或不宜继续使用,这时就需要进行更新,以提高企业的生产水平,提升生产能力,增加经济效益。2011 年,原铁道部发布的用于指导国家铁路运输企业进行更新改造计划的文件《铁路运输设施设备更新改造计划管理办法》(铁计〔2011〕93 号)指出,更新改造是重大技术措施,是企业对已形成固定资产的既有铁路运输设施设备进行的综合性技术改造,是提高铁路运输设施设备技术水平,保障铁路运营安全、改善运输服务品质的重要手段。可以看出,运输设备更新改造对运输企业的发展有着至关重要的作用,但是如何进行设备更新的决策还需要进行详细的讨论和相关的技术经济分析。

随着社会经济和技术水平的发展,为了保持运输企业的生产水平与生产能力,使企业在社会竞争中处于有利地位,并进一步提高经济效益,企业会对运输设备整个运行期间的经济和技术状况进行分析,帮助企业做出正确的设备更新决策。因此,运输设备更新的技术经济分析正日益成为运输企业投资决策的重要组成部分。而如何进行运输设备的经济分析正是本章所要讨论的内容。

本章将首先介绍设备更新的基本知识,包括设备的磨损及补偿、设备的寿命;然后介绍设备的大修及其经济分析;最后介绍设备的更新及其经济分析。

10.1 运输设备更新概述

10.1.1 设备的磨损

运输设备在使用和闲置过程中,会逐渐出现磨损,设备的原始价值会降低。磨损分为有形磨损和无形磨损两类。

1. 设备的有形磨损

有形磨损是指设备在使用和闲置的过程中所发生的磨损,也叫物质磨损。按引起磨损的原因分为两类:使用磨损和自然磨损。使用磨损是指设备在使用过程中,主要由于设备零部件的摩擦、震动、疲劳和腐蚀而产生的实体磨损,通常表现为零部件原始尺寸和形状的改变、效率降低、故障增多等。使用磨损与设备的使用时间和使用强度有关,例如一辆载货汽车长时间超负荷运行,但没有得到合理的保养维护,该车辆的减震器、轮胎、货箱等部件就会出现使用磨损,一些零件会因为磨损而尺寸减小,甚至会出现故障而导致车辆无法继续工作。自然磨损是指设备在闲置过程中的实体磨损,主要是由自然环境的作用及管理不善造成的,通常表现为风吹、日晒、雨淋等导致设备的锈蚀、老化、风化、功能下降等。自然磨损与设备的闲置时间和维护管理水平有关,如一辆载货汽车长时间闲置且没有得到保养,一些裸露的金属零件会锈蚀,塑料部件则会出现老化的情况。有形磨损会使设备的性能下降,保养维护费用上升,燃料等能源消耗增加,由此导致设备的使用价值降低。

2. 设备的无形磨损

无形磨损是指由于技术进步引起的价值损耗,也称精神磨损。无形磨损不同于有形磨损在物理上的表现形式,不表现为原有设备实体上的变化,而是表现为设备的经济价值相对降低。无形磨损按形成原因也分为两类。第一类无形磨损:由于劳动生产率的提高,再生产同样产品或服务所消耗的社会必要劳动量减少,从而使原有设备发生贬值,这种无形磨损下的设备其本身的技术特性和功能的使用价值并未发生变化,故不会影响现有设备使用。例如某运输公司运输一批货物,原先需要10辆运输车各跑5个小时才能完成运输任务,改进组织形式提高运输效率后,只需要8辆车各跑4个小时,运输成本得到降低,此时,如果继续使用原有的运输方式就会出现无形磨损。第二类无形磨损:由于技术进步,出现了生产效率更高的设备,使原有设备的价值相对降低,也会出现无形磨损,例如某公司有一批装卸机车,使用10年后出现改进车型,新型设备载货更多,油耗和维护成本更低,则继续使用原来的设备就出现了无形磨损。这种无形磨损可以使原有设备相对贬值,表现为继续用原有设备会导致生产成本增高,使原有设备降低或失去使用价值。

3. 设备的综合磨损

正在使用或闲置存放的设备,在遭受有形磨损的同时,也会遭受无形磨损。虽然两种磨损的程度不同,但都会降低机器设备的原始价值。孤立的、单纯的有形或无形磨损是不存在的(见表10.1)。一般在短期内以有形磨损为主,磨损带来的损失以设备维护保养费用和更换零部件的形式表现出来;而在较长的时间跨度当中,当社会技术出现较大进步或劳动效率得到明显提升时,则以无形磨损为主,以改进生产方式、购买新型设备和培养操作人员等耗费表现出来。两种磨损同时发生,不同的是当设备遭受的有形磨损较严重时,会影响到设备的正常使用,甚至会无法工作;而遭受较严重的无形磨损时,设备仍然可以使用,但是继续使用是否经济划算,还需要进一步分析。

表 10.1 磨损分类

磨损类型及具体分类		表现形式或分类依据
有形磨损	使用磨损	设备使用过程中的零部件磨损
	自然磨损	随时间出现的零部件锈蚀、老化
无形磨损	第一类无形磨损	生产效率提高,生产成本降低
	第二类无形磨损	技术进步,出现生产效率更高的设备
综合磨损		有形磨损与无形磨损同时发生,一般无法避免

虽然有形磨损与无形磨损同时发生,但两者发生的程度一般并不一样。设备遭受的有形磨损大于无形磨损这种情况主要发生于设备在日常使用过程中高强度、高负荷地运行,零部件的维护保养不到位,且短期内没有出现明显可以提高生产效率的新型设备或生

产方式,这时仅需对遭到有形磨损的设备进行大修或换一台相似的设备就可以了,这样既可以延长设备的寿命,也可以避免使用新型设备带来的重新培养操作人员的麻烦。设备遭受的有形磨损小于无形磨损主要发生于设备维护保养较好,但近期内出现了可以明显提高生产效率的新设备,这时企业面临的选择是继续使用原有设备或者选用先进的新设备更换旧设备。继续使用原有设备可以节省购买新设备的购买开销,但是会承担旧设备越来越高的保养维护成本和低于新设备的生产效率;而选用新设备除了购置费用较高和可能存在的新设备熟悉期外,还具有提高生产效率等优势。

10.1.2 设备磨损的补偿

当设备发生磨损后,为了维持企业正常生产,需要对设备的磨损进行补偿,以恢复设备的生产能力。由于设备遭受的磨损形式不同,补偿磨损的形式也就不同。补偿形式可以分为局部补偿和完全补偿。设备有形磨损的局部补偿是修理,无形磨损的局部补偿是现代化改装,有形磨损和无形磨损的完全补偿是更新。

修理是对有形磨损的局部补偿,是为保持设备在寿命期限内的完好使用状态而进行的局部更换或修复工作。现代化改装是对无形磨损的局部补偿,是应用现代化的技术成就和先进经验,根据生产的具体需要,改变旧设备的结构,或增加新的部件、装置或附件,从而改善旧设备的技术性能和使用指标,使它能够局部达到或全部达到目前生产的需求。更新就是用新设备更换旧设备,是不区分有形磨损和无形磨损的完全补偿。设备的磨损形式与补偿方式如图10.1所示。

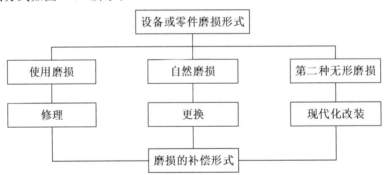

图 10.1 设备磨损形式与补偿方式的关系

10.1.3 设备的寿命

运输设备的使用时间因为磨损而受到一定的限制,磨损到达一定程度就需要对设备进行更新,以保证企业的正常生产工作。习惯上以年为时间单位来计算设备的寿命。确定设备的寿命是对设备进行维护更新的依据,不仅关系到使用设备产生的经济效果,还关系到设备使用人员的安全。因此,确定设备的寿命是一项重要的工作。按照磨损的不同,设备的寿命分为物理寿命、技术寿命、折旧寿命和经济寿命,其中一般生产活动中使用最多的是经济寿命。

1. 设备的物理寿命

设备的物理寿命,是指一台设备从投入使用开始,在使用过程中产生有形磨损,逐渐锈蚀老化,直到损坏不能进行正常的生产活动,以至不得不报废为止的全部时间,也称自然寿命。设备的物理寿命与有形磨损有关。物理寿命可通过恢复性的修理来延长,但不能从根本上避免设备的磨损。物理寿命一般是设备的最长可使用年限。

2. 设备的技术寿命

设备的技术寿命是指从设备开始使用到因技术落后而被淘汰所延续的时间。主要由设备的无形磨损决定,与技术进步速度有关,技术进步越快,设备技术寿命越短。在技术不断发展进步的情况下,技术寿命一般短于自然寿命,一些企业在原有设备达到技术寿命之后就会将其淘汰。

3. 设备的折旧寿命

设备的折旧寿命是指按照某个规定提取折旧,从设备开始使用到其账面价值接近于零所持续的时间。折旧寿命是由行业统一规定,用来规范行业发展的,可通过计算获得,一般不等于设备的物理寿命。

4. 设备的经济寿命

设备的经济寿命是指设备从投入使用开始至其年平均使用费用最低的年限所经历的时间,是从经济角度确定的设备最合理使用期限。一台设备可供使用的年限越长,则分摊到每年的设备购置费用(包括购价、运输费和调试费用)越少,同时设备的运行费用(操作费、维修费、材料费及能源消耗费等)越多。一种费用增加,另一种费用减少,因此其年平均成本是随着使用时间变化的。在设备的整个寿命期内会出现年平均总成本的最低值,而能使年均总成本最低的时刻,就是经济寿命。经济寿命与年平均费用的关系如图 10.2 所示。设备的经济寿命是设备最佳更新时机的具体表现,是设备更新经济分析中的一个十分重要的概念。

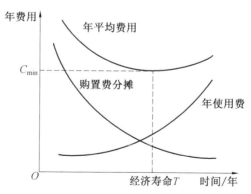

图 10.2 经济寿命与年平均费用的关系

图 10.2 中:年平均费用=购置费分摊+年使用费(运营费);

年使用费包括年度运行费(人工、燃料、动力、刀具、机油等消耗)及维修费。

经济寿命既考虑了有形磨损,又考虑了无形磨损,它是确定设备合理更新期的依据,也是许多运输企业进行设备更新时的重要参考依据。一般而言经济寿命短于物理寿命。

10.2 运输设备大修及其经济分析

10.2.1 运输设备修理的概念

运输设备在日常的使用过程中,不断地经受着有形磨损,当磨损达到一定程度,对正常的生产活动造成影响或存在安全隐患时,就需要对设备进行修理,以恢复设备的正常生产能力,保障设备的使用安全。

根据修理范围的大小、修理间隔期的长短,修理可以分为日常维护、小修、中修和大修四种形式(见表10.2)。

(1)日常维护:指一些与拆除或更换设备中被磨损的零部件无关的维修内容,如定期检验与维护,设备的保洁与零件的润滑,消除部分零部件的磨损等。

(2)小修:工作量最小的计划修理,指设备使用过程中为保证设备工作能力而进行的调整、修复或更换个别零部件的修理工作,如修理汽车的车灯等。

(3)中修:进行设备部分拆卸分解的计划修理,一般修理的工作量不大,但修理次数较多,例如针对汽车的发动机、传动装置等的修理。中修的主要工作内容有:更换或修理不能工作到下次计划修理的磨损零件,使修理部分基本恢复到出厂时的功能水平以满足工作需要,修理后应保证设备在一个中修间隔期内能够正常使用。

(4)大修:工作量最大的一种计划修理,基本需要将设备全部拆卸分解,更换损坏和存在安全隐患的零部件,修理次数少,每次修理后间隔时间较长。运输企业一般会通过计划性的大修来全面消除设备的缺陷,以使设备在大修之后,各方面的工作性能达到或基本达到原设备的出厂标准。

以地铁列车为例,每天地铁的工作人员都会在地铁停运后对地铁进行日常维护,查看其是否存在安全隐患,对关键零部件进行润滑;每个月会对轨道车辆进行计划小修,修复或更换磨损较为严重的零部件;每半年到一年对轨道车辆进行计划中修,更换或修复不合格的零部件;每2~3年对轨道车辆进行计划大修,更换所有不合格的零部件;轨道车辆一般会在使用10年之后报废,停止运行。

表 10.2 各种修理概念的区别

标准要求	日常维护	小修	中修	大修
拆卸程度	基本不进行拆卸工作	拆卸、检查部分磨损严重的零部件	针对检查部位拆卸分解	基本将设备全部拆卸分解
修理范围	清除污秽积垢,调整零件间隙及相对位置	更换或修复不能使用的零件,修复达不到完好程度的部位	根据维修计划,对维修部件进行修复,更换不合格的零部件	更换或修复主要部件、大型件及所有不合格的零件

上述关于修理工作的区分,既有工作量和周期性的标志,又有工作内容的标志,但这些区分仅仅是相对而言,并不能对其进行严格区分,而且每一种修理形式的工作内容都有可能有重合。大修是修理工作中成本最高、规模最大、间隔时间最长的一种设备修理方

式,因此对修理经济性的研究,主要是针对大修而言的。

【例 10.1】 某企业购入一台价值为 50 000 元的运输设备,其原始实物形态包括下列组成部分(见表 10.3)。

表 10.3 设备组成及其价值

设备组成	价格/元	物理耐用期限/年	年平均磨损价值/元	占设备原值的百分比/%
一	5 000	1	5 000	10
二	10 000	2	5 000	10
三	10 000	6	1 667	3.3
四	25 000	25	1 000	2
整体	50 000	—	12 667	25.3

由表 10.3 可知,这台设备最耐用的部分最多可使用 25 年,其余组成部分在正常工作的条件下,约在 1~6 年内丧失其使用价值。倘若根据对有形和无形磨损的综合考虑,把该设备的平均寿命期限定为 10 年,则在这个寿命期限内就需要对设备的各部分零件进行定期的日常维护和计划修理,以保证设备完好使用 10 年。第一部分和第二部分需要定期更换,第三部分可考虑定期进行更换或大修;第四部分则只需要日常维护和计划修理即可。

10.2.2 大修的经济分析

大修在经济上是否合理以及在什么时候选择大修是需要继续进一步分析的。

大修的费用应低于同种或相近设备的重新采购价值,达到这一标准的大修在经济上才具有合理性,这一标准称为最低经济界限。即

$$K_r \leqslant K_n - S_d \tag{10.1}$$

式中,K_r 为本次大修费用;K_n 为同种或相近设备的重新采购价值(即相同或相近设备在大修时刻的市场价格);S_d 为旧设备被替换的残值。

如果在大修之后,设备的生产能力与同类型新设备没有区别或区别很小,则式(10.1)对衡量大修的经济特性是合理的。不过,实际情况往往是在大修之后,设备的生产性能会降低一些,同时大修后的设备相比于购买的新设备,技术上的故障会增多,下一次大修的间隔时期会短一些,且日后在使用过程中的各项保养和维修的费用会相对增加一些。因此,还需要补充另一个限制条件,即设备大修后,使用该设备的平均生产成本(包括生产和维护维修的费用),在任何情况下,都不能超过使用新设备的平均生产成本,这样大修在经济上才是合理的。即

$$C_{zoj} \leqslant C_{zn} \tag{10.2}$$

式中,C_{zoj} 为用第 j 次大修后的设备完成单位产品的计算费用;C_{zn} 为用具有相同用途的新设备完成单位产品的计算费用。

只有同时满足这两个条件,在经济上进行大修才是合理的。对于一些技术进步相对较快、无形磨损时期较短的设备来说,可能用新设备完成单位任务的费用更低,这时将式

(10.2)的条件作为经济界限,则更为重要。

另外,随着大修次数的增加,C_{zoj}的值也是逐渐增加的。因此,进行大修经济评价时,必须注意大修的次数。

10.2.3 大修的注意事项

在进行大修决策时,有以下几项注意事项。

(1) 在设备的经济寿命期限内进行适度的养护维修工作,在经济上是合理的。因为修理能够利用原有设备中保留下来的零部件,减少资源浪费。零部件的重复利用率越高,修理工作就越合理,这正是修理之所以能够存在的经济前提。如对火车的大修可以将已经报废的同类型火车上的零部件拆下来使用。

(2) 考虑到设备折旧等因素,大修过的设备无论是在工作性能方面,还是在技术故障发生频率等方面,无疑都会比同类型的新设备差一些,达不到同类型设备的出厂水平。

(3) 每一次大修后设备的物理寿命都会增加,但由于零部件锈蚀、设备老化等不可避免的因素,每一次大修后距下一次大修的间隔期却在缩短,同时使大修的经济性逐步降低。即使不考虑经济因素,设备也不会一直接受大修而工作下去。

(4) 在对设备进行大修决策时,必须综合考虑企业发展和经济效益等多方面因素,将大修和其他设备更新方式相比较,选择最合理的方案进行操作。

(5) 企业在对运输设备进行经济分析时,一般会首先考虑对这样的设备进行更新:服役年龄较长,已经经过多次大修的设备;性能较差、制造质量不良、技术落后和能耗较高的设备。这些类型的设备继续服役的价值不大,因此一般会直接选择用新设备更换,不再继续修理使用。

10.3 运输设备更新及其经济分析

10.3.1 设备更新的概念

设备在使用过程中,随着时间的增加,会出现有形和无形磨损,其工作效率和工作质量会不断下降,运行维护费用会不断增加,在达到其寿命之后,企业就会考虑对设备进行更新。

更新分为两种形式:一种是原型更新,即用结构、性能完全相同或相近的新设备更换旧设备;另一种是新型更新,即用技术更完善、效率更高、性能更好的新型设备更换旧设备。新型设备更新体现了技术进步,是目前设备更新的主要方式。对设备实行更新能够获得较好的经济效益,促进技术进步。

以我国的火车为例,2000年以前,铁路上的火车以"绿皮车"为主,"绿皮车"在达到规定的20年服役年限时,如果车况良好,会选择大修后继续使用;如果车况较差则会选择购买同类型的火车替换,即选择原型更新。2000年以后,我国进行了多次火车提速并加快了快速铁路的建设步伐,在2008年建成了中国第一条自主知识产权的高铁,过去的"绿皮车"已不符合新时代的发展要求,被逐渐淘汰,换为技术更先进、速度更快的快速火车,这就是技术更新。

对于一台运输设备来说应不应该更新、在什么时间更新、选用什么类型的更新,主要取决于对各种更新方案的技术经济分析。运输设备的原型更新和技术更新由于具体操作方案不同,所产生的经济费用也不同,因此需要分开进行经济分析。

10.3.2 原型更新的经济分析

设备在使用过程中,磨损会随着时间的增加逐渐严重,维护和修理费用特别是大修费用会不断增加,费用累积到一定程度后,即使还没有性能更优、技术更先进的新型设备出现,此时进行原型设备的替换,在经济上往往也是合算的。如何确定原型更新的最佳时机是本部分所要讨论的主要内容。

原型更新的最佳时机一般以设备的经济寿命为依据,因此,可通过分析设备的经济寿命进行更新决策,即原型更新问题就是计算设备的经济寿命问题。按照是否考虑资金的时间价值,本部分将运输设备的经济寿命计算分为静态计算和动态计算。

1. 经济寿命的静态计算

(1)年度使用费用逐年增加且呈等差序列变化。

运输企业主要的设备是车辆,因而在考虑更新时也以车辆的磨损与更新为主。车辆在运行过程中,其技术性能会因各种磨损而不断下降,这种现象称为设备的低劣化,在这个过程中,设备的运行成本也会不断增加。假设车辆的修理费、燃料费等成本费用随着车辆的行驶里程以一个定值增加,这个定值称为单位行驶里程的低劣化增加值,用 λ 表示,且最后进行更新时设备的残值是固定的。这时,可以使用低劣化值法计算车辆的经济寿命。

车辆的总费用包括两部分:随行驶里程变化的折旧费用(单位里程车辆的投资费用)和经营费用。其中经营费用包括两部分:变动经营费(燃料费、保修费和大修费)、不随行驶里程变动的固定经营费(职工工资及福利基金、企业管理费等,为简化,假定其不变)。则车辆行驶里程为 L 时的单位里程经营费可表示为

$$C_1 + (L-1)\lambda$$

运行里程 L 内的单位里程平均经营成本为

$$C_0 = C_1 + \frac{L-1}{2}\lambda$$

车辆的总费用计算公式为

$$AC = D_L + C_0 = \frac{K_d}{L} + C_1 + \frac{L-1}{2}\lambda \tag{10.3}$$

式中,AC 为车辆单位里程的总费用;D 为车辆的折旧费;C 为车辆在行驶里程 L 时的单位里程平均经营费;K_d 为车辆的折旧总额($K_d = K_0 - K_w - V_L$),K_0 为车辆的原值,K_w 为车辆的轮胎价值,V_L 为残值;L 为车辆的行驶里程;C_1 为单位里程运行费用初始值。

随着车辆行驶里程的增加,单位里程分摊的车辆费用(即折旧费用)是逐渐减少的,而单位变动经营费用却随着行驶里程的增加而增大。综合考虑这两方面的因素,一般来说,随着车辆行驶里程的增加,车辆的单位里程平均费用的变化呈现出先降后升的趋势,在图

像上表现为 U 型曲线,如图 10.3 所示。可用求极值的方法,求出车辆的经济寿命里程。

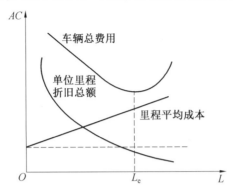

图 10.3 车辆单位里程总费用曲线

设 K_d 为一常数,令 $\dfrac{\mathrm{d}AC}{\mathrm{d}L}=0$,则

$$\frac{\mathrm{d}AC}{\mathrm{d}L}=-\frac{K_d}{L^2}+\frac{1}{2}\lambda=0$$

$$\frac{K_d}{L^2}=\frac{1}{2}\lambda$$

所以,车辆的经济寿命里程(当 $L=L_e$)为

$$L_e=\sqrt{\frac{2K_d}{\lambda}} \tag{10.4}$$

式(10.4)没有考虑资金时间价值,因此单位里程低劣化增加值 λ 是计算车辆经济寿命的关键,常用数理统计的方法对变动经营费用的数据进行分析,求解 λ 值。

用行驶里程确定最佳更新时机,反映了车辆的真实使用强度,但实际的运行条件和设备的自然磨损并未考虑在内,存在一定的不足。考虑到设备即使不使用也存在锈蚀和老化等现象,提出另一个指标——折算年限,将设备的经济寿命里程除以其年平均行驶里程得到设备经济寿命的折算年限。它既考虑了车辆的使用强度,又考虑了运行条件和自然磨损的影响。按折算年限指标计算经济寿命年限的公式为

$$T_c=\frac{L_e}{L_a} \tag{10.5}$$

式中,T_c 为经济寿命的折算年限;L_a 为年平均行驶里程。

年平均行驶里程是用统计方法确定的,与车辆的技术状况、平均速度、公路条件和所在地区等使用条件有关,目前我国公路运输车辆的年平均行驶里程一般为 5 万到 6 万千米。

【例 10.2】 某运输企业新购入一批运输设备,该批设备中有一种汽车,汽车的初始价值为 85 167 元,车装轮胎价值为 5 000 元,车辆最终残值 1 000 元,运行费用增加额为 1.262 99 元/10^3km,有关数据见表 10.4,试求该车的经济寿命里程和年限。

表 10.4 变动经营费用统计数据表

里程数	平均累计行程 /(10^{-3}km)	燃料费 /(元·10^{-3}km)	大修均摊费 /(元·10^{-3}km)	保修费 /(元·10^{-3}km)	合计 /(元·10^{-3}km)
1	39.400	2 012.6	—	802.8	2 815.4
2	90.373	1 879.7	—	885.0	2 764.7
3	141.879	1 669.0	—	1 007.8	2 676.8
4	180.880	1 786.4	—	1 239.0	3 025.4
5	238.659	1 714.5	—	1 043.8	2 758.3
6	238.659	1 826.6	332.2	924.8	3 083.6
7	352.438	1 828.8	332.2	999.1	3 160.1
8	386.997	2 068.2	332.2	1 094.8	3 495.2
9	428.498	2 012.5	332.2	1 171.0	3 515.7
10	460.504	2 114.2	415.3	1 105.6	3 635.1
11	512.675	2 191.8	415.3	984.3	3 591.4
12	547.747	2 202.1	415.3	1 135.8	3 753.2
13	579.303	2 335.6	415.3	1 269.8	4 020.7
14	603.610	2 613.5	415.3	1 414.8	4 443.6

解 计算设备的折旧总额,即

$$K_d = K_0 - K_w - V_L = 85\ 167 - 5\ 000 - 1\ 000 = 79\ 167(元)$$

计算设备的经济寿命里程,即

$$L_e = \sqrt{\frac{2K_d}{\lambda}} = \sqrt{\frac{2 \times 79\ 167}{1.262\ 99}} = 354.068(10^3 \text{km}) \approx 35(万\ \text{km})$$

计算设备的年平均行驶里程,即

$$L_a = \frac{603.61}{14} = 43.115 \approx 4.3(万\ \text{km})$$

计算设备的经济寿命折算年限,即

$$T_c = \frac{L_e}{L_a} = \frac{354.068}{43.115} = 8.21 \approx 8(年)$$

由计算结果可知,该种类型车辆的经济寿命为 8 年,企业可以选择在该类型车辆达到经济寿命后进行更新,购买同类型车辆替换。

这种确定运输设备经济寿命的方法同样适用于其他类型设备,所不同的只是运输设备采用的是行驶里程指标,而其他设备如机床等则采用寿命指标。也同样是假定设备在使用过程中的燃料费、保养费、大修均摊费等运行成本,随着时间的增加而以一个定值逐渐增加,将这种运行成本的逐年递增称为设备的劣化,设定设备的每年运行成本的劣化增加额为 λ,且残值是一定的。则当设备使用 T 年时,第 T 年的运行成本为

$$C_T = C_1 + (T-1)\lambda$$

则 T 年内运行成本的平均值为

$$C_1 + \frac{T-1}{2}\lambda$$

除运行成本外,在使用运输设备的年总费用中还有每年分摊的设备购置费用,其金额为

$$\frac{K_0 - S}{T}$$

式中,K_0 为设备的初始价值;S 为对设备进行更新时的残值。

则设备年均总费用的计算公式为

$$AC = \frac{K_0 - S}{T} + C_1 + \frac{T-1}{2}\lambda$$

设 S 为一常数,可用求极值的方法,找出设备的经济寿命。令 $\frac{d(AC)}{dT}=0$,则设备经济寿命为

$$T_{\text{opt}} = \sqrt{\frac{2(K_0 - S)}{\lambda}} \tag{10.6}$$

设备的最小年费用为

$$AC_{\min} = \sqrt{2(K_0 - S)\lambda} + C_1 - \frac{\lambda}{2} \tag{10.7}$$

【**例 10.3**】 某企业购买一辆价值为 80 000 元的运输车辆,预计其残值为 10 000 元,该车辆的运行成本初始值为 8 000 元/年,年运行成本的劣化值为 3 500 元,试确定其经济寿命和最小年度费用。

解 计算其经济寿命,即

$$T_{\text{opt}} = \sqrt{\frac{2(K_0 - S)}{\lambda}} = \sqrt{\frac{2(80\,000 - 10\,000)}{3\,500}} = 6(\text{年})$$

$$AC_{\min} = \sqrt{2(K_0 - S)\lambda} + C_1 - \frac{\lambda}{2} = \sqrt{2(80\,000 - 10\,000)\times 3\,500} + 8\,000 - \frac{3\,500}{2} = 28\,386(\text{元})$$

可知其经济寿命为 6 年,最小年度费用为 28 286 元。

如果运输设备的可靠性很好,运行费用随时间增加而增加的趋势不是很明显,即低劣化值很小,此时,按照公式计算出来的经济寿命将很长,显然与实际不符。因此,低劣化数值法有一定的适用范围,只有掌握了大量原始资料才可考虑使用。

(2)年度使用费用逐年增加但不呈规律变化。

如果设备每年使用费用逐年增加且无规律可循,残值也不能视为常数,这时可考虑使用面值法,即根据企业的记录、同类型设备的统计资料或者通过对设备未来实际运行情况的预测,应用列表法来判断设备的经济寿命。面值法的计算公式为

$$C_j = \frac{K_0 - S_j + \sum_{t=1}^{j} C_{\alpha}}{j} \tag{10.8}$$

式中,C_j 为设备使用 j 年的年均总费用;C_{α} 为第 t 年的年运行费用;S_j 为设备第 j 年的实际残值。

2. 经济寿命的动态计算

(1) 年度使用费用逐年增加且呈等差序列变化。

动态模式下设备经济寿命的确定方法是在考虑资金时间价值的情况下计算年等值费用，并找出使年等值费用最小的年数，来确定设备的经济寿命。当设备的年使用费用逐年增加且呈等差序列变化时，即设备运行成本低劣化呈线性变化时，则设备的年平均总费用计算公式为

$$AC_j = K_0(A/P,i,j) - S_j(A/F,i,j) + C_1 + \lambda(A/G,i,j) \quad (10.9)$$

式中，C_1 为设备第一年的运行成本；λ 为设备低劣化增加值。

在给定基准折现率 i 时，令 AC 最小时设备的寿命为 j，AC_j 即为设备的经济寿命。

【例 10.4】 某公司购置了一台运输设备，购价为 60 000 元，每年末残值估计见表 10.5。该设备的第一年使用费为 10 000 元，以后每年以 2 000 元的数值递增。若基准折现率为 6%，试计算该设备的经济寿命及平均费用。

表 10.5 某设备每年的估计残值 单位：元

年限	1	2	3	4	5	6	7	8	9
年末估计值	30 000	15 000	7 500	3 750	2 000	2 000	2 000	1 500	1 000

解 按照式(10.9)中各项内容，列表计算该设备的经济寿命。计算过程见表 10.6。

表 10.6 某设备折现率为 6% 时经济寿命计算表 单位：元

年限	设备的初值 $(A/P,i,j)$	第 j 年的估计残值	第 j 年的实际残值 $(A/F,i,j)$	第 j 年的累计成本 $\lambda(A/G,i,j)$	第 j 年的年平均总费用
1	6 300	30 000	30 000	10 000	43 600
2	32 724	15 000	7 281	10 970.8	36 413.8
3	22 446	7 500	2 355.75	11 922.4	32 012.65
4	17 316	3 750	857.25	12 854.4	29 313.15
5	14 244	2 000	354.8	13 767.2	27 656.4
6	12 204	2 000	286.8	14 660.8	26 578
7	10 746	2 000	238.2	15 535.2	26 043
8	9 660	1 500	151.5	16 390.4	25 898.9*
9	8 820	1 000	87	17 226.6	25 959.6

注：* 表示取低值。

从表 10.6 的计算可以看出，第 8 年时设备的年平均费用最低。因此，该设备的经济寿命为 8 年，第 8 年的年平均费用为 25 898.9 元。

(2) 年度使用费用逐年增加但不呈规律变化。

当设备使用费用逐年增加且不呈规律变化时，如企业经营业务的变动，导致设备在不同年份的运行条件和工作环境相差较大，带来设备的维护费用、燃料等成本费用在不同年费的差别较大，此时，设备的年平均费用计算方法为

$$AC_j = [K_0 - S_j(P/F,i,j)](A/P,i,j) + \sum_{t=1}^{j}[C_{ct}(P/F,i,t)](A/P,i,j)$$

(10.10)

式中，AC_j 为设备使用 j 年的总费用；AC 为最小时设备的寿命 j，即为设备的经济寿命。

10.3.3 技术更新的经济分析

用经济寿命来决定设备的最佳更新时机，只考虑了有形磨损，忽略了无形磨损的作用。这种情况多用于设备使用期间没有更好的新型设备出现，只是由于有形磨损的影响，造成运行成本的不断提高，这时使用原型设备替换的方式往往要比继续使用旧设备更为经济。但在技术日新月异的今天，由于第二种无形磨损的作用，在设备的运行成本还没有增加到用原型设备替代的时候，就已经实现了设备的更新换代。这时，就要比较在继续使用旧设备和购置新设备这两种方案中，哪一种方案更为经济合理。

【例 10.5】 有旧运输设备一台，目前市场价格为 40 000 元，估计还可以使用 4 年，目前市场上出现的同类型新型设备的价格为 100 000 元。两种设备的年运行成本及残值见表 10.7，计算 $i=10\%$ 时，旧设备的合理寿命。

表 10.7 两种设备的年运行成本及残值   单位：元

使用时间/年	旧设备			新设备		
	年运行费	残值	年费用	年运行费	残值	年费用
1	30 000	30 000	44 000	20 000	75 000	55 000
2	35 000	20 000	45 905	22 500	56 200	52 050
3	40 000	10 000	47 744	26 000	43 000	49 862
4	45 000	0	49 528	29 600	33 000	48 583
5				34 000	21 000	48 697
6				38 500	10 000	46 159
7				50 000	1 000	46 458

解 旧设备与新设备的年费用可见表 10.7，旧设备使用 3 年时年费用超过了新设备的最小年费用，即 47 744 元＞46 159 元，因此，旧设备的合理寿命为 2 年。以上这些计算也可以在 Excel 表格工具中进行。

在有新型设备出现的情况下，常用的设备更新决策方法有年费用比较法和更新收益率法。

1. 年费用比较法

年费用比较法是根据原有旧设备的工况，分别计算旧设备再使用一年的总费用和备选新设备在其预计的经济寿命期内的年均总费用，通过二者比较，根据年费用最小的原则做出是否更新设备的决策。

旧设备再使用一年的总费用可由下式求得

$$AC_0 = V_{00} - V_{01} + \frac{V_{00} - V_{01}}{2} \cdot i + C \tag{10.11}$$

式中，AC_0 为旧设备下一年运行的总费用；V_{00} 为旧设备在决策时可出售的价格；V_{01} 为旧设备一年之后可出售的价格；i 为最低期望收益率；C 为旧设备继续使用一年在运行费用方面的损失（包括使用新设备后运行成本的节约额和出售收入的差额）；$\frac{V_{00} - V_{01}}{2} \cdot i$ 为因继续使用旧设备而占用资金的时间价值损失，资金占用额取旧设备现可售价格和一年后可售价格的平均值。

上述计算，亦可用企业统计数据列表 10.8 进行。

表 10.8　旧设备的年费用计算表　　　　　　　　　　　　　单位：万元

项目	利弊比较	
	新设备	旧设备
（收入）产量增加	120	
质量提高收入	50	
（费用）直接工资的节约	110	
间接工资的节约		20
因简化工序等导致的其他作业上的节约	400	
材料损耗减少		
维修费节约	300	
动力费节约		100
设备占地面积节约	50	
合计	1 030①	120②
旧设备运行损失		910③＝①－②
旧设备现在出售价值	700	
旧设备一年后出售价值	600	
下年旧设备出售价值减少额		100④
资金时间价值损失（$i=10\%$）		60⑤
旧设备的设备费		160⑥＝④＋⑤
旧设备的年总费用		1 070⑦＝③＋⑥

表 10.8 中上栏记录了再使用一年旧设备的运行损失，下栏记录使用旧设备的设备费用。旧设备年总费用为这两项费用之和，即 1 070 万元。

新设备年均总费用，主要包括以下几个方面。

（1）运行劣化损失。

随着使用年限的增加，新设备同样也会出现设备劣化的现象，劣化程度将随使用年限的增加而加重。为了简化计算，假定劣化值逐年等数额增加。假设设备的寿命为 T，年劣

化值的增量为 λ,则 T 年间劣化值的平均值为 $\dfrac{\lambda(T-1)}{2}$。其中,新设备的 λ 值一般可以根据旧设备的耐用年限和相应的劣化程度进行估算。

(2) 设备价值损耗。

在使用过程中,新设备的价值会逐年下降,这表现为设备残值的逐年减少。假定设备残值每年等额递减,K_n 为设备的原始价值,V_L 为新设备使用 T 年后的残值,则 T 年内每年的设备价值损耗为 $\dfrac{K_n - V_L}{T}$。

(3) 资金时间价值损失。

新设备在使用期内平均资金占用额为 $\dfrac{K_n - V_L}{2}$,则因使用新设备而占用资金的时间价值为 $\dfrac{(K_n - V_L)i}{T}$。

以上三项费用之和,构成了新设备的年均总费用,即

$$AC = \dfrac{\lambda(T-1)}{2} + \dfrac{K_n - V_L}{T} + \dfrac{(K_n - V_L)i}{T} \tag{10.12}$$

对式(10.12)进行微分,并令

$$\dfrac{d(AC_n)}{dT} = 0$$

则

$$T = \sqrt{\dfrac{2(K_n - V)}{\lambda}} \tag{10.13}$$

式中,T 为新设备的经济寿命。

将式(10.13)代入式(10.12),按经济寿命计算的新设备年平均总费用为

$$AC = \sqrt{2(K_n - V)\lambda} + \dfrac{(K_n + V_L)i}{2} - \lambda \tag{10.14}$$

当不易得到年劣化值增量 λ 时,可以根据经验确定新设备的合理使用年数 T,然后再求年劣化值增量 λ。这时将式(10.13)整理代入式(10.14),则新设备的年均费用为

$$AC_n = \dfrac{2(K_n - V)}{T} + \dfrac{(K_n + V_L)i}{2} - \dfrac{K_n - V_L}{T^2} \tag{10.15}$$

2. 更新收益率法

更新收益率法是通过计算更新与不更新两种方案的差额投资的收益率,判别是否应该进行设备更新。这种方法给出的是一个收益率指标,除可以用于判断是否应更新设备外,还可以同其他各种投资方案进行比较以寻求最佳的新设备来替换旧设备,因此有更广泛的适用性。计算公式为

$$i_p = \dfrac{P}{K} = \dfrac{C_\varepsilon + K_b - T_x - K_n}{K} \tag{10.16}$$

式中,i_p 为更新收益率;K 为更新方案相对于不更新方案追加的投资;P 为更新方案相对于不更新方案增加的年收益;C_ε 为使用新设备相对使用旧设备在第一年收益的增加和运行费的节约;K_b 为因设备更新而在第一年避免的资产价值损失;T_x 为使用新设备相对使

用旧设备在第一年缴纳税金的增加额;K_n 为新设备使用一年的价值损耗。
其中
$$K = K_n - (K_g + K_{ro1})$$
$$K_b = K_g - K_{ga} + K_{ro2}$$
$$T_x = (C_\varepsilon - D_{ab})r_t$$
$$K_n = K - K_{n1}$$

式中,K_n 为新设备的购置价值;K_g 为旧设备在更换年份的残值;K_{ro1} 为继续使用旧设备当年必须追加的投资;K_{ga} 为旧设备继续使用一年后的残值;K_{ro2} 为继续使用旧设备所需追加的投资在第一年的分摊额;D_{ab} 为新旧设备折旧额的差值;K_{n1} 为新设备第一年末的保留价值;r_t 为所得税率。

将上述各式代入式(10.16)得

$$i_p = \frac{C_\varepsilon + K_b - T_x - K_n(1 - \frac{K_{n1}}{K})}{K} \tag{10.17}$$

式中,$(1 - \frac{K_{n1}}{K})$ 称为新设备价值损耗系数,它表示新设备在第一年的价值损耗在更新投资额中所占的比例。

计算更新收益率的关键在于求出这一系数。

10.3.4 运输设备更新分析的原则

在对设备更新进行经济分析时,除利用前面介绍的技术经济分析原理和方法外,还应遵循以下几个原则。

(1)不管是购置新设备还是改造旧设备,在设备经济分析中一般只分析其费用。通常设备更新或大修,其生产能力不变,所产生的收益相同(若生产能力变化了,可经过等同化处理,将生产能力的不同转化为费用的不同)。这样一来,对设备更新方案的评价,就成了在相同的收益下对费用进行比较,属于费用型方案的分析。常用的经济评价方法包括年成本法、现值费用法及追加投资经济效果评价法等。

(2)不同的设备,工作寿命不同。在对设备进行更新分析时,分析期必须保持一致。在实际工作中,用来进行方案比较的方法通常为年成本法。

(3)不考虑沉没成本。对旧设备进行更新时,往往尚未到其折旧寿命期末,账面价值和转售价值之间存在差额,因而存在沉没成本,即未回收的设备价值。在购置新设备时,沉没成本属于一种投资损失,但这一损失是由过去的决策造成的,因此不应计入新设备的费用,可以在企业盈利中予以扣除,同时在进行新设备购置决策中,对这一损失不予考虑。

(4)应以旧设备目前可实现的价格与新设备的购置价格对比。在进行更新分析时,应将新旧设备放在同一时间点上进行考虑。对于旧设备,应根据最新资料,将其看作一个以目前可实现价格购买、以剩余使用寿命为计算期的设备,以便于与以现在价格购买、以使用寿命为计算期的新设备进行对比。这样,在更新分析中,才不至于发生失误。

(5)要有战略规划,更新下来的设备要充分合理应用,不能随意处置,造成浪费。

10.4　设备更新方案的比选

运输企业的运输设备是其安身立命之本,因此企业必须综合考虑各种因素进行更新方案的选择,以使企业实现利益的最大化。企业在选择更新方案时,一般需要考虑的有:更新方案是否符合企业未来的发展规划、更新方案的实施难易程度、更新成本、更新后一定时间内的收益等。

本节将从经济学角度对更新方案进行比较,通过数据以直观简明的方式说明各种更新方案的利弊,帮助企业进行相应的更新抉择。需要说明的是,在企业的实际运营过程中,在进行关于更新方案的选择时需要综合考虑自身条件、发展意愿和外界环境等各方面因素,远比本节只从经济学角度所进行的计算复杂。本节内容所介绍的计算方法只具有一定的参考价值,企业在实际操作中,可将其具体情况与本方法结合起来进行分析,以此作为依据更合理地选择更新方案。

一般来说,根据经济寿命确定设备的最佳更新时机后,要对设备更新的各种可行方案进行经济性比较,从中选择出费用最小的方案作为最佳更新方案。而在设备更新问题上,可供选择的方案一般有以下五种:①继续使用旧设备;②对旧设备进行一次大修后继续使用;③对旧设备进行现代化改装;④以同类新设备替换旧设备;⑤用新型的新设备替换旧设备。对于这五种方案,首先要分别计算它们的费用现值,然后找到费用现值最小的方案作为最优更新方案。其计算方法参考计算经济寿命的思路,一般运用最低总费用法。

最低总费用法又叫总费用现值法,该方法分别计算上述各更新方案在不同工作年限内的总费用现值(主要包括设备购置费用和经营费)并加以比较,然后根据设备工作年限,选择总费用现值最低的方案作为最佳方案。计算公式如下。

(1)旧设备继续使用的公式为

$$\text{PC}_1 = \frac{1}{\beta_1}\left[\sum_{j=1}^{t} C_{1j}(1+j)^{-j} + L_0 - L_{1t}(1+i)^{-t}\right] (1 \leqslant t \leqslant n_1) \quad (10.18)$$

(2)大修理的公式为

$$\text{PC}_2 = \frac{1}{\beta_2}\left[K_2 + \sum_{j=1}^{t} C_{2j}(1+i)^{-j} + L_0 - L_{2t}(1+i)^{-t}\right] (1 \leqslant t \leqslant n_2) \quad (10.19)$$

(3)原型更新的公式为

$$\text{PC}_3 = \frac{1}{\beta_3}\left[K_3 + \sum_{j=1}^{t} C_{3j}(1+i)^{-j} + L_0 - L_{3t}(1+i)^{-t}\right] (1 \leqslant t \leqslant n_3) \quad (10.20)$$

(4)技术更新的公式为

$$\text{PC}_4 = \frac{1}{\beta_4}\left[K_4 + \sum_{j=1}^{t} C_{4j}(1+i)^{-j} + L_0 - L_{4t}(1+i)^{-t}\right] (1 \leqslant t \leqslant n_4) \quad (10.21)$$

(5)现代化改装的公式为

$$\text{PC}_5 = \frac{1}{\beta_5}\left[K_5 + \sum_{j=1}^{t} C_{5j}(1+i)^{-j} + L_0 - L_{5t}(1+i)^{-t}\right] (1 \leqslant t \leqslant n_5) \quad (10.22)$$

式中,PC_1、PC_2、PC_3、PC_4、PC_5 为相应方案的总费用现值;K_1、K_2、K_3、K_4、K_5 为相应方案

中的设备初始投资费现值；C_{1j}、C_{2j}、C_{3j}、C_{4j}、C_{5j} 为相应方案中设备使用到第 j 年的运营费用；L_{1t}、L_{2t}、L_{3t}、L_{4t}、L_{5t} 为相应方案中设备使用到第 t 年的残值；β_1、β_2、β_3、β_4、β_5 为相应方案中设备的劳动生产率系数；n_1、n_2、n_3、n_4、n_5 为相应方案设备使用年数；L_0 为旧设备在更新决策年份的残值的现值；t 为设备寿命。

本章小结

本章主要从经济角度对运输设备更新进行分析，对一些名词如设备磨损、经济寿命等进行定义和解释，提出设备磨损的补偿方法。然后，对设备修理的相关概念如维护、小修、大修等进行解释，并对大修进行经济分析，确定设备大修的经济界限。最后将现在比较常用的一些设备更新方案从经济角度进行综合比较。

习题与思考题

1. 设备的磨损有哪几种形式，各有什么特点？其产生原因、造成危害及补偿方式怎样？
2. 经济寿命是什么意思？怎么确定的？
3. 结合实际谈谈设备更新有哪些方式。
4. 设备大修理的经济界限如何确定？
5. 某汽车原值 75 000 元，车装轮胎价值为 3 500 元，估计车辆最终残值为 2 000 元，经营费用增加额 1.214 元/km，该车运行 15 年，试求该车的平均经济寿命年限。
6. 某汽车购价为 8 000 元，不论使用多久，其残值都是零，其第一年使用费为 2 000 元，以后每年增加 1 000 元，假定不计利息，计算该设备的经济寿命和最小年费用。
7. 某运输公司新购置了一台设备，其购入价为 30 000 元，估计可使用 10 年，并预测到各年的运行费和年末残值(见表 10.9)，试确定该设备的经济寿命。若考虑资金的时间价值($i=6\%$)时，其经济寿命如何变化？

表 10.9　某设备年运行费及残值　　　　　　　　　　　单位：元

使用年数	1	2	3	4	5	6	7	8	9	10
年运行费	3 200	3 850	4 300	4 700	5 200	5 600	6 100	6 500	7 000	7 200
残值	25 000	20 000	15 000	10 000	8 000	6 000	4 000	3 000	2 000	1 000

8. 某运输企业现有一部旧车，还可以使用 3 年，现在处理可获得残值 10 000 元，若以后处理其年运行费用及残值见表 10.10。该车原型新车初始购置费为 76 000 元，年运行费用 3 600 元，经济寿命 12 年，残值 5 000 元，若 $i=8\%$，问现在更新是否经济？何时更新最经济？

表 10.10　车辆年运行费用及残值　　　　　　　　　　单位:元

使用年数	1	2	3
年运行费	43 000	52 000	62 000
残值	7 000	5 000	3 500

参考文献

[1] 隽志才.运输技术经济学[M].5版.北京:人民交通出版社,2013.
[2] 贾顺平.交通运输经济学[M].北京:人民交通出版社,2011.
[3] 张青哲.工程机械设备更新的经济性分析[J].建筑机械,2006(1s):82-85.
[4] 冯素萍.设备大修理及其技术经济分析[J].装备制造技术,2008(3):115-118.

第 11 章 价值工程

价值工程是一种新兴的技术经济分析方法，其基本思想是以最少的费用换取所需要的功能。在实际的生产活动中其影响因素是复杂多变的，价值工程就是要找出影响成本与功能的主要因素，研究如何以最少的投入换取最大的产出，在满足需求者对必要功能的需求的基础上，对产品或项目的功能进行分析并加以改进。价值工程中的价值大小是根据需求者对商品的功能与成本之间的关系进行衡量与评价的，需求者一般会倾向于以最小的成本获取最大的功能，这与日常生活中购买东西的经验是相符合的。

本章将就价值工程的含义与应用做进一步的探讨分析。首先介绍功能分析的基本知识，然后介绍对象选择与情报收集工作，接着介绍功能分析的知识，最后对功能评价进行讲解。

11.1 价值工程概述

价值工程是一种新兴的技术经济分析方法，其基本思想是以最少的费用换取所需要的功能。

11.1.1 价值工程的产生与发展

价值工程起源于 20 世纪 40 年代的美国。20 世纪 30 年代至 40 年代中期，美国的军事工业发展很快，造成原材料供应十分紧张，企业的采购工作经常会遇到难题。当时美国通用电气公司(GE)汽车装配厂急需一种叫作石棉板的耐火材料，这种材料价格很高而且供应不稳定，时任 GE 采购部工程师的劳伦斯·戴罗斯·迈尔斯(Lawrence D. Miles)开始针对这一问题寻找这种材料的代用品。通过对公司使用石棉板的功能进行分析，他发现石棉板的用途是铺设在给产品喷漆的车间地板上，以避免涂料沾染地板引起火灾。迈尔斯弄清楚这种材料的功能后，在市场上找到了一种价格便宜、容易买到且能够满足防火要求的防火纸来代替石棉板。这在解决了这一难题的同时，也取得了很好的经济效益。经过试用和检验，美国消防部门通过了这一代用材料。迈尔斯从研究代用材料开始，经过不断的探索，发现有一些短缺材料的功能可以很好地由相对不太短缺的材料替代，并逐渐总结出一套行之有效的解决采购问题的方法。他把技术设计和经济分析结合起来，用技术与经济价值统一对比的标准衡量问题，提出了功能分析、功能定义、功能评价以及如何将不必要功能区分出来并消除的方法，最后形成了以最小成本提供必要功能、获得较大价值的科学方法。后来，这种分析思想和方法又进一步被推广到企业的其他部门，如产品的研究、开发、设计、制造及经营管理等各个方面，逐渐形成了一套较为系统和科学的价值分析理论与方法。

1947 年，迈尔斯将自己的研究成果以《价值分析的方法》为题发表出来，这标志着这门学科的正式诞生。1954年,美国海军对这一方法进行了应用,并将其改称为价值工程。作为一种节约资源、降低成本、提高效用的有效方法,价值工程理论得到了世界各国的普遍重视。20世纪50年代,这一方法被引入日本并与全面质量管理相结合,成为一套更为完备成熟的价值分析方法。中国于1978年引进价值工程,其已在交通运输、机械、电气、化工、纺织、建筑、冶金等多个行业广泛应用。

价值工程以节省成本为目的,因而在工程建设等需要大额投资的行业是实践和研究的热点领域,在国外也是以建筑业作为重点研究行业。随着我国交通基础设施建设事业的飞速发展,推动价值工程在交通基础建设领域的研究及应用已势在必行。

11.1.2 价值工程的定义

价值工程(Value Engineering,VE),又称为价值分析(Value Analysis,VA),是指以产品或项目的功能分析为核心,以提高产品或项目的价值为目的,力求以最低寿命周期成本实现产品或项目使用所要求的必要功能的有组织、有计划的创造性活动和科学管理方法。

价值工程的概念涉及价值、功能和寿命周期成本这三个基本要素,是一种系统化的应用方法。

1. 价值

这里的价值与政治经济学上所讲的"价值"概念不一样,它不是凝结在商品中的社会劳动时间,也不是对象的使用价值或交换价值,而是指作为某种产品或项目所具有的功能与获得该功能的全部费用的比值,是用来评价产品或项目有效程度的一种标准。例如,某地打算对一条已经使用多年的公路进行升级,有两种方案,分别是在原道路上扩建和拆除重建,此时就需要对这两种方案实施后的该道路的成本、功能和使用寿命进行分析,选用价值更高,更有利于当地交通和社会发展的方案进行施工,假设该条道路所能实现的功能用 F 来表示,获得该功能的寿命周期成本用 C 来表示,则可用数学比例式来表达升级方案实施后该条道路的价值,公式为

$$价值(V) = \frac{功能(F)}{寿命周期成本(C)} \tag{11.1}$$

可以看出,价值由功能与成本决定,价值的高低可以表现出产品或项目合理有效利用资源的程度,价值高就是好的产品或项目;价值低表明其没有合理利用资源,应该设法改进和提高。"价值"的引入,是对产品或项目评价的新形式,它把功能与成本、技术与经济结合了起来。提高价值是广大消费者的利益诉求,因此企业应当努力生产建设价值高的产品或项目。

2. 功能

功能是指对象能够满足某种需求的一种属性,它是产品或项目以一定的状态表现出来的性质,任何产品都具有功能,比如车的功能是运输,路灯的功能是照亮夜间的路,斑马线的功能是为行人提供安全的过街通道。在不同的场景下,功能也有所不同。如一条铁路线,既可以在平时承担客运和货运的功能,也可以在应急状态下承担运输应急物资的功能。当然,功能是有差异的,同样是承担运输功能的路,快速路和支路的功能就有所不同。

快速路以大容量的快速交通为主,支路以解决局部交通问题的服务功能为主,这是两者功能水平差异的外在表现。

3. 寿命周期成本

寿命周期成本是指在寿命周期内所花费的全部费用,包括产品或项目从设计、建设制造到销售、使用,最后到保养维护乃至报废整个过程中的全部费用。寿命周期成本包括生产成本和使用成本:生产成本是指生产企业为了生产必须支付的成本,包括设计研发、生产制造、试用及销售过程中的费用;使用成本是指用户为了使用所必须支付的费用,包括购置、资源消耗、维护保养及报废处置等的费用。在一定的技术经济条件下,随着功能的提高,生产成本上升,使用成本下降,到一定时期,产品或项目的寿命周期成本就会降至最低,如图 11.1 所示。

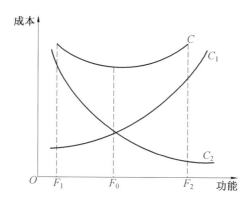

图 11.1 功能与寿命周期成本的关系

图 11.1 中,C_1 表示生产成本曲线,C_2 表示使用成本曲线,C 表示寿命周期成本,即 $C=C_1+C_2$。在 F_1 点上,产品的生产成本较低,但此时功能也较少,无法满足使用者的需求;在 F_2 点上,产品的功能已较为丰富,但此时生产成本过高,导致寿命周期成本增加;只有在 F_0 点,寿命周期成本与功能均能达到合理的最低水平,才最适合使用者使用产品,不过在实际生产活动中很难达到这一点,因此需要运用价值工程进行研究分析,力求成本与功能达到最合适的水平,也就是价值最高的水平。

综上所述,价值的提高取决于功能与寿命周期成本,想要提高产品或项目的价值,就要想办法提升功能,削减成本。

价值工程的理念可以运用在各行各业,在交通运输领域,价值工程可以运用在项目建设的可行性研究、设计、施工及维护保养的各个阶段,还可以对项目的整个寿命周期的成本进行功能成本分析,以实现交通运输项目的经济效益和社会效益的最大化。

11.1.3 提高价值的途径

一般来说,提高价值的途径有五种,如表 11.1 所示。

表 11.1 提高价值的途径

编号	途径	表达式	特点	使用范围
1	提高功能,降低成本	$F\uparrow/C\downarrow=V\uparrow\uparrow$	最理想的途径	功能不足,成本偏高
2	功能不变,降低成本	$F\rightarrow/C\downarrow=V\uparrow$	以降低成本为目的	功能合适,成本过高
3	成本不变,提高功能	$F\uparrow/C\rightarrow=V\uparrow$	以提高功能为目的	功能不足,成本合适
4	成本稍有增加,功能大幅度提高	$F\uparrow\uparrow/C\uparrow=V\uparrow$	以提高功能为目的	功能明显不足,成本有必要增加
5	功能稍有降低,成本大幅度降低	$F\downarrow/C\downarrow\downarrow=V\uparrow$	以降低成本为目的	功能过剩,成本明显过高

这五种途径都可以提高价值,运输企业可以根据生产技术条件和管理经营水平及需求者的需求和购买能力来选择适当的生产策略。价值工程的研究应主要侧重在设计、建设或生产阶段,因为一旦产品或项目投入使用或市场,如果出现不适应需求或市场的情况,再进行调整,将会造成巨大的资源浪费。例如,在进行公路、铁路等需要大额投资的基础设施建设时,应在规划设计阶段就做好价值工程分析工作,根据成本和功能需求研究应该选择什么样的建设方案才是最适合的,避免建设完成之后,出现与现实需求不匹配的情况。

11.1.4 价值工程的工作程序

价值工程是一个发现问题、分析问题、解决问题的过程,它的基本工作程序如表 11.2 所示。

表 11.2 价值工程的工作程序及其对应的问题

阶段	VE 的实施步骤		对应的问题
	基本步骤	详细步骤	
分析问题	一、功能分析	1. 选择对象 2. 收集情报 3. 功能定义 4. 功能整理 5. 功能评价	1. VE 的研究对象是什么? 2. 它的用途是什么? 3. 它的成本是什么? 4. 它的价值有多大?
综合研究	二、制订改进方案	6. 方案创造	5. 有无其他的方案能够实现同样的功能?
方案评价	三、方案评价提案与实施	7. 概略评价 8. 制订具体方案 9. 试验研究 10. 详细评价 11. 提案审批 12. 方案实施 13. 成果评价	6. 新方案的成本是多少? 7. 新方案能够满足功能要求吗?

总的来说,价值工程的工作程序一般可分为七个步骤:①选择价值工程的研究对象;②收集情报;③分析功能;④改进设计与方案;⑤分析与评价;⑥试验与审定方案;⑦实施方案,评估实施成果。

11.2 对象选择与情报收集

11.2.1 对象选择

价值工程的对象选择就是利用各种分析手段寻找合适的研究对象的过程。生产建设过程中的技术与经济问题有很多,涉及的范围也很广,为了节省资源,提高效率,选择正确的分析对象开展价值分析工作就显得极为重要。在一个企业里,凡是为获取功能而发生费用的事物都可以作为价值工程的研究对象,如修建高速道路过程当中的勘测与设计,建设材料与人力资源的耗费,护栏、反光板等配套设施的配置,但在实际生产过程中,不必对所有的事物进行价值分析,应该有重点地进行,以提高价值工程活动的效率及实施效果。

1. 对象选择的一般原则

一般来说,对象选择应该遵循一定的原则,主要有:

(1)在产品或项目设计方面,应该选择结构复杂,工艺繁杂,体积、重量大,性能落后的产品或项目,如运营多年的列车等。

(2)在生产建设方面,选择对社会经济发展与国民生活影响大、工艺落后、生产成本高的产品。如针对年久失修的道路的改造方案进行价值分析,决定选择扩建或拆除重建等。

(3)在成本方面,选择成本高、利润低的产品。比如现在各大城市积极推进的修建地铁工作,应该在决定修建地铁前进行价值工程的分析工作,研究当地是否适合地铁。

(4)在销售方面,选择使用者意见大、竞争力差、事故率高的产品。如对已建成的道路,应针对事故多发地段进行价值分析,选择是否应该对这类地段进行改造。

2. 选择对象的方法

选择价值工程的研究对象的方法有很多,不同的方法适合不同的价值工程研究对象,在实际生产中,应该选择最适当的方法,以达到最佳的价值分析效果。常用的方法有经验分析法、寿命周期分析法、ABC分析法等。

(1)经验分析法。

经验分析法是指分析人员凭借其经验确定研究对象的一种方法。这是一种定性分析的方法,要求分析人员业务熟练、经验丰富。其优点是方便快速,适用于要求急、资料数据不足、被研究对象差异较大的情况;缺点是可能会导致分析结果不准确,精度较差,一般用于对象的初选。比如针对一条年久失修的道路选择修缮路面还是升级改造,可根据当地经济发展和交通需求进行价值分析与选择。

(2)寿命周期分析法。

产品的寿命周期是从设计、建设、运营、维护、报废所经历的时期。一般产品在市场上要经历投入期、成长期、成熟期、衰退期四个阶段。使用寿命周期分析法,就是要确定产品处于寿命周期的哪一个阶段,以选择对应的措施提高其价值。寿命周期曲线如图11.2

所示。

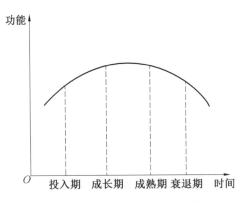

图 11.2 寿命周期曲线

第一阶段:投入期。投入期是指产品投入使用后在市场上开始推销的阶段,该阶段由于产品的宣传还不到位,销路没有打开,企业应该重点做好价值分析工作,降低成本和增加功能,尽力提高价值。如新型的特种运输车辆,在没有经历过市场检验之前,很难有企业愿意花大价钱购买,此时生产企业除了加大宣传力度外还应该改进技术,尽力降低成本,提高车辆功能,以价格和性能打动需求者。

第二阶段:成长期。成长期是指随着人们对产品的了解加深,需求者逐渐接受,需求不断增加,企业开始大规模生产该产品。在这一阶段,生产企业之间由于技术的成熟和市场的不断扩大,竞争会不断增强,企业为了增加自身产品的竞争力,应该选择成本高的产品进行价值分析,提高产品价值。

第三阶段:成熟期。在这一阶段产品已经完全成熟,市场已经完全接受并呈现出饱和的迹象,生产企业仍会维持生产,产品的价格有一定的下降。在这一阶段,由于不同生产企业的产品之间有一定的相似性,此时进行价值分析的目的应该以进一步丰富产品的功能,降低成本和售价为主,使产品的价值提高,增加销量,提高企业的利润。比如一种已经推出多年的运输车辆,可以尝试对其进行改装,增加功能,或者改进生产线,降低成本。

第四阶段:衰退期。在这个阶段产品已经过时,逐渐被市场所淘汰,企业在逐步停止生产。这是由于社会发展技术进步所导致的,在这一阶段,企业应该做好生产新产品的准备,并做好价值分析工作,研究如何推销现有产品和选择新产品的生产方案。如几十年前的"绿皮车"逐渐被速度更快、效率更高、服务质量更好的动车和高铁所取代,虽然这是一个不可逆的过程,但是此时的生产企业除了停止老产品的生产线,还应该进行价值分析,研究能否大幅降低价格以吸引购买力较低、功能需求也较低的客户。

(3) ABC 分析法。

ABC 分析法又称为重点选择法或成本比选分析法,它是按局部成本在总成本中所占比重的大小来选择价值工程的研究对象。"关键的少数、次要的多数"的思想,为分析复杂事务提供了一种抓主要矛盾、简单易行的定量分析方法。

其具体做法是,首先把产品或项目的各组成部分按成本的大小由高到低排列,然后计算出各组成部分的累计成本和累计成本比重,绘制成本分布曲线图,根据成本将产品或项

第 11 章 价值工程

目的各组成部分分为 A、B、C 三类。例如在某高速公路项目建设中,A 类路段,占道路总长度的 5%~10%,占总成本的 70%~75%;B 类路段,占道路总长度的 20%~30%,占总成本的 20%;C 类路段,占道路总长度的 70%~75%,占总成本的 5%~10%。由于 A 类路段占道路总长度的 5%~10%,而成本占总成本的 70%~75%,选择 A 类路段作为该建设项目价值工程的研究对象;B 类路段作为次要考虑;C 类路段一般不做考虑。当然在实际工作中应该根据客观条件进行相应的调整。

ABC 分类法既可用于产品或项目的选择,也可用于产品或项目各组成部分的选择。其优点是能抓住重点,划分研究对象的主次关系,有利于重点突破,提高工作效率。

【例 11.1】 某企业生产用的设备共 16 种,按照各设备类型的成本大小顺序进行排列,经计算,即可得到 A、B、C 三类设备类型,见表 11.3。

表 11.3 ABC 分类计算表

设备代号	数量	累计 数量累计	累计 占企业设备总数比例/%	成本/万元	累计 金额/万元	累计 占总成本比例/%	分类
01	1	1	2.4	38.76	38.76	25.4	
02	1	2	4.8	26.65	65.41	42.9	
03	1	3	7.1	22.89	88.30	57.9	A
04	1	4	9.8	10.13	98.43	64.5	
05	1	5	12.2	8.16	106.59	69.9	
06	1	6	14.3	2.05	137.75	90.3	B
……							
16	1	27	100	0.12	152.41	100	C

根据表 11.2 中的数据画出 ABC 分类曲线图,见图 11.3。

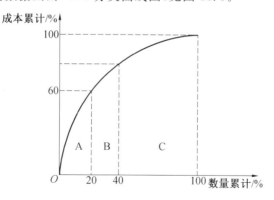

图 11.3 ABC 分类曲线图

由图 11.3 可知,价值工程的重点应该放在 A 类设备上。

此外,选择价值工程分析对象的方法还有价值系数法、强制确定法等。

11.2.2 价值工程情报的收集

进行价值工程的研究工作,需要收集充足的情报资料。一般在选择价值工程分析对象的同时,就应该收集有关的技术资料及信息,为下一步的功能分析与改进方案等工作提供基础。只有掌握比较完整精确的情报信息才能顺利开展价值工程的分析研究工作,得到良好的方案实施效果。

1. 情报收集的内容

情报收集的内容应该以价值工程的需要为主,研究对象不同,需要收集的情报也不同。一般来说,情报收集的主要内容如下:

(1)社会与政策方面的情报,主要包括政府的相关政策及法规等,还有社会公众的认可度等。得到政府的产业政策支持与社会公众的认可,产品会更容易取得成功。

(2)用户方面的情报,包括用户使用产品的目的,预计的市场竞争强度等。

(3)企业自身发展方面的情报,主要由企业自身的发展计划、销售渠道、生产能力,同类产品其他企业的生产水平等。

(4)技术方面的情报,主要有设计及制造的技术水平、工艺,质量保障能力,使用的设备生产能力等。

(5)市场方面的情报,主要有市场需求等。

(6)经济方面的情报,主要有产品的成本,销售及维护费用,原材料的供应等。由于设计、施工、运营等方面的原因,实际成本往往存在较大的改善潜力,通过研究分析,可以降低一定的成本,提高产品价值。

2. 情报信息的整理

收集情报是一件繁杂的工作,需要收集到的情报来源广泛且正确可靠。由于收集来的情报会有一定的冗杂,需要仔细辨别是否对价值工程的工作有用,避免分析结果出现误差。因此,在价值工程的分析工作中,一般需要对收集的情报加以分析和整理归纳,去除无用的信息,从而缩小情报的分析范围,得到有效的信息资料,提高工作效率。

11.3 功能分析

功能分析,是价值工程的核心内容,是对选定的价值工程分析对象应该具有的功能进行具体的分类、描述、整理的系统化过程,并绘制功能系统图。通过功能分析可以对价值工程研究对象应该具备的功能加以确定,明确各功能的特性,根据实际需求调整功能比重,使产品或项目的功能结构更加合理,功能分析包括功能定义和功能整理两个方面的内容。

11.3.1 功能定义

功能定义就是要求用清晰明确的语言描述价值工程研究对象的功能及作用。这一描述应该能够明确功能的本质,限定功能的内容并与其他功能概念相区别。

功能定义的目的是明确需求者对产品所需求的功能,为功能的评价奠定基础。需求者使用产品是为了从产品的一种或几种功能中获取效益,例如需求者购买一辆汽车,是为了让汽车承担运输的功能,而不是为了汽车的各个零部件等具体组成结构。

功能定义要求简明扼要,一般采用"两词法",即由两个词组成的词组定义功能,常用一个动词和一个名词,以动宾关系把功能的定义表达出来,名词应尽量选用可量测的词汇,以利于定量化。例如,货车的功能定义为运送货物,道路的功能就是承载交通运输车辆等。

有了准确的功能定义,产品的设计就可以紧抓功能,开拓设计及制造思路,生产具备相应功能的产品,并进一步提高其价值。

11.3.2 功能整理

功能整理就是对定义出来的功能进行系统的分析、整理,明确各功能之间的关系,分清功能类别,并把这些功能相互连接起来,组成一个体系,建立功能系统图。功能整理的方法和步骤如下。

1. 确定基本功能或必要功能

根据客户对产品或项目的功能需求,挑出基本功能或必要功能,排列出来并放在左边,这些称为上位功能。基本功能或必要功能一般总是上位功能,是这种产品或项目生产建设的目的。

2. 明确各功能之间的关系

功能之间一般存在着上下关系和并列关系。上下关系是指一个产品的功能系统中某些功能之间存在着手段与目的的关系,这种关系一般是相对的,一种功能既可能是某种功能的上位功能,又可能是另一种功能的下位功能。一种功能所要实现的目标就是它的上位功能;如何实现这种功能,就是它的下位功能。例如一辆运输汽车,汽车的基本功能是运输物资,要实现运输物资的目的就需要汽车能够提供动力,那么汽车的运输功能就是提供动力的上位功能;要提供动力就需要发动机等零部件正常运转,发动机等零部件正常运转就是提供动力的下位功能。

并列关系是指在一个上位功能之后,有几种功能并列存在,它们是实现这个上位功能的手段,但相互之间彼此独立平等,在当前这一上位功能的应用场景下不存在从属关系。

3. 绘制功能系统图

按照功能之间的上下关系与并列关系整理产品的功能,就可以绘制出产品的功能系统图(图 11.4)。

图 11.4 中 F_0 是最上位功能,称为一级功能。F_1、F_2 是 F_0 的下位功能,它们之间是并列关系,称为二级功能。F_{11}、F_{12}、F_{21}、F_{22} 分别是 F_1、F_2 的下位功能,称为三级功能。通过这样的功能系统图就可以把产品的设计目的用图表示出来,也表明了实现这种设计目的和用途的手段。

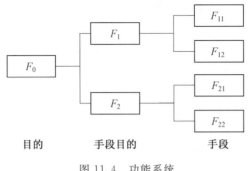

图 11.4 功能系统

11.4 功能评价

功能评价,即通过可量化的技术方法评定产品或项目的某个功能的价值大小,以及实现此功能的最低成本是多少。

价值 V 是功能 F 和寿命周期成本 C 的比值,寿命周期成本 C 是量化的值,因此功能 F 也必须数量化,才能利用价值 V 来对产品的功能进行分析评价。功能评价就是按照功能系统图,采取一定的方法在已定性确定问题的基础上进一步做定量的分析。但是由于功能性质的不同,其量度单位也各不相同,因此,功能评价的基本问题就是功能的数量化,将定性指标转化为定量指标,从而让功能具有可比性。

11.4.1 功能评价的主要工作内容

功能评价的主要内容有:①确定对象的功能评价值 F;②计算对象功能的现实成本 C;③计算对象的功能价值 V;④计算成本改进期望值 ΔC;⑤根据对象价值的高低及成本改进期望值的大小,确定改进的重点对象及优先顺序。

通过功能评价工作,可以找出功能价值低、改进潜力大的功能作为价值工程的研究对象,提高价值工程的工作效率。

11.4.2 功能评价的基本要素

1. 功能的现实成本 C

功能的现实成本计算不同于一般的传统成本计算:传统的成本计算一般以产品或项目为基础,而功能的现实成本则以对象的功能为基础,因此在计算时需要进行相应的换算。

2. 功能评价值 F

功能是一个抽象的概念,很难用具体的数值衡量,因此需要借助一个可以量化的值来表示功能,这个数值就是功能评价值。通常要实现某种功能,会存在一个成本的最低值,这一最低成本被称为功能成本。在实际的生产活动中常常会以这一最低成本作为实现该功能的组成部分的成本目标,因此,功能成本也被称为目标成本。在价值工程中,功能评价值就是指这一目标成本。功能评价值和功能现实成本一样,都是以金额作为单位,因此

可以直接对比,两者的比值称为功能价值,其表达式为

$$V=\frac{F}{C} \tag{11.2}$$

式中,V 是功能价值;F 是功能评价值(目标成本);C 是功能的现实成本。

如果功能的目标成本 F 低于现实成本 C,则意味着功能有改善的空间。改进期望值越大,功能价值越小,意味着降低成本的可能性越大,这就是价值工程的重点研究对象。如果功能的目标成本 F 高于现实成本 C,则应该检查是否计算出错或者存在功能不足的现象。

3. 成本改进期望值 ΔC

成本评价是通过计算对象的实际成本与功能评价值,分析成本降低的期望值,从而排列出改进对象的优先顺序。成本改进期望值的表达式为

$$\Delta C = C - F \quad \text{或} \quad \Delta C = C - C_{目标} \tag{11.3}$$

式中,ΔC 为成本改进期望值;$C_{目标}$ 为对象的目标成本。

一般情况下,当 ΔC 大于 0 时,ΔC 大的就是价值工程的优先改进对象。

11.4.3 功能评价的方法

功能评价的方法主要有功能成本法和功能指数法。

1. 功能成本法

功能成本法又叫绝对值法,是通过一定的测算方法,将实现所有功能的最低消耗都转化为成本,再从各种方案中找出实现某一功能的最低成本,这个成本与实现这个功能的现实成本的比值就是功能价值系数,即

$$功能价值系数(V) = \frac{功能评价值(F)}{功能现实成本(C)} \tag{11.4}$$

功能成本法的计算内容主要包括功能的现实成本、功能评价值、功能价值系数和成本改进期望值。

(1)功能现实成本的计算。一个组成部分只对一个功能起作用时,该功能的成本就是实现该功能的组成部分的成本;当有的组成部分对多个功能都起作用时,该功能的成本就是这些组成部分的功能成本之和,一般遇到这种情况时,应该将各组成部分的成本分摊到各项有关功能上,再合计各组成部分对某一种功能的费用分摊额,即为该功能的现实成本 C。示例见表 11.4。

表 11.4 功能现实成本分摊示例表

组成部分代码	成本/元	功能类型		
		F_1/元	F_2/元	F_3/元
01	500	100	100	300
02	600	200	300	100
03	400	150	100	150
合计	1 500	450	500	550

(2)功能评价值的计算。功能评价值就是功能的最低成本,一般通过估算的方法确定。工作人员通过调查分析市场上具有同样功能的产品,选出功能相同但成本最低的产品,将其成本作为功能评价值;或根据以往的工作经验和掌握的该功能的资料估算出一个最低的成本价格,作为功能评价值。

(3)功能价值系数和成本改进期望值的计算。功能评价系数和现实成本计算完成后就可以根据公式计算功能价值系数和成本改进期望值。

【例 11.2】 某企业打算生产某种特种车辆,该设备主要有运输人员、减少污染、降低运营成本这三种功能,分别用 F_1、F_2、F_3 来表示,各种功能的现实成本和功能评价值已知,计算出功能价值系数和成本改进期望值,具体如表 11.5 所示。

表 11.5 功能价值系数和成本改进期望值计算表

功能	现实成本/万元 C	最低成本/万元 $C_{目标}$	价值系数 V	成本降低幅度 ΔC
F_1	8	6	0.75	2
F_2	4	3	0.75	1
F_3	5	4	0.8	1
合计	17	11		4

从表 11.5 中可以看出 F_1 和 F_2 的价值系数是最低的,而 F_1 的成本降低幅度更大,因此 F_1 应作为价值工程的重点研究对象,对其进行分析改进。

2. 功能指数法

功能指数法又叫相对值法,是指通过评定对象的重要程度,用功能指数表示功能的重要程度,然后将评价对象的功能指数与对应的成本指数进行对比,得到该评价对象的价值系数,从而确定需要改进的对象的一种方法。其表达式为

$$价值系数(V) = \frac{功能指数(F_1)}{成本指数(C_1)} \tag{11.5}$$

其中,功能指数是指评价对象的功能在整体功能中的比重,也可以称为功能评价系数;成本指数是指对象的现实成本占全部成本的比重。功能指数法的计算内容主要包括功能指数和成本指数。

(1)功能指数。

常见的功能指数计算方法有强制打分法、多比例打分法、逻辑评分法、环比评分法等。这里主要介绍强制打分法。

强制打分法又称为FD法,包括 $0-1$ 评分法和 $0-4$ 评分法两种。它是采取一定的评分规则,以强制打分的形式来对每个零部件的重要程度进行评分,以此来评定评价对象的功能重要性。

$0-1$ 评分法:请来一定数量的对产品熟悉的人员,按照各组成部分的功能重要程度和其他所有组成部分的对比,对其进行评分,重要的得 1 分,次要的得 0 分,各组成部分同自身不相比,用×表示,然后将各组成部分的得分累计,除以全部组成部分的总得分,得到各组成部分的功能指数。表达式为

$$功能指数 = \frac{某一组成部分的功能分数}{全部组成部分的功能总分} \tag{11.6}$$

【例 11.3】 某产品有五种主要的零部件,经过专业人员评定,各零部件之间的相对重要性已经知道,计算各零部件的功能指数。具体见表 11.6。

表 11.6 功能指数计算表

组成部分代码	01	02	03	04	05	得分	功能指数
01	×	1	0	1	0	2	0.2
02	0	×	0	1	1	2	0.2
03	1	1	×	1	1	4	0.4
04	0	0	0	×	1	1	0.1
05	1	0	0	0	×	1	0.1
合计						10	1.0

从表 11.6 中可以看出代码为 03 的组成部分功能指数最高,即最重要。

可以看出,0—1 评分法有一定的局限性,只能看出功能之间的相对重要性,无法看出这种重要性的差异大小。

0—4 评分法可以在一定程度上克服这种局限性,它采用这样的计分规则:非常重要的功能得 4 分,另一个相比功能很不重要得 0 分;比较重要的功能得 3 分,另一个相比功能不重要得 1 分;两个同等重要,均得 2 分;不重要的功能得 1 分,另一个相比比较重要得 3 分;很不重要的功能得 0 分,另一个相比很重要得 4 分。

【例 11.4】 在【例 11.3】中的五个组成部分,采用 0—4 评分法重新进行打分,计算各组成部分的功能指数。具体见表 11.7。

表 11.7 功能指数计算表

组成部分代码	01	02	03	04	05	得分	功能指数
01	×	2	1	3	3	9	0.225
02	1	×	2	3	1	9	0.225
03	3	3	×	4	4	14	0.350
04	0	1	1	×	1	4	0.100
05	0	1	1	2	×	4	0.100
合计						40	1.000

从表 11.7 中可以看出,代码为 03 的组成部分功能指数为 0.35,最为重要。

强制打分法简单易行,应用广泛,但这种方法有一定的局限性,适用于一次评价的组成部分数量不多而且各功能之间差距不大的情况。

(2)成本指数。

成本指数可以按照下式来计算

$$成本指数 = \frac{某个评价对象的现实成本}{全部成本} \tag{11.7}$$

(3)价值系数。

功能指数和成本指数计算出来后,可根据式(11.5)计算出价值系数,以确定价值工程的改进对象和进一步研究改进措施。

11.4.4 确定价值工程对象的改进范围

功能的价值计算出来后,就明确了价值工程的改进对象及改进的方向和程度。为此,确定改进对象的原则包括以下几个方面。

1. F/C 值低的功能区域

计算出来的 $V<1$ 的功能区域,属于低功能区域,应该列入功能改进的范围,通过改进设计使 V 达到 1。

2. $\Delta C=C-F$ 值大的区域

$(C-F)$ 反映了成本应降低的绝对值,数值越大,说明成本降低的幅度越大。如果几个功能区域的价值系数一样低,则应该优先选择 ΔC 数值大的功能区域作为重点改进对象。一般情况下,当 $\Delta C>0$ 时,应选择 ΔC 大的作为优先改进对象。

3. 复杂的功能区域

对于复杂的功能区域,其功能是通过采用很多组成部分来实现的。一般来说,复杂的功能区域其价值系数也较低。

11.5 案例分析

某企业打算购置一批运输车辆,目前市场上有多种类型的车辆可供选择,企业管理人员打算通过价值分析的方法来对购置方案进行比选,以达到方案价值最大化的目的。企业管理层指定一位价值工程师作为负责人,负责开展信息收集和购置方案比选的相关工作。

负责人邀请了包括行业专家、司机、后勤人员对拟订的五种方案进行评价打分,首先由专家、司机、后勤人员对各购置方案的六种侧重方向进行基于百分制的功能打分;然后再按 0.6、0.3、0.1 的权重计算修正得分;最后将相同侧重方向的功能得分标准化,见表 11.8。

表 11.8 侧重方向重要系数表

功能	专家		司机		后勤人员		重要系数 S_i
	R_1	$W_1=0.6R_1$	R_2	$W_2=0.3R_2$	R_3	$W_3=0.1R_3$	
F_1	45	27.0	35	10.5	30	3.0	0.405
F_2	15	9.0	22	6.6	24	2.4	0.180
F_3	18	10.8	14	4.2	12	1.2	0.162
F_4	4	2.4	10	3.0	11	1.1	0.065
F_5	10	6.0	7	2.1	10	1.0	0.091
F_6	8	4.8	12	3.6	13	1.3	0.097
合计	100	60	100	30	100	10	1

拟订的五个购置方案都有各自的侧重点,依据表 11.8 的重要系数,负责人对最初的五个方案在 0~10 之间进行赋分评价;再将各方案的侧重方向与重要系数相乘并汇总求和,得到各方案的合计得分;最后将每个方案合计得分除以所有方案的总得分,得到各方案的功能系数 F_i,具体见表 11.9。

表 11.9 功能系数表

功能	重要系数 S_i	方案赋分				
		方案一	方案二	方案三	方案四	方案五
F_1	0.405	10	10	9	10	9
F_2	0.180	9	8	10	9	10
F_3	0.162	8	9	10	9	10
F_4	0.065	9	8	9	6	8
F_5	0.091	6	7	7	7	6
F_6	0.097	7	8	8	7	6
方案得分		8.776	8.881	9.063	8.834	8.713
功能系数		0.198 3	0.200 6	0.204 7	0.199 6	0.196 8

在得到功能系数后,根据五个方案的价格费用,计算成本系数 C_i($C_i = \dfrac{M_i}{\sum_{i=0}^{5} M_i}$,式中,$M_i$ 为各方案价格),然后计算各方案的价值系数 $V = F/C$,计算结果见表 11.10。

表 11.10 价值系数表

	方案一	方案二	方案三	方案四	方案五
方案价格 M/万元	464.24	463.82	462.74	462.45	463.66
成本系数 C	0.200 4	0.200 2	0.199 7	0.199 6	0.200 1
功能系数 F	0.198 3	0.200 6	0.204 7	0.199 6	0.196 8
价值系数 V	0.989 4	1.002 2	1.025 1	0.999 8	0.983 5

从表 11.10 中可以看出,方案三的价值系数 V 最高,因此,根据价值工程分析结果可以认为方案三是最佳的购置方案。

本章小结

价值工程是一项以提高产品或项目价值为目的,提高资源利用效率的管理技术和方法。本章主要从价值工程的基本概念、对象选择与情报收集、功能分析、功能评价四个方面对价值工程的工作内容和工作方法进行介绍;并指出,只有努力提升功能,降低成本,才是提升价值的最理想途径,而这可以通过价值工程来实现。

习题与思考题

1. 什么是价值工程?价值的含义是什么?
2. 价值工程的基本要素是什么?
3. 提高价值的方法有哪些?
4. 功能整理是什么?
5. 功能评价的方法有哪些?

参考文献

[1] 林晓言,陈娟.交通运输工程经济学[M].北京:社会科学文献出版社,2015.
[2] 刘颖春,刘立群.技术经济学[M].北京:化学工业出版社,2010.
[3] 杭文.运输经济学[M].南京:东南大学出版社,2008.
[4] 赵淑芝.运输工程经济学[M].北京:机械工业出版社,2014.
[5] 王璞.技术经济学[M].北京:机械工业出版社,2012.
[6] 李慧民.工程经济与项目管理[M].北京:中国建筑工业出版社,2014.
[7] 陈娟.工程经济学[M.]北京:北京交通大学出版社,2012.

第 12 章　项目的全生命周期成本管理

建设项目具有投资规模大、使用周期长、建成后难变更、改造成本高等特点，因此需要在决策、实施和使用过程中对项目的成本进行统一管理。这就涉及项目的全生命周期成本管理的概念。本章首先介绍全生命周期成本的基本知识；然后介绍项目全生命周期成本分析的方法、步骤、计算及应用；最后通过案例分析加深对全生命周期成本管理的理解。

12.1　全生命周期成本概述

12.1.1　全生命周期成本的概念

建设项目都具有一定的建设程序，从策划、评估、决策、设计的前期准备阶段，到施工、竣工验收、投入生产或交付使用的中期建设阶段，到项目管理、维护、后评价等后期维护阶段，都需要进行资金的投入与管理。项目的全生命周期，主要包括项目的决策阶段、设计阶段、交易阶段、施工阶段、竣工阶段、运行维护阶段和拆除阶段等全过程。项目的全生命周期成本(Life Cycle Cost，LCC)就是指一个建设项目在整个生命周期各阶段内的准备、建设、运行、维护和拆除的总的折现后的货币成本。如何从工程项目的全生命周期出发，考虑项目的造价和成本问题，在保证项目规划合理、质量合格、生产安全、运营可靠的前提下，实现项目的生命周期总费用的最小化，是研究项目全生命周期成本的意义所在。

全生命周期成本的概念萌芽于 20 世纪初的瑞典铁路系统。将全生命周期成本应用于分析可以追溯到第 11 章中提到的价值分析法。到了 20 世纪 60 年代初期，美国国防部开始对生命周期成本进行系统的研究和应用。20 世纪 70 年代末、80 年代初，英美的一些工程造价界的学者，将项目竣工后的使用维护阶段纳入造价管理的范畴，提出了以整个项目生命周期造价最小化为目标的全生命周期造价管理理论。其具有代表性的理论著作有英国人 A. Gordon 在 1974 年发表的《3L 概念的经济学》，以及由美国建筑师协会(American Institute of Architects，AIA)发表于 1977 年的《全生命周期造价分析——建筑师指南》一书，二者提出了全生命周期成本管理的初步概念和思想。随后相关人员进行大量的研究并取得突破，其中 O. Orshan 在《全生命周期造价：比较建筑方案的工具》一书中，首次提出在建筑设计方面考虑建筑成本和运营维护成本的思想。在英国皇家特许测量师协会(RICS)的大力推动下，与英国皇家建筑师学会(RIBA)共同出版了《建筑全生命周期造价管理指南》等一系列方法指南。该系列指南提出了建设项目全生命周期成本管理的概念、理论与方法。R. Petts 和 J. Boroks 在《全生命周期造价模型及其可能的应用》一文中，不但提出了一套全生命周期成本管理的模型，而且全面探索了全生命周期工程成本管理的应用范围。20 世纪 90 年代以后，全生命周期工程成本管理的理论体系已经基本形成，人们将研究重点逐渐转移到技术和应用领域，主要集中在风险和不确定性因素、实际应用领域、生命周期成本计算软件开发以及生命周期成本和环境影响集成等四个方面的研究。

国内关于全生命周期成本的研究起步较晚。20世纪80年代初期,由中国海军牵头,全生命周期成本的研究工作开始引入我国,并在其他军种得到了推广应用。2000年,戚安邦在其所著的《工程项目全面造价管理》一书中,对全生命周期工程造价管理理论与方法做了一个简短的介绍,是在国内最早介绍全生命周期工程成本管理的著作。任国强从工程造价管理的角度,介绍了全生命周期工程成本管理,并研究了全生命周期成本管理范式的形成条件。同时,他结合具体水利工程,提出了全生命周期成本分析的概念和计算方法;并结合中国和西方全生命周期成本管理思想,提出了较符合中国实际的全生命周期造价管理的思想和方法。经过不断发展,项目全生命周期成本管理至今已逐渐成为一套较为完善的现代化工程造价管理理论和方法体系。

交通运输项目全生命周期内投资大、建设周期长、质量要求高、占用土地多、社会影响广、涉及因素多,在进行项目管理的过程中存在一定的困难。同时,交通运输项目需要大量的建设及管理上的资金支持,后期的运行维护也同样需要投入大量的资金。而传统的工程管理存在"重建设轻运营"的思想,注重项目的前期决策、设计和计划、施工、竣工验收的等阶段,容易忽视后期的运营维护阶段,不能从全生命周期的角度进行分析,难以实现运营目标最优化的结果。

因此,在项目建设管理过程中,采用全生命周期成本管理方法具有重要的意义:全生命周期成本管理作为建设项目投资决策的分析工具,能够从各决策备选方案中筛选出最优方案;同时,能够综合考虑建设成本和运营成本,从而计算出一个建设项目在全生命周期内的全部成本,合理安排建设项目的设计和施工方案;此外,运用全生命周期管理有利于实现建设项目全生命周期总成本最小化。在工程项目建设的不同阶段,工程成本的影响因素不同,且存在众多的不确定性,使全生命周期成本的计算存在一定困难。如何合理有效地进行项目全生命周期成本管理,是一项值得不断研究的工作。

12.1.2 全生命周期成本的影响因素

工程项目的全生命周期成本的影响因素,主要包括以下几个方面。

1. 政治因素

政治因素对项目全生命周期成本的影响,主要包括项目所在地政治局面的稳定性、国家政策对于该工程项目的制约或倾斜,以及政府对项目所抱有的态度等。如现阶段,我国大力发展铁路行业,2018年全国铁路固定资产投资完成8 028亿元,投产新线4 683千米,其中高铁4 100千米。交通运输政策的扶持能够有效提高交通建设项目的建设效率,从而影响项目的全生命周期成本。

2. 经济因素

经济因素是项目全生命周期成本的重要影响因素之一,主要包括社会发展状况、经济发展阶段及发展水平等;国民经济计划的安排,是否是国家重点投资发展的工程领域、地区等;国家的财政状况、资金来源以及市场情况,如劳动力供应及价格、市场价格等。如交通建设项目中土地价格的变动,对于项目的全生命周期成本将会造成巨大影响。

3. 自然条件因素

自然条件因素主要包括项目使用的自然资源的充足程度、项目建设的地理条件(如地形地貌、地下水位和流速、土质结构及承载力、地基稳定性等)、气候条件(如气温、风力、风向、雨雪量等)等。项目建设过程与项目所在地的自然条件因素息息相关,如高速公路建设中不同地理条件对于单位造价差异巨大,在我国一般平原微丘区,高速公路平均每千米造价为3 000万元左右,而在山区,高速公路平均每千米造价接近4 000万元,当道路沿线需要修建隧道、桥梁等设施或沿线地理条件非常复杂时,其单位造价更会大大超出平均水平。我国目前造价最高的高速公路是位于四川的宜攀高速,由于复杂的地理环境因素,其每千米的造价接近2亿元。

4. 技术因素

当与项目相关的技术标准、规范、技术水平、技术能力发生改变时,相应的成本也会发生变化。当出现了新的更为先进、效率更高的技术时,原有的项目建设方案也会不断进步,从而对项目建设的全生命周期造成影响。

12.1.3 全生命周期成本的构成

一般来说,中小型企业在进行项目决策时,主要考虑资金成本,而大型企业则在考虑资金成本的同时,还要考虑项目是否对环境有影响以及是否具有一定的社会效益等多种因素。全生命周期成本的定义比较广泛,不仅指狭义上的资金方面的成本,还包括环境成本、社会成本等广义上的效益成本。因此全生命周期成本的概念可以较好地将资金成本问题与环境成本、社会成本融合在一起,解决企业在进行决策时只考虑资金成本目标单一的不足。

1. 资金成本

全生命周期资金成本,是指一个项目或产品从开始准备筹划建设到使用,再到生命终结被报废抛弃的整个过程中所发生的一切资金方面的投入成本总和,主要有建设成本、使用成本等。建设成本包括项目从准备建设到竣工交付使用为止投入的全部成本费用,如规划设计费、各种材料消耗费用、人力资源投入的成本等;使用成本是指项目在使用过程中发生的一切费用,如管理成本、维护保养成本、报废损耗等。以一个道路工程项目的建设为例,从政府决定建设该项目开始,围绕该项目所发生的一切费用都算作该项目的资金成本。其中,建设成本包括该项目的规划设计费用、材料能耗费用、建设过程中的人力资源费用等,使用成本包括管理养护、安全维护等各种资金方面的投入成本。

从项目的整个生命周期来看,资金成本当中的各种费用成本是存在复杂变化的,在项目前期,建设成本无疑是最大的,随着项目的建成使用年限增加,使用成本会越来越高,总的累计资金成本是越来越多的。全生命周期资金成本如图12.1所示。

2. 环境成本

全生命周期环境成本,是指在项目的整个生命周期内对周边环境所造成的不利影响,包括环境资源消耗、环境污染整治等,为避免或消除这些不利影响所耗费的成本。一般来说,中大型项目在筹建之前会对其可能造成的环境影响做一定的评估,因为项目对环境造成的影响既有可能是负面的,也有可能是正面的,前者表现为某种形式的成本耗费,后者

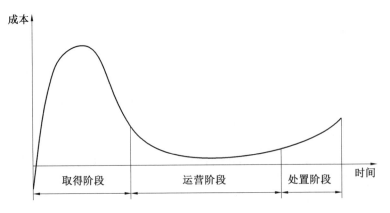

图 12.1　全生命周期资金成本图

表现为某种收益,这里的环境成本只考虑前者。因此,在进行环境成本的分析计算时需要仔细辨别,将不属于环境成本的耗费剔除,且一些环境成本的事项如环境污染无法直接表现为货币化的数值,需要通过一些技术手段将环境影响数值化。例如,一条道路的开工建设会占用土地,会对当地的生态环境造成影响,建成投入使用后,车辆行驶所造成的汽车尾气和噪声污染也是一种环境损耗,对当地环境有不利影响。这时,可以通过一定的技术手段在开工建设前期将这种影响量化,以便评估环境成本的大小,为道路的开工建设提供决策意见。

3. 社会成本

全生命周期社会成本,是指项目在整个生命周期过程中对社会所造成的不利影响。项目在建设及使用过程中,难免会对社会经济造成一定的影响,同环境成本类似,这种影响有好有坏,因此需要进行分析辨别,量化其中的不利影响,也就是社会成本。一条道路的建设,既可以带来疏解交通、促进物流发展的正面影响,也可能由于规划设计不当而导致需要大规模拆迁的社会不稳定的负面影响,在进行社会成本计算时,就应当将正面影响剔除,只将负面影响当作社会成本进行计算。

在全生命周期成本中,资金成本是可以直接货币化的,而环境成本和社会成本则是隐形的,需要通过一些技术手段量化,再纳入全生命周期成本的计算里。但是由于目前还没有获得一致认可的技术方法,可以用来计算环境成本和社会成本,且环境成本和社会成本表现得不明显,往往会因为考虑不到位而漏掉一部分内容,因此环境成本和社会成本的计算比较困难。在我国的交通工程领域,工程项目多偏于经济管理,但是随着社会的进步,全生命周期成本管理将会凭借其优势为社会经济发展与环境管理带来巨大的收益。

12.1.4　全生命周期成本管理的时间范围

计算全生命周期成本是为了更好地对项目进行全方面的管理。根据理论和实践经验,一般将全生命周期成本管理的时间范围分为三个阶段,分别是前期筹备决策阶段的开发管理,建设实施阶段的项目管理和投入使用后使用阶段的设施管理,如图 12.2 所示。

三个阶段所需要做的管理工作如下。

(1)决策阶段:该阶段需要为项目的开始做大量的准备工作,包括大量收集与项目有

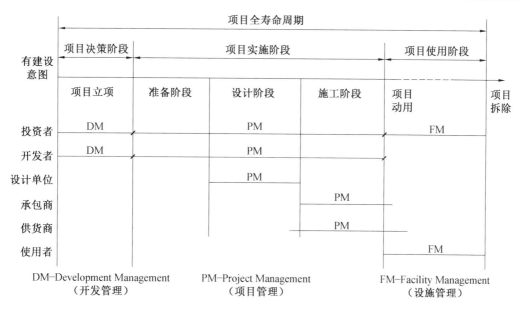

图 12.2　工程项目全生命周期成本管理的时序

关的资料,对项目建设进行分析论证并编制可行性分析报告,为项目的建设做规划设计,编制预算表和安排项目进度,采购设备及材料等。每一具体事项均会涉及成本耗费。因此需要对项目各阶段进行科学合理的成本规划,针对分析结果进行相应的管理,将全生命周期的总成本尽量降至较低的水平。

(2)实施阶段:随着项目的建设推进,各种如材料采购、人力资源调度、设备损耗和能源消耗等都涉及成本耗费,甚至可能会因管理措施不到位而带来周边环境污染的后果,因此需要进行相应的项目管理,对项目进度、项目质量等进行管控,以保证项目的建设顺利进行。实施阶段的成本控制主要在于材料和人力资源,要减少材料的重复购置和浪费,加强对人员的管理和培训,避免或减少无效和低效的建设活动,提高工作效率。在实施过程中要编制严格的资金使用计划,在保证项目的质量和进度的前提下将成本耗费控制在合理的范围内,避免资金成本的浪费。

(3)使用阶段:项目完成后,经过检查达到使用标准即可投入使用,在使用阶段不仅会有资金方面的耗费,如运营维护工作和子项目的投资建设等,还有可能会有前期规划不当而导致项目建成后对社会经济发展造成负面影响的情况发生。因此需要根据具体事实和管理要求,制订一套科学合理的运营及维护计划,从全生命周期的角度出发,对项目的运营维护进行管理,减少资源浪费,保证项目能够顺利高效地使用,带来预期的各种效益。

12.2　全生命周期成本分析

所谓全生命周期成本分析(Life Cycle Cost Analysis,LCCA),就是指在一个项目或产品的整个使用周期里,计算发生的所有成本,以此为标准对项目或产品进行分析,从而筛选出最佳方案。换言之,全生命周期成本分析是为了使建设的项目具有经济生命周期成本,在项目的开始阶段将生命周期成本作为设计的参数,而对项目进行详细的分析比较后作出决策的方法。

12.2.1 全生命周期成本分析的方法

在通常情况下,建设一个项目,要以生命周期成本最低为目标。为实现这一目标,首先需要确定生命周期成本的各要素,把各要素的成本降低到普通水平;其次需要权衡设置费和维持费,以便确定研究的侧重点从而使总费用更为经济合理;最后需要从生命周期成本和系统效率的关系这个角度进行研究。需要注意的是,由于生命周期成本是在一段较长的时期内发生的,因此必须掌握费用发生的时间顺序;基于这个特性,资金的时间价值也是项目进行生命周期成本分析必须要考虑的。

常用的全生命周期成本分析方法有费用效率法、固定效率法、固定费用法、权衡分析法、数据包络分析方法等。

1. 费用效率法

费用效率(CE)是指项目效率(SE)与生命周期成本(LCC)的比值。其计算公式为

$$CE = SE/LCC = SE/IC + SC \tag{12.1}$$

式中,CE 为费用效率;SE 为工程系统效率;LCC 为工程生命周期成本;IC 为设置费;SC 为维持费。

2. 固定费用法和固定效率法

所谓固定费用法,是指将产品或项目的费用值固定下来,然后计算在相同费用下不同方案的效率,从而选出效率最高的方案。与之对应地,固定效率法则是将产品或项目的效率值固定下来,然后计算在相同效率下不同方案的费用值,从而选取出费用最低的方案。

3. 权衡分析法

权衡分析是为了提高整体的经济性,适当地处理性质完全相反的两个要素。全生命周期成本分析法的一个重要特点就是进行有效的权衡分析。通过有效的权衡分析,可以较好地完成系统的任务,既有利于保证系统的性能,又能使有限的资源,包括人、财、物,得到有效的利用。

在全生命周期成本分析中,权衡分析的对象包括以下五种情况:

(1) 设置费与维持费的权衡分析。
(2) 设置费中各项费用之间的权衡分析。
(3) 维持费中各项费用之间的权衡分析。
(4) 生命周期成本和系统效率的权衡分析。
(5) 从开发到系统设置完成这段时间和设置费之间的权衡分析。

4. 数据包络分析方法

数据包络分析方法(Data Envelopment Analysis,DEA)又称为效率评价方法,该方法及其模型是在 1978 年由美国著名运筹学家查恩斯(A. Charnes)和库珀(William W. Cooper)提出的,是数学、运筹学、数理经济学和管理科学的一个新的交叉领域,一般用来测量决策部门的生产效率。目前 DEA 已广泛应用于各行业和部门,并且在处理多指标投入和产出方面,显示出了巨大的优势。它使用数学规划(包括线性规划、多目标规划、具

有锥结构的广义最优化、半无限规划、随机规划等)模型考虑多种投入(即资源)的运用和多种产出(即服务)的产生,用来比较提供相似服务的多个服务单位之间的效率。数据包络分析有效性的经济含义是指,在样本数据的基础上,项目的投入与产出已达到最优化状态,即不能再增加或减少任何一个投入要素,也不能增加或减少任何一个产出要素。由于它可以将项目的多种投入和多种产出转化为效率比率的分子和分母,而不需要转换成相同的货币单位,因此,用DEA衡量效率可以清晰地说明项目投入和产出的组合,从而更具有综合性和可信性。

12.2.2 全生命周期成本分析的一般步骤

全生命周期成本分析过程主要包括以下步骤。

1. 明确项目的任务

本阶段的主要工作在于了解评价项目的基本情况,比如投资人的目的或意图、投资人的资金能力,明确投资人对于项目的要求等,换言之必须明确完成项目所需要做的工作。这个项目的任务必须以目的或目标的形式具体地、定量地加以明确。如果目的或目标不明确,那么以后制订的方案就可能出现不符合项目要求的情况。

2. 资料收集

有效的全生命周期成本分析需要方方面面的资料,资料的种类与内容会随着项目类型的不同而不同。在全生命周期成本分析时,通常需要的资料有:市场分析资料(包括人力、物资、能源等价格);用户的使用资料(包括历史数据、成本数据);设计资料(包括各种成本之间存在的关系及其对生命周期成本的影响);可靠性、维护性资料;后勤支援资料;费用计算资料(如折现率、通货膨胀率等);价值分析和降低费用的资料;系统的计划和进度管理关系的资料。收集到的资料应进行分析、归类,以便有效地加以利用。资料的客观性、准确性、完备性直接关系到分析结果,进而会影响到决策。因此,在收集资料的过程中,应保证资料的客观性和合理性。

3. 方案创造

为了项目可以更好地进行,对项目的不同阶段都要考虑和对比多种方案,以便从中选出可以完成任务且经济性高的最佳方案。在这一步骤中,应掌握所能想到的各种方案及其特征以及这些方案达到预期效果所需要的成本。

4. 明确系统的评价要素及其定量化方法

全生命周期成本分析最终要根据系统的效率和费用两个方面来进行评价。一般来说,因为费用的计算方法已经比较普及,且资料较为齐全,所以费用的标准相比于效率的标准更容易确定。至于效率,如果只针对单一的目标和效果也是比较容易确定的。但在一般情况下,项目的目标和效果都不止一个,往往有多个,因此效率的评定也就存在一定的难度。例如,道路的通行能力是重要的效率要素,然而人们在路上行驶,安全性也是不能忽视的一个效率要素。

5. 方案评价

方案评价可按以下步骤进行。

(1)评价方案的"粗筛选"。具体做法是:先从已经确定的评价要素着手,以最重要的评价要素为依据,对各方案进行一次评价,将评价显然不高的方案排除在外。

(2) 对"粗筛选"后的剩余方案进行费用和效率的详细估算。

(3) 用固定费用法和固定效率法进行试评。

(4) 从费用和效率两个方面对系统进行详细的比较研究,最终选出最佳方案。

6. 编制分析报告

全生命周期成本分析的最终结果是编制分析报告书。分析完毕后,应将分析目的、前提条件、使用的资料、假设和推定的条件、分析过程和结论等进行整理与归纳,形成报告。

12.2.3 全生命周期成本的计算

全生命周期成本根据项目的初始成本、运营成本、维护成本以及残值等参数计算,其一般计算公式为

$$\text{LCC} = C_0 + \sum_{t=0}^{T} O \times \text{PV}_{\text{sum}} + \sum_{t=0}^{T} M \times \text{PV}_{\text{sum}} - S \times \text{PV} \qquad (12.2)$$

式中,C_0 为初始投资成本;PV_{sum} 为成本折算系数;O 为运营成本;M 为维护成本;t 为周期跨度;T 为生命周期;PV 为折现系数,$\text{PV} = (1+r)^{-t}$(r 为折现率)。

【例 12.1】 某企业由于日常运输业务,需要若干台运输车辆。现该企业有两种选择:一种是向社会购买运输服务,每年需花费 1 200 万元;另一种是企业自己成立运输车队,运输车辆的购置成本为 6 000 万元,每年因车辆保险、运输人员工资等产生的运营成本为 200 万元,因车辆维护等产生的维护费用为 100 万元。5 年后企业将对这批车辆进行处置,残值为 2 000 万元。复利系数和折现率均为 5%。试问从全生命周期成本的角度,该企业采用哪种方案更为经济?

解 通过查附录表 A3 可知,复利因子为 5% 时,5 年的复利现值系数为 4.329 5。

采用第一种方案的成本为

$$1\,200 \times 4.329\,5 = 5\,195.4(万元)$$

根据式(12.2)和第 2 章中相关公式,采用第二种方案的成本为

$$6\,000 + 4.329\,5 \times (200 + 100) - 2\,000 \times (1 + 0.05)^{-5} = 5\,731.8(万元)$$

因此,采用第一种方案更为经济。

12.2.4 资金生命周期成本法

在第 2 章中已经介绍了资金的时间价值。资金生命周期成本法即是以项目投资为对象,从资金时间价值的角度对生命周期成本法的应用的扩展。其从资金时间价值的角度,对资金的成本构成要素进行全面的分析,以便将生命周期不同时期内产生的成本还原到项目投资的源头,从而服务于投资决策。

资金生命周期成本法主要涉及三个变量:周期成本、周期跨度和折现率。其中,周期跨度和折现率是资金生命周期成本法的关键变量,其数值均因项目和投资环境而异。

资金生命周期成本包括初始投资成本、运行维护成本和处置成本。其中,初始投资成本包括购买成本、融资成本及其他成本。购买成本是指购买土地、设备等成本;融资成本是指为筹集资金产生的成本;其他成本主要指安装成本和培训成本等。对于整个资金生

命周期成本而言,控制运行维护成本至关重要,其控制的重点是对运行维护成本与停工维修成本的权衡。一方面,有计划和预防性的运行维护措施可以降低停工维修成本,但同时也会消耗运营方的资源。另一方面,减少运行维护成本又会增加停工维修成本。因此,寻找运行维护成本的最佳水平,追求资金生命周期成本最小化是资金生命周期成本法的关键。

周期跨度可以为20到40年,其取决于项目所有者的意愿、项目的使用稳定性以及贯穿于项目全部生命周期的意图。美国国家标准与技术研究院(National Institute of Standards and Technology,NIST)将周期跨度分为两个阶段:计划建设期和服务期。其中,计划建设期是从研究之日起到项目运营为止的这段时期,而服务期是从项目运营开始到研究结束为止的这段时期。项目的寿命周期费用可以分为建设费用和运营维护费用。随着项目运营年限的增加,折合到运营阶段每一年所分摊的建设费用将逐年降低,而运营维护费则会随着项目性能的恶化而逐年增加。由此就会出现项目年均总成本先逐渐降低,到某一年达到最小值然后又逐年增长的情况。而年均总成本最低的这一年,就是经济学意义上的"有效使用"的年限,如图 12.3 所示。

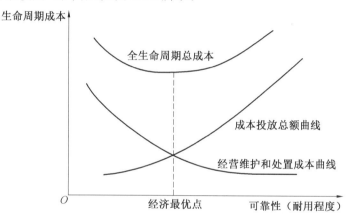

图 12.3 生命周期成本的优化控制模型

折现率是反映投资者货币时间价值的利息率。NSIT 将折现率分为两种类型:实际折现率和名义折现率。其区别是前者不包括通胀率,而后者包括通胀率。折现率不仅反映投资获利能力,也反映通货膨胀的影响。针对折现率的选择存在着不同的观点,主要有:借入资金的当前利率或预期利率;期望的投资报酬率;财务状况稳定的企业借款的最低利率;长期国库券的利率减去预期的通货膨胀率;等等。

12.3 案例分析

本章援引论文《城市轨道交通成本分析与控制研究》(张延祥,福建农林大学,2017),以福州轨道交通项目地铁1号线工程为实例,以该工程的资料和数据为基础和依据,对城市轨道交通的成本分析与成本控制进行案例演示。

福州地铁1号线运行线路的总里程数为30千米,全程采用地下线铺设,没有地面线和高架线。运营线路上一共建设接驳站点 25 座,车站之间的最大开行间距为 1.896 千米,最小开行间距为 0.869 千米,平均开行间距为 1.237 千米。

12.3.1 项目参数的确定

全生命周期成本估算模型中有三个关键参数:折现率、生命周期和计算残值所需的残值率,它的取值将会对广义全生命周期成本分析的结果产生直接影响,因此,必须要科学地选择这三个参数。

按照我国法律、法规在固定资产折旧方面的有关规定,在计算全生命周期成本时,折现率 r、生命周期和残值率 T 的取值均以地铁 1 号线项目的实际情况而定,参数的取值直接影响到成本总额的最终数值。该线路工程资金的折现率 r 确定为 4%,该值是依据建设项目经济评估方法确定的;生命周期 T 的取值为 33 年,包含 3 年的设计期和 5 年的建设期,再加上 25 年的运营期;残值率取值为 4%。

12.3.2 项目生命周期成本分析

按照全生命周期成本理论的原则和方法,将福州地铁 1 号线项目的成本分为如下几个部分:前期规划设计费用、建设费用、运营维护费用以及残值等,详细组成如图 12.4 所示。

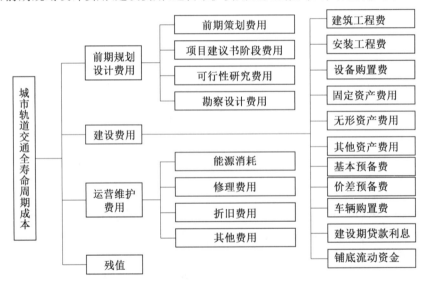

图 12.4 各阶段成本构成

1. 前期决策设计阶段的成本分析

在城市轨道交通项目的全生命周期成本中,前期决策设计阶段的成本是一个重要的组成部分,通常情况下包括项目可行性研究报告费用、技术勘察与设计费用等。在城市轨道交通的决策设计阶段,决策机构与决策者需要依据项目的规划与承载能力预估建设投资和运营成本,据此确定投资额度,因此,就城市轨道交通项目而言,决策设计阶段的具体规划在很大程度上影响着建设成本和运营成本的控制。也就是说,决策设计阶段决定整个城市轨道建设工程项目的全局,如工程期限、工程质量、工程总造价,这一阶段产生的费用通常能够达到总投资额度的 1.5% 左右。随着城市经济的高速发展,公众对城市公共交通系统提出了更高的要求,城市轨道交通顺势而生,蓬勃发展。在城市轨道交通项目的决策设计阶段产生的费用和成本,虽然在总投资额度中的比例不高,但是,决策设计阶段在很大程度上决定着整个工程的总体造价和总体成本。

2. 建设阶段的成本分析

福州地铁 1 号线工程资金的来源有两部分,一个是政府投资,另一个是社会投资,该工程的建设资金构成如表 12.1 所示。

表 12.1 工程建设资金来源与构成 单位:亿元

总投资额度	来自于政府的投资额度及比例	来自于社会的投资额度及比例	每千米造价
352.42	144.18 41%	208.24 59%	6.93

表 12.1 的数据显示,政府投资与社会投资的比例为 41:59。社会经济总量不断增长,民间经济承载能力越来越强。因此,中国城市轨道交通建设投资的额度中,来自于政府的投资比例呈现出下降的趋势,而来自于民间的投资占据的比例日益上扬。国内的民间组织,通过参股或者有偿借款等方式进入城市轨道交通领域,参与建设和经营,获取收益。福州地铁 1 号线工程的线路全程采用地下铺设,造价较高,每千米造价达到了 6.93 亿元人民币。

城市轨道交通项目的工程量大,建设周期普遍较长,项目内容复杂,在建设期内会产生数目众多的成本项目,该类工程的建设成本划分为前期准备费用、土地征用费用、土建工程费用、车辆成本、站台装修费用、机电设备成本、建设期资金贷款利息和其他费用。福州地铁 1 号线项目工程的建设成本如表 12.2 所示。

表 12.2 建设成本表

建设期成本构成元素	成本额度/万元	比例/%
前期准备费用	341 985	9.70
土地征用费用	147 141	4.18
土建工程费用	1 446 927	41.06
车辆成本	280 500	7.96
站台装修费用	14 451	0.41
机电设备成本	504 419	14.31
建设期资金贷款利息	280 193	7.95
其他费用	508 533	14.43
合计	3 524 149	100

通过表 12.2 的数据可以发现,总成本内单项具体列明的成本或者费用中(因"其他费用"包含多种杂项费用,此处不予考虑),比例最高的是土建部分的成本,达到 41.06%;紧随其后的是机电设备成本,比例高达 14.31%;然后是车辆成本,占总成本的 7.96%。城市轨道交通建设需要的资金规模巨大,银行贷款构成了这巨额资金中的很大一部分,大量

的银行贷款产生的利息金额很大,占据总成本的比例也较高,达到7.95%;城市轨道交通的施工区域大多地处人口密度较高的地点,造成了征地拆迁费用的规模较大,占总成本的4.18%。

土建工程通常情况下包括轨道车站、轨道区间和轨道结构三个组成部分,福州地铁1号线土建成本构成如表12.3所示。

表12.3 土建成本表

土建分项	成本/万元	占土建成本比例/%	占建设成本比例/%
轨道车站	720 429	49.79	20.44
轨道区间	625 621	43.24	17.75
轨道结构	100 877	6.97	2.86
合计	1 446 927	100	41.05

通过表12.3的数据可以看出,轨道车站的建设成本在土建工程总成本中占据的比例最高,达49.79%,占整体投资总规模的20.44%;其次是轨道区间的建设成本;最后是轨道结构的建设成本。

福州地铁1号线的机电设备系统包括通风与空调系统、电梯(含扶梯)、信号系统、通信系统、供电系统和自动售检票系统等。上述机电设备耗用的资金规模和各自占据的比例如表12.4所示。

表12.4 机电设备成本结构

机电设备项目	成本金额/万元	占机电设备成本比例/%	占建设设备成本比例/%
供电系统	202 661	40.18	5.75
通信系统	35 851	7.11	1.02
信号系统	65 913	13.07	1.87
通风与空调系统	42 910	8.51	1.22
自动售检票系统	23 013	4.56	0.65
电梯(含扶梯)	106 419	21.09	3.02
其他设备	27 652	5.48	0.78
合计	504 419	100	14.31

3. 运营阶段的成本分析

运营成本指的是轨道交通系统为了完成客运服务而消耗的以货币进行衡量与核算的资源总和,在财务上表现为费用支出。该运营成本不但受到固定资产的折旧的影响,还会受到资本成本和筹资方式的影响,运营工作量、运营组织模式及其管理模式等因素也会对运营成本造成影响。上述影响因素中,对运营成本产生直接影响的是固定资产的折旧、资本成本和筹资方式、运营业务量,对运营成本产生间接影响的是运营组织模式及其管理模式。以福州地铁1号线工程的可行性研究报告等相关资料作为依据,将该线路的相关数据推定如表 12.5 所示。

表 12.5 运营成本预测

成本项目	成本/万元	所占比例/%
工资及其他法定费用	528 370	14.13
维修费用	678 266	18.14
电力费用	508 992	13.61
固定资产折旧	1 617 599	43.26
管理费用	278 090	7.44
营业税金及附加	127 957	3.42
总计	3 739 274	100

在运营成本中，固定资产折旧占据着最大的比例，数额也最高，对运营成本的影响最大；其次是维修费用，紧随固定资产折旧之后，对运营成本有一定影响。地铁的运营成本将随着客运量的增加而呈现出上涨的趋势。在生产经营的过程中，固定资产会被耗用和磨损，因而会产生价值减损，直至丧失使用价值。固定资产价值的损耗，需要通过经营收益进行补偿。因此，福州地铁1号线工程项目的固定资产随着运营的进行而产生的价值损耗，需要采用一定的方法进行固定资产折旧，其采用的方法如下。

(1)建设项目土建结构固定资产折旧。

通常情况下，平均年限法是建设项目土建结构固定资产折旧采用的常用方法。现行的财务制度对此有所规定，土建结构的折旧年限不超过100年。福州地铁1号线项目的固定资产折旧年限设定为25年，预计的残值率设定为4%。

$$年折旧率＝(1-净残值率)÷折旧年限$$

(2)城市轨道交通项目的机电设备固定资产折旧。

福州地铁1号线项目中机电设备固定资产折旧使用平均年限法。依据相关规定，各个参数的取值如下：

自动售票检票系统折旧年限设定为10年；通信设备、FAS、电力监控设备、环控系统设备、信号设备等折旧年限设定为15年；自动扶梯和车辆段维修设备的折旧年限设定为18年；给排水设备以及供电设备的折旧年限设定为25年。上述设备的预计净残值率统一设定为4%。

(3)车辆固定资产折旧。

在财务实践中，双倍余额递减法是城市轨道交通车辆固定资产进行折旧处理时通常采用的方法。根据相关法律法规的规定，城市轨道交通车辆的折旧年限设定为30年，预计净残值率设定为4%。年折旧率计算式为

$$年折旧率＝2÷折旧年限\times 100\%$$

无形资产与其他资产均按照10年的期限进行分摊。

福州地铁1号线建设项目固定资产折旧金额见表12.6。

表 12.6　工程年折旧额　　　　　　　　　　　　　单位:万元

固定资产折旧	年份与额度	年份与额度	年份与额度	年份与额度	年份与额度
折旧年份	2017 年	2018 年	2019 年	2020 年	2021 年
年折旧额	78 353	78 353	78 353	78 353	78 353
折旧年份	2022 年	2023 年	2024 年	2025 年	2026 年
年折旧额	78 353	78 353	78 353	78 353	80 778
折旧年份	2027 年	2028 年	2029 年	2030 年	2031 年
年折旧额	77 681	77 681	77 681	77 681	77 681
折旧年份	2032 年	2033 年	2034 年	2035 年	2036 年
年折旧额	54 461	54 461	54 461	48 447	48 447
折旧年份	2037 年	2038 年	2039 年	2040 年	2041 年
年折旧额	36 172	36 172	36 172	36 172	38 274

　　福州地铁1号线项目的可行性研究报告的数据显示,该项工程的静态投资总额为3 240 676万元,其中资本金1 441 777万元,国内银行借款数额为1 798 899万元。上述静态投资总额中,国内银行贷款在工程建设期产生的利息总额共计280 193万元。城市轨道交通不但投资额度大、建设周期长、运营成本高,而且投资回收期长、投资回报率低,因此,对企业参与投资的吸引力较低,也不容易在资本市场上筹得资金。所以,城市轨道交通项目以政府为主要的投资力量。

　　根据福州地铁1号线可行性研究报告中的"客流预测报告",将客流量的数值预测如下:到2028年,该线路年度运送旅客的数量将超过35 160万人次;预计到2043年,全年度运送旅客将达到46 961万人次。上述数据表明,福州地铁1号线的客运流量将在运营期间内呈现出上涨的态势。城市轨道交通建设资金的来源在很大程度上影响着城市轨道交通的运营模式,资金来源与运营模式对运营阶段成本都会产生很大的影响。根据现有的福州地铁1号线的实际运营数据和预测数据,能够测算出该线路在运营周期内各个年份的营业收入。从中可以发现,营业收入的增长速度高于运营成本的增长速度。所以,在实际投入运营一段时期之后,就会开始盈利,利润总额会表现出逐渐上涨的趋势。而且,客流量的增长会推动运营业务量的增加。那么,分摊到单位客运业务的运营成本会呈现逐步下降的趋势,使整体运营表现出经济性和营利能力。

4. 衰退期的成本分析

　　任何建设工程项目都有其设计生命和使用周期,在建设期会根据设计标准开工建造。城市轨道交通工程项目与其他工程项目一样,都会逐渐进入衰退期,设备设施的残值会在全生命周期的期末,通过变卖或者转让等形式实现残值的回收。在城市轨道交通的决策设计阶段,已经设定了各项固定资产的净残值率,各项固定资产会根据各自的使用年限和残值率计算残值,计入相应的会计科目。不难发现,衰退期的成本,主要与残值率和全生命周期末期固定资产的变现结果有关。

本章小结

本章首先介绍了项目全生命周期成本的定义、影响因素、构成和阶段;然后介绍了全生命周期成本分析的方法、步骤、计算及应用;最后通过案例分析演示了全生命周期成本管理的工作流程和内容。

习题与思考题

1. 简述项目生命周期阶段的划分及各阶段的工作内容。
2. 传统项目管理模式存在哪些不足?
3. 试说明工程项目全生命周期成本管理的时序。
4. 某大型运输车辆购置成本为 100 万元,使用寿命 10 年。使用期内每年的运营成本为 15 万元,维护成本为 10 万元,使用期满以 10 万元的回收价格报废。折现率为 8%,复利因子为 6%。试对该车辆进行全生命周期成本分析。

参考文献

[1] 黄伟典.建设项目全寿命周期造价管理[M].北京:中国电力出版社,2014.
[2] 陈群.高速公路工程全寿命周期项目管理研究[M].厦门:厦门大学出版社,2009.
[3] 张鹏飞.基于 BIM 的大型工程全寿命周期管理[M].上海:同济大学出版社,2016.
[4] 马占新.广义参考集 DEA 模型及其相关性质[J].系统工程与电子技术,2012,34(4):709-714.
[5] 魏权龄.数据包络分析[M].北京:科学出版社,2004.
[6] MATTHEWS H S , HENDRICKSON C T , MATTHEWS D H . Life cycle assessment:Quantitative approaches for decisions that matter,2014. Open access textbook,retrieved from https://www.lcatextbook.com/.
[7] 张延祥.城市轨道交通成本分析与控制研究[D].福州:福建农林大学,2017.

附 录

附录 A 复利因子

表 A1　3%复利因子

	一次支付		等额多次支付				
N	F/P	P/F	F/A	P/A	A/F	A/P	N
1	1.030 0	0.970 9	1.000 0	0.970 9	1.000 0	1.030 0	1
2	1.060 9	0.942 6	2.030 0	1.913 5	0.492 6	0.522 6	2
3	1.092 7	0.915 1	3.090 9	2.828 6	0.323 5	0.353 5	3
4	1.125 5	0.888 5	4.183 6	3.717 1	0.239 0	0.269 0	4
5	1.159 3	0.862 6	5.309 1	4.579 7	0.188 4	0.218 4	5
6	1.194 1	0.837 5	6.468 4	5.417 2	0.154 6	0.184 6	6
7	1.229 9	0.813 1	7.662 5	6.230 3	0.130 5	0.160 5	7
8	1.266 8	0.789 4	8.892 3	7.019 7	0.112 5	0.142 5	8
9	1.304 8	0.766 4	10.159 1	7.786 1	0.098 4	0.128 4	9
10	1.343 9	0.744 1	11.463 9	8.530 2	0.087 2	0.117 2	10
11	1.384 2	0.722 4	12.807 8	9.252 6	0.078 1	0.108 1	11
12	1.425 8	0.701 4	14.192 0	9.954 0	0.070 5	0.100 5	12
13	1.468 5	0.681 0	15.617 8	10.635 0	0.064 0	0.094 0	13
14	1.512 6	0.661 1	17.086 3	11.296 1	0.058 5	0.088 5	14
15	1.558 0	0.641 9	18.598 9	11.937 9	0.053 8	0.083 8	15
16	1.604 7	0.623 2	20.156 9	12.561 1	0.049 6	0.079 6	16
17	1.652 8	0.605 0	21.761 6	13.166 1	0.046 0	0.076 0	17
18	1.702 4	0.587 4	23.414 4	13.753 5	0.042 7	0.072 7	18
19	1.753 5	0.570 3	25.116 9	14.323 8	0.039 8	0.069 8	19
20	1.806 1	0.553 7	26.870 4	14.877 5	0.037 2	0.067 2	20
21	1.860 3	0.537 5	28.676 5	15.415 0	0.034 9	0.064 9	21
22	1.916 1	0.521 9	30.536 8	15.936 9	0.032 7	0.062 7	22
23	1.973 6	0.506 7	32.452 9	16.443 6	0.030 8	0.060 8	23

续表A1

N	一次支付		等额多次支付				N
	F/P	P/F	F/A	P/A	A/F	A/P	
24	2.032 8	0.491 9	34.426 5	16.935 5	0.029 0	0.059 0	24
25	2.093 8	0.477 6	36.459 3	17.413 1	0.027 4	0.057 4	25
26	2.156 6	0.463 7	38.553 0	17.876 8	0.025 9	0.055 9	26
27	2.221 3	0.450 2	40.709 6	18.327 0	0.024 6	0.054 6	27
28	2.287 9	0.437 1	42.930 9	18.764 1	0.023 3	0.053 3	28
29	2.356 6	0.424 3	45.218 9	19.188 5	0.022 1	0.052 1	29
30	2.427 3	0.412 0	47.575 4	19.600 4	0.021 0	0.051 0	30
35	2.813 9	0.355 4	60.462 1	21.487 2	0.016 5	0.046 5	35
40	3.262 0	0.306 6	75.401 3	23.114 8	0.013 3	0.043 3	40
45	3.781 6	0.264 4	92.719 9	24.518 7	0.010 8	0.040 8	45
50	4.383 9	0.228 1	112.797	25.729 8	0.008 9	0.038 9	50
55	5.082 1	0.196 8	136.072	26.774 4	0.007 3	0.037 3	55
60	5.891 6	0.169 7	163.053	27.675 6	0.006 1	0.036 1	60
65	6.830 0	0.146 4	194.333	28.452 9	0.005 1	0.035 1	65
70	7.917 8	0.126 3	230.594	29.123 4	0.004 3	0.034 3	70
75	9.178 9	0.108 9	272.631	29.701 8	0.003 7	0.033 7	75
80	10.640 9	0.094 0	321.363	30.200 8	0.003 1	0.033 1	80
85	12.335 7	0.081 1	377.857	30.631 2	0.002 6	0.032 6	85
90	14.300 5	0.069 9	443.349	31.002 4	0.002 3	0.032 3	90
95	16.578 2	0.060 3	519.272	31.322 7	0.001 9	0.031 9	95
100	19.218 6	0.052 0	607.288	31.598 9	0.001 6	0.031 6	100
∞				33.333 3		0.030 0	∞

表 A2 4%复利因子

N	一次支付		等额多次支付				N
	F/P	P/F	F/A	P/A	A/F	A/P	
1	1.040 0	0.961 5	1.000 0	0.961 5	1.000 0	1.040 0	1
2	1.081 6	0.924 6	2.040 0	1.886 1	0.490 2	0.530 2	2
3	1.124 9	0.889 0	3.121 6	2.775 1	0.320 3	0.360 3	3
4	1.169 9	0.854 8	4.246 5	3.629 9	0.235 5	0.275 5	4

续表A2

	一次支付		等额多次支付				
N	F/P	P/F	F/A	P/A	A/F	A/P	N
5	1.216 7	0.821 9	5.416 3	4.451 8	0.184 6	0.224 6	5
6	1.265 3	0.790 3	6.633 0	5.242 1	0.150 8	0.190 8	6
7	1.315 9	0.759 9	7.898 3	6.002 1	0.126 6	0.166 6	7
8	1.368 6	0.730 7	9.214 2	6.732 7	0.108 5	0.148 5	8
9	1.423 3	0.702 6	10.582 8	7.435 3	0.094 5	0.134 5	9
10	1.480 2	0.675 6	12.006 1	8.110 9	0.083 3	0.123 3	10
11	1.539 5	0.649 6	13.486 4	8.760 5	0.074 1	0.114 1	11
12	1.601 0	0.624 6	15.025 8	9.385 1	0.066 6	0.106 6	12
13	1.665 1	0.600 6	16.626 8	9.985 6	0.060 1	0.100 1	13
14	1.731 7	0.577 5	18.291 9	10.563 1	0.054 7	0.094 7	14
15	1.800 9	0.555 3	20.023 6	11.118 4	0.049 9	0.089 9	15
16	1.873 0	0.533 9	21.824 5	11.652 3	0.045 8	0.085 8	16
17	1.947 9	0.513 4	23.697 5	12.165 7	0.042 2	0.082 2	17
18	2.025 8	0.493 6	25.645 4	12.659 3	0.039 0	0.079 0	18
19	2.106 8	0.474 6	27.671 2	13.133 9	0.036 1	0.076 1	19
20	2.191 1	0.456 4	29.778 1	13.590 3	0.033 6	0.073 6	20
21	2.278 8	0.438 8	31.969 2	14.029 2	0.031 3	0.071 3	21
22	2.369 9	0.422 0	34.248 0	14.451 1	0.029 2	0.069 2	22
23	2.464 7	0.405 7	36.617 9	14.856 8	0.027 3	0.067 3	23
24	2.563 3	0.390 1	39.082 6	15.247 0	0.025 6	0.065 6	24
25	2.665 8	0.375 1	41.645 9	15.622 1	0.024 0	0.064 0	25
26	2.772 5	0.360 7	44.311 7	15.982 8	0.022 6	0.062 6	26
27	2.883 4	0.346 8	47.084 2	16.329 6	0.021 2	0.061 2	27
28	2.998 7	0.333 5	49.967 6	16.663 1	0.020 0	0.060 0	28
29	3.118 7	0.320 7	52.966 3	16.983 7	0.018 9	0.058 9	29
30	3.243 4	0.308 3	56.084 9	17.292 0	0.017 8	0.057 8	30
35	3.946 1	0.253 4	73.652 2	18.664 6	0.013 6	0.053 6	35
40	4.801 0	0.208 3	95.025 5	19.792 8	0.010 5	0.050 5	40
45	5.841 2	0.171 2	121.029	20.720 0	0.008 3	0.048 3	45

续表A2

	一次支付		等额多次支付				
N	F/P	P/F	F/A	P/A	A/F	A/P	N
50	7.106 7	0.140 7	152.667	21.482 2	0.006 6	0.046 6	50
55	8.646 4	0.115 7	191.159	22.108 6	0.005 2	0.045 2	55
60	10.519 6	0.095 1	237.991	22.623 5	0.004 2	0.044 2	60
65	12.798 7	0.078 1	294.968	23.046 7	0.003 4	0.043 4	65
70	15.571 6	0.064 2	364.290	23.394 5	0.002 7	0.042 7	70
75	18.945 3	0.052 8	448.631	23.680 4	0.002 2	0.042 2	75
80	23.049 8	0.043 4	551.245	23.915 4	0.001 8	0.041 8	80
85	28.043 6	0.035 7	676.090	24.108 5	0.001 5	0.041 5	85
90	34.119 3	0.029 3	827.983	24.267 3	0.001 2	0.041 2	90
95	41.511 4	0.024 1	1 012.78	24.397 8	0.001 0	0.041 0	95
100	50.504 9	0.019 8	1 237.62	24.505 0	0.000 8	0.040 8	100
∞				33.333 3		0.030 0	∞

表 A3　5%复利因子

	一次支付		等额多次支付				
N	F/P	P/F	F/A	P/A	A/F	A/P	N
1	1.050 0	0.952 4	1.000 0	0.952 4	1.000 0	1.050 0	1
2	1.102 5	0.907 0	2.050 0	1.859 4	0.487 8	0.537 8	2
3	1.157 6	0.863 8	3.152 5	2.723 2	0.317 2	0.367 2	3
4	1.215 5	0.822 7	4.310 1	3.546 0	0.232 0	0.282 0	4
5	1.276 3	0.783 5	5.525 6	4.329 5	0.181 0	0.231 0	5
6	1.340 1	0.746 2	6.801 9	5.075 7	0.147 0	0.197 0	6
7	1.407 1	0.710 7	8.142 0	5.786 4	0.122 8	0.172 8	7
8	1.477 5	0.676 8	9.549 1	6.463 2	0.104 7	0.154 7	8
9	1.551 3	0.644 6	11.026 6	7.107 8	0.090 7	0.140 7	9
10	1.628 9	0.613 9	12.577 9	7.721 7	0.079 5	0.129 5	10
11	1.710 3	0.584 7	14.206 8	8.306 4	0.070 4	0.120 4	11
12	1.795 9	0.556 8	15.917 1	8.863 3	0.062 8	0.112 8	12
13	1.885 6	0.530 3	17.713 0	9.393 3	0.056 5	0.106 5	13
14	1.979 9	0.505 1	19.598 6	9.898 6	0.051 0	0.101 0	14
15	2.078 9	0.481 0	21.578 6	10.379 7	0.046 3	0.096 3	15

续表A3

	一次支付		等额多次支付				
N	F/P	P/F	F/A	P/A	A/F	A/P	N
16	2.182 9	0.458 1	23.657 5	10.837 8	0.042 3	0.092 3	16
17	2.292 0	0.436 3	25.840 4	11.274 1	0.038 7	0.088 7	17
18	2.406 6	0.415 5	28.132 4	11.689 6	0.035 5	0.085 5	18
19	2.527 0	0.395 7	30.539 0	12.085 3	0.032 7	0.082 7	19
20	2.653 3	0.376 9	33.066 0	12.462 2	0.030 2	0.080 2	20
21	2.786 0	0.358 9	35.719 3	12.821 2	0.028 0	0.078 0	21
22	2.925 3	0.341 8	38.505 2	13.163 0	0.026 0	0.076 0	22
23	3.071 5	0.325 6	41.430 5	13.488 6	0.024 1	0.074 1	23
24	3.225 1	0.310 1	44.502 0	13.798 6	0.022 5	0.072 5	24
25	3.386 4	0.295 3	47.727 1	14.093 9	0.021 0	0.071 0	25
26	3.555 7	0.281 2	51.113 5	14.375 2	0.019 6	0.069 6	26
27	3.733 5	0.267 8	54.669 1	14.643 0	0.018 3	0.068 3	27
28	3.920 1	0.255 1	58.402 6	14.898 1	0.017 1	0.067 1	28
29	4.116 1	0.242 9	62.322 7	15.141 1	0.016 0	0.066 0	29
30	4.321 9	0.231 4	66.438 8	15.372 5	0.015 1	0.065 1	30
35	5.516 0	0.181 3	90.320 3	16.374 2	0.011 1	0.061 1	35
40	7.040 0	0.142 0	120.800	17.159 1	0.008 3	0.058 3	40
45	8.985 0	0.111 3	159.700	17.774 1	0.006 3	0.056 3	45
50	11.467 4	0.087 2	209.348	18.255 9	0.004 8	0.054 8	50
55	14.635 6	0.068 3	272.713	18.633 5	0.003 7	0.053 7	55
60	18.679 2	0.053 5	353.584	18.929 3	0.002 8	0.052 8	60
65	23.839 9	0.041 9	456.798	19.161 1	0.002 2	0.052 2	65
70	30.426 4	0.032 9	588.529	19.342 7	0.001 7	0.051 7	70
75	38.832 7	0.025 8	756.654	19.485 0	0.001 3	0.051 3	75
80	49.561 4	0.020 2	971.229	19.596 5	0.001 0	0.051 0	80
85	63.254 4	0.015 8	1 245.09	19.683 8	0.000 8	0.050 8	85
90	80.730 4	0.012 4	1 594.61	19.752 3	0.000 6	0.050 6	90
95	103.035	0.009 7	2 040.69	19.805 9	0.000 5	0.050 5	95
100	131.501	0.007 6	2 610.03	19.847 9	0.000 4	0.050 4	100
∞				20.000 0		0.050 0	∞

表 A4 6%复利因子

	一次支付		等额多次支付				
N	F/P	P/F	F/A	P/A	A/F	A/P	N
1	1.060 0	0.943 4	1.000 0	0.943 4	1.000 0	1.060 0	1
2	1.123 6	0.890 0	2.060 0	1.833 4	0.485 4	0.545 4	2
3	1.191 0	0.839 6	3.183 6	2.673 0	0.314 1	0.374 1	3
4	1.262 5	0.792 1	4.374 6	3.465 1	0.228 6	0.288 6	4
5	1.338 2	0.747 3	5.637 1	4.212 4	0.177 4	0.237 4	5
6	1.418 5	0.705 0	6.975 3	4.917 3	0.143 4	0.203 4	6
7	1.503 6	0.665 1	8.393 8	5.582 4	0.119 1	0.179 1	7
8	1.593 8	0.627 4	9.897 5	6.209 8	0.101 0	0.161 0	8
9	1.689 5	0.591 9	11.491 3	6.801 7	0.087 0	0.147 0	9
10	1.790 8	0.558 4	13.180 8	7.360 1	0.075 9	0.135 9	10
11	1.898 3	0.526 8	14.971 6	7.886 9	0.066 8	0.126 8	11
12	2.012 2	0.497 0	16.869 9	8.383 8	0.059 3	0.119 3	12
13	2.132 9	0.468 8	18.882 1	8.852 7	0.053 0	0.113 0	13
14	2.260 9	0.442 3	21.015 1	9.295 0	0.047 6	0.107 6	14
15	2.396 6	0.417 3	23.276 0	9.712 2	0.043 0	0.103 0	15
16	2.540 4	0.393 6	25.672 5	10.105 9	0.039 0	0.099 0	16
17	2.692 8	0.371 4	28.212 9	10.477 3	0.035 4	0.095 4	17
18	2.854 3	0.350 3	30.905 7	10.827 6	0.032 4	0.092 4	18
19	3.025 6	0.330 5	33.760 0	11.158 1	0.029 6	0.089 6	19
20	3.207 1	0.311 8	36.785 6	11.469 9	0.027 2	0.087 2	20
21	3.399 6	0.294 2	39.992 7	11.764 1	0.025 0	0.085 0	21
22	3.603 5	0.277 5	43.392 3	12.041 6	0.023 0	0.083 0	22
23	3.819 7	0.261 8	46.995 8	12.303 4	0.021 3	0.081 3	23
24	4.048 9	0.247 0	50.815 6	12.550 4	0.019 7	0.079 7	24
25	4.291 9	0.233 0	54.864 5	12.783 4	0.018 2	0.078 2	25
26	4.549 4	0.219 8	59.156 4	13.003 2	0.016 9	0.076 9	26
27	4.822 3	0.207 4	63.705 8	13.210 5	0.015 7	0.075 7	27
28	5.111 7	0.195 6	68.528 1	13.406 2	0.014 6	0.074 6	28
29	5.418 4	0.184 6	73.639 8	13.590 7	0.013 6	0.073 6	29
30	5.743 5	0.174 1	79.058 2	13.764 8	0.012 6	0.072 6	30

续表A4

	一次支付		等额多次支付				
N	F/P	P/F	F/A	P/A	A/F	A/P	N
35	7.686 1	0.130 1	111.435	14.498 2	0.009 0	0.069 0	35
40	10.285 7	0.097 2	154.762	15.046 3	0.006 5	0.066 5	40
45	13.764 6	0.072 7	212.744	15.455 8	0.004 7	0.064 7	45
50	18.420 2	0.054 3	290.336	15.761 9	0.003 4	0.063 4	50
55	24.650 3	0.040 6	394.172	15.990 5	0.002 5	0.062 5	55
60	32.987 7	0.030 3	533.128	16.161 4	0.001 9	0.061 9	60
65	44.145 0	0.022 7	719.083	16.289 1	0.001 4	0.061 4	65
70	59.075 9	0.016 9	967.932	16.384 5	0.001 0	0.061 0	70
75	79.056 9	0.012 6	1 300.95	16.455 8	0.000 8	0.060 8	75
80	105.796	0.009 5	1 746.60	16.509 1	0.000 6	0.060 6	80
85	141.579	0.007 1	2 342.98	16.548 9	0.000 4	0.060 4	85
90	189.465	0.005 3	3 141.08	16.578 7	0.000 3	0.060 3	90
95	253.546	0.003 9	4 209.10	16.600 9	0.000 2	0.060 2	95
100	339.302	0.002 9	5 638.37	16.617 5	0.000 2	0.060 2	100
∞				16.666 7		0.060 0	∞

表 A5 7%复利因子

	一次支付		等额多次支付				
N	F/P	P/F	F/A	P/A	A/F	A/P	N
1	1.070 0	0.934 6	1.000 0	0.934 6	1.000 0	1.070 0	1
2	1.144 9	0.873 4	2.070 0	1.808 0	0.483 1	0.553 1	2
3	1.225 0	0.816 3	3.214 9	2.624 3	0.311 1	0.381 1	3
4	1.310 8	0.762 9	4.439 9	3.387 2	0.225 2	0.295 2	4
5	1.402 6	0.713 0	5.750 7	4.100 2	0.173 9	0.243 9	5
6	1.500 7	0.666 3	7.153 3	4.766 5	0.139 8	0.209 8	6
7	1.605 8	0.622 7	8.654 0	5.389 3	0.115 6	0.185 6	7
8	1.718 2	0.582 0	10.259 8	5.971 3	0.097 5	0.167 5	8
9	1.838 5	0.543 9	11.978 0	6.515 2	0.083 5	0.153 5	9
10	1.967 2	0.508 3	13.816 4	7.023 6	0.072 4	0.142 4	10

续表A5

	一次支付		等额多次支付				
N	F/P	P/F	F/A	P/A	A/F	A/P	N
11	2.104 9	0.475 1	15.783 6	7.498 7	0.063 4	0.133 4	11
12	2.252 2	0.444 0	17.888 5	7.942 7	0.055 9	0.125 9	12
13	2.409 8	0.415 0	20.140 6	8.357 7	0.049 7	0.119 7	13
14	2.578 5	0.387 8	22.550 5	8.745 5	0.044 3	0.114 3	14
15	2.759 0	0.362 4	25.129 0	9.107 9	0.039 8	0.109 8	15
16	2.952 2	0.338 7	27.888 1	9.446 6	0.035 9	0.105 9	16
17	3.158 8	0.316 6	30.840 2	9.763 2	0.032 4	0.102 4	17
18	3.379 9	0.295 9	33.999 0	10.059 1	0.029 4	0.099 4	18
19	3.616 5	0.276 5	37.379 0	10.335 6	0.026 8	0.096 8	19
20	3.869 7	0.258 4	40.995 5	10.594 0	0.024 4	0.094 4	20
21	4.140 6	0.241 5	44.865 2	10.835 5	0.022 3	0.092 3	21
22	4.430 4	0.225 7	49.005 7	11.061 2	0.020 4	0.090 4	22
23	4.740 5	0.210 9	53.436 1	11.272 2	0.018 7	0.088 7	23
24	5.072 4	0.197 1	58.176 7	11.469 3	0.017 2	0.087 2	24
25	5.427 4	0.184 2	63.249 0	11.653 6	0.015 8	0.085 8	25
26	5.807 4	0.172 2	68.676 5	11.825 8	0.014 6	0.084 6	26
27	6.213 9	0.160 9	74.483 8	11.986 7	0.013 4	0.083 4	27
28	6.648 8	0.150 4	80.697 7	12.137 1	0.012 4	0.082 4	28
29	7.114 3	0.140 6	87.346 5	12.277 7	0.011 4	0.081 4	29
30	7.612 3	0.131 4	94.460 8	12.409 0	0.010 6	0.080 6	30
35	10.676 6	0.093 7	138.237	12.947 7	0.007 2	0.077 2	35
40	14.974 5	0.066 8	199.635	13.331 7	0.005 0	0.075 0	40
45	21.002 5	0.047 6	285.749	13.605 5	0.003 5	0.073 5	45
50	29.457 0	0.033 9	406.529	13.800 7	0.002 5	0.072 5	50
55	41.315 0	0.024 2	575.929	13.939 9	0.001 7	0.071 7	55
60	57.946 4	0.017 3	813.520	14.039 2	0.001 2	0.071 2	60
65	81.272 9	0.012 3	1 146.76	14.109 9	0.000 9	0.070 9	65
70	113.989	0.008 8	1 614.13	14.160 4	0.000 6	0.070 6	70
75	159.876	0.006 3	2 269.66	14.196 4	0.000 4	0.070 4	75

续表A5

	一次支付		等额多次支付				
N	F/P	P/F	F/A	P/A	A/F	A/P	N
80	224.234	0.004 5	3 189.06	14.222 0	0.000 3	0.070 3	80
85	314.500	0.003 2	4 478.58	14.240 3	0.000 2	0.070 2	85
90	441.103	0.002 3	6 287.19	14.253 3	0.000 2	0.070 2	90
95	618.670	0.001 6	8 823.85	14.262 6	0.000 1	0.070 1	95
100	867.716	0.001 2	12 381.7	14.269 3	0.000 1	0.070 1	100
∞				14.285 7		0.070 0	∞

表A6 8%复利因子

	一次支付		等额多次支付				
N	F/P	P/F	F/A	P/A	A/F	A/P	N
1	1.080 0	0.925 9	1.000 0	0.925 9	1.000 0	1.080 0	1
2	1.166 4	0.857 3	2.080 0	1.783 3	0.480 8	0.560 8	2
3	1.259 7	0.793 8	3.246 4	2.577 1	0.308 0	0.388 0	3
4	1.360 5	0.735 0	4.506 1	3.312 1	0.221 9	0.301 9	4
5	1.469 3	0.680 6	5.866 6	3.992 7	0.170 5	0.250 5	5
6	1.586 9	0.630 2	7.335 9	4.622 9	0.136 3	0.216 3	6
7	1.713 8	0.583 5	8.922 8	5.206 4	0.112 1	0.192 1	7
8	1.850 9	0.540 3	10.636 6	5.746 6	0.094 0	0.174 0	8
9	1.999 0	0.500 2	12.487 6	6.246 9	0.080 1	0.160 1	9
10	2.158 9	0.463 2	14.486 6	6.710 1	0.069 0	0.149 0	10
11	2.331 6	0.428 9	16.645 5	7.139 0	0.060 1	0.140 1	11
12	2.518 2	0.397 1	18.977 1	7.536 1	0.052 7	0.132 7	12
13	2.719 6	0.367 7	21.495 3	7.903 8	0.046 5	0.126 5	13
14	2.937 2	0.340 5	24.214 9	8.244 2	0.041 3	0.121 3	14
15	3.172 2	0.315 2	27.152 1	8.559 5	0.036 8	0.116 8	15
16	3.425 9	0.291 9	30.324 3	8.851 4	0.033 0	0.113 0	16
17	3.700 0	0.270 3	33.750 2	9.121 6	0.029 6	0.109 6	17
18	3.996 0	0.250 2	37.450 2	9.371 9	0.026 7	0.106 7	18
19	4.315 7	0.231 7	41.446 3	9.603 6	0.024 1	0.104 1	19
20	4.661 0	0.214 5	45.762 0	9.818 1	0.021 9	0.101 9	20

续表A6

	一次支付		等额多次支付				
N	F/P	P/F	F/A	P/A	A/F	A/P	N
21	5.033 8	0.198 7	50.422 9	10.016 8	0.019 8	0.099 8	21
22	5.436 5	0.183 9	55.456 8	10.200 7	0.018 0	0.098 0	22
23	5.871 5	0.170 3	60.893 3	10.371 1	0.016 4	0.096 4	23
24	6.341 2	0.157 7	66.764 8	10.528 8	0.015 0	0.095 0	24
25	6.848 5	0.146 0	73.105 9	10.674 8	0.013 7	0.093 7	25
26	7.396 4	0.135 2	79.954 4	10.810 0	0.012 5	0.092 5	26
27	7.988 1	0.125 2	87.350 8	10.935 2	0.011 4	0.091 4	27
28	8.627 1	0.115 9	95.338 8	11.051 1	0.010 5	0.090 5	28
29	9.317 3	0.107 3	103.966	11.158 4	0.009 6	0.089 6	29
30	10.062 7	0.099 4	113.283	11.257 8	0.008 8	0.088 8	30
35	14.785 3	0.067 6	172.317	11.654 6	0.005 8	0.085 8	35
40	21.724 5	0.046 0	259.057	11.924 6	0.003 9	0.083 9	40
45	31.920 4	0.031 3	386.506	12.108 4	0.002 6	0.082 6	45
50	46.901 6	0.021 3	573.770	12.233 5	0.001 7	0.081 7	50
55	68.913 9	0.014 5	848.923	12.318 6	0.001 2	0.081 2	55
60	101.257	0.009 9	1 253.21	12.376 6	0.000 8	0.080 8	60
65	148.780	0.006 7	1 847.25	12.416 0	0.000 5	0.080 5	65
70	218.606	0.004 6	2 720.08	12.442 8	0.000 4	0.080 4	70
75	321.205	0.003 1	4 002.56	12.461 1	0.000 2	0.080 2	75
80	471.955	0.002 1	5 886.94	12.473 5	0.000 2	0.080 2	80
85	693.456	0.001 4	8 655.71	12.482 0	0.000 1	0.080 1	85
90	1 018.92	0.001 0	12 723.9	12.487 7	α	0.080 1	90
95	1 497.12	0.000 7	18 701.5	12.491 7	α	0.080 1	95
100	2 199.76	0.000 5	12 381.7	12.494 3	α	0.080 0	100
∞				12.500 0		0.080 0	∞

表 A7　10%复利因子

	一次支付		等额多次支付				
N	F/P	P/F	F/A	P/A	A/F	A/P	N
1	1.100 0	0.909 1	1.000 0	0.909 1	1.000 0	1.100 0	1
2	1.210 0	0.826 4	2.100 0	1.735 5	0.476 2	0.576 2	2
3	1.331 0	0.751 3	3.310 0	2.486 9	0.302 1	0.402 1	3
4	1.464 1	0.683 0	4.641 0	3.169 9	0.215 5	0.315 5	4
5	1.610 5	0.620 9	6.105 1	3.790 8	0.163 8	0.263 8	5
6	1.771 6	0.564 5	7.715 6	4.355 3	0.129 6	0.229 6	6
7	1.948 7	0.513 2	9.487 2	4.868 4	0.105 4	0.205 4	7
8	2.143 6	0.466 5	11.435 9	5.334 9	0.087 4	0.187 4	8
9	2.357 9	0.424 1	13.579 5	5.759 0	0.073 6	0.173 6	9
10	2.593 7	0.385 5	15.937 4	6.144 6	0.062 7	0.162 7	10
11	2.853 1	0.350 5	18.531 2	6.495 1	0.054 0	0.154 0	11
12	3.138 4	0.318 6	21.384 3	6.813 7	0.046 8	0.146 8	12
13	3.452 3	0.289 7	24.522 7	7.103 4	0.040 8	0.140 8	13
14	3.797 5	0.263 3	27.975 0	7.366 7	0.035 7	0.135 7	14
15	4.177 2	0.239 4	31.772 5	7.606 1	0.031 5	0.131 5	15
16	4.595 0	0.217 6	35.949 7	7.823 7	0.027 8	0.127 8	16
17	5.054 5	0.197 8	40.544 7	8.021 6	0.024 7	0.124 7	17
18	5.559 9	0.179 9	45.599 2	8.201 4	0.021 9	0.121 9	18
19	6.115 9	0.163 5	51.159 1	8.364 9	0.019 5	0.119 5	19
20	6.727 5	0.148 6	57.275 0	8.513 6	0.017 5	0.117 5	20
21	7.400 2	0.135 1	64.002 5	8.648 7	0.015 6	0.115 6	21
22	8.140 3	0.122 8	71.402 7	8.771 5	0.014 0	0.114 0	22
23	8.954 3	0.111 7	79.543 0	8.883 2	0.012 6	0.112 6	23
24	9.849 7	0.101 5	88.497 3	8.984 7	0.011 3	0.111 3	24
25	10.834 7	0.092 3	98.347 1	9.077 0	0.010 2	0.110 2	25
26	11.918 2	0.083 9	109.182	9.160 9	0.009 2	0.109 2	26
27	13.110 0	0.076 3	121.100	9.237 2	0.008 3	0.108 3	27
28	14.421 0	0.069 3	134.210	9.306 6	0.007 5	0.107 5	28
29	15.863 1	0.063 0	148.631	9.369 6	0.006 7	0.106 7	29
30	17.449 4	0.057 3	164.494	9.426 9	0.006 1	0.106 1	30

续表A7

	一次支付		等额多次支付				
N	F/P	P/F	F/A	P/A	A/F	A/P	N
35	28.102 4	0.035 6	271.024	9.644 2	0.003 7	0.103 7	35
40	45.259 3	0.022 1	442.593	9.779 1	0.002 3	0.102 3	40
45	72.890 5	0.013 7	718.905	9.862 8	0.001 4	0.101 4	45
50	117.391	0.008 5	1 163.91	9.914 8	0.000 9	0.100 9	50
55	189.059	0.005 3	1 880.59	9.947 1	0.000 5	0.100 5	55
60	304.482	0.003 3	3 034.82	9.967 2	0.000 3	0.100 3	60
65	490.371	0.002 0	4 893.71	9.979 6	0.000 2	0.100 2	65
70	789.747	0.001 3	7 887.47	9.987 3	0.000 1	0.100 1	70
75	1 271.90	0.000 8	12 709.0	9.992 1	α	0.100 1	75
80	2 048.40	0.000 5	20 474.0	9.995 1	α	0.100 0	80
85	3 298.97	0.000 3	32 979.7	9.997 0	α	0.100 0	85
90	5 313.02	0.000 2	53 120.2	9.998 1	α	0.100 0	90
95	8 556.68	0.000 1	85 556.8	9.998 8	α	0.100 0	95
100	13 780.6	α	137 796.1	9.999 3	α	0.100 0	100
∞				10.000 0		0.100 0	∞

表 A8 12%复利因子

	一次支付		等额多次支付				
N	F/P	P/F	F/A	P/A	A/F	A/P	N
1	1.120 0	0.892 9	1.000 0	0.892 9	1.000 0	1.120 0	1
2	1.254 4	0.797 2	2.120 0	1.690 1	0.471 7	0.591 7	2
3	1.404 9	0.711 8	3.374 4	2.401 8	0.296 3	0.416 3	3
4	1.573 5	0.635 5	4.779 3	3.037 3	0.209 2	0.329 2	4
5	1.762 3	0.567 4	6.352 8	3.604 8	0.157 4	0.277 4	5
6	1.973 8	0.506 6	8.115 2	4.111 4	0.123 2	0.243 2	6
7	2.210 7	0.452 3	10.089 0	4.563 8	0.099 1	0.219 1	7
8	2.476 0	0.403 9	12.299 7	4.967 6	0.081 3	0.201 3	8
9	2.773 1	0.360 6	14.775 7	5.328 2	0.067 7	0.187 7	9
10	3.105 8	0.322 0	17.548 7	5.650 2	0.057 0	0.177 0	10

续表A8

	一次支付		等额多次支付				
N	F/P	P/F	F/A	P/A	A/F	A/P	N
11	3.478 5	0.287 5	20.654 6	5.937 7	0.048 4	0.168 4	11
12	3.896 0	0.256 7	24.133 1	6.194 4	0.041 4	0.161 4	12
13	4.363 5	0.229 2	28.029 1	6.423 5	0.035 7	0.155 7	13
14	4.887 1	0.204 6	32.392 6	6.628 2	0.030 9	0.150 9	14
15	5.473 6	0.182 7	37.279 7	6.810 9	0.026 8	0.146 8	15
16	6.130 4	0.163 1	42.753 3	6.974 0	0.023 4	0.143 4	16
17	6.866 0	0.145 6	48.883 7	7.119 6	0.020 5	0.140 5	17
18	7.690 0	0.130 0	55.749 7	7.249 7	0.017 9	0.137 9	18
19	8.612 8	0.116 1	63.439 7	7.365 8	0.015 8	0.135 8	19
20	9.646 3	0.103 7	72.052 4	7.469 4	0.013 9	0.133 9	20
21	10.803 8	0.092 6	81.698 7	7.562 0	0.012 2	0.132 2	21
22	12.100 3	0.082 6	92.502 6	7.644 6	0.010 8	0.130 8	22
23	13.552 3	0.073 8	104.603	7.718 4	0.009 6	0.129 6	23
24	15.178 6	0.065 9	118.155	7.784 3	0.008 5	0.128 5	24
25	17.000 1	0.058 8	133.334	7.843 1	0.007 5	0.127 5	25
26	19.040 1	0.052 5	150.334	7.895 7	0.006 7	0.126 7	26
27	21.324 9	0.046 9	169.374	7.942 6	0.005 9	0.125 9	27
28	23.883 9	0.041 9	190.699	7.984 4	0.005 2	0.125 2	28
29	26.749 9	0.037 4	214.583	8.021 8	0.004 7	0.124 7	29
30	29.959 9	0.033 4	241.333	8.055 2	0.004 1	0.124 1	30
35	52.799 6	0.018 9	431.663	8.175 5	0.002 3	0.122 3	35
40	93.051 0	0.010 7	767.091	8.243 8	0.001 3	0.121 3	40
45	163.988	0.006 1	1 358.23	8.282 5	0.000 7	0.120 7	45
50	289.002	0.003 5	2 400.02	8.304 5	0.000 4	0.120 4	50
55	509.321	0.002 0	4 236.01	8.317 0	0.000 2	0.120 2	55
60	897.597	0.001 1	7 471.64	8.324 0	0.000 1	0.120 1	60
65	1 581.87	0.000 6	13 173.9	8.328 1	α	0.120 1	65
70	2 787.80	0.000 4	23 223.3	8.330 3	α	0.120 0	70
75	4 913.06	0.000 2	40 933.8	8.331 6	α	0.120 0	75
80	8 658.48	0.000 1	72 145.7	8.332 4	α	0.120 0	80
∞				8.333 0		0.120 0	∞

表 A9　15%复利因子

	一次支付		等额多次支付				
N	F/P	P/F	F/A	P/A	A/F	A/P	N
1	1.150 0	0.869 6	1.000 0	0.869 6	1.000 0	1.150 0	1
2	1.322 5	0.756 1	2.150 0	1.625 7	0.465 1	0.615 1	2
3	1.520 9	0.657 5	3.472 5	2.283 2	0.288 0	0.438 0	3
4	1.749 0	0.571 8	4.993 4	2.855 0	0.200 3	0.350 3	4
5	2.011 4	0.497 2	6.742 4	3.352 2	0.148 3	0.298 3	5
6	2.313 1	0.432 3	8.753 7	3.784 5	0.114 2	0.264 2	6
7	2.660 0	0.375 9	11.066 8	4.160 4	0.090 4	0.240 4	7
8	3.059 0	0.326 9	13.726 8	4.487 3	0.072 9	0.222 9	8
9	3.517 9	0.284 3	16.785 8	4.771 6	0.059 6	0.209 6	9
10	4.045 6	0.247 2	20.303 7	5.018 8	0.049 3	0.199 3	10
11	4.652 4	0.214 9	24.349 3	5.233 7	0.041 1	0.191 1	11
12	5.350 3	0.186 9	29.001 7	5.420 6	0.034 5	0.184 5	12
13	6.152 8	0.162 5	34.351 9	5.583 1	0.029 1	0.179 1	13
14	7.075 7	0.141 3	40.504 7	5.724 5	0.024 7	0.174 7	14
15	8.137 1	0.122 9	47.580 4	5.847 4	0.021 0	0.171 0	15
16	9.357 6	0.106 9	55.717 5	5.954 2	0.017 9	0.167 9	16
17	10.761 3	0.092 9	65.075 1	6.047 2	0.015 4	0.165 4	17
18	12.375 5	0.080 8	75.836 4	6.128 0	0.013 2	0.163 2	18
19	14.231 8	0.070 3	88.211 8	6.198 2	0.011 3	0.161 3	19
20	16.366 5	0.061 1	102.444	6.259 3	0.009 8	0.159 8	20
21	18.821 5	0.053 1	118.810	6.312 5	0.008 4	0.158 4	21
22	21.644 7	0.046 2	137.632	6.358 7	0.007 3	0.157 3	22
23	24.891 5	0.040 2	159.276	6.398 8	0.006 3	0.156 3	23
24	28.625 2	0.034 9	184.168	6.433 8	0.005 4	0.155 4	24
25	32.919 0	0.030 4	212.793	6.464 1	0.004 7	0.154 7	25
26	37.856 8	0.026 4	245.712	6.490 6	0.004 1	0.154 1	26
27	43.535 3	0.023 0	283.569	6.513 5	0.003 5	0.153 5	27
28	50.065 6	0.020 0	327.104	6.533 5	0.003 1	0.153 1	28
29	57.575 5	0.017 4	377.170	6.550 9	0.002 7	0.152 7	29
30	66.211 8	0.015 1	434.745	6.566 0	0.002 3	0.152 3	30

续表A9

	一次支付		等额多次支付				
N	F/P	P/F	F/A	P/A	A/F	A/P	N
35	133.176	0.007 5	881.170	6.616 6	0.001 1	0.151 1	35
40	267.864	0.003 7	1 779.09	6.641 8	0.000 6	0.150 6	40
45	538.769	0.001 9	3 585.13	6.654 3	0.000 3	0.150 3	45
50	1 083.66	0.000 9	7 217.72	6.660 5	0.000 1	0.150 1	50
55	2 179.62	0.000 5	14 524.1	6.663 6	α	0.150 1	55
60	4 384.00	0.000 2	29 220.0	6.665 1	α	0.150 0	60
65	8 817.79	0.000 1	58 778.6	6.665 9	α	0.150 0	65
70	17 735.7	α	118 231	6.666 3	α	0.150 0	70
75	35 672.9	α	237 812	6.666 5	α	0.150 0	75
80	71 750.9	α	478 333	6.666 6	α	0.150 0	80
∞				6.667 0		0.150 0	∞

表 A10　20%复利因子

	一次支付		等额多次支付				
N	F/P	P/F	F/A	P/A	A/F	A/P	N
1	1.200 0	0.833 3	1.000 0	0.833 3	1.000 0	1.200 0	1
2	1.440 0	0.694 4	2.200 0	1.527 8	0.454 5	0.654 5	2
3	1.728 0	0.578 7	3.640 0	2.106 5	0.274 7	0.474 7	3
4	2.073 6	0.482 3	5.368 0	2.588 7	0.186 3	0.386 3	4
5	2.488 3	0.401 9	7.441 6	2.990 6	0.134 4	0.334 4	5
6	2.986 0	0.334 9	9.929 9	3.325 5	0.100 7	0.300 7	6
7	3.583 2	0.279 1	12.915 9	3.604 6	0.077 4	0.277 4	7
8	4.299 8	0.232 6	16.499 1	3.837 2	0.060 6	0.260 6	8
9	5.159 8	0.193 8	20.798 9	4.031 0	0.048 1	0.248 1	9
10	6.191 7	0.161 5	25.958 7	4.192 5	0.038 5	0.238 5	10
11	7.430 1	0.134 6	32.150 4	4.327 1	0.031 1	0.231 1	11
12	8.916 1	0.112 2	39.580 5	4.439 2	0.025 3	0.225 3	12
13	10.699 3	0.093 5	48.496 6	4.532 7	0.020 6	0.220 6	13
14	12.839 2	0.077 9	59.195 9	4.610 6	0.016 9	0.216 9	14
15	15.407 0	0.064 9	72.035 1	4.675 5	0.013 9	0.213 9	15

续表A10

	一次支付		等额多次支付				
N	F/P	P/F	F/A	P/A	A/F	A/P	N
16	18.488 4	0.054 1	87.442 1	4.729 6	0.011 4	0.211 4	16
17	22.186 1	0.045 1	105.931	4.774 6	0.009 4	0.209 4	17
18	26.623 3	0.037 6	128.117	4.812 2	0.007 8	0.207 8	18
19	31.948 0	0.031 3	154.740	4.843 5	0.006 5	0.206 5	19
20	38.337 6	0.026 1	186.688	4.869 6	0.005 4	0.205 4	20
21	46.005 1	0.021 7	225.026	4.891 3	0.004 4	0.204 4	21
22	55.206 1	0.018 1	271.031	4.909 4	0.003 7	0.203 7	22
23	66.247 4	0.015 1	326.237	4.924 5	0.003 1	0.203 1	23
24	79.496 8	0.012 6	392.484	4.937 1	0.002 5	0.202 5	24
25	95.396 2	0.010 5	471.981	4.947 6	0.002 1	0.202 1	25
26	114.475	0.008 7	567.377	4.956 3	0.001 8	0.201 8	26
27	137.371	0.007 3	681.853	4.963 6	0.001 5	0.201 5	27
28	164.845	0.006 1	819.223	4.969 7	0.001 2	0.201 2	28
29	197.814	0.005 1	984.068	4.974 7	0.001 0	0.201 0	29
30	237.376	0.004 2	1 181.88	4.978 9	0.000 8	0.200 8	30
35	590.668	0.001 7	2 948.34	4.991 5	0.000 3	0.200 3	35
40	1 469.77	0.000 7	7 343.86	4.996 6	0.000 1	0.200 1	40
45	3 657.26	0.000 3	18 281.3	4.998 6	α	0.200 1	45
50	9 100.44	0.000 1	45 497.2	4.999 5	α	0.200 0	50
55	22 644.8	0.000 0	113 219	4.999 8	α	0.200 0	55
60	56 347.5	0.000 0	281 733	4.999 9	α	0.200 0	60
∞				5.000 0		0.200 0	∞

表A11　25%复利因子

	一次支付		等额多次支付				
N	F/P	P/F	F/A	P/A	A/F	A/P	N
1	1.250 0	0.800 0	1.000 0	0.800 0	1.000 0	1.250 0	1
2	1.562 5	0.640 0	2.250 0	1.440 0	0.444 4	0.694 4	2
3	1.953 1	0.512 0	3.812 5	1.952 0	0.262 3	0.512 3	3
4	2.441 4	0.409 6	5.765 6	2.361 6	0.173 4	0.423 4	4
5	3.051 8	0.327 7	8.207 0	2.689 3	0.121 8	0.371 8	5

续表A11

	一次支付		等额多次支付				
N	F/P	P/F	F/A	P/A	A/F	A/P	N
6	3.814 7	0.262 1	11.258 8	2.951 4	0.088 8	0.338 8	6
7	4.768 4	0.209 7	15.073 5	3.161 1	0.066 3	0.316 3	7
8	5.960 5	0.167 8	19.841 9	3.328 9	0.050 4	0.300 4	8
9	7.450 6	0.134 2	25.802 3	3.463 1	0.038 8	0.288 8	9
10	9.313 2	0.107 4	33.252 9	3.570 5	0.030 1	0.280 1	10
11	11.641 5	0.085 9	42.566 1	3.656 4	0.023 5	0.273 5	11
12	14.551 9	0.068 7	54.207 7	3.725 1	0.018 4	0.268 4	12
13	18.189 9	0.055 0	68.759 6	3.780 1	0.014 5	0.264 5	13
14	22.737 4	0.044 0	86.949 5	3.824 1	0.011 5	0.261 5	14
15	28.421 7	0.035 2	109.687	3.859 3	0.009 1	0.259 1	15
16	35.527 1	0.028 1	138.109	3.887 4	0.007 2	0.257 2	16
17	44.408 9	0.022 5	173.636	3.909 9	0.005 8	0.255 8	17
18	55.511 2	0.018 0	218.045	3.927 9	0.004 6	0.254 6	18
19	69.388 9	0.014 4	273.556	3.942 4	0.003 7	0.253 7	19
20	86.736 2	0.011 5	342.945	3.953 9	0.002 9	0.252 9	20
21	108.420	0.009 2	429.681	3.963 1	0.002 3	0.252 3	21
22	135.525	0.007 4	538.101	3.970 5	0.001 9	0.251 9	22
23	169.407	0.005 9	673.626	3.976 4	0.001 5	0.251 5	23
24	211.758	0.004 7	843.033	3.981 1	0.001 2	0.251 2	24
25	264.698	0.003 8	1 054.79	3.984 9	0.000 9	0.250 9	25
26	330.872	0.003 0	1 319.49	3.987 9	0.000 8	0.250 8	26
27	413.590	0.002 4	1 650.36	3.990 3	0.000 6	0.250 6	27
28	516.988	0.001 9	2 063.95	3.992 3	0.000 5	0.250 5	28
29	646.235	0.001 5	2 580.94	3.993 8	0.000 4	0.250 4	29
30	807.794	0.001 2	3 227.17	3.995 0	0.000 3	0.250 3	30
35	2 465.19	0.000 4	9 856.76	3.998 4	0.000 1	0.250 1	35
40	7 523.16	0.000 1	30 088.7	3.999 5	α	0.250 0	40
45	22 958.9	α	91 831.5	3.999 8	α	0.250 0	45
50	70 064.9	α	280 256	3.999 9	α	0.250 0	50
∞				4.000 0		0.250 0	∞

表 A12 30% 复利因子

	一次支付		等额多次支付				
N	F/P	P/F	F/A	P/A	A/F	A/P	N
1	1.300 0	0.769 2	1.000 0	0.769 2	1.000 0	1.300 0	1
2	1.690 0	0.591 7	2.300 0	1.360 9	0.434 8	0.734 8	2
3	2.197 0	0.455 2	3.990 0	1.816 1	0.250 6	0.550 6	3
4	2.856 1	0.350 1	6.187 0	2.166 2	0.161 6	0.461 6	4
5	3.712 9	0.269 3	9.043 1	2.435 6	0.110 6	0.410 6	5
6	4.826 8	0.207 2	12.756 0	2.642 7	0.078 4	0.378 4	6
7	6.274 9	0.159 4	17.582 8	2.802 1	0.056 9	0.356 9	7
8	8.157 3	0.122 6	23.857 7	2.924 7	0.041 9	0.341 9	8
9	10.604 5	0.094 3	32.015 0	3.019 0	0.031 2	0.331 2	9
10	13.785 8	0.072 5	42.619 5	3.091 5	0.023 5	0.323 5	10
11	17.921 6	0.055 8	56.405 3	3.147 3	0.017 7	0.317 7	11
12	23.298 1	0.042 9	74.327 0	3.190 3	0.013 5	0.313 5	12
13	30.287 5	0.033 0	97.625 0	3.223 3	0.010 2	0.310 2	13
14	39.373 8	0.025 4	127.913	3.248 7	0.007 8	0.307 8	14
15	51.185 9	0.019 5	167.286	3.268 2	0.006 0	0.306 0	15
16	66.541 7	0.015 0	218.472	3.283 2	0.004 6	0.304 6	16
17	86.504 2	0.011 6	285.014	3.294 8	0.003 5	0.303 5	17
18	112.455	0.008 9	371.518	3.303 7	0.002 7	0.302 7	18
19	146.192	0.006 8	483.973	3.310 5	0.002 1	0.302 1	19
20	190.050	0.005 3	630.165	3.315 8	0.001 6	0.301 6	20
21	247.065	0.004 0	820.215	3.319 8	0.001 2	0.301 2	21
22	321.184	0.003 1	1 067.28	3.323 0	0.000 9	0.300 9	22
23	417.539	0.002 4	1 388.46	3.325 4	0.000 7	0.300 7	23
24	542.801	0.001 8	1 806.00	3.327 2	0.000 6	0.300 6	24
25	705.641	0.001 4	2 348.80	3.328 6	0.000 4	0.300 4	25
26	917.333	0.001 1	3 054.44	3.329 7	0.000 3	0.300 3	26
27	1 192.53	0.000 8	3 971.78	3.330 5	0.000 3	0.300 3	27
28	1 550.29	0.000 6	5 164.31	3.331 2	0.000 2	0.300 2	28
29	2 015.38	0.000 5	6 714.60	3.331 7	0.000 1	0.300 1	29
30	2 620.00	0.000 4	8 729.99	3.332 1	α	0.300 1	30

续表A12

	一次支付		等额多次支付				
N	F/P	P/F	F/A	P/A	A/F	A/P	N
31	3 405.99	0.000 3	11 350.0	3.332 4	α	0.300 1	31
32	4 427.79	0.000 2	14 756.0	3.332 6	α	0.300 1	32
33	5 756.13	0.000 2	19 183.8	3.332 8	α	0.300 1	33
34	7 482.97	0.000 1	24 939.9	3.332 9	α	0.300 0	34
35	9 727.86	0.000 1	32 422.9	3.333 0	α	0.300 0	35
∞				3.333 0		0.300 0	∞

表 A13 40%复利因子

	一次支付		等额多次支付				
N	F/P	P/F	F/A	P/A	A/F	A/P	N
1	1.400 0	0.714 3	1.000 0	0.714 3	1.000 0	1.400 0	1
2	1.960 0	0.510 2	2.400 0	1.224 5	0.416 7	0.816 7	2
3	2.744 0	0.364 4	4.360 0	1.588 9	0.229 4	0.629 4	3
4	3.841 6	0.260 3	7.104 0	1.849 2	0.140 8	0.540 8	4
5	5.378 2	0.185 9	10.945 6	2.035 2	0.091 4	0.491 4	5
6	7.529 5	0.132 8	16.323 8	2.168 0	0.061 3	0.461 3	6
7	10.541 4	0.094 9	23.853 4	2.262 8	0.041 9	0.441 9	7
8	14.757 9	0.067 8	34.394 7	2.330 6	0.029 1	0.429 1	8
9	20.661 0	0.048 4	49.152 6	2.379 0	0.020 3	0.420 3	9
10	28.925 5	0.034 6	69.813 7	2.413 6	0.014 3	0.414 3	10
11	40.495 7	0.024 7	98.739 1	2.438 3	0.010 1	0.410 1	11
12	56.693 9	0.017 6	139.235	2.455 9	0.007 2	0.407 2	12
13	79.371 5	0.012 6	195.929	2.468 5	0.005 1	0.405 1	13
14	111.120	0.009 0	275.300	2.477 5	0.003 6	0.403 6	14
15	155.568	0.006 4	386.420	2.483 9	0.002 6	0.402 6	15
16	217.795	0.004 6	541.988	2.488 5	0.001 8	0.401 8	16
17	304.913	0.003 3	759.784	2.491 8	0.001 3	0.401 3	17
18	426.879	0.002 3	1 064.70	2.494 1	0.000 9	0.400 9	18
19	597.630	0.001 7	1 491.58	2.495 8	0.000 7	0.400 7	19
20	836.683	0.001 2	2 089.21	2.497 0	0.000 5	0.400 5	20

续表A13

	一次支付		等额多次支付				
N	F/P	P/F	F/A	P/A	A/F	A/P	N
21	1 171.36	0.000 9	2 925.89	2.497 9	0.000 3	0.400 3	21
22	1 639.90	0.000 6	4 097.24	2.498 5	0.000 2	0.400 2	22
23	2 295.86	0.000 4	5 737.14	2.498 9	0.000 2	0.400 2	23
24	3 214.20	0.000 3	8 033.00	2.499 2	0.000 1	0.400 1	24
25	4 499.88	0.000 2	11 247.2	2.499 4	α	0.400 1	25
26	6 299.83	0.000 2	15 747.1	2.499 6	α	0.400 1	26
27	8 819.76	0.000 1	22 046.9	2.499 7	α	0.400 0	27
28	12 347.7	α	30 866.7	2.499 8	α	0.400 0	28
29	17 286.7	α	43 214.3	2.499 9	α	0.400 0	29
30	24 201.4	α	60 501.1	2.499 9	α	0.400 0	30
35	130 161	α	325 400	2.500 0	α	0.400 0	35
∞				2.500 0		0.400 0	∞

表A14　50%复利因子

	一次支付		等额多次支付				
N	F/P	P/F	F/A	P/A	A/F	A/P	N
1	1.500 0	0.666 7	1.000 0	0.666 7	1.000 0	1.500 0	1
2	2.250 0	0.444 4	2.500 0	1.111 1	0.400 0	0.900 0	2
3	3.375 0	0.296 3	4.750 0	1.407 4	0.210 5	0.710 5	3
4	5.062 5	0.197 5	8.125 0	1.604 9	0.123 1	0.623 1	4
5	7.593 8	0.131 7	13.187 5	1.736 6	0.075 8	0.575 8	5
6	11.390 6	0.087 8	20.781 3	1.824 4	0.048 1	0.548 1	6
7	17.085 9	0.058 5	32.171 9	1.882 9	0.031 1	0.531 1	7
8	25.628 9	0.039 0	49.257 8	1.922 0	0.020 3	0.520 3	8
9	38.443 4	0.026 0	74.886 7	1.948 0	0.013 4	0.513 4	9
10	57.665 0	0.017 3	113.330	1.965 3	0.008 8	0.508 8	10
11	86.497 6	0.011 6	170.995	1.976 9	0.005 8	0.505 8	11
12	129.746	0.007 7	257.493	1.984 6	0.003 9	0.503 9	12
13	194.620	0.005 1	387.239	1.989 7	0.002 6	0.502 6	13
14	291.929	0.003 4	581.859	1.993 1	0.001 7	0.501 7	14
15	437.894	0.002 3	873.788	1.995 4	0.001 1	0.501 1	15

续表A14

	一次支付		等额多次支付				
N	F/P	P/F	F/A	P/A	A/F	A/P	N
16	656.841	0.001 5	1 311.68	1.997 0	0.000 8	0.500 8	16
17	985.261	0.001 0	1 968.52	1.998 0	0.000 5	0.500 5	17
18	1 477.89	0.000 7	2 953.78	1.998 6	0.000 3	0.500 3	18
19	2 216.84	0.000 5	4 431.68	1.999 1	0.000 2	0.500 2	19
20	3 325.26	0.000 3	6 648.51	1.999 4	0.000 2	0.500 2	20
21	4 987.89	0.000 2	9 973.77	1.999 6	0.000 1	0.500 1	21
22	7 481.83	0.000 1	14 961.7	1.999 7	α	0.500 1	22
23	11 222.7	α	22 443.5	1.999 8	α	0.500 0	23
24	16 834.1	α	33 666.2	1.999 9	α	0.500 0	24
25	25 251.2	α	50 500.3	1.999 9	α	0.500 0	25
∞				2.000 0		0.500 0	∞

附录 B 定差因子

表 B1 等差序列现值系数表

N	1%	2%	3%	4%	5%	6%	N
2	0.980	0.961	0.943	0.925	0.907	0.890	2
3	2.921	2.846	2.773	2.703	2.635	2.569	3
4	5.804	5.617	5.438	5.267	5.103	4.946	4
5	9.610	9.240	8.889	8.555	8.237	7.935	5
6	14.321	13.680	13.076	12.506	11.968	11.459	6
7	19.917	18.903	17.955	17.066	16.232	15.450	7
8	26.381	24.878	23.481	22.181	20.970	19.842	8
9	33.696	31.572	29.612	27.801	26.127	24.577	9
10	41.843	38.955	36.309	33.881	31.652	29.602	10
11	50.807	46.998	43.533	40.377	37.499	34.870	11
12	60.569	55.671	51.248	47.248	43.624	40.337	12
13	71.113	64.948	59.420	54.455	49.988	45.963	13
14	82.422	74.800	68.014	61.962	56.554	51.713	14
15	94.481	85.202	77.000	69.735	63.288	57.555	15
16	107.273	96.129	86.348	77.744	70.160	63.459	16
17	120.783	107.555	96.028	85.958	77.140	69.401	17
18	134.996	119.458	106.014	94.350	84.204	75.357	18
19	149.895	131.814	116.279	102.893	91.328	81.306	19
20	165.466	144.600	126.799	111.565	98.488	87.230	20
21	181.695	157.796	137.550	120.341	105.667	93.114	21
22	198.566	171.379	148.509	129.202	112.846	98.941	22
23	216.066	185.331	159.657	138.128	120.009	104.701	23
24	234.180	199.630	170.971	147.101	127.140	110.381	24
25	252.894	214.259	182.434	156.104	134.228	115.973	25
26	272.196	229.199	194.026	165.121	141.259	121.468	26
27	292.070	244.431	205.731	174.138	148.223	126.860	27
28	312.505	259.939	217.532	183.142	155.110	132.142	28
29	333.486	275.706	229.414	192.121	161.913	137.310	29

续表B1

N	1%	2%	3%	4%	5%	6%	N
30	355.002	291.716	241.361	201.062	168.623	142.359	30
31	377.039	307.954	253.361	209.956	175.233	147.286	31
32	399.586	324.403	265.399	218.792	181.739	152.090	32
33	422.629	341.051	277.464	227.563	188.135	156.768	33
34	446.157	357.882	289.544	236.261	194.417	161.319	34
35	470.158	374.883	301.627	244.877	200.581	165.743	35
36	494.621	392.040	313.703	253.405	206.624	170.039	36
37	519.533	409.342	325.762	261.840	212.543	174.207	37
38	544.884	426.776	337.796	270.175	218.338	178.249	38
39	570.662	444.330	349.794	278.407	224.005	182.165	39
40	596.856	461.993	361.750	286.530	229.545	185.957	40
41	623.456	479.754	373.655	294.541	234.956	189.626	41
42	650.451	497.601	385.502	302.437	240.239	193.173	42
43	677.831	515.525	397.285	310.214	245.392	196.602	43
44	705.585	533.517	408.997	317.870	250.417	199.913	44
45	733.704	551.565	420.632	325.403	255.315	203.110	45
46	762.176	569.662	432.186	332.810	260.084	206.194	46
47	790.994	587.798	443.652	340.091	264.728	209.168	47
48	820.146	605.966	455.025	347.245	269.247	212.035	48
49	849.624	624.156	466.303	354.269	273.642	214.797	49
50	879.418	642.361	477.480	361.164	277.915	217.457	50
N	7%	8%	9%	10%	11%	12%	N
2	0.873	0.857	0.842	0.826	0.812	0.797	2
3	2.506	2.445	2.386	2.329	2.274	2.221	3
4	4.795	4.650	4.511	4.378	4.250	4.127	4
5	7.647	7.372	7.111	6.862	6.624	6.397	5
6	10.978	10.523	10.092	9.684	9.297	8.930	6
7	14.715	14.024	13.375	12.763	12.187	11.644	7
8	18.789	17.806	16.888	16.029	15.225	14.471	8
9	23.140	21.808	20.571	19.421	18.352	17.356	9

续表B1

N	7%	8%	9%	10%	11%	12%	N
10	27.716	25.977	24.373	22.891	21.522	20.254	10
11	32.466	30.266	28.248	26.396	24.695	23.129	11
12	37.351	34.634	32.159	29.901	27.839	25.952	12
13	42.330	39.046	36.073	33.377	30.929	28.702	13
14	47.372	43.472	39.963	36.800	33.945	31.362	14
15	52.446	47.886	43.807	40.152	36.871	33.920	15
16	57.527	52.264	47.585	43.416	39.695	36.367	16
17	62.592	56.588	51.282	46.582	42.409	38.697	17
18	67.622	60.843	54.886	49.640	45.007	40.908	18
19	72.599	65.013	58.387	52.583	47.486	42.998	19
20	77.509	69.090	61.777	55.407	49.842	44.968	20
21	82.339	73.063	65.051	58.110	52.077	46.819	21
22	87.079	76.926	68.205	60.689	54.191	48.554	22
23	91.720	80.673	71.236	63.146	56.186	50.178	23
24	96.255	84.300	74.143	65.481	58.066	51.693	24
25	100.676	87.804	76.926	67.696	59.832	53.105	25
26	104.981	91.184	79.586	69.794	61.490	54.418	26
27	109.166	94.439	82.124	71.777	63.043	55.637	27
28	113.226	97.569	84.542	73.650	64.497	56.767	28
29	117.162	100.574	86.842	75.415	65.854	57.814	29
30	120.972	103.456	89.028	77.077	67.121	58.782	30
31	124.655	106.216	91.102	78.640	68.302	59.676	31
32	128.212	108.857	93.069	80.108	69.401	60.501	32
33	131.643	111.382	94.931	81.486	70.423	61.261	33
34	134.951	113.792	96.693	82.777	71.372	61.961	34
35	138.135	116.092	98.359	83.987	72.254	62.605	35
36	141.199	118.284	99.932	85.119	73.071	63.197	36
37	144.144	120.371	101.416	86.178	73.829	63.741	37
38	146.973	122.358	102.816	87.167	74.530	64.239	38
39	149.688	124.247	104.135	88.091	75.179	64.697	39

续表 B1

N	7%	8%	9%	10%	11%	12%	N
40	152.293	126.042	105.376	88.953	75.779	65.116	40
41	154.789	127.747	106.545	89.756	76.333	65.500	41
42	157.181	129.365	107.643	90.505	76.845	65.851	42
43	159.470	130.900	108.676	91.202	77.318	66.172	43
44	161.661	132.355	109.646	91.851	77.753	66.466	44
45	163.756	133.733	110.556	92.454	78.155	66.734	45
46	165.758	135.038	111.410	93.016	78.525	66.979	46
47	167.671	136.274	112.211	93.537	78.866	67.203	47
48	169.498	137.443	112.962	94.022	79.180	67.407	48
49	171.242	138.548	113.666	94.471	79.469	67.593	49
50	172.905	139.593	114.325	94.889	79.734	67.762	50
N	15%	16%	17%	18%	19%	20%	N
2	0.756	0.743	0.731	0.718	0.706	0.694	2
3	2.071	2.024	1.979	1.935	1.893	1.852	3
4	3.786	3.681	3.580	3.483	3.389	3.299	4
5	5.775	5.586	5.405	5.231	5.065	4.906	5
6	7.937	7.638	7.354	7.083	6.826	6.581	6
7	10.192	9.761	9.353	8.967	8.601	8.255	7
8	12.481	11.896	11.346	10.829	10.342	9.883	8
9	14.755	14.000	13.294	12.633	12.014	11.434	9
10	16.979	16.040	15.166	14.352	13.594	12.887	10
11	19.129	17.994	16.944	15.972	15.070	14.233	11
12	21.185	19.847	18.616	17.481	16.434	15.467	12
13	23.135	21.590	20.175	18.877	17.684	16.588	13
14	24.972	23.217	21.618	20.158	18.823	17.601	14
15	26.693	24.728	22.946	21.327	19.853	18.509	15
16	28.296	26.124	24.163	22.389	20.781	19.321	16
17	29.783	27.407	25.272	23.348	21.612	20.042	17
18	31.156	28.583	26.279	24.212	22.354	20.680	18
19	32.421	29.656	27.190	24.988	23.015	21.244	19

续表B1

N	15%	16%	17%	18%	19%	20%	N
20	33.582	30.632	28.013	25.681	23.601	21.739	20
21	34.645	31.518	28.753	26.300	24.119	22.174	21
22	35.615	32.320	29.417	26.851	24.576	22.555	22
23	36.499	33.044	30.011	27.339	24.979	22.887	23
24	37.302	33.697	30.542	27.772	25.333	23.176	24
25	38.031	34.284	31.016	28.155	25.643	23.428	25
26	38.692	34.811	31.438	28.494	25.914	23.646	26
27	39.289	35.284	31.813	28.791	26.151	23.835	27
28	39.828	35.707	32.146	29.054	26.358	23.999	28
29	40.315	36.086	32.441	29.284	26.539	24.141	29
30	40.753	36.423	32.702	29.486	26.696	24.263	30
31	41.147	36.725	32.932	29.664	26.832	24.368	31
32	41.501	36.993	33.136	29.819	26.951	24.459	32
33	41.818	37.232	33.316	29.955	27.054	24.537	33
34	42.103	37.444	33.475	30.074	27.143	24.604	34
35	42.359	37.633	33.614	30.177	27.220	24.661	35
36	42.587	37.800	33.737	30.268	27.287	24.711	36
37	42.792	37.948	33.845	30.347	27.344	24.753	37
38	42.974	38.080	33.940	30.415	27.394	24.789	38
39	43.137	38.196	34.023	30.475	27.437	24.820	39
40	43.283	38.299	34.097	30.527	27.474	24.847	40
41	43.413	38.390	34.161	30.572	27.506	24.870	41
42	43.529	38.471	34.217	30.611	27.534	24.889	42
43	43.632	38.542	34.266	30.645	27.557	24.906	43
44	43.723	38.605	34.309	30.675	27.578	24.920	44
45	43.805	38.660	34.346	30.701	27.595	24.932	45
46	43.878	38.709	34.379	30.723	27.610	24.942	46
47	43.942	38.752	34.408	30.742	27.623	24.951	47
48	44.000	38.789	34.433	30.759	27.635	24.958	48
49	44.051	38.823	34.455	30.773	27.644	24.964	49
50	44.096	38.852	34.474	30.786	27.652	24.970	50

续表B1

N	25%	30%	35%	40%	45%	50%	N
2	0.640	0.592	0.549	0.510	0.476	0.444	2
3	1.664	1.502	1.362	1.239	1.132	1.037	3
4	2.893	2.552	2.265	2.020	1.810	1.630	4
5	4.204	3.630	3.157	2.764	2.434	2.156	5
6	5.514	4.666	3.983	3.428	2.972	2.595	6
7	6.773	5.622	4.717	3.997	3.418	2.947	7
8	7.947	6.480	5.352	4.471	3.776	3.220	8
9	9.021	7.234	5.889	4.858	4.058	3.428	9
10	9.987	7.887	6.336	5.170	4.277	3.584	10
11	10.846	8.445	6.705	5.417	4.445	3.699	11
12	11.602	8.917	7.005	5.611	4.572	3.784	12
13	12.262	9.314	7.247	5.762	4.668	3.846	13
14	12.833	9.644	7.442	5.879	4.740	3.890	14
15	13.326	9.917	7.597	5.969	4.793	3.922	15
16	13.748	10.143	7.721	6.038	4.832	3.945	16
17	14.108	10.328	7.818	6.090	4.861	3.961	17
18	14.415	10.479	7.895	6.130	4.882	3.973	18
19	14.674	10.602	7.955	6.160	4.898	3.981	19
20	14.893	10.702	8.002	6.183	4.909	3.987	20
21	15.078	10.783	8.038	6.200	4.917	3.991	21
22	15.233	10.848	8.067	6.213	4.923	3.994	22
23	15.362	10.901	8.089	6.222	4.927	3.996	23
24	15.471	10.943	8.106	6.229	4.930	3.997	24
25	15.562	10.977	8.119	6.235	4.933	3.998	25
26	15.637	11.005	8.130	6.239	4.934	3.999	26
27	15.700	11.026	8.137	6.242	4.935	3.999	27
28	15.752	11.044	8.143	6.244	4.936	3.999	28
29	15.796	11.058	8.148	6.245	4.937	4.000	29
30	15.832	11.069	8.152	6.247	4.937	4.000	30
31	15.861	11.078	8.154	6.248	4.938	4.000	31
32	15.886	11.085	8.157	6.248	4.938	4.000	32
33	15.906	11.090	8.158	6.249	4.938	4.000	33
34	15.923	11.094	8.159	6.249	4.938	4.000	34
35	15.937	11.098	8.160	6.249	4.938	4.000	35

续表B1

N	25%	30%	35%	40%	45%	50%	N
36	15.948	11.101	8.161	6.249	4.938	4.000	36
37	15.957	11.103	8.162	6.250	4.938	4.000	37
38	15.965	11.105	8.162	6.250	4.938	4.000	38
39	15.971	11.106	8.162	6.250	4.938	4.000	39
40	15.977	11.107	8.163	6.250	4.938	4.000	40
41	15.981	11.108	8.163	6.250	4.938	4.000	41
42	15.984	11.109	8.163	6.250	4.938	4.000	42
43	15.987	11.109	8.163	6.250	4.938	4.000	43
44	15.990	11.110	8.163	6.250	4.938	4.000	44
45	15.991	11.110	8.163	6.250	4.938	4.000	45
46	15.993	11.110	8.163	6.250	4.938	4.000	46
47	15.994	11.110	8.163	6.250	4.938	4.000	47
48	15.995	11.111	8.163	6.250	4.938	4.000	48
49	15.996	11.111	8.163	6.250	4.938	4.000	49
50	15.997	11.111	8.163	6.250	4.938	4.000	50

表 B2 等差序列年金系数表

N	1%	2%	3%	4%	5%	6%	N
2	0.498	0.495	0.493	0.490	0.488	0.485	2
3	0.993	0.987	0.980	0.974	0.967	0.961	3
4	1.488	1.475	1.463	1.451	1.439	1.427	4
5	1.980	1.960	1.941	1.922	1.903	1.884	5
6	2.471	2.442	2.414	2.386	2.358	2.330	6
7	2.960	2.921	2.882	2.843	2.805	2.768	7
8	3.448	3.396	3.345	3.294	3.245	3.195	8
9	3.934	3.868	3.803	3.739	3.676	3.613	9
10	4.418	4.337	4.256	4.177	4.099	4.022	10
11	4.901	4.802	4.705	4.609	4.514	4.421	11
12	5.381	5.264	5.148	5.034	4.922	4.811	12
13	5.861	5.723	5.587	5.453	5.322	5.192	13
14	6.338	6.179	6.021	5.866	5.713	5.564	14
15	6.814	6.631	6.450	6.272	6.097	5.926	15

续表B2

N	1%	2%	3%	4%	5%	6%	N
16	7.289	7.080	6.874	6.672	6.474	6.279	16
17	7.761	7.526	7.294	7.066	6.842	6.624	17
18	8.232	7.968	7.708	7.453	7.203	6.960	18
19	8.702	8.407	8.118	7.834	7.557	7.287	19
20	9.169	8.843	8.523	8.209	7.903	7.605	20
21	9.635	9.276	8.923	8.578	8.242	7.915	21
22	10.100	9.705	9.319	8.941	8.573	8.217	22
24	11.024	10.555	10.095	9.648	9.214	8.795	24
26	11.941	11.391	10.853	10.331	9.827	9.341	26
28	12.852	12.214	11.593	10.991	10.411	9.857	28
30	13.756	13.025	12.314	11.627	10.969	10.342	30
32	14.653	13.823	13.017	12.241	11.501	10.799	32
34	15.544	14.608	13.702	12.832	12.006	11.228	34
36	16.428	15.381	14.369	13.402	12.487	11.630	36
38	17.306	16.141	15.018	13.950	12.944	12.007	38
40	18.178	16.889	15.650	14.477	13.377	12.359	40
42	19.042	17.624	16.265	14.983	13.788	12.688	42
44	19.901	18.347	16.863	15.469	14.178	12.996	44
46	20.752	19.057	17.444	15.936	14.546	13.282	46
48	21.598	19.756	18.009	16.383	14.894	13.549	48
50	22.436	20.442	18.558	16.812	15.223	13.796	50
52	23.269	21.116	19.090	17.223	15.534	14.027	52
54	24.094	21.779	19.607	17.617	15.826	14.240	54
56	24.914	22.430	20.109	17.993	16.102	14.438	56
58	25.727	23.069	20.596	18.353	16.362	14.621	58
60	26.533	23.696	21.067	18.697	16.606	14.791	60
62	27.333	24.312	21.525	19.026	16.836	14.948	62
64	28.127	24.917	21.968	19.340	17.051	15.092	64
66	28.915	25.510	22.397	19.639	17.254	15.225	66
68	29.696	26.092	22.812	19.924	17.443	15.348	68

续表B2

N	1%	2%	3%	4%	5%	6%	N
70	30.470	26.663	23.215	20.196	17.621	15.461	70
72	31.239	27.223	23.604	20.455	17.788	15.565	72
74	32.001	27.773	23.980	20.702	17.944	15.661	74
76	32.756	28.311	24.344	20.936	18.089	15.749	76
78	33.506	1 134.265	24.696	21.160	18.225	15.829	78
80	34.249	1 166.787	25.035	21.372	18.353	15.903	80
82	34.986	1 198.843	25.364	21.573	18.471	15.971	82
84	35.717	1 230.419	25.681	21.765	18.582	16.033	84
86	36.442	1 261.505	25.987	21.947	18.685	16.090	86
88	37.160	1 292.092	26.282	22.119	18.782	16.142	88
90	37.872	1 322.170	26.567	22.283	18.871	16.189	90
92	38.579	1 351.734	26.841	22.438	18.955	16.232	92
94	39.279	1 380.778	27.106	22.584	19.032	16.272	94
96	39.973	1 409.297	27.362	22.724	19.104	16.308	96
98	40.661	1 437.290	27.607	22.855	19.171	16.341	98
100	41.343	1 464.753	27.844	22.980	19.234	16.371	100
N	7%	8%	9%	10%	11%	12%	N
2	0.483	0.481	0.478	0.476	0.474	0.472	2
3	0.955	0.949	0.943	0.937	0.931	0.925	3
4	1.416	1.404	1.393	1.381	1.370	1.359	4
5	1.865	1.846	1.828	1.810	1.792	1.775	5
6	2.303	2.276	2.250	2.224	2.198	2.172	6
7	2.730	2.694	2.657	2.622	2.586	2.551	7
8	3.147	3.099	3.051	3.004	2.958	2.913	8
9	3.552	3.491	3.431	3.372	3.314	3.257	9
10	3.946	3.871	3.798	3.725	3.654	3.585	10
11	4.330	4.240	4.151	4.064	3.979	3.895	11
12	4.703	4.596	4.491	4.388	4.288	4.190	12
13	5.065	4.940	4.818	4.699	4.582	4.468	13
14	5.417	5.273	5.133	4.996	4.862	4.732	14

续表B2

N	7%	8%	9%	10%	11%	12%	N
15	5.758	5.594	5.435	5.279	5.127	4.980	15
16	6.090	5.905	5.724	5.549	5.379	5.215	16
17	6.411	6.204	6.002	5.807	5.618	5.435	17
18	6.722	6.492	6.269	6.053	5.844	5.643	18
19	7.024	6.770	6.524	6.286	6.057	5.838	19
20	7.316	7.037	6.767	6.508	6.259	6.020	20
21	7.599	7.294	7.001	6.719	6.449	6.191	21
22	7.872	7.541	7.223	6.919	6.628	6.351	22
24	8.392	8.007	7.638	7.288	6.956	6.641	24
26	8.877	8.435	8.016	7.619	7.244	6.892	26
28	9.329	8.829	8.357	7.914	7.498	7.110	28
30	9.749	9.190	8.666	8.176	7.721	7.297	30
32	10.138	9.520	8.944	8.409	7.915	7.459	32
34	10.499	9.821	9.193	8.615	8.084	7.596	34
36	10.832	10.095	9.417	8.796	8.230	7.714	36
38	11.140	10.344	9.617	8.956	8.357	7.814	38
40	11.423	10.570	9.796	9.096	8.466	7.899	40
42	11.684	10.774	9.955	9.219	8.560	7.970	42
44	11.924	10.959	10.096	9.326	8.640	8.031	44
46	12.143	11.126	10.221	9.419	8.709	8.082	46
48	12.345	11.276	10.332	9.500	8.768	8.124	48
50	12.529	11.411	10.430	9.570	8.819	8.160	50
52	12.697	11.532	10.516	9.631	8.861	8.189	52
54	12.850	11.640	10.592	9.684	8.897	8.214	54
56	12.990	11.737	10.658	9.729	8.928	8.235	56
58	13.117	11.824	10.717	9.769	8.954	8.252	58
60	13.232	11.902	10.768	9.802	8.976	8.266	60
62	13.337	11.971	10.813	9.831	8.995	8.278	62
64	13.432	12.032	10.853	9.856	9.010	8.288	64
66	13.518	12.087	10.887	9.877	9.024	8.296	66

续表B2

N	7%	8%	9%	10%	11%	12%	N
68	13.596	12.135	10.917	9.896	9.035	8.303	68
70	13.666	12.178	10.943	9.911	9.044	8.308	70
72	13.730	12.217	10.965	9.925	9.052	8.313	72
74	13.787	12.250	10.985	9.936	9.058	8.316	74
76	13.839	12.280	11.002	9.946	9.064	8.320	76
78	13.885	153.454	11.017	9.954	9.068	8.322	78
80	13.927	153.800	11.030	9.961	9.072	8.324	80
82	13.965	154.104	11.041	9.967	9.075	8.326	82
84	13.999	154.371	11.051	9.972	9.078	8.327	84
86	14.029	154.606	11.059	9.976	9.080	8.328	86
88	14.057	154.812	11.066	9.980	9.082	8.329	88
90	14.081	154.993	11.073	9.983	9.083	8.330	90
92	14.103	155.151	11.078	9.986	9.085	8.331	92
94	14.123	155.290	11.083	9.988	9.086	8.331	94
96	14.140	155.411	11.087	9.990	9.087	8.332	96
98	14.156	155.518	11.090	9.991	9.087	8.332	98
100	14.170	155.611	11.093	9.993	9.088	8.332	100
N	15%	16%	17%	18%	19%	20%	N
2	0.465	0.463	0.461	0.459	0.457	0.455	2
3	0.907	0.901	0.896	0.890	0.885	0.879	3
4	1.326	1.316	1.305	1.295	1.284	1.274	4
5	1.723	1.706	1.689	1.673	1.657	1.641	5
6	2.097	2.073	2.049	2.025	2.002	1.979	6
7	2.450	2.417	2.385	2.353	2.321	2.290	7
8	2.781	2.739	2.697	2.656	2.615	2.576	8
9	3.092	3.039	2.987	2.936	2.886	2.836	9
10	3.383	3.319	3.255	3.194	3.133	3.074	10
11	3.655	3.578	3.503	3.430	3.359	3.289	11
12	3.908	3.819	3.732	3.647	3.564	3.484	12
13	4.144	4.041	3.942	3.845	3.751	3.660	13

续表B2

N	15%	16%	17%	18%	19%	20%	N
14	4.362	4.246	4.134	4.025	3.920	3.817	14
15	4.565	4.435	4.310	4.189	4.072	3.959	15
16	4.752	4.609	4.470	4.337	4.209	4.085	16
17	4.925	4.768	4.616	4.471	4.331	4.198	17
18	5.084	4.913	4.749	4.592	4.441	4.298	18
19	5.231	5.046	4.869	4.700	4.539	4.386	19
20	5.365	5.167	4.978	4.798	4.627	4.464	20
21	5.488	5.277	5.076	4.885	4.705	4.533	21
22	5.601	5.377	5.164	4.963	4.773	4.594	22
24	5.798	5.549	5.315	5.095	4.888	4.694	24
26	5.961	5.690	5.436	5.199	4.978	4.771	26
28	6.096	5.804	5.533	5.281	5.047	4.829	28
30	6.207	5.896	5.610	5.345	5.100	4.873	30
32	6.297	5.971	5.670	5.394	5.140	4.906	32
34	6.371	6.030	5.718	5.433	5.171	4.931	34
36	6.430	6.077	5.756	5.462	5.194	4.949	36
38	6.478	6.115	5.785	5.485	5.212	4.963	38
40	6.517	6.144	5.807	5.502	5.225	4.973	40
42	6.548	6.167	5.825	5.515	5.235	4.980	42
44	6.573	6.186	5.838	5.525	5.242	4.986	44
46	6.592	6.200	5.849	5.533	5.248	4.990	46
48	6.608	6.211	5.857	5.539	5.252	4.992	48
50	6.620	6.220	5.863	5.543	5.255	4.995	50
52	6.630	6.227	5.868	5.546	5.257	4.996	52
54	6.638	6.232	5.871	5.548	5.259	4.997	54
56	6.644	6.236	5.874	5.550	5.260	4.998	56
58	6.649	6.239	5.876	5.552	5.261	4.999	58
60	6.653	6.242	5.877	5.553	5.261	4.999	60
62	6.656	6.244	5.879	5.553	5.262	4.999	62
64	6.658	6.245	5.880	5.554	5.262	4.999	64

续表B2

N	15%	16%	17%	18%	19%	20%	N
66	6.660	6.246	5.880	5.554	5.262	5.000	66
68	6.662	6.247	5.881	5.555	5.263	5.000	68
70	6.663	6.248	5.881	5.555	5.263	5.000	70
72	6.664	6.248	5.881	5.555	5.263	5.000	72
74	6.664	6.249	5.882	5.555	5.263	5.000	74
76	6.665	6.249	5.882	5.555	5.263	5.000	76
78	6.665	39.058	5.882	5.555	5.263	5.000	78
80	6.666	39.059	5.882	5.555	5.263	5.000	80
82	6.666	39.060	5.882	5.555	5.263	5.000	82
84	6.666	39.060	5.882	5.555	5.263	5.000	84
86	6.666	39.061	5.882	5.555	5.263	5.000	86
88	6.666	39.061	5.882	5.556	5.263	5.000	88
90	6.666	39.062	5.882	5.556	5.263	5.000	90
92	6.666	39.062	5.882	5.556	5.263	5.000	92
94	6.666	39.062	5.882	5.556	5.263	5.000	94
96	6.667	39.062	5.882	5.556	5.263	5.000	96
98	6.667	39.062	5.882	5.556	5.263	5.000	98
100	6.667	39.062	5.882	5.556	5.263	5.000	100
N	25%	30%	35%	40%	45%	50%	N
2	0.444	0.435	0.426	0.417	0.408	0.400	2
3	0.852	0.827	0.803	0.780	0.758	0.737	3
4	1.225	1.178	1.134	1.092	1.053	1.015	4
5	1.563	1.490	1.422	1.358	1.298	1.242	5
6	1.868	1.765	1.670	1.581	1.499	1.423	6
7	2.142	2.006	1.881	1.766	1.661	1.565	7
8	2.387	2.216	2.060	1.919	1.791	1.675	8
9	2.605	2.396	2.209	2.042	1.893	1.760	9
10	2.797	2.551	2.334	2.142	1.973	1.824	10
11	2.966	2.683	2.436	2.221	2.034	1.871	11
12	3.115	2.795	2.520	2.285	2.082	1.907	12

续表B2

N	25%	30%	35%	40%	45%	50%	N
13	3.244	2.889	2.589	2.334	2.118	1.933	13
14	3.356	2.969	2.644	2.373	2.145	1.952	14
15	3.453	3.034	2.689	2.403	2.165	1.966	15
16	3.537	3.089	2.725	2.426	2.180	1.976	16
17	3.608	3.135	2.753	2.444	2.191	1.983	17
18	3.670	3.172	2.776	2.458	2.200	1.988	18
19	3.722	3.202	2.793	2.468	2.206	1.991	19
20	3.767	3.228	2.808	2.476	2.210	1.994	20
21	3.805	3.248	2.819	2.482	2.214	1.996	21
22	3.836	3.265	2.827	2.487	2.216	1.997	22
24	3.886	3.289	2.839	2.493	2.219	1.999	24
26	3.921	3.305	2.847	2.496	2.221	1.999	26
28	3.946	3.315	2.851	2.498	2.221	2.000	28
30	3.963	3.322	2.853	2.499	2.222	2.000	30
32	3.975	3.326	2.855	2.499	2.222	2.000	32
34	3.983	3.329	2.856	2.500	2.222	2.000	34
36	3.988	3.330	2.856	2.500	2.222	2.000	36
38	3.992	3.332	2.857	2.500	2.222	2.000	38
40	3.995	3.332	2.857	2.500	2.222	2.000	40
42	3.996	3.333	2.857	2.500	2.222	2.000	42
44	3.998	3.333	2.857	2.500	2.222	2.000	44
46	3.998	3.333	2.857	2.500	2.222	2.000	46
48	3.999	3.333	2.857	2.500	2.222	2.000	48
50	3.999	3.333	2.857	2.500	2.222	2.000	50
52	4.000	3.333	2.857	2.500	2.222	2.000	52
54	4.000	3.333	2.857	2.500	2.222	2.000	54
56	4.000	3.333	2.857	2.500	2.222	2.000	56
58	4.000	3.333	2.857	2.500	2.222	2.000	58
60	4.000	3.333	2.857	2.500	2.222	2.000	60
62	4.000	3.333	2.857	2.500	2.222	2.000	62

续表B2

N	25%	30%	35%	40%	45%	50%	N
64	4.000	3.333	2.857	2.500	2.222	2.000	64
66	4.000	3.333	2.857	2.500	2.222	2.000	66
68	4.000	3.333	2.857	2.500	2.222	2.000	68
70	4.000	3.333	2.857	2.500	2.222	2.000	70
72	4.000	3.333	2.857	2.500	2.222	2.000	72
74	4.000	3.333	2.857	2.500	2.222	2.000	74
76	4.000	3.333	2.857	2.500	2.222	2.000	76
78	4.000	11.111	2.857	2.500	2.222	2.000	78
80	4.000	11.111	2.857	2.500	2.222	2.000	80
82	4.000	11.111	2.857	2.500	2.222	2.000	82
84	4.000	11.111	2.857	2.500	2.222	2.000	84
86	4.000	11.111	2.857	2.500	2.222	2.000	86
88	4.000	11.111	2.857	2.500	2.222	2.000	88
90	4.000	11.111	2.857	2.500	2.222	2.000	90
92	4.000	11.111	2.857	2.500	2.222	2.000	92
94	4.000	11.111	2.857	2.500	2.222	2.000	94
96	4.000	11.111	2.857	2.500	2.222	2.000	96
98	4.000	11.111	2.857	2.500	2.222	2.000	98
100	4.000	11.111	2.857	2.500	2.222	2.000	100

附录 C 标准正态分布表

Z	0	0.01	0.02	0.03	0.04	0.05	0.06	0.07	0.08	0.09	0.1
−3.0	0.001 3	0.001 3	0.001 3	0.001 2	0.001 2	0.001 1	0.001 1	0.001 1	0.001 0	0.001 0	0.001 0
−2.9	0.001 9	0.001 8	0.001 8	0.001 7	0.001 6	0.001 6	0.001 5	0.001 5	0.001 4	0.001 4	0.001 3
−2.8	0.002 6	0.002 5	0.002 4	0.002 3	0.002 3	0.002 2	0.002 1	0.002 1	0.002 0	0.001 9	0.001 9
−2.7	0.003 5	0.003 4	0.003 3	0.003 2	0.003 1	0.003 0	0.002 9	0.002 8	0.002 7	0.002 6	0.002 6
−2.6	0.004 7	0.004 5	0.004 4	0.004 3	0.004 1	0.004 0	0.003 9	0.003 8	0.003 7	0.003 6	0.003 5
−2.5	0.006 2	0.006 0	0.005 9	0.005 7	0.005 5	0.005 4	0.005 2	0.005 1	0.004 9	0.004 8	0.004 7
−2.4	0.008 2	0.008 0	0.007 8	0.007 5	0.007 3	0.007 1	0.006 9	0.006 8	0.006 6	0.006 4	0.006 2
−2.3	0.010 7	0.010 4	0.010 2	0.009 9	0.009 6	0.009 4	0.009 1	0.008 9	0.008 7	0.008 4	0.008 2
−2.2	0.013 9	0.013 6	0.013 2	0.012 9	0.012 5	0.012 2	0.011 9	0.011 6	0.011 3	0.011 0	0.010 7
−2.1	0.017 9	0.017 4	0.017 0	0.016 6	0.016 2	0.015 8	0.015 4	0.015 0	0.014 6	0.014 3	0.013 9
−2.0	0.022 8	0.022 2	0.021 7	0.021 2	0.020 7	0.020 2	0.019 7	0.019 2	0.018 8	0.018 3	0.017 9
−1.9	0.028 7	0.028 1	0.027 4	0.026 8	0.026 2	0.025 6	0.025 0	0.024 4	0.023 9	0.023 3	0.022 8
−1.8	0.035 9	0.035 1	0.034 4	0.033 6	0.032 9	0.032 2	0.031 4	0.030 7	0.030 1	0.029 4	0.028 7
−1.7	0.044 6	0.043 6	0.042 7	0.041 8	0.040 9	0.040 1	0.039 2	0.038 4	0.037 5	0.036 7	0.035 9
−1.6	0.054 8	0.053 7	0.052 6	0.051 6	0.050 5	0.049 5	0.048 5	0.047 5	0.046 5	0.045 5	0.044 6
−1.5	0.066 8	0.065 5	0.064 3	0.063 0	0.061 8	0.060 6	0.059 4	0.058 2	0.057 1	0.055 9	0.054 8
−1.4	0.080 8	0.079 3	0.077 8	0.076 4	0.074 9	0.073 5	0.072 1	0.070 8	0.069 4	0.068 1	0.066 8
−1.3	0.096 8	0.095 1	0.093 4	0.091 8	0.090 1	0.088 5	0.086 9	0.085 3	0.083 8	0.082 3	0.080 8
−1.2	0.115 1	0.113 1	0.111 2	0.109 3	0.107 5	0.105 6	0.103 8	0.102 0	0.100 3	0.098 5	0.096 8
−1.1	0.135 7	0.133 5	0.131 4	0.129 2	0.127 1	0.125 1	0.123 0	0.121 0	0.119 0	0.117 0	0.115 1
−1.0	0.158 7	0.156 2	0.153 9	0.151 5	0.149 2	0.146 9	0.144 6	0.142 3	0.140 1	0.137 9	0.135 7
−0.9	0.184 1	0.181 4	0.178 8	0.176 2	0.173 6	0.171 1	0.168 5	0.166 0	0.163 5	0.161 1	0.158 7
−0.8	0.211 9	0.209 0	0.206 1	0.203 3	0.200 5	0.197 7	0.194 9	0.192 2	0.189 4	0.186 7	0.184 1
−0.7	0.242 0	0.238 9	0.235 8	0.232 C	0.229 6	0.226 6	0.223 6	0.220 6	0.217 7	0.214 8	0.211 9
−0.6	0.274 3	0.270 9	0.267 6	0.264 3	0.261 1	0.257 8	0.254 6	0.251 4	0.248 3	0.245 1	0.242 0
−0.5	0.308 5	0.305 0	0.301 5	0.298 1	0.294 6	0.291 2	0.287 7	0.284 3	0.281 0	0.277 6	0.274 3
−0.4	0.344 6	0.340 9	0.337 2	0.333 6	0.330 0	0.326 4	0.322 8	0.319 2	0.315 6	0.312 1	0.308 5
−0.3	0.382 1	0.378 3	0.374 5	0.370 7	0.366 9	0.363 2	0.359 4	0.355 7	0.352 0	0.348 3	0.344 6
−0.2	0.420 7	0.416 8	0.412 9	0.409 0	0.405 2	0.401 3	0.397 4	0.393 6	0.389 7	0.385 9	0.382 1
−0.1	0.460 2	0.456 2	0.452 2	0.448 3	0.444 3	0.440 4	0.436 4	0.432 5	0.428 6	0.424 7	0.420 7
−0.0	0.500 0	0.496 0	0.492 0	0.488 0	0.484 0	0.480 1	0.476 1	0.472 1	0.468 1	0.464 1	0.460 2

续表

Z	0	0.01	0.02	0.03	0.04	0.05	0.06	0.07	0.08	0.09	0.1
0.0	0.500 0	0.504 0	0.508 0	0.512 0	0.516 0	0.519 9	0.523 9	0.527 9	0.531 9	0.535 9	0.539 8
0.1	0.539 8	0.543 8	0.547 8	0.551 7	0.555 7	0.559 6	0.563 6	0.567 5	0.571 4	0.575 3	0.579 3
0.2	0.579 3	0.583 2	0.587 1	0.591 0	0.594 8	0.598 7	0.602 6	0.606 4	0.610 3	0.614 1	0.617 9
0.3	0.617 9	0.621 7	0.625 5	0.629 3	0.633 1	0.636 8	0.640 6	0.644 3	0.648 0	0.651 7	0.655 4
0.4	0.655 4	0.659 1	0.662 8	0.666 4	0.670 0	0.673 6	0.677 2	0.680 8	0.684 4	0.687 9	0.691 5
0.5	0.691 5	0.695 0	0.698 5	0.701 9	0.705 4	0.708 8	0.712 3	0.715 7	0.719 0	0.722 4	0.725 7
0.6	0.725 7	0.729 1	0.732 4	0.735 7	0.738 9	0.742 2	0.745 4	0.748 6	0.751 7	0.754 9	0.758 0
0.7	0.758 0	0.761 1	0.764 2	0.767 3	0.770 4	0.773 4	0.776 4	0.779 4	0.782 3	0.785 2	0.788 1
0.8	0.788 1	0.791 0	0.793 9	0.796 7	0.799 5	0.802 3	0.805 1	0.807 8	0.810 6	0.813 3	0.815 9
0.9	0.815 9	0.818 6	0.821 2	0.823 8	0.826 4	0.828 9	0.831 5	0.834 0	0.836 5	0.838 9	0.841 3
1.0	0.841 3	0.843 8	0.846 1	0.848 5	0.850 8	0.853 1	0.855 4	0.857 7	0.859 9	0.862 1	0.864 3
1.1	0.864 3	0.866 5	0.868 6	0.870 8	0.872 9	0.874 9	0.877 0	0.879 0	0.881 0	0.883 0	0.884 9
1.2	0.884 9	0.886 9	0.888 8	0.890 7	0.892 5	0.894 4	0.896 2	0.898 0	0.899 7	0.901 5	0.903 2
1.3	0.903 2	0.904 9	0.906 6	0.908 2	0.909 9	0.911 5	0.913 1	0.914 7	0.916 2	0.917 7	0.919 2
1.4	0.919 2	0.920 7	0.922 2	0.923 6	0.925 1	0.926 5	0.927 9	0.929 2	0.930 6	0.931 9	0.933 2
1.5	0.933 2	0.934 5	0.935 7	0.937 0	0.938 2	0.939 4	0.940 6	0.941 8	0.942 9	0.944 1	0.945 2
1.6	0.945 2	0.946 3	0.947 4	0.948 4	0.949 5	0.950 5	0.951 5	0.952 5	0.953 5	0.954 5	0.955 4
1.7	0.955 4	0.956 4	0.957 3	0.958 2	0.959 1	0.959 9	0.960 8	0.961 6	0.962 5	0.963 3	0.964 1
1.8	0.964 1	0.964 9	0.965 6	0.966 4	0.967 1	0.967 8	0.968 6	0.969 3	0.969 9	0.970 6	0.971 3
1.9	0.971 3	0.971 9	0.972 6	0.973 2	0.973 8	0.974 4	0.975 0	0.975 6	0.976 1	0.976 7	0.977 2
2.0	0.977 2	0.977 8	0.978 3	0.978 8	0.979 3	0.979 8	0.980 3	0.980 8	0.981 2	0.981 7	0.982 1
2.1	0.982 1	0.982 6	0.983 0	0.983 4	0.983 8	0.984 2	0.984 6	0.985 0	0.985 4	0.985 7	0.986 1
2.2	0.986 1	0.986 4	0.986 8	0.987 1	0.987 5	0.987 8	0.988 1	0.988 4	0.988 7	0.989 0	0.989 3
2.3	0.989 3	0.989 6	0.989 8	0.990 1	0.990 4	0.990 6	0.990 9	0.991 1	0.991 3	0.991 6	0.991 8
2.4	0.991 8	0.992 0	0.992 2	0.992 5	0.992 7	0.992 9	0.993 1	0.993 2	0.993 4	0.993 6	0.993 8
2.5	0.993 8	0.994 0	0.994 1	0.994 3	0.994 5	0.994 6	0.994 8	0.994 9	0.995 1	0.995 2	0.995 3
2.6	0.995 3	0.995 5	0.995 6	0.995 7	0.995 9	0.996 0	0.996 1	0.996 2	0.996 3	0.996 4	0.996 5
2.7	0.996 5	0.996 6	0.996 7	0.996 8	0.996 9	0.997 0	0.997 1	0.997 2	0.997 3	0.997 4	0.997 4
2.8	0.997 4	0.997 5	0.997 6	0.997 7	0.997 7	0.997 8	0.997 9	0.997 9	0.998 0	0.998 1	0.998 1
2.9	0.998 1	0.998 2	0.998 2	0.998 3	0.998 4	0.998 4	0.998 5	0.998 5	0.998 6	0.998 6	0.998 7
3.0	0.998 7	0.998 7	0.998 7	0.998 8	0.998 8	0.998 9	0.998 9	0.998 9	0.999 0	0.999 0	0.999 0